BLUE BOOK

智 库 成 果 出 版 与 传 播 平 台

中共中央党校（国家行政学院）国家高端智库皮书

社会体制蓝皮书
BLUE BOOK OF SOCIAL INSTITUTION

中国社会体制改革报告
（2024）

REPORT ON SOCIAL INSTITUTIONAL REFORM
IN CHINA (2024)

主　编／龚维斌
副主编／赵秋雁　张林江　马福云

社会科学文献出版社
SOCIAL SCIENCES ACADEMIC PRESS (CHINA)

图书在版编目（CIP）数据

中国社会体制改革报告 . 2024 ／ 龚维斌主编 .
北京：社会科学文献出版社，2024. 12. --（社会体制
蓝皮书）. --ISBN 978-7-5228-4488-6

Ⅰ . D61

中国国家版本馆 CIP 数据核字第 2024CF3127 号

社会体制蓝皮书

中国社会体制改革报告（2024）

主　　编／龚维斌
副 主 编／赵秋雁　张林江　马福云

出 版 人／冀祥德
责任编辑／桂　芳
责任印制／王京美

出　　版／社会科学文献出版社·皮书分社（010）59367127
　　　　　地址：北京市北三环中路甲 29 号院华龙大厦　邮编：100029
　　　　　网址：www. ssap. com. cn
发　　行／社会科学文献出版社（010）59367028
印　　装／天津千鹤文化传播有限公司

规　　格／开　本：787mm×1092mm　1/16
　　　　　印　张：24.75　字　数：371 千字
版　　次／2024 年 12 月第 1 版　2024 年 12 月第 1 次印刷
书　　号／ISBN 978-7-5228-4488-6
定　　价／168. 00 元

读者服务电话：4008918866

中国行政体制改革研究会行政改革研究基金资助
北京师范大学中国社会管理研究院资助

社会体制蓝皮书编委会

主要编撰者简介

龚维斌 教授，博士生导师，中共中央党校（国家行政学院）副校（院）长兼国家治理教研部主任。先后担任过国家行政学院政治学教研部副主任、社会和文化教研部主任、应急管理培训中心（中欧应急管理学院）主任（院长）、进修部主任，中央党校（国家行政学院）社会和生态文明教研部主任、教育长。主要研究领域为社会阶层、社会政策、社会治理。个人专著有《劳动力外出就业与农村社会变迁》《社会发展与制度选择》《公共危机管理》《社会结构变迁与社会治理创新》《中国社会治理创新之路》等，主译和参译著作多部，在报纸杂志上发表论文 100 余篇。

赵秋雁 教授，博士生导师，北京师范大学中国社会管理研究院副院长，美国哥伦比亚大学法学院访问学者，中国行政体制改革研究会副会长，中国社会工作联合会理事，北京京师律师事务所兼职律师。主要研究领域包括社会治理、社会法、经济法。主持国家社科基金重大专项"社会治理现代化指标构建研究"等多项课题，出版专著《电子商务中消费者权益的法律保护：国际比较研究》等，执笔的多篇研究报告获中央领导批示，发表中英文学术论文多篇，获北京市"四个一批"人才等称号。

张林江 社会学博士，中共中央党校（国家行政学院）社会和生态文明教研部教授。主要从事政府政策、社会治理、社会结构、农村社会学等方面的教学科研工作。主要科研成果有独著《社会治理十二讲》《走向社区+

时代：当代中国社区治理转型》《围绕农村土地的权利博弈》《伟大的转型：改革开放以来的中国社会变迁》和合著《当代中国社会结构（2010－2020）》《当代中国社会阶层研究报告》等，发表各类论文80余篇，多篇被《新华文摘》、"中国人民大学复印报刊资料"、《中国社会科学文摘》全文转载。

马福云 教授，博士生导师，中共中央党校（国家行政学院）社会和生态文明教研部社会治理教研室主任，中国社会学会常务理事。学科方向为发展社会学，长期关注社会建设、基层治理、社工服务等主题，出版有《发展社会学》《户籍制度研究：权益化及其变革》《民政工作百年变革研究》等著作，发表相关主题期刊文章、报送智库咨询成果多篇。

摘　要

2023 年，我国社会事业进一步发展。教育改革取得积极成效，教育对经济社会发展的支撑作用进一步增强。实施就业优先战略，确保就业稳定增长。居民收入持续增长，收入分配制度改革效果显现。持续强化社会保障改革力度，提升社会保障水平。持续深化医疗卫生体制改革，强化人民健康的体制和制度保障。建成世界上规模最大的医疗卫生服务体系，人民健康水平显著提高。加强和创新社会治理，强化平安建设和应急管理。加强和创新市域和基层社会治理，推进社会治理创新。2023 年 3 月，中共中央、国务院印发《党和国家机构改革方案》，推动新一轮党和国家机构改革。组建中央社会工作部，完善老龄工作体制。

今后一个时期，必须把全面深化改革摆在更加突出的位置，以经济体制改革为牵引，处理好经济与社会、政府和市场、效率和公平、活力和秩序、发展和安全等重大关系，不断强化制度建设和体制创新，在改革开放中开辟中国式现代化的广阔前景。

一要健全完善中国特色社会政策体系。强化社会投资型、社会发展型政策供给。加快补齐家庭政策短板，加快建立面向全体公民的普惠性家庭政策体系。不断加强社会政策的衔接协同，更加注重系统集成、强化顶层设计、推进组织联动。

二要探索构建与新发展阶段相适应的经济—社会政策联动机制。建立健全经济体制改革牵引的公共政策制度框架。做好宏观政策出台前的政策取向一致性评估。加强事关重大的经济—社会政策研究和储备。

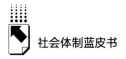

三要不断提高保障和改善民生制度的精准化程度。打破教育政策与就业政策的分割，普遍建立校企、校社合作联动机制。全面建立集体劳动合同和工资集体协商制度，稳步扩大中等收入群体，在财力允许条件下逐步提高民生保障水平。

四要加快推进城乡融合发展进程。以"大农业观""大农村观"为导向推进城乡产业融合，以"城乡生活等值"为导向推进城乡人口融合，以"空间统合"为导向推进城乡空间融合，以"资源增值共享"为导向推进城乡资源流通和融合，以治理体系和治理能力现代化为目标推进城乡治理融合。

五要坚持以人民为中心全面深化改革，进一步激发社会活力。处理好政府和市场关系，充分激发微观市场主体活力。处理好政府和社会关系，充分激发民间社会活力。加快健全社会工作体制机制，切实减轻基层负担。构建支持创新、鼓励奉献、包容失误的体制机制，调动每个社会成员的主体能动性。

目 录 ⟨⟩

Ⅳ　社会组织篇

Ⅴ　公共安全篇

皮书数据库阅读**使用指南**

总 报 告

B.1

以经济体制改革为牵引
稳步推进社会体制改革

——2023年社会体制改革进展与2024年展望

龚维斌　张林江　马福云*

摘　要： 2023年，社会建设取得新进展，社会领域改革成果丰硕。初步建立新型社会工作体系，在发展中保障和改善民生，人民生活品质持续提升；不断加强和创新社会治理、强化平安建设和应急管理。今后一个时期社会体制改革的重点任务，一是健全完善中国特色社会政策体系，二是探索构建与新发展阶段相适应的经济-社会政策联动机制，三是不断提高保障和改善民生制度的精准化程度，四是加快推进城乡融合发展进程。

---

* 龚维斌，社会学博士，中共中央党校（国家行政学院）副校（院）长兼国家治理教研部主任，教授，博士生导师，主要研究领域是社会阶层、社会政策、社会治理；张林江，社会学博士，中共中央党校（国家行政学院）社会和生态文明教研部教授，主要研究领域是政府政策、社会治理、社会结构、农村社会学；马福云，社会学博士，中共中央党校（国家行政学院）社会和生态文明教研部社会治理教研室主任，教授，博士生导师，主要研究领域是社会建设、基层治理、社工服务。

关键词： 经济体制改革 社会体制改革 经济社会协同发展

2023 年，是全面贯彻党的二十大精神的开局之年，是落实国民经济和社会发展第十四个五年规划承上启下的一年，是三年新冠疫情防控转段后经济社会恢复发展的一年。在党中央的坚强领导下，中国克服了前进中的各种困难，经济持续增长，民生保障有力有效，社会建设和社会体制改革取得积极成效。

一 2023年社会领域改革成果丰硕

2023 年，我国经济社会发展取得积极成果。全年国内生产总值（GDP）增速 5.2%，居世界主要经济体前列。居民人均可支配收入增长 6.1%，城乡居民收入差距继续缩小，城乡融合、区域协调发展步伐稳健。同时，持续推进社会体制改革，在发展中保障和改善民生，进一步提升人民生活品质。继续推进市域社会治理、基层社会治理创新，不断推动社会治理体系和治理能力现代化。

（一）我国经济恢复发展为推进社会建设奠定了物质基础

2023 年是新冠疫情后继续恢复发展的关键年份。面对世纪疫情造成的世界经济增速低迷的大环境，我国消费市场恢复向好，成为推进经济增长的重要力量。对外开放方面，外贸稳规模、优结构，实现出口增长，国际市场份额总体稳定。传统产业加快转型升级，新产业、新业态、新模式主导的新动能继续成长，网络经济得到较快发展，转型升级成效明显。全年国内生产总值（GDP）达到 126 万亿元，同比增长 5.2%。这一增速在全球主要经济体中名列前茅，显示出中国经济的强大韧性和发展潜力。

经济的稳定发展为推进社会建设奠定了较好基础。粮食产量增加，规模以上工业增加值增长 4.6%。其中，高技术制造业增加值增长 2.7%，占规模以上工业增加值的比重提升至 15.7%。全年全社会固定资产投资继续增长，其中第二产业投资增长 9.0%，基础设施投资增长 5.9%。经济量的增长和质的提升带动了就业稳定和城镇化发展。2023 年，城镇新增就业达到 1244 万人，城镇调查失业率平均值为 5.2%，就业市场保持稳定。常住人口城镇化率提高到 66.2%，城乡融合和区域协调发展步伐继续推进。全国居民人均可支配收入实际增长 6.1%，城乡居民收入差距继续缩小，脱贫攻坚成果继续巩固拓展。

（二）社会体制改革稳慎推进，初步建立新型社会工作体系

党的十八大以来，以习近平同志为核心的党中央持续推进党和国家机构改革，并将其作为推进国家治理体系和治理能力现代化的重要任务。按照坚持党的全面领导、坚持以人民为中心、坚持优化协同高效、坚持全面依法治国的原则，党和国家机构职能实现系统性、整体性重构。2023 年 3 月，中共中央、国务院印发《党和国家机构改革方案》，推动新一轮党和国家机构改革。

推动党中央机构改革，强化金融、科技及社会工作统筹管理。这包括：组建中央金融委员会、中央金融工作委员会，加强党中央对金融工作的集中统一领导，强化金融系统党的建设。组建中央科技委员会，作为党中央决策议事协调机构，加强党中央对科技工作的集中统一领导，统筹推进国家创新体系建设和科技体制改革，统筹解决科技领域战略性、方向性、全局性重大问题等。组建中央社会工作部，作为党中央职能部门负责统筹指导人民信访工作，指导人民建议征集工作，统筹推进党建引领基层治理和基层政权建设，统一领导全国性行业协会商会党的工作，协调推动行业协会商会深化改革和转型发展，指导混合所有制企业、非公有制企业和新经济组织、新社会组织、新就业群体党建工作，指导社会工作人才队伍建设等。

推进国务院机构改革，强化科技、金融、农业农村、社会工作等改革任务的组织化支撑。重新组建科学技术部，加强其推动健全新型举国体制、优

化科技创新全链条管理、促进科技成果转化、促进科技和经济社会发展相结合等职能，强化战略规划、体制改革、资源统筹、综合协调、政策法规、督促检查等宏观管理职责。组建国家金融监督管理总局，统一负责除证券业之外的金融业监管，统筹负责金融消费者权益保护，加强风险管理和防范处置，依法查处违法违规行为等。同时，提出深化地方金融监管体制改革，建立以中央金融管理部门地方派出机构为主的地方金融监管体制；将中国证券监督管理委员会调整为国务院直属机构，强化资本市场监管；统筹推进中国人民银行分支机构改革，撤销原有大区分行及其管理机构，在 31 个省（自治区、直辖市）设立省级分行，在深圳、大连、宁波、青岛、厦门设立计划单列市分行，不再保留中国人民银行县（市）支行，并视工作需要，设立派出机构；完善国有金融资本管理体制，加强金融管理部门工作人员统一规范管理等。优化农业农村部职责，将原国家乡村振兴局牵头的防止返贫监测帮扶、组织拟订乡村振兴重点帮扶县和重点地区帮扶政策，开展东西部协作、对口支援、社会帮扶，组织研究提出中央财政衔接推进乡村振兴相关资金分配建议方案并指导、监督资金使用，推动乡村帮扶产业发展，推动农村社会事业和公共服务发展等职责划入农业农村部。在农业农村部加挂国家乡村振兴局牌子，不再保留单设的国家乡村振兴局。完善老龄工作体制，将国家卫生健康委员会的组织拟订并协调落实应对人口老龄化政策措施、承担全国老龄工作委员会的具体工作等职责划入民政部；全国老龄工作委员会办公室改设在民政部，强化其综合协调、督促指导、组织推进老龄事业发展职责；中国老龄协会改由民政部代管。完善知识产权管理体制，将国家知识产权局调整为国务院直属机构，加快推进知识产权强国建设，全面提升知识产权创造、运用、保护、管理和服务水平。

在这次党和国家机构改革中，强化了党对金融工作的领导，推动了农业农村管理工作的整合。更引人注目的是组建中央社会工作部，加强党在社会领域的引领作用、重塑党和社会的关系。中央社会工作部的成立，标志着新型社会工作体系的初步建立。社会工作将以机构重整、职能优化、制度建设等方式，构建更加系统、更为科学的现代社会治理体系。

（三）在发展中保障和改善民生，持续提升人民生活品质

教育改革取得积极成效，教育对经济社会发展的支撑作用进一步增强。不断完善教育优先发展机制，国家财政性教育经费投入占 GDP 的比例连续十年保持在 4% 以上。教育普及水平实现历史性跨越，各级教育普及程度达到或超过中高收入国家平均水平。2023 年，学前教育毛入园率提高到91.1%，九年义务教育巩固率达到 95.7%，高中阶段教育毛入学率提高到91.8%，高等教育毛入学率提高到 60.2%，高等教育实现了从大众化到普及化的变迁。2023 年，全国具备大学文化程度的人口超过 2.18 亿人，职业教育累计培养毕业生 7900 多万人，高等教育在学总规模 4430 万人。服务全民终身学习的教育体系进一步完善，教育数字化、教育开放等方面的改革持续深化，教育条件保障达到新水平。

实施就业优先战略，确保就业稳定增长。2023 年，面对经济运行不确定性因素增多的局面，我国采取了一系列促进就业的举措并取得了显著成就。2023 年 4 月，国务院办公厅发布《关于优化调整稳就业政策措施 全力促发展惠民生的通知》，出台激发活力扩大就业容量、拓宽渠道促进高校毕业生等青年就业创业、强化帮扶兜牢民生底线等措施，确保就业市场稳定和就业质量提升。政府大力支持就业创业，通过实施吸纳就业补贴、社会保险补贴、失业保险稳岗返还等政策，为企业减少用工成本。2023 年，全国城镇新增就业达到 1244 万人。脱贫人口务工规模达到 3397 万人，为巩固拓展脱贫攻坚成果创造了良好的条件。

居民收入持续增长，收入分配制度改革效果显现。居民收入增长与经济增长基本同步。2023 年，城乡居民的人均可支配收入继续增长。全国居民人均可支配收入为 39218 元，较上年实际增长了 6.1%。全国居民人均可支配收入的中位数为 33036 元，增长了 5.3%。其中，城镇居民的人均可支配收入实际增长 4.8%，农村居民的人均可支配收入实际增长 7.6%；农村居民收入增速明显快于城镇居民，城乡居民收入差距继续缩小。脱贫地区居民人均可支配收入年均增长超过 11.0%，脱贫人口的人均纯收入实现较快增

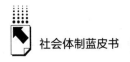

长，生产生活条件显著改善。劳动报酬所占份额持续提高，企业、政府、居民之间分配关系不断调整优化。

持续加大社会保障改革力度，提升社会保障水平。2023年，《社会保险经办条例》出台实施。作为社会保险经办领域首部行政法规，条例明确了经办机构职责，强化了服务管理监督，减少了证明材料，规范了办理时限，完善了管理制度，并强化了监督措施，明确了法律责任。2023年，人力资源和社会保障部等七部门印发《关于推进工伤康复事业高质量发展的指导意见》，推动预防、补偿、康复"三位一体"的工伤保险制度建设，探索建立适合中国国情的工伤康复制度体系。2023年12月，全国人大常委会通过《慈善法》修正案，增设应急慈善相关制度，规范个人求助行为，完善公开募捐制度，加强对慈善活动的领导和监督管理，为慈善事业健康有序发展提供了更加有力的法治保障。2023年10月，国务院审议通过《关于加强低收入人口动态监测 做好分层分类社会救助工作的意见》，强调加强低收入人口动态监测，更加精准、及时、有效地做好社会救助工作，加快形成覆盖全面、分层分类、综合高效的社会救助格局。天津、广西等多地调整了最低工资标准，保障劳动者的基本权益。到2023年底，全国社会保障卡持卡人数达到13.79亿人，覆盖97.7%的人口，社会保障卡在多个领域实现"一卡通"服务，提升了民生服务的效能。

持续深化医疗卫生体制改革，强化人民健康的体制和制度保障建设。中国已经建立世界上规模最大的医疗卫生服务体系，人民健康水平显著提高。2023年，继续完善医疗卫生政府投入机制，深化医疗服务价格改革，推进医保支付方式改革，建立长期护理保险制度，积极发展商业健康保险。健全全民基本医保，动态调整医保药品目录，扩大跨省联网定点医药机构范围，落实异地就医结算，促进多层次医疗保障有序衔接。2023年3月，中办、国办发布《关于进一步完善医疗卫生服务体系的意见》，提出到2025年，医疗卫生服务体系将更加健全，资源配置和服务均衡性逐步提高，重大疾病防控、救治和应急处置能力明显增强。健康中国行动推进委员会办公室发布《健康中国行动2023年工作要点》，提出全方位全周期保障人民健康，涵盖持续推动实施全民健康生活方式行动，加强疫情防控和疫苗接种等健康科普，增强群众自我防范意识和防护能力等方面。深化以公益性为导向的公立医院改革，推进公立医院改革薪酬制度，确保医务人员薪酬与药品、卫生材料、检查、化验等业务收入脱钩。促进优质医疗资源扩容和区域均衡布局，完善专业公共卫生机构管理，加强基层医疗卫生机构管理，确保医疗服务质量安全。拓展乡镇卫生院的服务功能，推进家庭医生签约服务，提升基层医疗服务能力，通过"互联网+医疗健康"优化服务流程，加强社区和农村医疗卫生服务能力建设。调整基本医疗保险、工伤保险和生育保险药品目录，新增了126个药品进入国家医保药品目录。在集中带量采购过程中，采购药品平均降价61.7%，提升了医保药品的可及性和可负担性。2023年，我国人均预期寿命达到78.6岁，孕产妇死亡率和婴儿死亡率均降至历史最低水平。

（四）不断加强和创新社会治理，强化平安建设和应急管理

加强和创新市域和基层社会治理，推进社会治理创新。2023年，党和政府继续推进社会治理体系的完善，强化党委领导、政府负责、社会协同、公众参与、法治保障的社会治理体制。全面提升社会治理能力，提升社会矛盾纠纷预防化解水平，强化社会治安整体防控，完善社会治理体制机制。市域作为社会治理宏观和微观的转承点，是连接中央与基层的重要桥梁。2023年，在中央政法委的领导推动下，市域社会治理现代化试点工作取得重要进展和明显成效。数字治理在市域社会治理中广泛应用，大数据、云计算、人工智能等新技术在社会治理中的作用日益凸显。智慧城市和数字化管理平台，实现了对社会运行的实时监控和快速响应，提高了市域社会治理的精准性和效率。通过党建带群建，提升基层党组织的政治功能和组织力，确保党的全面领导贯穿于基层治理的各环节各方面。推进网格化管理，建立基础网格和微网格，通过精细化服务和管理，提高基层治理的响应速度和解决问题的能力。鼓励和引导群众参与基层治理，通过建立矛盾调解窗口、群众诉求响应机制等方式，提升群众的参与感和满意度。完善矛盾纠纷多元化解机制，创新"网格员+楼栋长"等网格"微治理"模式，及时把矛盾纠纷化解

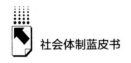

在基层、化解在萌芽状态，维护社会和谐稳定。着力解决人民群众急难愁盼问题，健全基本公共服务体系，提供一站式服务大厅、社区长者食堂、公共图书馆、日间照料中心等，优化基层服务，满足群众多样化的服务需求，体现了基层治理活力和秩序的有机统一。

推进社会安全体系建设，强化应急管理能力。2023 年，政法综治机构加强了对社会治安形势的整体研判、动态监测，注重运用法治思维和法治方式，依法化解社会矛盾、预防打击犯罪、规范社会秩序、维护社会稳定，提升了有效推进平安建设的能力。公安部在全国开展了社会治安防控体系"示范城市"创建活动，全面加强"圈层查控、单元防控、要素管控"，加强街面警务站和巡防力量，提高街面见警率和管事率，有效提升社会治安防控的整体水平，增强了人民群众的安全感。有 59 个城市被命名为全国社会治安防控体系建设示范城市，推动了社会治安防控体系的现代化建设，提升了治安防控的整体性、协同性、精准性。

2023 年，国家出台一系列应急管理政策和法规，大力强化综合性消防救援队伍建设，新建国家安全生产专业救援队和工程抢险专业队伍，提升了应对急难险重灾害事故的能力。加大应急管理科技和装备投入，加强应急机器人研发和应用。面对各类灾害事故风险上升的挑战，应急管理部门和消防救援队伍采取了一系列措施，有效防控重大安全风险。开展全国重大隐患排查整治行动，累计排查重大事故隐患 39.4 万件，并实施了一系列安全治理措施。大力提升基层应急管理能力，加强乡镇街道消防站所的建设，开展全国综合减灾示范县创建，提高了基层的应急响应和救援能力。

二　今后一个时期社会体制改革的重点任务

2024 年，必须把全面深化改革摆在更加突出位置，以经济体制改革为牵引，处理好经济与社会、政府和市场、效率和公平、活力和秩序、发展和安全等重大关系，不断强化制度建设和体制创新，在改革开放中开辟中国式现代化的广阔天地。

（一）健全完善中国特色社会政策体系

"社会政策是为保障和改善民生、促进社会和谐、维护社会公平而制定和实施的公共行动体系。"[①] 如果社会政策的完整性不够，就容易产生"木桶效应"；如果社会政策的制度衔接不好，就会产生"漏洞效应"。我国已经基本建成与经济社会发展相适应的社会政策体系，在保障和改善民生、加强和创新社会治理中发挥了积极作用，下一步需要在如下方面加以健全完善。其一，优化社会投资型、社会发展型政策供给。教育、职业培训、健康等社会政策对于经济增长、社会进步和个人成长具有正向的促进作用，较之其他社会政策具有更加积极的社会价值。"社会政策也因此成为高质量发展的重要基础——既要'兜底'高质量发展带来的新风险、新问题，又要'解绑'发展的桎梏，给高质量发展创造更多空间，还要主动'投资'于高质量发展，成为发展的动力源。"[②] 为此，要走出民生福利只有成本投入没有社会产出的认识误区，加大对社会成员的受教育水平、职业能力提升和身体健康方面的投资，延长受教育年限，提高教育质量，开展面向全体劳动者的终身学习和培训工程，全面提高人口素质。当前和未来一个时期，民生保障的资金压力有可能继续加大，在财政支持"总盘子"有限的情况下，更好统筹运用稀缺的资金资源、向民生投资适度倾斜非常重要。其二，加快补齐家庭政策短板。家庭是初级社会单位，在生育、养老、教育、健康等方面发挥着国家和其他组织所不具备的社会功能。改革开放以来，我国的家庭规模持续缩小、家庭传统功能弱化、家庭文化受到冲击，与家庭相关的社会问题增多。与国际社会许多国家有专门家庭政策主管机构和（或）有专门的家庭政策体系不同，我国许多公共政策直接面向个人而忽视家庭，家庭政策体系不完善。为此，要从理念上重视家庭作用，加快建立面向全体公民的普惠性家庭政策体系，适时建立管理机构，以服务为重心整合家庭政策供给，

---

① 关信平：《进一步加强我国社会政策体系建设》，《中国社会科学报》2024 年 3 月 5 日。
② 房莉杰、潘桐：《以发展谋福祉：中国特色社会政策理念与实践路径》，《中国社会科学》2024 年第 4 期。

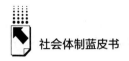

将中华优秀传统文化更好地融入新时代家庭建设之中。其三,不断加强社会政策的衔接协同。受分工负责、分部门主管、分级管理的机构设置和职责安排所限,我国社会政策还存在政策不统一、制度碎片化、政策协同度低等问题,必须更加注重系统集成、强化顶层设计、推进组织联动。要加速社会保障各项制度的全国统一和资金统筹,要实现教育、住房、医疗、托幼、养老、助残、扶弱、济困等各项社会政策对特定群体、特定对象协同发力,要健全覆盖全人群、全生命周期的人口服务体系。

(二)探索构建与新发展阶段相适应的经济—社会政策联动机制

经济—社会是一个复合性的巨系统,内部各要素彼此关联、互相影响。在许多国家的经济社会治理活动中,无论是监测指标的选取、调节措施的制定,还是公共政策的执行、目标实现程度的评估,都已经打破经济—社会两分法的桎梏。比如,美联储货币政策的变动既考虑 GDP 增长率、通货膨胀率等传统意义上的经济指标,也对失业率、消费者信心等传统意义上的社会指标密切关注。"五位一体"总体布局下的经济建设、社会建设也需要建立一套相互嵌入、相互促进的政策循环链条,构建"以发展谋福祉、以福祉促发展"的联动机制。首先,建立健全经济体制改革牵引的公共政策制度框架。发展是硬道理,是解决我国一切问题的基础和关键。贯彻新发展理念,构建新发展格局,实现国内国际经济双循环,让经济活动涉及的各种生产要素及其组合在生产、分配、流通、消费各个环节有机衔接、螺旋上升,是当前的重中之重。这就要求包括社会体制改革在内的各项改革服从服务于经济体制改革、实现高质量发展这个中心任务。要通过收入分配政策合理调节,实现社会成员间的激励相容,调动全体劳动者的创造力。要健全高质量充分就业促进机制,畅通社会流动渠道,让全体社会成员在人生的出彩中为经济社会发展贡献光和热。要加快建设高质量教育体系,健全社会保障体系,提升人民群众的健康水平,为经济发展提供更多高素质人力资源。其次,做好宏观政策出台前的政策取向一致性评估。受传统经济调控理论和宏观管理体制影响,有一个时期我国的财政、货币、产业、税收、区域、城乡、收入分配等政策工具协调性不够,各地、各部门的政策出台还经常出现不合理的打架对冲或叠加倍加,出现了"合成谬误""分解谬误"等非预期后果。为此,要尽快明确公共政策评估范围,完善一致性评估流程,建立政策评估专业团队和数据模型,科学研判政策出台窗口期、节奏、力度、效应。最后,加强事关重大的经济—社会政策研究和储备。当前,全球治理体系赤字严重,战争、恐怖主义、贫困、难民、气候变化、能源危机、公共卫生事件、毒品泛滥、网络安全等问题涌现,单边主义、保护主义、逆全球化思潮上升,个别大国在冷战思维下大搞强权霸凌,我国外部环境变化带来的不利影响增多。国内有效需求不足长时间没有得到很好解决,新旧动能转换速度和程度不及预期,重点领域的风险隐患仍然较多。为此,必须统筹发展和安全,加强对各种风险概率和出现节点的预测预估预判,做好重大经济—社会政策工具研究和储备。

(三)不断提高保障和改善民生制度的精准化程度

在发展中保障和改善民生,是维护社会公平正义、增进人民福祉的基本制度保障,是实现共建共治共享的重要制度安排。改革开放以来特别是党的十八大以来,普惠性、基础性、兜底性民生建设成效显著,我国建成世界上规模最大的教育体系、社会保障体系、医疗卫生体系,为全体民众织就了一张民生安全网。但与实现第二个百年奋斗目标相比,与人民群众不断提升的民生期望相比,民生制度还存在系统性不强、衔接性不好、稳定性不够等问题,影响了总体效能发挥。为此,下一阶段民生建设要做好完善制度体系、提高政策精准度"后半篇"文章。其一,打破教育政策与就业政策的分割,普遍建立校企、校社合作联动机制。增加各级各类学校教育中关于生活常识、职业技能、社会交往、工作实习、社会实践等方面的学习内容,优化职业教育布局结构,推进产教深度融合,全面推行"定单式""预备生"等学校与用人单位衔接机制,解决好就业的结构性矛盾。其二,全面建立集体劳动合同和工资集体协商制度,让"提高居民收入在国民收入分配中的比重、提高劳动报酬在初次分配中的比重"真正落到实处。综合发挥人力资源和社会保障部门、各级工会、各类社会组织的作用，建立劳动者参与劳动合同制定、工资决定、企业管理的机制化平台和渠道。其三，稳步扩大中等收入群体，扎实推进全体人民共同富裕进程。根据高校毕业生、技术工人、中小企业主和个体工商户、进城农民工各自特点，分群体制定推进他们总体进入中等收入群体的帮扶政策。发挥好公有制经济带动共同富裕的作用，营造非公有制经济健康成长的社会环境。降低企业制度性交易成本，鼓励企业技术创新与增加就业"两手抓"。改革完善税收、社会保障、转移支付、慈善等各项制度，切实发挥其分配调节作用。其四，强化民生保障各项制度衔接，在财力允许的条件下逐步提高民生保障水平。加快消除不同群体平等享受民生保障的制度性障碍，提升基本公共服务的均等化水平和可及性。解决好灵活就业人员、新就业形态人员、农民工等参加社会保障、享受住房保障等方面的难题。守牢社会救助保障网，确保脱贫地区不发生规模性返贫，确保失业人员、受灾人员、疾病残疾等特殊困难群体、失智失能老人等不陷入生活困顿、不发生冲击社会底线事件。其五，健全人口发展支持和服务体系。优化生育和养老社会政策，切实降低生育、养育、教育成本，建设生育友好型社会。实施积极应对人口老龄化国家战略，协同发展养老事业和养老产业，促进人口高质量发展。

（四）加快推进城乡融合发展进程

没有农业、农村的现代化，就没有国家的现代化。加快城乡融合发展进程，对于补上农业农村发展短板、拓展我国现代化发展空间、满足人民对美好生活的向往、促进共同富裕具有重大现实意义。其一，以"大农业观""大农村观"为导向推进城乡产业融合。通过对农村产业的现代化改造，促进城乡产业趋同化和一体化。发挥农业生产多样化农产品、提供身心休养环境、接续农耕传统文化等多种功能，促进以"农"为核心的旅游、体验、康养、自然教育、文化等多种业态和经营创新发展。进一步深化农用地制度改革，创新都市农业、近郊农业、假日（周末）农业、托管农业、精致农业等业态和农用地利用模式。其二，以"城乡生活等值"为导向推进城乡人口融合。建立城乡地位平等、福利等值、各有优势、发展资源和机会公平的城乡生活等值理念，建立按常住地登记户口提供基本公共服务制度体系，分阶段、逐步消除城乡居民在教育、社保、医保等方面的待遇不平等的制度，逐步建立城乡人口自由流动迁徙、国家公平提供基本公共服务的制度体系。保持乡村传统生态和独特气质，不断提高乡村人居环境质量，在保持本色中实现乡村的现代转型。防止和制止农村在规划、建设等方面照搬照抄、模仿抄袭城市建筑风格、道路设计和公共空间安排的做法。其三，以"空间统合"为导向推进城乡空间融合。在尊重城乡关系变化规律基础上，通过积极的空间融合政策推进城乡土地利用混同化、多样化。引导大中小城市和小城镇协调发展、集约紧凑布局，推进大中小城市和小城镇立足特色、错位发展，形成产业分工协作、城市精神有别、要素自由流动、彼此网络化联系的新格局。以县城、小城镇作为城乡融合基本单元，持续推进城乡空间融合。研究不同地区县域发展特点，统筹谋划县域范围内的人口布局、产业规划、民生保障、生态保护，以县域内率先实现城乡融合发展推动更大范围的城乡融合。动态把握乡村变化趋势，因地制宜地确定乡村发展模式，提高乡村对城镇化和逆城镇化的调适能力。其四，以"资源增值共享"为导向推进城乡资源流通和融合。用好市场"看不见的手"和政府"看得见的手"两种机制，促进要素流动双向化、资源利用高效化、资源收益共享化。提高建设用地利用效益，建立建设用地指标与常住人口、优先保障产业、重大发展项目相协调制度。继续盘活城乡存量建设用地，用好增减挂钩经验做法，解决城镇、农民集中居住区、园区建设用地不足突出问题。深化承包地"三权分置"改革，唤醒宅基地和农民住房等"沉睡资源"。继续加大农业农村的国家投入，切实提高各类资金投入的效率和效益。其五，以治理体系和治理能力现代化为目标推进城乡治理融合。以建立全国统一的人口管理制度和按常住地登记户口提供基本公共服务为突破口，逐步清理、消除基于户籍登记而建立的差别化福利安排和社会管理制度，面向2035年建立起全体公民公共服务无差异化、可在迁移流动过程中携带并便捷使用的新型福利制度和社会管理体系。补齐农业农村基本公共服务短板，消除导致城乡福利差

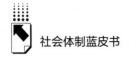

异的制度化因素。建立基于网格化管理、精细化服务、信息化支撑的城乡基层治理"一网统管"和"一网通办"两个平台，认真践行新时代"枫桥经验"，全面提升基层管理服务水平。其六，继续完善区域协调发展战略机制，有效遏制东中西部和南北发展过度分化趋势，促进形成优势互补、合理分工、协同联动的新时代区域协调发展格局。

（五）坚持以人民为中心全面深化改革，进一步激发社会活力

习近平同志指出："我们要坚守人民至上理念，突出现代化方向的人民性。人民是历史的创造者，是推进现代化最坚实的根基、最深厚的力量。现代化的最终目标是实现人自由而全面的发展。"[①] 当前，我国社会大局稳定，制度认同度和社会满意度高，但也存在未来预期偏弱、参与热情偏低的情况，必须通过改革，将隐藏在群众中的创新创造活力释放和激发出来。其一，处理好政府和市场的关系，充分激发微观市场主体活力。党的二十届三中全会的《决定》提出了"制定民营经济促进法""深入破除市场准入壁垒""完善民营企业参与国家重大项目建设长效机制""健全涉企收费长效监管和拖欠企业账款清偿法律法规体系""清理和废除妨碍全国统一市场和公平竞争的各种规定和做法""防止和纠正利用行政、刑事手段干预经济纠纷""健全依法甄别纠正涉企冤错案件机制"等实实在在的举措，下一步要真正把这些措施落地落实落细，并通过制度建设防止政策"翻烧饼"，让各类市场主体特别是非公有制企业吃"定心丸"，激发它们投资创业的热情。其二，处理好政府和社会的关系，充分激发民间社会活力。健全党组织领导的自治、法治、德法相结合的城乡基层治理体系，特别是用好村规民约、社区公约、社区议事说事、社区矛盾纠纷化解等自治性力量。加快健全社会工作体制机制，切实减轻基层负担。建立社区与社会工作者、社会组织、志愿者、慈善资源的链接联动机制，鼓励各类社会组织健康成长、发挥作用，建设人人有责、人人尽责、人人享有的社会治理共同体。其三，构建支持创

---

① 习近平：《必须坚持人民至上》，《求是》2024 年第 7 期。

新、鼓励奉献、包容失误的体制机制，调动每个社会成员的主体能动性。说到底，社会活力是每个社会成员追求个人幸福和成功的信心、勇气和行动。要清除阻碍社会成员向上流动的不合理制度和各种限制，完善促进权利公平、机会公平、规则公平的体制机制。加强战略科学家、一流科技领军人才和创新团队培养，关爱和培育技术工人、青年创新人才、普通科研人员等各种人才。要加强制度创新，保证各级干部敢做善为，承认和尊重企业家的社会贡献，为专业技术人员创造更加宽松的发展环境，为中低社会阶层营造更多向上流动的阶梯、创造更多发展机会，让各阶层、各群体都心情舒畅、信心满怀。

参考文献

本书编写组编著《党的二十大报告辅导读本》，人民出版社，2022。

本书编写组编著《〈中共中央关于进一步全面深化改革、推进中国式现代化的决定〉辅导读本》，人民出版社，2024。

龚维斌、张林江等：《当代中国社会结构（2010～2020）》，社会科学文献出版社，2021。

国家统计局：《中华人民共和国 2023 年国民经济和社会发展统计公报》，以及历年统计年鉴。

何虎生、雷引杰：《深刻把握活力与秩序的辩证关系》，《北京日报》2023 年 4 月 24 日。

李志勇：《以全面深化改革增强社会活力》，《学习时报》2024 年 6 月 24 日。

习近平：《在民营企业座谈会上的讲话》，《人民日报》2018 年 11 月 2 日。

习近平：《推进中国式现代化需要处理好若干重大关系》，《求是》2023 年第 19 期。

公共服务篇 ⟩⟩

B.2
2023年中国教育体制改革进展与展望

朱国仁*

摘　要：　回顾2023年，我国教育事业发展取得新成就，一系列重大教育政策的出台和实施，推动教育体制改革取得新进展，主要体现在："双减"工作持续稳步推进；构建优质均衡基本公共教育服务体系，基础教育扩优提质全面推进；高等教育结构持续优化，服务国家和区域经济社会发展能力不断增强；学校家庭社会协同育人机制进一步健全；习近平同志发表重要讲话，为教育强国建设提供了系统科学指引。展望2024年，教育体制改革将以建设教育强国为引领得到进一步全面深化。改革的重点将体现在：进一步完善党对教育事业全面领导的体制机制；以培养拔尖创新人才为着力点，深化人才培养体制机制改革；以增强教育服务经济社会发展能力为方向，进一步优化教育布局和结构；进一步全面推进依法治教，为建设教育强国提供法治保障；适应教育数字化转型发展，加快推进教育数字治理体系和治理能力建设；以

* 朱国仁，博士，中共中央党校（国家行政学院）进修二部副主任（正局长级），研究员，主要研究方向为教育管理与教育政策。

增强我国教育国际影响力为目标，进一步完善教育对外开放战略策略。

关键词： 体制改革 教育强国 依法治教 数字治理

一 进展：2023年教育体制改革的主要举措

2023年是全面贯彻党的二十大精神的开局之年，也是实施国家"十四五"规划承上启下的关键之年。在以习近平同志为核心的党中央坚强领导下，我国新冠疫情防控实现平稳转段、取得重大决定性胜利，经济恢复发展，社会大局稳定，各项改革纵深推进。教育事业稳步发展、教育体制改革持续深化，取得新的进展。

（一）"双减"工作持续稳步推进

2023年，"双减"政策实施进入第三个年头，教育部第三次把"双减"督导列为年度教育督导"一号工程"，持续推进"双减"政策落实落细。5月31日，习近平在北京育英学校考察时强调，"'双减'政策落地有一个过程，要久久为功。要引导家长、学校、社会等各方面提高认识，推动落实好'双减'工作要求，促进学生全面发展"。[①] 进一步明确了"双减"工作的要求和方向。为巩固"双减"工作成果，教育部或会同其他部门先后出台了相应的政策。

一是推进校外培训治理的规范化和法治化。3月，教育部办公厅等五部门联合印发《校外培训机构财务管理暂行办法》，明确了面向3~6岁学龄前儿童、中小学生开展校外培训的校外培训机构财务管理的基本原则和主要任务，就财务管理体制、资金筹集、资金运营、资产和负债管理、收益分配、财务清算、财务监督等方面，作出了具体的规定，对规范校外培训机构经济

[①] 《习近平在北京育英学校考察时强调 争当德智体美劳全面发展的新时代好儿童 向全国广大少年儿童祝贺"六一"国际儿童节快乐 蔡奇丁薛祥陪同考察》，《人民日报》2023年6月1日，第1版。

行为、加强财务管理提供了依据。为加强校外培训机构从业人员准入管理，提升监管数字化水平，把好校外培训机构从业人员入口关，7月，教育部办公厅发布《关于做好校外培训机构从业人员准入查询工作的通知》，要求对中小学生及3周岁以上学龄前儿童的学科类和非学科类校外培训机构拟聘用的工作人员（包括教学人员、教研人员和其他人员）的相关信息，在入职前应使用全国校外教育培训监管与服务综合平台（7月24日正式上线运行）做好查询工作。为提升校外培训治理规范化、法治化水平，提高执法效能，遏制校外培训中的各种违法行为，9月，教育部颁布《校外培训行政处罚暂行办法》（以下简称《暂行办法》）。《暂行办法》明确了适用对象、处罚实施的原则和处罚的种类，对处罚的实施机关、管辖和适用，违法行为和法律责任，处罚程序和执行，执法监督等作出了具体的规定。《暂行办法》的颁布实施，为校外培训行政处罚工作提供了执法依据。继2022年12月教育部等十三部门印发《关于规范面向中小学生的非学科类校外培训的意见》，2023年7月，教育部办公厅等四部门联合印发《关于在深化非学科类校外培训治理中加强艺考培训规范管理的通知》。

二是加强对校外培训的风险提醒。3月，教育部要求加快对非学科类培训机构的审批登记工作，同时，先后会同中国消费者协会向家长发布校外培训报班风险警示，并部署开展"平安消费"专项行动；会同公安部发布关于防范以校外培训退费名义实施电信网络诈骗的警示；会同公安部、国家消防救援局联合部署开展中小学生校外培训"安全守护"专项行动，并就中小学生舞蹈等体育艺术类校外培训作出安全提醒。此外，教育部还继续进行寒、暑假期间的校外培训专项治理工作，持续推进涉校外培训的群众投诉举报核查处置和学科类隐形变异培训防范治理工作。据教育部2023年6月公布的情况，最近两批次校外培训问题投诉举报线索较最高峰时期分别下降了95.8%和94.8%，校外培训治理工作取得明显成效。①

---

① 教育部：《教育部持续推进涉校外培训的群众投诉举报核查处置工作 问题数量稳步下降》，教育部网站，2023年6月13日。

三是义务教育课后服务工作得到进一步规范。义务教育课后服务的规范以及服务的质量和水平关乎整个"双减"工作的进展，12月，教育部办公厅等四部门联合印发《关于进一步规范义务教育课后服务有关工作的通知》，提出了严禁随意扩大范围、严禁强制学生参加、严禁增加学生课业负担、严禁以课后服务名义乱收费、严禁不符合条件的机构和人员进校提供课后服务的要求，明确了课后服务应开展的活动内容、规范课后服务收费的要求和依据、第三方机构进校园参与课后服务工作、进一步提高课后服务质量等方面的问题。

四是在教育"双减"中加强中小学科学教育。习近平同志在2023年2月21日中共中央政治局第三次集体学习时，从实现科技自立自强和人才自主培养的长远和战略高度，指出"要在教育'双减'中做好科学教育加法，激发青少年好奇心、想象力、探求欲，培育具备科学家潜质、愿意献身科学研究事业的青少年群体"。[①] 为落实这一重要指示，5月，教育部等十八部门联合印发《关于加强新时代中小学科学教育工作的意见》，提出了中小学科学教育工作的指导思想、工作原则、主要目标和主要措施。随着一系列"双减"政策的出台和落实，"双减"工作不断推进，"校外培训明显降温，校内服务有效提升，学生和家长总体负担正在逐步减轻，'双减'工作取得阶段性进展。"[②]

（二）构建优质均衡基本公共教育服务体系，基础教育扩优提质全面推进

基础教育包括学前教育、义务教育和高中教育，在国民教育体系中处于基础性、先导性地位，属于基本公共教育服务范畴，是教育强国建设的基点。构建优质均衡的基本公共教育服务体系，推进基础教育扩优提质，既是

[①] 《习近平在中共中央政治局第三次集体学习时强调 切实加强基础研究 夯实科技自立自强根基》，《人民日报》2023年2月23日，第1版。

[②] 教育部：《教育部召开全国"双减"工作推进会暨"双减"工作专门协调机制全体会议》，教育部网站，2023年7月21日。

建设高质量教育体系的必然要求，也是满足人民对更加公平、更高质量教育的期盼和服务国家战略需要的必由之路。《国家中长期教育改革和发展规划纲要（2010-2020年）》确定的"到2020年建成覆盖城乡的基本公共教育服务体系"目标已经实现，我国基础教育得到了快速发展。据统计，2023年，我国学前教育毛入园率、九年义务教育巩固率、高中阶段毛入学率分别达到91.1%、95.7%、91.8%，基础教育师资状况、办学条件都有明显改善。[①] 但对照人民群众对基础教育的期盼和国家发展需要，还有一定差距。2020年11月2日习近平同志主持召开中央全面深化改革委员会第十六次会议时强调，"要围绕服务国家战略需要，聚焦人民群众所急所需所盼，着力构建优质均衡的基本公共教育服务体系，加快缩小区域、城乡差距。"[②] 明确提出了"构建优质均衡的基本公共教育服务体系"的新要求。

从建成基本公共教育服务体系到构建优质均衡的基本公共教育服务体系，是由重量的发展到重质的提升的转变，是对人民更高水平教育公平追求的回应，是坚持以人民为中心发展教育和办好人民满意的教育的具体体现。2023年6月，中办、国办印发《关于构建优质均衡的基本公共教育服务体系的意见》（以下简称《意见》），提出了构建优质均衡基本公共教育服务体系的总体要求，明确了建设的目标，即"到2027年，优质均衡的基本公共教育服务体系初步建立，供给总量进一步扩大，供给结构进一步优化，均等化水平明显提高。到2035年，义务教育学校办学条件、师资队伍、经费投入、治理体系适应教育强国需要，市（地、州、盟）域义务教育均衡发展水平显著提升，绝大多数县（市、区、旗）域义务教育实现优质均衡，适龄学生享有公平优质的基本公共教育服务，总体水平步入世界前列"。这与建成教育强国和实现教育现代化的目标是一致的，说明优质均衡的基本公共教育服务体系也是教育强国和教育现代化的题中应有之义。《意见》就全

---

① 教育部发展规划司：《2023年全国教育事业发展基本情况》，教育部网站，2024年3月1日。

② 《习近平主持召开中央全面深化改革委员会第十六次会议强调 全面贯彻党的十九届五中全会精神 推动改革和发展深度融合高效联动》，新华网，2020年11月2日。

面保障义务教育优质均衡发展、大力提高家庭经济困难学生应助尽助水平、统筹做好面向学生的其他基本公共服务3个方面，提出了11条具体措施要求，为构建优质均衡的基本公共教育服务体系提供了基本依据。为落实《意见》要求，教育部、国家发展改革委、财政部于8月联合印发《关于实施新时代基础教育扩优提质行动计划的意见》，决定组织实施新时代基础教育扩优提质行动计划。该行动计划包括以推进优质普惠为目标的学前教育普惠保障行动、以加快优质均衡发展为目标的义务教育强校提质行动、以促进优质特色发展为目标的普通高中内涵建设行动、以强化优质融合发展为目标的特殊教育学生关爱行动、以促进学生全面发展为目标的素质教育提升行动、以提高师资保障水平为目标的高素质教师队伍建设行动、以赋能高质量发展为目标的数字化战略行动、以激发学校办学活力为目标的综合改革攻坚行动等8项重大行动，主要目标是"到2027年，适应新型城镇化发展和学龄人口变化趋势的城乡中小学幼儿园学位供给调整机制基本建立，优质教育资源扩充机制更加健全，学前教育优质普惠、义务教育优质均衡、普通高中优质特色、特殊教育优质融合发展的格局基本形成"，同时还明确了要达到的各项具体指标。行动计划的实施必将对新时代我国基础教育高质量发展和优质均衡的基本公共教育服务体系建成，发挥重要的促进作用。

在推动基础教育改革、促进基础教育高质量发展方面，教育部在2023年也出台了一些重大举措。如5月出台并正式启动《基础教育课程教学改革深化行动方案》，提出实施课程方案落地规划、教学方式变革、科学素养提升、教学评价牵引、专业支撑与数字赋能等5项行动14条具体措施；7月，印发《关于实施国家优秀中小学教师培养计划的意见》，提出"推动高水平高校为中小学培养研究生层次高素质教师，让优秀的人培养更优秀的人，夯实拔尖创新人才培养基础"的"国优计划"，确定首批支持30所"双一流"建设高校作为试点，从2023年开启"国优计划"研究生培养；8月，召开全国基础教育教研工作会议，提出了健全教研体制机制、加强中小学教研和更好服务基础教育教学改革的要求；印发《关于开展国家基础教育教师队伍建设改革试点的通知》，确定10个地区为试点并启动试点工作。

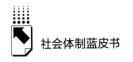

（三）高等教育结构持续优化，服务国家和区域经济社会发展能力不断增强

高等教育与经济、科技发展密切相关，通过各类高素质专业化人才培养和科技创新发展，服务经济社会高质量发展、支撑中国式现代化建设，是建设教育强国的龙头。党的十八大以来，我国高等教育实现了由大众化到普及化的跨越式发展，毛入学率从 2012 年的 30% 增长到 2023 年的 60.2%，各类高等教育总规模从 3325 万人增长到 4763.19 万人，稳居世界第一高等教育大国，整体水平进入世界第一方阵，彻底告别了高等教育短缺的时代。① 提高人才培养质量、优化结构、增强服务国家经济社会发展的能力，已成为近年来我国高等教育改革的重点。2023 年的改革主要体现在三个方面。

一是优化学科专业结构。党的二十大提出"加强基础学科、新兴学科、交叉学科建设，加快建设中国特色、世界一流的大学和优势学科"。2023 年的政府工作报告作出了"深入实施'强基计划'和基础学科拔尖人才培养计划，建设 288 个基础学科拔尖学生培养基地，接续推进世界一流大学和一流学科建设，不断夯实发展的人才基础"的部署。习近平同志强调，"要把加快建设中国特色、世界一流的大学和优势学科作为重中之重，大力加强基础学科、新兴学科、交叉学科建设，瞄准世界科技前沿和国家重大战略需求推进科研创新，不断提升原始创新能力和人才培养质量"。② 2023 年 2 月，教育部等五部委印发《普通高等教育学科专业设置调整优化改革方案》（以下简称《方案》），对到 2035 年调整优化高等教育学科专业设置工作做出部署。《方案》明确了改革的指导思想、工作原则（即服务国家发展、突出优势特色、强化协同联动）和工作目标（包括到 2025 年和到 2035 年两个阶段）；从改进高校学科专业设置、调整、建设工作，强化省级学科专业建设统筹和管理，优化学科专业国家宏观调控机制 3 个方面，提出了 19 条具体

---

① 教育部：《2012 年全国教育事业发展统计公报》，教育部网站，2013 年 8 月 16 日；教育部发展规划司：《2023 年全国教育事业发展基本情况》，教育部网站，2024 年 3 月 1 日。
② 习近平：《扎实推动教育强国建设》，《求是》2023 年第 18 期。

改革措施，为我国高等教育学科专业结构优化改革提供了指引和遵循。教育部基于《方案》要求，组织开展了 2023 年度普通高等学校本科专业设置和调整工作，全国高校共 1719 个专业点得到备案和审批，其中新增备案专业点 1456 个、审批专业点 217 个，调整学位授予门类或修业年限专业点 46 个。① 为维护人民生命健康，服务健康中国建设，加强新医科建设，加快具有适应性、引领性的新医科专业布局建设，培养医学和健康领域急需紧缺复合型人才，2023 年 12 月，教育部办公厅印发《服务健康事业和健康产业人才培养引导性专业指南》，设置了 5 个新医科人才培养引导性专业。

二是持续优化区域布局结构。党的十八大以来，党中央高度重视中西部地区的发展，大力支持中西部高等教育发展，2021 年，中办、国办印发了《关于新时代振兴中西部高等教育的意见》。2023 年 6 月，教育部在兰州组织召开新时代振兴中西部高等教育工作会暨教育强国战略咨询会，发布了《全面振兴中西部高等教育"兰州倡议"》，提出，通过全面振兴中西部高等教育，支撑和引领中西部地区高质量发展。5 月，教育部办公厅印发《关于做好 2023 年中央财政支持中西部农村订单定向免费本科医学生招生培养工作的通知》，2023 年中央财政支持高等医学院校为中西部乡镇卫生院培养 6150 个订单定向免费五年制本科医学生。10 月，教育部在银川召开了教育数字化助力中西部地区教育高质量发展推进会。

三是优化研究生层次人才培养结构。研究生教育在创新拔尖人才培养和提升高层次人才自主培养能力方面具有独特地位和作用。2023 年，我国共招收研究生 130.17 万人，在学研究生 388.29 万人，② 是世界上规模第二的研究生教育大国。适应国家发展对不同类型高层次创新型人才的需要，我国实行了学术学位与专业学位研究生教育分类发展、学术创新型人才和实践创新型人才分类培养的制度，基本形成了学术学位与专业学位研究生教育分类

---

① 教育部：《教育部公布新一批普通高等学校本科专业备案和审批结果》，教育部网站，2024 年 3 月 19 日。
② 教育部发展规划司：《2023 年全国教育事业发展基本情况》，教育部网站，2024 年 3 月 1 日。

发展的格局。为完善两类学位的设置、布局、规模和结构，健全中国特色学位与研究生教育体系，有力支撑教育强国、科技强国、人才强国建设，11月，教育部印发《关于深入推进学术学位与专业学位研究生教育分类发展的意见》，明确了到 2027 年我国学术学位与专业学位研究生教育分类发展的指导思想、基本原则和总体目标，提出了始终坚持学术学位与专业学位研究生教育两种类型同等地位、深入打造学术学位与专业学位研究生教育分类培养链条、大力推进重点领域的分类发展改革实现率先突破、加强学术学位与专业学位研究生教育分类发展的组织保障等 4 个方面 12 条具体措施。

（四）学校家庭社会协同育人机制进一步健全

学校家庭社会协同育人机制是营造良好的育人环境、形成学校家庭社会育人合力、落实立德树人根本任务、促进青少年儿童健康成长、培养德智体美劳全面发展的社会主义建设者和接班人的重要保障，对此，习近平同志高度重视并多次作出重要论述，党中央、国务院也作出了相应的决策部署。《中共中央关于制定国民经济和社会发展第十四个五年规划和二〇三五年远景目标的建议》、党的二十大报告都明确提出要"健全学校家庭社会协同育人机制"，《中华人民共和国家庭教育促进法》明文规定："各级人民政府指导家庭教育工作，建立健全家庭学校社会协同育人机制。"《中华人民共和国未成年人保护法》也有相应的规定。近年来，各地为推动学校家庭社会协同育人进行了积极探索，取得了明显成效，但还存在一些亟待解决的突出问题。为此，在深入研究、认真总结经验、广泛充分征求意见的基础上，2023 年 1 月，教育部等十三部门联合发布了《关于健全学校家庭社会协同育人机制的意见》，明确了健全学校家庭社会协同育人机制的指导思想、"育人为本、政府统筹、协同共育、问题导向"的工作原则和"到'十四五'时期末，政府对学校家庭社会协同育人工作的统筹领导更加有力，制度体系基本建立健全""到 2035 年，形成定位清晰、机制健全、联动紧密、科学高效的学校家庭社会协同育人机制"的主要目标，还就学校充分发挥协同育人主导作用、家长切实履行家庭教育主体责任、社会有效支持服务全面育人、强化实施保障等方面提出了 12 条具体要求，为完善学校家庭社会协同育人机制、推进学校家庭社会协同育人工作、形成学校家庭社会协同育人新格局提供了指导和遵循。

（五）教育强国建设有了系统的科学指引

建设教育强国是党中央作出的重大决策部署，是强国建设、民族复兴的基础工程，是我国建成教育大国后向建设教育强国迈进的合乎教育发展逻辑的必然选择。党的十九大以来，建设教育强国逐步被提上重要议程。2019年 2 月，中共中央、国务院印发《中国教育现代化 2035》，提出到 2035 年，我国总体实现教育现代化，迈入教育强国行列。党的十九届五中全会和党的二十大明确了到 2035 年建成教育强国的目标。2021 年 4 月和 5 月，国家发改委或会同有关部门，先后印发实施《教育强国推进工程中央预算内投资专项管理办法》和《"十四五"时期教育强国推进工程实施方案》，启动了教育强国推进工程。教育强国建设取得了积极进展。

党的十八大以来，习近平同志就建设教育强国作出了一系列重要论述。2023 年 5 月 29 日，中共中央政治局就建设教育强国进行第五次集体学习。习近平同志主持并发表重要讲话，从社会主义现代化强国建设和中华民族伟大复兴全局和长远的战略高度，对建设什么样的教育强国和怎样建设教育强国等一系列重大理论和实践问题，作出了全面系统深刻的阐述，为建设中国特色社会主义教育强国提供了系统的科学指引和根本遵循。"教育兴则国家兴，教育强则国家强"。习近平同志指出"建设教育强国，是全面建成社会主义现代化强国的战略先导，是实现高水平科技自立自强的重要支撑，是促进全体人民共同富裕的有效途径，是以中国式现代化全面推进中华民族伟大复兴的基础工程"[1]，阐明了建设教育强国的重大战略意义；明确我们要建设的教育强国的本质属性，教育强国建设的根本保证、根本任务、根本目标、重要使命、基本路径、核心功能、最终目的、

---

① 习近平：《扎实推动教育强国建设》，《求是》2023 年第 18 期。

根本要求等，为建设教育强国指明了方向；从培养担当民族复兴大任的时代新人、加快建设高质量教育体系、全面提升教育服务高质量发展的能力、在深化改革创新中激发教育发展活力、增强我国教育的国际影响力、培养高素质教师队伍等方面，对建设教育强国提出了具体要求，提供了科学指导。到 2035 年实现建成教育强国目标，时间紧迫，任重道远。为贯彻落实习近平总书记的重要讲话精神，2023 年，教育部启动教育强国建设规划纲要编制工作，并先后在上海、北京、武汉、兰州、大连、广州、乌鲁木齐等地组织召开区域教育强国战略咨询会，就推进教育强国建设和区域教育发展进行咨询调研。

二 展望：以建设教育强国为引领，进一步全面深化教育体制改革

我国已进入以中国式现代化全面推进强国建设、民族复兴伟业的关键时期和进一步全面深化改革、推进中国式现代化的新阶段，各领域的改革将全面深入展开。在教育领域，建成教育强国已成为进一步全面深化教育改革的主要目标。与教育大国相比，教育强国的教育是一种全新的教育形态，是既具有本国特色又具有国际水准的教育，不仅教育普及程度高、教育质量和效益好、教育服务国家经济社会发展能力强、教育保障水平高、教育国际竞争力与影响力大，而且教育治理体系完善、高效等。习近平同志指出："从教育大国到教育强国是一个系统性跃升和质变，必须以改革创新为动力。要坚持系统观念，统筹推进育人方式、办学模式、管理体制、保障机制改革，坚决破除一切制约教育高质量发展的思想观念束缚和体制机制弊端，全面提高教育治理体系和治理能力现代化水平。"① 2024 年 3 月 5 日，在参加十四届全国人大二次会议江苏代表团审议时的讲话中，习近平同志强调："要深化科技体制、教育体制、人才体制等改革，着力打通束缚新质生产力发展的堵

---

① 习近平：《扎实推动教育强国建设》，《求是》2023 年第 18 期。

点卡点。"① 新时期新阶段进一步全面深化教育体制改革，必须坚持以习近平总书记关于教育的重要论述为指导，全面推进党的二十大、党的二十届三中全会有关重大决策部署，坚持系统观念，坚持目标导向和问题导向，以教育强国建设为引领，加快推进教育治理体系和治理能力现代化，着力破除制约教育高质量发展的深层次体制机制障碍，加快建立健全与教育强国相适应的教育体制。

（一）进一步完善党对教育事业的全面领导体制机制

我国是中国共产党领导的社会主义国家，我们要建设的教育强国，是中国特色社会主义教育强国。我们的教育体制是中国共产党领导的中国特色社会主义教育体制，是中国特色社会主义制度的重要组成部分。党对教育事业全面领导的体制机制是中国特色社会主义教育体制的核心内涵。坚持和完善党对教育事业全面领导的体制机制既是教育强国建设的根本保证，也是建立健全与之相适应的教育体制的首要任务。党的十八大以来，随着一系列相关制度的建立，党对教育事业的全面领导体制基本建成并不断完善，党对教育工作的领导不断加强，保证了教育改革发展的正确方向和教育事业的健康发展。

新时期新阶段加快推进教育强国建设，必须继续坚持和加强党的全面领导，进一步完善党的领导体制机制，一要完善党在中央与地方教育改革发展中的领导机制，坚持党中央集中统一领导，充分发挥地方党委在谋划和推动本地区教育改革发展中的积极性、主动性和创造性。二要健全地方党委对本地区所辖学校党组织的领导体制，制定相关制度，进一步明确地方党委与学校党组织在学校领导中的关系。三要完善各级各类学校党的领导体制，健全学校党的组织及其运行机制，扎实推进相关制度政策的落实。四要加强各级各类学校内各级（如高校内部校、院、系等）党组织建设，明确和健全各级党组织职责和作用发挥机制。

---

① 习近平：《全面深化改革开放，为中国式现代化持续注入强劲动力》，《求是》2024年第10期。

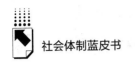

（二）深化人才培养体制机制改革，着力培养拔尖创新人才

习近平同志指出："培养创新型人才是国家、民族长远发展的大计。当今世界的竞争说到底是人才竞争、教育竞争。要更加重视人才自主培养，更加重视科学精神、创新能力、批判性思维的培养培育。"[①] 党的二十大明确要求，全面提高人才自主培养质量，着力培养拔尖创新人才。这是实现高水平科技自强自立、打破国外技术封锁、赢得国际竞争的战略选择，也是建设教育强国、科技强国、人才强国的内在要求。要实现这一要求，必须进一步深化人才培养体制机制改革。

一是要建立拔尖创新人才培养贯通机制。"创新人才的培养需要环境，更需要过程，不能一蹴而就，也绝不应只是大学或者科研院所的任务，而应是一个系统工程，应打通教育的各个阶段，从大学、科研院所到高中、初中、小学甚至幼儿园几级教育要形成联动，形成一个对拔尖创新人才发现、保护、激励、科学引导的机制"。[②] 要重视在各学段发现、选拔、培养具有创新潜力和特殊能力的学生，做到早发现、早培养，形成贯通初等教育、中等教育、高等教育的一体化拔尖创新人才培养体系。统筹并进一步完善"中学生英才计划"、"强基计划"和"基础学科拔尖人才培养计划"等创新拔尖人才培养计划。

二是要创新人才培养模式。各级各类学校要在坚持全面素质培养的基础上，创新人才培养模式，重视和满足学生个性化需求，科学引导、因材施教。支持探索大中小学拔尖创新人才协同培养，为具有创新潜力和特殊能力的学生提供精准指导。

三是要建立健全科学的拔尖创新人才识别、评价机制。加大拔尖创新人才培养研究力度，制定科学的拔尖创新人才识别、评价标准和相应的机制。在此基础上，建立创新拔尖人才培养对象的确定和退出机制。

---

① 习近平：《努力实现高水平科技自立自强》，载《习近平谈治国理政》（第四卷），外文出版社，2022，第202页。
② 刘彭芝：《为新时代培养更多创新人才》，《人民日报》2018年2月1日，第17版。

四是要健全拔尖创新人才培养保障机制。建立拔尖创新人才培养组织和指导机构，为拔尖创新人才培养提供指导服务；加大拔尖创新人才培养支持力度，专项提供经费支持、资源配置、专家指导、条件保障；扎实推进并逐步拓展"国有计划"，实施中小学教师专项培训，为中小学拔尖创新人才培养提供师资保证；进一步深化中招、高招、研招制度改革，为具有创新潜力和特殊能力学生成长提供更便捷通道。

（三）优化教育布局和结构，增强教育服务经济社会发展能力

当前，我国人口变化的新特点、科技革命和产业变革的新形势、发展新质生产力的新要求、国家战略和区域经济社会发展的新需求，为我国教育发展带来新的挑战和机遇，迫切需要优化教育布局、结构和教育资源调整，提升教育服务高质量发展能力。

一是要根据人口结构和社会结构变化趋势，加快教育布局调整和优化教育资源配置。应对少子化和区域人口增减分化趋势，各地区要根据本地情况加快调整基础教育布局，整合和优化基础教育资源配置，合理规划、调整和布局幼儿园、中小学，推动区域特别是县域城乡基本公共教育服务优质均衡发展，同时，国家层面要坚持高等教育内涵式发展，重视和长远谋划高等学校未来布局。应对老龄化趋势，重视和加快继续教育和老年教育事业发展。

二是要建立健全职业教育专业和高等教育学科专业布局与结构动态调整机制。职业教育和高等教育与经济社会发展直接关联，职业教育专业和高等教育学科专业必须适应科技革命与产业变革和发展新质生产力对科技和人才需求，加快建立动态调整机制，"要根据科技发展新趋势，优化高等学校学科设置、人才培养模式，为发展新质生产力、推动高质量发展培养急需人才"。①

三是要合理规划和调整高等教育布局。新设置高等学校向国家战略需

---

① 习近平：《发展新质生产力是推动高质量发展的内在要求和重要着力点》，《求是》2024年第11期。

要、经济社会发展急需和生源较多、高等学校相对较少的地区或省份倾斜。进一步加大中西部高等教育发展支持力度，助力中西部经济社会发展。在优质高等教育资源富集地区着力打造若干具有世界竞争力和影响力的世界重要高等教育中心、高层次人才培养与聚集高地和科技创新中心，提升高等教育服务国家战略与区域发展能力。支持地方高等教育特别是应用型高等教育发展，推进地方高等教育与地方经济社会发展融合，增强地方高等教育服务地方经济社会发展的能力。

（四）进一步全面推进依法治教，在法治轨道上建设教育强国

党的十八大以来，教育法治化进程加快。已有教育法律法规的修订和新的教育法律法规的颁布和实施，推动中国特色社会主义教育法治不断完善，为全面推进依法治教提供了有力的法律保障。党的二十大提出了"在法治轨道上全面建设社会主义现代化国家"的要求。建设教育强国必须加快教育治理体系与治理能力现代化，必须进一步全面推进依法治教。

一是要进一步完善中国特色社会主义教育法律法规体系。加快学前教育法、成人教育法、考试法、终身学习法等相关教育法律的制定，适时启动中华人民共和国教育法典的编纂，加快相关教育法规的修订和制定。

二是要进一步加大教育法律法规的宣传普及力度。随着新的教育法律法规的颁布实施，教育法律法规的宣传、普及、教育工作亟待加强，要让全社会特别是教育相关主体真正知晓、理解、掌握相关法律法规，牢固树立法治观念，养成遵法、信法、守法习惯，善于用法治思维和法治方式开展教育工作。

三是要进一步推进教育法律法规实施。各级政府特别是教育行政管理部门要严格履行法律责任，依法推进本地区教育发展改革；配齐中小学法制副校长，加强高等学校法治工作，全面推进依法治教、依法办学、依法治校。

四要进一步加强教育执法监督检查。健全各级人大、政协的教育执法监督检查制度和各级政府的教育督导制度，强化教育监督检查和督导结果的运用及问责机制，推动教育法律法规全面有效实施，以法治力量护航教育强国建设，推动教育高质量发展。

（五）加快推进教育数字治理体系和治理能力建设

习近平同志指出："教育数字化是我国开辟教育发展新赛道和塑造教育发展新优势的重要突破口。"① 近年来，我国积极推动教育数字化转型，实施数字教育2020行动计划和高等学校人工智能创新行动计划、全面推进教育数字化战略行动，取得显著成就。建成世界规模最大的智慧教育公共服务平台，建设教育数字化转型发展试点区和示范区、智慧教育示范区、教育信息化2.0试点省，推介"人工智能+高等教育"典型应用场景案例，举办国际人工智能与教育会议、世界慕课与在线教育大会、世界数字教育大会，网络技术、数字技术、人工智能技术在教育领域得到广泛应用，有力赋能教育高质量发展和教育强国建设，我国教育数字化走在了世界前列。在教育数字化全面推进的同时，教育数字化治理体系和治理能力建设也取得了一定进展，但相比数字技术在教育教学过程中的应用，尚显滞后。教育数字化治理既是教育数字化转型发展的保障，也是教育数字化的题中应有之义。

在全面推进教育数字化转型进程中，加快推进教育数字治理体系和治理能力建设，一是要加快推进与教育数字化转型发展相适应的教育治理体系建设。在谋划和推进教育数字化转型中，同步推进数字教育相关法律法规和制度建设。要充分考虑和防范新的数字技术特别是颠覆性技术（如生成式人工智能、元宇宙等）在教育中应用可能带来的各方面风险挑战，及时研究相应对策、完善相关规制、有效预防治理缺项和漏洞。二是要加强数字技术在教育治理中的应用。数字技术应用于教育治理是推动教育治理模式创新的突破口，有助于提升教育治理的高效化、精准化、科学化水平，是提升教育数字治理能力的基础。要加快教育数字化技术基础建设，完善教育数字化治理服务平台和数据供给与技术保障机制，在教育决策、教育和学校治理、教育评价等过程中推广、应用数字技术。三是要提高教育治理者的数字素养和能力。提升教育治理者的数字素养和能力是提升教育数字治理能力的关键。

---

① 习近平：《扎实推动教育强国建设》，《求是》2023年第18期。

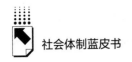

在建立健全教育管理部门和学校数字管理机构与专业队伍的同时，要加强对教育治理者数字技术及其应用方面的培训，着力提高教育治理者的数字素养和增强其数字治理的能力与意识。

（六）完善教育对外开放战略策略，着力增强我国教育国际影响力

教育开放水平和国际影响力是衡量教育强国的重要指标。进入新时代以来，尽管面临复杂多变的国际形势，我国始终坚持教育对外开放不动摇，教育对外开放力度不断加大、布局不断优化、水平不断提升，深度参与全球教育治理，教育国际影响力和话语权明显增强。促进文明交流互鉴，构建人类命运共同体，教育具有独特的作用。新时期新阶段，适应国际形势新变化和加快教育强国建设新要求，迫切需要完善教育对外开放战略策略，开创教育对外开放新格局，进一步增强我国教育的国际影响力。

一是要继续坚持并统筹做好教育"走出去"和"请进来"。加强与世界各国教育与文化交流，加大双边和多边框架下的教育合作交流力度，拓展国内外专家学者和学生学习交流渠道。支持有能力的高等学校、职业学校到国外合作办学，举办具有中国特色的海外国际学校。坚持"支持留学、鼓励回国、来去自由、发挥作用"方针，优化出国留学服务指导政策。加大国外优质教育资源引进力度，有效利用世界一流教育资源和创新要素，着力建设具有强大影响力的世界重要教育中心。大力推进"留学中国"品牌建设，吸引更多国外优秀人才来华留学，全面提升来华留学生质量和教育质量。二是要更加主动地融入新发展格局，着力提升教育对外开放水平。服务国家对外开放大局，积极构建高水平、全方位、多层次、宽领域教育对外开放格局。重视各领域国际化人才培养，提升教育服务对外开放、增进国际各领域务实交流合作的能力和水平。进一步加强与"一带一路"共建国家的教育交流合作，加大共建国家本土人才培养力度，为推进高质量共建"一带一路"提供坚实的人才和智力支撑。重视和加强国际教育合作交流平台建设，积极争取并办好高水平重大国际性教育会议（论坛），争取和支持国际性教育组织在我国建设分支机构，加快国家智慧教育平台国际版建设，打造中国

数字教育的国际品牌。三是要更加主动地参与全球教育治理。加强与国际教育组织合作，更加积极主动地参与相关国际规则的制定，着力提高我国教育的国际影响力、竞争力和话语权，确立与我国教育大国和教育强国建设相适应的国际教育地位。四是要统筹教育对外开放和安全。大国科技人才教育竞争日趋激烈，美西方对我国遏制、打压围堵不断升级，我国教育对外开放面临更加严峻的风险挑战，我们要树立底线思维，坚持教育扩大对外开放不动摇，统筹好教育对外开放与安全，健全教育外事管理体制和风险预警机制，在教育国际合作与交流中，把牢教育对外开放正确方向和安全底线。

参考文献

习近平：《扎实推动教育强国建设》，《求是》2023年第18期。

习近平：《加强基础研究 实现高水平科技自立自强》，《求是》2023年第15期。

李永智：《以教育之强夯实国家富强之基》，《中国教育报》2023年5月31日，第2版。

怀进鹏：《奋力书写教育强国建设支撑引领中国式现代化的新篇章》，《学习时报》2024年3月29日，第1版。

《2023中国基础教育年度报告》，《人民教育》2024年第3~4期。

中国教育科学研究院：《中国智慧教育发展报告（2023）：迈向数字教育的高级阶段》，教育科学出版社，2024。

邓晖：《推动教育强国建设行稳致远——2023年我国教育事业改革发展述评》，《光明日报》2023年12月31日，第1版。

于发友：《中国教育体制改革45年：历程、经验与展望》，《教育史研究》2023年第4期。

B.3
2023年中国就业体制改革进展与展望

赖德胜　关棋月*

摘　要：　2023年，我国积极实施就业优先政策，不断完善就业公共服务体系，持续优化就业市场环境，确保了就业工作的"总体稳定、积极改善"。但在复杂多变的国际形势与国内经济转型的背景下，就业领域仍面临着挑战：一是在经济新旧动能转换过程中，需要关注传统产业的衰退对就业造成的"破坏性效应"；二是重点群体的"就业难"问题仍旧严峻，需要进行有效干预；三是灵活就业劳动者就业不稳定、权益保障不足等问题亟待解决。面向未来，要充分发挥经济高质量发展对就业的带动力，推动高质量发展与就业提质扩容形成良性循环；制定和实施精准有效的就业政策，促进多渠道就业增长；提高劳动力的供给质量，适应市场的多样化需求；加强新就业形态劳动者权益保护；健全就业公共服务体系等。

关键词：　高质量发展　高质量充分就业　就业优先

一　2023年就业工作的主要进展

2023年，我国就业工作稳中有进。通过宏观调控及各项政策的有力推进，实现了就业市场的稳定与发展。以高校毕业生为代表的青年群体就业状况不断改善，外出农民工人数持续增长，全年城镇新增就业达1224万人，

---

* 赖德胜，经济学博士，中共中央党校（国家行政学院）社会和生态文明教研部教授，主要研究方向为劳动经济学；关棋月，管理学博士，北京工业大学马克思主义学院讲师，主要研究方向为就业和社会保障。

城镇调查失业率为 5.2%，比 2022 年下降 0.4 个百分点,① 为经济社会高质量、可持续发展提供了坚实保障。

（一）积极实施就业优先政策

2023 年，党和政府继续将就业优先战略摆在经济社会发展的重要位置，积极出台一系列促进就业的政策举措，确保宏观政策的稳定性与可持续性。经济发展是带动就业增长的核心动力。过去一年，通过推动经济和产业结构优化升级、培育和发展新质生产力、提升服务业与高技术产业占比，创造了高质量就业机会。如新能源、人工智能、生物技术、电子商务等新兴产业的发展，不仅创造了新的经济增长点，也为劳动者拓展了新的就业空间。

积极的财政政策持续加力提效。为提振市场主体信心，我国不断优化各类企业纾困政策。减税降费、退税缓税等政策举措，根据实际情况不断调整优化。例如，财政部联合相关部门，将针对小微企业等主体的税费优惠政策延续至 2027 年底，切实提升了财政政策的精准性、有效性。继续优化部分减负、稳岗、扩就业的政策措施。如国务院办公厅发布的《关于优化调整稳就业政策措施全力促发展惠民生的通知》指出，要加强对吸纳就业能力强的行业、企业扩岗政策的支持。对于吸纳重点群体就业的企业，满足条件的情况下，采用"直补快办"等方式，统一兑现社会保险补贴、吸纳就业补贴等政策。同时，继续推进支持金融机构开展稳岗、扩岗服务和贷款业务，以及失业保险稳岗返还政策等，切实落实就业优先政策。

高质量发展不断带动就业扩容提质。通过推动高质量发展和产业升级，创造出更多高附加值的就业机会，尤其是在数字经济、绿色经济及高新科技等领域，不断优化就业结构、提升劳动力素质。2023 年 12 月，国家发改委等部门发布了《数字经济促进共同富裕实施方案》，强调要推进数字技术与实体经济深度融合。一方面，鼓励通过互联网平台企业，帮助中西部等地区

---

① 《2023 年国民经济回升向好 高质量发展扎实推进》，国家统计局网站，2024 年 1 月 17 日，https：//www. stats. gov. cn/sj/zxfb/202401/t20240117_1946624. html。

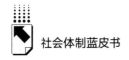

充分发挥自然资源优势，创造推动劳动者就业创业、增加劳动收入的条件。另一方面，积极完善数字经济中的劳务对接机制，建立数字用工平台，确保跨区域就业渠道畅通等。

（二）不断完善就业公共服务体系

过去一年，为应对复杂多变的经济形势与劳动力市场需求变化，我国持续完善就业公共服务体系。

在完善就业服务体系方面，财政部联合人社部于2023年3月在全国范围内启动了就业服务能力提升示范项目，旨在全面构建公共就业服务体系，促进政府公共就业服务能力的提升。积极打造覆盖城乡的就业服务网络，强化基层服务平台建设，如建设"一站式"就业服务大厅，综合统筹就业岗位宣传、劳动者求职登记、就业政策咨询等工作，为广大劳动者提供更加精准有效的就业服务。同时，推进建设全国性就业信息服务平台，利用大数据、云计算等技术，实现就业信息的互通共享，提高就业服务的智能化水平。例如，在国家政务服务平台中，专门设立了"就业服务专栏"，这标志着国家级就业在线服务门户的落成；此外，人社部发布"就业在线"服务平台，整合不同地区间不同层级、不同类型的就业服务机构资源，实现了就业信息的实时汇总与发布等；教育部打造了"24365大学生就业服务平台"，旨在提供365天全年无休、24小时全天候在线的智能平台，重点解决高校毕业生的就业问题①。

在提升劳动者技能水平方面，推行劳动者职业技能终身培训制度，积极开展各类技能培训，提升劳动者职业技能，尤其是加强高技能人才培育，切实提升劳动者的技能水平及职业转换能力。2023年9月，人社部举办了第二届全国职业技能大赛，充分展示了我国劳动人才及技能示范团队建设成果，有效推进不同地区、不同行业的职业技能交流学习。激发了劳动者尊重

---

① 《用好就业服务大平台大数据 健全就业公共服务体系》，国家信息中心网站，2023年1月5日，http://www.sic.gov.cn/sic/200/571/462/0105/11753_pc.html。

技能、提升自身技能水平的积极性。

在开展专项就业服务方面，针对农村转移劳动力、就业困难人员、高校毕业生等重点群体进行服务。如 2023 年 1 月，人社部联合相关部门，积极开展"春风行动"，深入了解民工、就业困难人员的就业重点、难点问题，为其提供就业帮扶。同时加大宣传力度，帮助重点群体及时了解相关政策措施，确保服务举措扎实落地。对于高校毕业生群体，教育部进行了就业"百日冲刺"行动，支持和鼓励广大高校毕业生深入基层，会同有关部门持续做好"三支一扶"等基层项目，实施"城乡社区专项计划"，并首次启动实施了"大学生乡村医生专项计划"，不断拓展基层就业岗位①。积极推行校企合作，2023 年 5 月以来，共计 2600 余所高校走访了超过 23.6 万家企业，积极拓岗超过 290 万个；累计组织校园招聘活动 6.4 万场②。通过各类专项就业服务工作，增加了重点群体的就业机会，切实提高了就业服务的针对性、有效性，提升了劳动者就业质量。

（三）持续优化就业市场环境

2023 年，我国持续优化就业环境，充分激发市场活力，确保劳动者能够在一个更加公平有序、多元化的就业环境中找到适合自己的发展机会。通过鼓励创新创业，积极打造创客空间、创业孵化器等形式，推动新技术、新模式和新业态的发展，同时也满足了对劳动者的广泛需求，拓展更加多元的就业机会。对于新就业形态和灵活就业形式，政府也不断完善相关法律法规，力求为每一个劳动者提供充分的劳动权益保障和支持服务。2023 年 11 月，人社部连续出台了《新就业形态劳动者休息和劳动报酬权益保障指引》《新就业形态劳动者劳动规则公示指引》《新就业形态劳动者权益维护服务指南》，针对劳动者的休息权、劳动报酬权作出了权威规定，为规范企业依

---

① 《教育系统深入实施 2023 届高校毕业生就业"百日冲刺"行动》，中国政府网，2023 年 7 月 19 日，https：//www.gov.cn/lianbo/bumen/202307/content_6892924.htm。
② 《教育系统深入实施 2023 届高校毕业生就业"百日冲刺"行动》，中国政府网，2023 年 7 月 19 日，https：//www.gov.cn/lianbo/bumen/202307/content_6892924.htm。

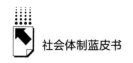

法用工、维护新就业形态劳动者合法权益，提供了保障和支持。同时，人社部联合全国总工会等部门，在全国范围内开展"劳动用工'查风险 强协商 保支付 促和谐'专项行动"，积极整治拖欠工资、劳动争议等企业用工中的顽疾，切实保障劳动者合法劳动权益，营造公平有序的就业环境，确保劳动关系和谐稳定。

在推动区域协调发展方面，破除阻碍劳动力资源流动的体制机制壁垒，积极推进东部地区与中西部地区劳动力资源的双向合理流动，不仅平衡了区域间的就业压力，同时还能够在全国范围内实现人力资源的优化配置。鼓励跨区域人才交流与合作，促进区域间就业的协调发展。例如，多地出台了相关政策，为就业人才提供"人才落地补贴"、生活补贴及住房政策等，吸引优秀劳动者到有需要的地方就业，从而合理配置了社会劳动力资源。

二 就业领域面临的主要挑战

（一）经济新旧动能转换对就业形势的挑战

伴随着科技创新与产业发展，传统的经济模式与产业结构逐渐转向新型高效的经济和产业模式。这一过程也给劳动力市场带来了挑战，需要社会高度重视和积极应对。

一方面，新兴技术会对就业产生"破坏效应"，即在新旧动能转换过程中可能会造成一些传统产业中工作岗位的消失。具体而言，在新兴技术的冲击下，以传统制造业为代表的产业在转型中面临着产能过剩、效益低下等问题，导致大量就业岗位流失。在过去的发展过程中，传统制造业依赖低成本劳动力和规模效应保持着竞争优势，但在面对新兴技术的冲击时，这种模式难以为继。自动化、智能化、数字化设备的广泛应用提升了生产效率，同时也减少了对劳动力的需求。例如，在自动化生产中，一台机器可以替代数名工人工作；在物流领域，随着无人驾驶技术的发展，相关岗位面临着减少甚至消失的风险。

另一方面，尽管技术进步带来了生产力与生产效率的提高、创造了新的工作岗位，但新兴产业中的工作岗位往往需要较高的知识技能水平，而传统产业中的劳动者缺乏与之相匹配的技能，导致其无法适应新的就业需求，劳动力转移存在困难。例如，传统制造业中的部分劳动者，由于缺乏相应的专业技能或职业资质，在面对新兴产业的职位需求时难以胜任。这对这一劳动群体的职业生涯和生活质量造成了负面影响。

此外，传统产业衰退所带来的区域性就业问题也不容忽视。一些依赖于钢铁、煤炭等传统资源型产业的地区，经济转型压力较大，可能会导致经济的下滑，从而拉大区域经济的发展差距。这不仅影响了当地居民的生活，还可能导致劳动力大规模外流，进一步加剧流入地的就业压力与经济发展的不平衡问题。因此，从总体上看，经济动能转换虽然促进了宏观经济效率的提高，而在微观上则对就业产生了冲击与挑战。

（二）重点群体就业难对就业形势的挑战

新时代以来，党和政府始终关心关注重点群体的就业问题，不断优化就业支持政策，确保重点群体的就业稳定。

以高校毕业生为代表的青年群体就业形势依然严峻。首先是由于这一群体规模庞大，据教育部数据，2023 年，全国普通高校毕业生规模达到 1158 万人，同比增加 82 万人。[1] 青年群体的体量巨大导致了其就业竞争压力不断增大。其次，大学生的"结构性就业难"问题仍然存在。究其原因，由于高校的专业设置与经济发展的实际需要间存在一定的错位，导致毕业生专业所学无法有效适应劳动力市场的实际需求，而造成"结构性"就业困难。最后，随着"00 后"大学生思想观念及就业期待的变化，这一群体更倾向于寻找高质量就业机会，部分毕业生一心向往"体制内"的工作岗位，由此形成了大量的"蹲考族""待考族"。

---

① 《2023 届全国高校毕业生再超千万，如何缓解就业压力?》，光明网，2023 年 1 月 29 日，https：//m.gmw.cn/baijia/2023-01/29/1303265886.html。

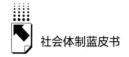

此外，农民工群体的就业工作也面临着诸多挑战。首先，农民工群体的就业结构相对单一，主要集中在制造业、建筑业和服务业等劳动密集型产业及低技能岗位，缺乏更加多元更高质量的职业选择。这一方面带来了就业市场的供需失衡；另一方面，随着产业结构的智能化转型，许多低技能岗位被机器取代甚至消失，导致农民工失业风险增加。其次，一些用人单位在招聘过程中存在歧视现象，工作待遇低、条件差，加之农民工文化水平往往不高，导致其在劳动力市场上的议价能力较低，因此在求职时常常处于被动地位。此外，受我国二元户籍制度的限制，农民工无法享受到与城市户籍居民同等的基本公共服务和福利待遇，在子女教育、住房、医疗等方面面临系统性障碍，使得他们在生活中的实际需求难以得到有效满足，这进一步加剧了他们就业和生活的困境。

（三）灵活就业形式对就业形势的挑战

灵活就业无疑为劳动市场注入了新的活力，为劳动者提供了更加多元的就业选择。然而，在形式灵活的背后，也隐藏着一系列挑战、提出了新的课题。

灵活就业虽然在一定程度上打破了"朝九晚五"的传统工作模式，使劳动者拥有了空间上的灵活性与时间上的自主性，但也对其工作和收入的稳定性带来了挑战。首先，大多数灵活就业劳动者缺乏固定的劳动合同，相较于传统的全职雇员，灵活就业劳动者与雇主之间的关系更加灵活和多变，导致在劳动身份的判定上存在困难。这种情况在平台经济中尤为常见，如外卖配送员、网约车司机、互联网主播等，他们往往被当作独立承包人对待，而不是企业的正式员工，企业因此规避了应尽的责任和义务。而在我国现行的劳动"二分法"制度下，劳动保护呈现"全有全无"的状态，使得灵活就业者在遇到劳动纠纷时，难以通过法律途径维护自身的合法权益。例如，平台劳动者在工作过程中遭遇工伤，却因缺乏正式劳动合同而得不到应有的工伤赔偿；再如，某些灵活就业劳动者在完成工作后遭遇拖欠薪资，却难以通过法律途径讨回自己的劳动成果。其次，社会保障的缺失是灵活就业劳动者面临的另一大挑战。由于劳动关系不稳定，灵活就业者往往无法参加正规的社会保险，也缺乏企业补充的商业保险，导致他们在面对疾病、失业、养老等重大风险时，缺乏基本的经济保障。尽管有些地方政府和社会组织已经开始探索专业的社会保障模式，如为灵活就业者提供灵活的社保缴纳方式，但是，这些探索仍处于初级阶段，覆盖的广度及保障强度都相对有限，难以完全覆盖灵活就业者的多样化需求。社会保障的缺失不仅影响到灵活就业劳动者的个人生活，也为就业大局的总体稳定带来风险。此外，在职业发展和技能提升方面，灵活就业劳动者同样面临着挑战。传统企业通常会为员工提供系统的职业培训和明确的晋升路径，然而灵活就业形式下，这些支持往往缺失。很多灵活就业者因为缺乏专业技能和系统培训，难以突破自身职业发展的瓶颈。

三　实现高质量充分就业的未来展望

习近平同志指出："促进高质量充分就业，是新时代新征程就业工作的新定位、新使命。"立足新发展阶段，我们要继续实施就业优先战略，创新就业政策机制，优化就业环境，推动实现高质量充分就业。

一是要充分发挥高质量发展对就业的带动力。就业问题的解决，根本要靠发展。据统计测算，我国 GDP 增速每增长 1 个百分点，可以带动增加 200 多万个就业岗位。因此，要构建高水平社会主义市场经济体制，健全经济高质量发展体制机制，创造更加公平、更有活力的市场环境。要充分发挥经济高质量发展对就业的带动和创造作用，大力发展新质生产力。要突出经济发展的就业导向，优先发展就业吸纳能力强的产业、行业，加大对民营经济、中小微企业、初创公司等能够创造就业岗位的各类经营主体的支持力度，大力培育数字经济、绿色经济、银发经济等新的就业引擎，打造更加多元、更高质量的新就业形态，创造新的就业增长点。

通过推动经济结构与产业结构优化升级，实现经济高质量发展。高质量发展能够推动企业发展，从而创造更多的就业机会。同时，产业结构的转型

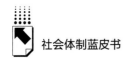

升级也会带来就业结构不断优化，高技能人才和高附加值行业的就业比重得到提高，从而提升就业质量，形成"以高新产业发展促进高质量就业，高质量就业助力高新产业发展"的良性循环。

二是要制定和实施精准有效的就业政策。采取多元化的政策组合，包括为劳动者提供就业补贴、创业扶持、职业指导等多种方式，以全方位满足不同劳动群体的就业需求。为劳动者提供就业补贴政策，是直接激励就业、减轻求职者经济压力的重要手段，可以通过发放用人单位补贴，激励企业招用应届毕业生等重点群体，降低企业的用工成本。同时，对初创者进行创业扶持，不仅可以带动更多的就业，还能激发经济活力。政府可以通过设立创业基金、创业贷款等形式提供资金支持，并建设创业孵化器和创新园区，提供全方位的政策指导和运营环境，为创业者保驾护航。此外，还应为劳动者提供精准有效的职业指导政策，通过职业咨询师提供专业指导，帮助劳动者树立积极健康的就业心态、明确职业发展路径。

要加强政策之间的协同配合，提高政策促进就业的综合效果。各项就业政策应协同实施，互为补充。例如，将职业指导与创业扶持结合起来，在职业规划过程中引导创业者明晰创业方向与目标。同时，要构建统一的就业信息数据平台，实现各部门间的信息共享和数据联通，保障信息的公开透明，进一步提高政策执行的高效性和准确性。对此，各部门应打破壁垒，通过联席会议、联合行动等方式进行协作，共同解决就业难题，实现就业政策的整体性和协同效应，推动劳动力市场稳定和健康发展。

三是要提升劳动力的供给质量。单纯依赖"人口规模红利"已无法满足产业升级和经济转型的需求，因此，前瞻性地提升人力资源供给质量、优化供给结构，实现由"人口规模红利"向"人口素质红利"转变[①]，成为促进经济可持续发展的必然选择。一方面，积极提升基础教育和高等教育的质量，培养具有创新精神和实践能力的高素质人才。要强化科学、技术、工程和数学（STEM）学科的教育，提升学生的科学素养和实际操作能力。另

---

① 方长春：《稳就业：成效、挑战与政策指向》，《人民论坛》2024 年第 5 期。

一方面，加强"三种精神"的培养，提高学生职业意识和职业素养。大力发展职业教育，特别是中等职业教育和应用型本科教育，培养应用型和技术型人才。可以学习借鉴德国的"双元制"职业教育体系，通过将学生的学习与企业的实际需求紧密结合，培养高素质技能人才，实现劳动力市场供求双方的高度匹配，为经济的可持续发展提供强有力的支持。同时，对于已经在岗的劳动者，根据劳动力市场需求，提供多元化的职业培训和继续教育机会，实施终身职业技能培训制度，提升劳动者的就业适应性和岗位竞争力。

四是要进一步加强新业态劳动者权益保护。习近平同志在二十届中央政治局第十四次集体学习时指出："加强灵活就业和新就业形态劳动者权益保障，扩大职业伤害保障试点，及时总结经验、形成制度。"由于现行的劳动法律法规大多是围绕传统的雇佣关系建立的，在现今新就业形态与灵活就业不断兴起的背景下，进一步完善劳动法律法规是当前亟待解决的问题。首先，应当根据实际情况，对劳动关系进行重新分类和界定，打破传统的"二分法"，对于平台经济等新业态劳动者，依照经济从属性、工作自主性等指标，明确各类新业态劳动者劳动关系，并根据新业态的特殊性，修订和补充相关法律条款，确保新业态劳动者能够享有与传统劳动者相同的基本权益，比如，合理的工时、最低工资保障、休息休假权等。其次，应致力于扩大新业态劳动者的劳动保障和社会保险覆盖面。例如，通过设计更加灵活和便捷的社保缴纳机制，允许灵活就业者根据实际情况自主选择缴纳方式和缴费水平，并可以考虑对低收入者提供适当的补贴，从而减轻他们的经济压力，提升社保参与的积极性。再次，应当简化灵活就业者的社保参保手续，使他们能够更加便捷地享受社保待遇，在面对疾病、失业、养老等风险时，享有基本生活保障。最后，加强新业态劳动者的职业培训和发展支持同样重要。政府和企业应联合设置专门针对新业态劳动者的培训项目，通过提供技能提升和职业教育，帮助他们提高职业竞争力、拓宽职业发展空间。

五是要进一步健全就业公共服务体系。健全完备的公共服务体系不仅能够有效推动就业工作，还能促进劳动力质量的整体提升。应当健全就业政策和法规，明确各个公共就业服务机构的职责和服务内容，规范服务流程和标

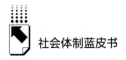

准，确保就业服务的公平性和透明性。同时，积极拓展多种就业服务渠道，充分利用互联网、大数据等技术，建立线上线下联动的就业服务平台，及时发布就业的相关信息，帮助劳动者快速获取适配的岗位信息及政策措施等。根据市场需求和产业发展的趋势，设计、提供具有前瞻性的职业培训项目，覆盖新兴行业和传统行业的各类技能培训，确保劳动者具备多样化的职业技能和创新能力。政府可以通过补贴、引导等方式激励企业和社会机构参与职业培训服务，形成多层次、多元化的培训体系。建立完善职业技能认证体系，为劳动者提供职业技能的正式认可和背书，提升其就业竞争力。

此外，积极打造就业公共服务的"样板间"，在不同地区建设一批具有示范效应的就业服务中心，集成各类就业服务功能，并形成品牌效应，实现复制推广；或针对某些行业开展就业服务试点项目，如定制化技能培训、个性化职业指导等，通过试点探索创新就业服务模式，并逐步扩大到其他行业。

参考文献

《2023年农民工监测调查报告》，中国政府网，2024年5月1日，https：//www.gov.cn/lianbo/bumen/202405/content_6948813.htm。

B.4
2023年中国社会保障制度
改革进展与展望

李志明　毕林丰*

摘　要： 2023年，中国在"十四五"社会保障专项发展规划指引下，围绕基本公共服务和相关社会服务、社会保险经办服务和监督管理机制、社会救助、公益慈善事业、无障碍环境建设等诸多领域取得了积极进展。展望2024年，中国将按照党的二十届三中全会决策部署的要求，加快完善各项社会保险制度、推进健全人口服务体系建设、推进租购并举的住房制度改革、继续做好重点群体的社会保障。

关键词： 社会保障　制度建设　改革举措　人口服务

一　引言

2023年是全面贯彻党的二十大精神的开局之年，是三年新冠疫情防控转段后经济恢复发展的一年，也是实施"十四五"规划承前启后的关键一年。在这一年里，按照党的二十大精神以及国家"十四五"规划与2035年远景目标纲要的部署要求，中国在社会保障领域内推进了多项制度建设及改革举措，在多个方面取得了新进展与新成就。一是多层次社会保障体系得到进一步发展，法定保障、政策性保障、商业性补充保障的覆盖范围持续扩

---

* 李志明，中共中央党校（国家行政学院）社会和生态文明教研部民生保障教研室主任、教授，博士研究生学历，主要研究方向为社会保障政策；毕林丰，中共中央党校（国家行政学院）社会和生态文明教研部博士研究生。

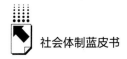

大。二是社会保障法治体系建设成果显著，新颁布《中华人民共和国无障碍环境建设法》《社会保险经办条例》，修正《中华人民共和国慈善法》，为相关领域的发展提供了相应法律依据和制度保障。三是社会保障服务体系取得积极进展，陆续修订或出台涉及基本养老服务、基本公共教育服务、乡村医疗卫生体系、国家基本公共服务标准等一系列关乎民生福祉的政策性文件，系统谋划优质均衡的基本公共服务框架。

伴随着这些制度政策的落地实践，人民群众的获得感、幸福感、安全感将会得到显著提升，中国社会保障事业也正朝着定型稳定并为全体人民提供更高质量保障与服务的既定目标稳步前进。

二 2023年中国社会保障制度改革进展

2023年中国社会保障领域具体改革进展集中在以下几个方面。

（一）积极推进基本公共服务和各类社会服务建设

第一，健全基本公共服务标准体系。2021年国家首次出台基本公共服务标准。此后，各地区均对照国家标准和本地区实际情况，制定出台了本地区基本公共服务实施标准，一批重点行业基本公共服务标准加快完善，各地也积极探索创新基层服务机构标准化管理。在前期工作的基础上，为适应经济发展水平和满足人民群众日益增长的服务需求，2023年7月30日，国家发改委等10部门发布《国家基本公共服务标准》（2023年版），形成了新版国家基本公共服务标准。该标准对部分服务项目进行了"增""提""调"，其中，新增了增补叶酸预防神经管缺陷服务项目，提高了义务教育阶段免除学杂费、农村义务教育学生营养膳食补助、计划生育家庭特别扶助等的服务标准，扩大了农村危房改造和特殊群体集中供养的服务对象范围。此外，新版标准还完善规范了孕产妇健康服务、生育保险等41个服务项目的服务内容、服务标准、支出责任的表述。此次标准调整，是自2021年国家基本公共服务标准发布实施以来的首次调整，清晰厘定了政府民生兜底保障的范畴和人民群众可以依法享有的基本公共服务事项，从国家层面重点推动了基本公共服务体系的全面发展。这将有利于构建优质均衡的基本公共服务体系，提升城乡区域性基本公共服务均等化水平。

第二，积极推进基本养老服务体系建设。近年来，随着人口老龄化进程加速，中国着力构建居家社区机构相协调、医养康养相结合的养老服务体系，在实施积极应对人口老龄化国家战略中彰显新作为。但是，社会各界对基本养老服务"服务谁""服务什么""如何服务"等关键问题仍不明确，基本养老服务成为新时代养老保障工作的短板弱项。为此，2023年5月21日，中共中央办公厅和国务院办公厅印发了《关于推进基本养老服务体系建设的意见》。该意见在中央文件中首次确定了基本养老服务的内涵，划定政府、社会、市场和家庭在基本养老服务供给中的职责定位，并通过制定颁布《国家基本养老服务清单》的形式重点聚焦老年人面临家庭和个人难以应对的失能、残疾、无人照顾等困难时的基本养老服务需求，涵盖了物质帮助、照护服务、关爱服务等服务内容，突出了对老年人生活安全与失能长期照护服务保障。这是中国养老服务体系发展史上一个具有里程碑意义的文件，将有助于建立健全养老服务分类发展、分类管理机制，让高龄失能老年人实现老有所养，让低龄健康老年人实现老有所为。

第三，着力扩大和提升工伤康复服务供给。作为工伤保险制度的重要组成部分，工伤康复不仅是恢复和提高工伤职工的身体功能、生活自理能力和职业劳动能力，也是促使工伤职工重返正常的社会生活和劳动岗位的需要。在工伤康复服务的供给上，2023年8月17日，人力资源和社会保障部等7部门发布《关于推进工伤康复事业高质量发展的指导意见》。该意见明确提出要切实推动预防、补偿、康复"三位一体"的工伤保险制度建设，首次明确了工伤康复制度体系下的门诊和社区医疗康复、职业康复、社会康复等发展方向和探索内容，着力扩大和提升了工伤康复服务供给。此次出台的《意见》，不仅能够加快推进工伤康复工作提质增效，充分发挥工伤保险制度优越性，还能够切实解决工伤康复事业不平衡不充分的问题。

第四，积极推进困境儿童心理健康关爱服务，构建多元工作格局。儿童是未来的社会主义建设者和接班人。但是，出于学业压力、环境变化、家庭变故等原因，部分困境儿童特别是留守儿童、流动儿童，尤其容易出现心理异常状况，迫切需要社会各界的关心、关爱与支持。为了更积极有效地解决和预防困境儿童的心理健康问题，2023年10月26日，民政部等5部门发布《关于加强困境儿童心理健康关爱服务工作的指导意见》。该意见要求整体优化困境儿童心理健康关爱服务的全过程和各环节，包括加强困境儿童的心理健康教育工作、开展心理健康监测、各方主体及早为困境儿童提供多样化有效关爱、畅通转介诊疗通道并强化跟进服务帮扶、健全心理健康服务阵地等内容。

第五，完善优化乡村医疗卫生服务体系。新发展阶段健康中国建设对我国进一步完善医疗卫生体系提出了一系列新要求。然而，当前我国医疗卫生体系发展不平衡不充分问题依旧突出，特别是乡村医疗卫生体系发展还存在短板。为满足人民群众全方位全周期的健康需要，2023年2月23日，中共中央办公厅、国务院办公厅印发《关于进一步深化改革促进乡村医疗卫生体系健康发展的意见》。该意见锚定人民群众急难愁盼问题，从优化资源配置、加强分工合作、提高服务质量、加强科学管理和深化体制机制改革等五个方面设计完善乡村医疗卫生体系的重点任务，为全面推进健康中国建设特别是乡村医疗卫生体系建设提供了具有可操作性的政策依据，对强化县域医疗卫生资源统筹和布局优化、系统集成乡村医疗卫生体系改革、协同促进乡村医疗卫生体系健康发展以及维护农村居民的健康和全面推进乡村振兴有着积极的推动作用。

（二）完善和优化社会保险经办服务、监督管理机制

第一，推进社会保险经办服务体系建设。社会保险经办是社会保险制度安排落地的"最后一公里"，是直接面向群众的"窗口"，事关人民群众能否便捷享受社会保险待遇。近年来，我国社会保险经办领域还存在证明材料偏多、转移接续不畅、经办时限不明确、基金跑冒滴漏等问题，与提升社会保险经办管理服务效率的制度建设目标相悖。2023年8月16日，国务院总

理李强签署国务院令、公布《社会保险经办条例》，自 2023 年 12 月 1 日起施行。该条例着眼于简化流程便捷办理、补齐短板优化服务、维护社保基金安全等要求，详细规定了社会保险经办各环节事项。作为社会保险经办领域的首部行政法规，条例的出台标志着社保经办工作的法治化、规范化、精细化进一步深化，将有助于提升社会保障治理效能，为人民群众提供更便捷、优质、高效的社保经办服务，更好地保障社会保险基金安全，推动社会保险经办事业的高质量发展。

第二，细化完善医保管理及经办服务措施。医疗保障是保障人民生命健康的重要制度安排，长期以来都是人民群众高度关注的焦点。2020 年中共中央、国务院印发的《关于深化医疗保障制度改革的意见》中明确指出要优化医疗保障公共服务。为贯彻落实相关决策部署，2021 年国家医疗保障局印发《关于优化医保领域便民服务的意见》，明确了优化医疗保障领域服务便民的总体目标。截至目前，医疗保障业务在经办效率、沟通、监管执行等环节上还存在部分薄弱点，为找准医保政务服务的堵点、难点，从规章制度上细化完善社保经办事项，2023 年 5 月 25 日，国家医保局发布了《关于实施医保服务十六项便民措施的通知》，按照简化手续、精简材料、压缩时限、创新服务模式的逻辑主线，具体提出优化完善医保关系转移接续、简化异地就医备案流程、推行医保服务"一窗通办"、推进高频服务事项"网上办"、开通多种渠道满足群众医保信息查询需要、方便群众就医购药等首批十六项医保服务便民措施。通过精简办事环节和再造办事流程，最大限度地便利人民群众，循序渐进地提高医保政务服务质量和效率。

第三，推进医保基金运行常态化监管。医保基金既是医保制度的物质基础，更是人民群众的"看病钱""救命钱"，维护医保基金安全是解除全体人民医疗后顾之忧的必要举措。近年来，虽然医保基金管理监管进程不断向前推进，但是，医保领域违法违规的问题依然存在并且更加隐蔽多样。有鉴于此，2023 年 5 月，国务院办公厅发布《关于加强医疗保障基金使用常态化监管的实施意见》。该意见从提升医疗保险基金管理风险防控能力的角度出发，提出了有关基金常态化监管的一系列具体举措，不断压实医保基金使用各个环节主体的监管责任，通过多种监管方式成体系地推进医保基金监管工作，建立健全监督管理机制，着力破解各类监管难题。这一意见实施后，将有助于织密织牢医保基金监管网络、推进医保基金运行监管常态化，还将发挥保障医保基金安全运行、提高基金使用效率、规范医疗服务行为、减轻群众看病就医负担等综合作用。

（三）稳步推进社会救助工作和公益慈善事业

第一，促进分层分类实施社会救助，形成综合救助格局。社会救助是社会保障体系中兜底性、基础性的制度安排。进入相对贫困治理新阶段后，我国贫困人群的致贫原因日益多样，不同救助对象对救助项目和救助方式的需求也日趋差异化。要确保社会救助工作的精准性、有效性和可持续性，就必须根据不同救助对象的困难程度建立不同层次的救助体系，针对不同救助对象的不同需要提供差异化的保障。2023 年 10 月 19 日，国务院办公厅发布《转发民政部等单位〈关于加强低收入人口动态监测做好分层分类社会救助工作的意见〉的通知》。该通知从合理确定低收入人口范围、加强低收入人口动态监测、做好分层分类社会救助工作等方面，健全分层分类的社会救助体系，加大低收入人口救助帮扶力度。其中，该通知针对加强低收入人口动态监测中存在的现实问题，提出了完善低收入人口动态监测信息平台、完善低收入人口数据库、加强动态监测、分类处置预警信息等具体措施；针对分层分类社会救助工作，该通知提出要做好基本生活救助、完善专项救助、加强急难救助、积极发展服务类社会救助、做好其他救助帮扶等具体措施。该政策实施后，将有力地指导下一阶段的民生兜底安全网工作，通过统筹衔接各类救助资源，聚合共享救助信息，进而有效提升救助效率。

第二，适时修订慈善法律法规，加强慈善事业法治保障。作为中国多层次社会保障体系的重要组成部分，慈善事业既是调节收入和财富分配格局、实现共同富裕的重要途径，也是继承发扬优秀传统慈善精神、提升社会道德价值、促进社会和谐的有益手段。《慈善法》实施以来，我国慈善规模体量日益扩大，慈善制度机制日趋完善，第三次分配的成效逐渐凸显，社会慈善文化氛围日益浓厚。但是，慈善领域仍然存在一些困难和不足，如应急慈善、慈善信托、慈善组织发展不平衡不充分，网络慈善等新形式规范不足，监管机制不完善等。为更有效地适应新时代发展要求，2023 年 12 月 29 日，十四届全国人大常委会第七次会议通过《中华人民共和国慈善法》修正案。该修正案坚持"以法促善"，对齐规范目标与发展目标，弥补了应急慈善、社区慈善、个人求助网络平台建设等的法制缺失，对慈善信托、公开募捐等多个方面的法律规制作出了更加明确的规范。此次慈善法的修改，对确保我国慈善事业正常有序开展及健康发展，促进中国特色社会主义慈善事业法治化发展具有重要意义。

第三，畅通公益慈善参与社会救助渠道，助力兜牢民生底线。现代公共行政条件下，政府往往亦难以独立完成织密织牢兜底性民生保障"安全网"工作，这就为慈善事业的深度广泛参与提供了契机。近年来，众多公益慈善组织广泛动员社会力量开展一系列"救急难"慈善项目，在多层次救助体系中发挥着独特价值。为更好地促进政府救助和慈善帮扶协同配合，2023年 9 月 4 日，民政部印发《关于加强政府救助与慈善帮扶有效衔接的指导意见》。该意见在相关政策、工作机制、信息共享、参与渠道等方面设计了一系列举措。具体来看，它强调要建立完善政府救助与慈善力量帮扶有效衔接机制，加强政府救助和慈善帮扶信息互通共享，创新公益慈善力量参与社会救助途径方法，落实公益慈善力量参与社会救助激励支持措施等。该意见的出台，将有助于主动释放慈善力量，支撑中国式现代化慈善事业建设进程，表明中国社会救助制度正在进行转型升级。

（四）积极推进无障碍环境建设

2023 年 6 月 28 日，十四届全国人大常委会第三次会议表决通过《中华人民共和国无障碍环境建设法》，自 2023 年 9 月 1 日起施行。该法聚焦人民群众普遍关心的问题，明确无障碍环境建设的定位、原则和管理体制，系统规定无障碍环境建设、改造、维护和管理相关制度，要求丰富无障碍信息交流内容，规定扩展无障碍社会服务范围，健全无障碍环境建设保障机制，完

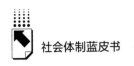

善无障碍环境建设监督制度，从而全面系统地对无障碍环境建设主要制度机制作出规定。这是中国首次就无障碍环境建设制定专门性法律，这一领域的操作性规范空白得到有效填补，进而为增进民生福祉特别是残疾人、老年人、儿童等的无障碍环境福祉提供了新的法律依据。

三　2024年中国社会保障制度改革展望

根据2023年中国社会保障领域制度建设进展、2023年中央经济工作会议、2024年《政府工作报告》以及党的二十届三中全会精神来看，2024年中国社会保障制度改革将有望在以下几个方面取得进展。

（一）加快完善社会保险制度

在发展多层次多支柱养老保险体系方面，2024年中国仍将进一步完善基本养老保险全国统筹制度，特别是进一步加大全国统筹资金调剂力度，均衡各个省份之间的基金负担，确保企业职工基本养老金按时足额发放；继续适当提高城乡居民基本养老保险基础养老金标准，研究健全基本养老、基本医疗保险筹资和待遇合理调整机制的实施方案；促进灵活就业人员和新就业形态劳动者参加养老保险；鼓励更多的企业建立年金制度，让更多的员工参与到这个制度中来，持续扩大企业年金制度范围；积极发展第三支柱养老保险，特别是在前期先行实施基础上向全国范围推广实施个人养老金制度。

在医疗保险方面，针对近年来全国基本医疗保险参保人口呈下降趋势的局面，2024年中国将研究健全城乡居民参加基本医疗保险长效激励约束机制，用制度保证连续缴费的群众受益，保障全民参保。与此同时，中国将继续强化医保基金监管高压态势，提升人民群众"看病钱""救命钱"的安全性。

在失业保险、工伤保险、生育保险等方面，2024年重点工作包括三个方面：一是继续扩大失业保险、生育保险覆盖面，确保参保人数持续上升；

二是着眼完善生育支持政策体系，研究完善生育保险政策措施，探索生育补贴的制度安排；三是针对社会保险实践中暴露出来的突出问题，开展工伤保险跨省异地就医直接结算试点，扩大新就业形态就业人员职业伤害保障试点。

在长期护理保险制度建设方面，则是有序推进长期护理保险，并按照党中央、国务院决策部署，推动在全国层面建立长期护理保险制度。

（二）推进健全人口服务体系建设

按照党的二十届三中全会的决策部署要求以及国家人口发展最新态势，2024年中国将以应对老龄化、少子化为重点完善人口发展战略，健全覆盖全人群、全生命周期的人口服务体系。一方面，继续完善生育支持政策体系和激励机制，如完善生育休假制度、建立生育补贴制度、提高基本生育和儿童医疗公共服务水平、多渠道增加托育服务供给、加大个人所得税抵扣力度等；另一方面，按照自愿、弹性原则，稳妥有序地推进渐进式延迟法定退休年龄改革。

（三）推进租购并举的住房制度改革

2024年，中国将继续按照分层分类原则，加大保障性住房建设和供给力度，满足工薪群体刚性住房需求。当前，中国住房保障体系已经从以公共租赁住房、保障性租赁住房为主体转向配租型、配售型住房保障相结合，其中配租型包括公共租赁住房、保障性租赁住房，配售型保障性住房按保本微利原则配售。

（四）继续做好重点群体的社会保障

2024年，中国将加强城乡社区养老服务网络建设，加大农村养老服务补短板力度。加大老年用品和服务供给，大力发展银发经济；做好退役军人、军属和其他优抚对象服务保障，保障优抚对象的合法权益；继续做好留守儿童和困境儿童关爱救助，保障儿童的合法权益；加强残疾预防和康复服

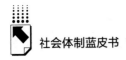

务，完善重度残疾人托养照护政策；健全分层分类的社会救助体系，统筹防止返贫和低收入人口帮扶政策，把民生兜底保障安全网织密扎牢。

参考文献

习近平：《促进我国社会保障事业高质量发展、可持续发展》，《求是》2022 年第 8 期。

《中共中央关于进一步全面深化改革、推进中国式现代化的决定》，人民出版社，2024。

郑功成：《中国社会保障：现状、挑战与未来发展》，《中国社会保障》2022 年第 9 期。

B.5
2023年中国养老服务发展与展望

叶响裙*

摘　要：　2023 年，我国贯彻落实积极应对人口老龄化国家战略，加强顶层设计，健全养老服务制度；从完善养老服务支持政策、增强供给能力、补齐短板弱项等方面持续加强养老服务体系建设；从提高老年人健康管理和服务水平、推进医养结合与长期护理保险制度试点等方面扎实推进老年健康服务体系建设；运用数字技术赋能养老服务，探索智慧养老模式，发展银发经济。展望 2024 年，需围绕养老服务资金来源、养老服务方式、医养康养结合三方面进一步健全养老服务政策保障体系，并注重宏观政策取向一致性；通过跨区域协同养老、加快发展新质生产力助力银发经济等方式提高养老服务供给质量，推动提升养老服务供给的公平性与效率；通过适老化建设、促进老年人社会参与等方式推进老年友好型社会建设。

关键词：　养老服务　健康服务　智慧养老　银发经济

　　人口老龄化是我国基本国情，是我国经济社会发展中需直面的常态问题。2023 年末，全国 60 岁及以上人口 29697 万人，占总人口的比重达 21.1%，其中 65 岁及以上人口 21676 万人，占总人口的比重达 15.4%。当前，我国已进入中度老龄化社会，养老服务需求强劲增长，应对养老问题迫在眉睫。如何在中国这一人口大国的社会转型与发展过程中确保养老服务的高质量供给，以满足全体老年人的养老服务需求，是新时代亟须破解的重大

---

*　叶响裙，中共中央党校（国家行政学院）国家治理教研部教授，主要研究方向为社会保障、公共政策、老龄社会治理。

课题。2023 年是全面贯彻党的二十大精神的开局之年，党和政府高度重视养老服务发展，持续发力，推动养老服务高质量发展。

一 2023年养老服务发展状况回顾

（一）加强顶层设计，健全养老服务制度

2023 年，我国贯彻落实积极应对人口老龄化国家战略，从顶层设计出发，健全养老服务制度，完善养老服务体系，满足老年人日益增长的美好生活需要。2023 年 5 月，中共中央办公厅、国务院办公厅印发《关于推进基本养老服务体系建设的意见》，明确指出基本养老服务作为公共产品应覆盖全体老年人。同时，意见首次发布《国家基本养老服务清单》，通过养老基本服务清单制度明确基本养老服务对象、服务内容，这是推进基本养老服务体系建设的重要国家制度设计。注重政策顶层设计与政策分层对接，省级政府以《国家基本养老服务清单》为基础，结合当地社会经济发展水平增加清单项目，均已发布当地基本养老服务具体实施方案及清单，如广东省新增社会优待服务类型，湖北省增加老年人优待、老年人基本公共服务等方面的内容。基本养老服务清单制度为政府履职尽责提供了明确依据，打通了"物质帮助、照护服务、关爱服务"相结合的养老服务最后一公里。

（二）持续加强养老服务体系建设

一是完善养老服务支持政策，加强养老服务政策集成。在养老服务标准化建设方面，国家陆续出台《养老和家政服务标准化专项行动方案》、《居家养老上门服务基本规范》国家标准、《〈养老机构等级划分与评定〉国家标准实施指南（2023 版）》，以标准化建设推动养老服务的均等化，增强广大老年人养老的获得感、幸福感、安全感；在养老机构安全方面，民政部、国家消防救援局印发《养老机构消防安全管理规定》，民政部办公厅印发《养老机构重大事故隐患判定标准》，以确保养老机构的安全性；在养老文

化培育方面，老年友好型社会建设稳步推进，创建北京东城区和平里街道东河沿社区等 1000 个全国示范性老年友好型社区。围绕高质量发展这一目标，我国多措并举，强化养老服务要素协同，以满足广大老年人多层次多样化养老服务需求。

二是增强养老服务供给能力，满足多样化养老需求。近年来，我国聚焦老年人群体，初步形成了居家、社区、机构相协调的养老服务体系。设施建设是增强养老服务供给能力的有力举措，2023 年末，全国共有各类提供住宿的养老机构 4.1 万个，养老服务床位 820.1 万张，其中家庭养老床位 23.5 万张，累计完成困难老年人家庭适老化改造 148.28 万户。社区居家养老服务是我国目前养老服务的主要供给方式，我国采取多项举措推动社区居家养老服务能力的提升。2023 年 5 月，民政部、财政部开展居家和社区基本养老服务提升行动，以此为契机带动各地构建社区居家养老服务网络建设。7 月，商务部等 13 部门印发《全面推进城市一刻钟便民生活圈建设三年行动计划（2023—2025）》，支持养老机构利用配套设施提供社区养老服务，提高养老服务的可及性。10 月，民政部等 11 部门发布《积极发展老年助餐服务行动方案》，指导与规范老年助餐的发展，满足老年人餐饮需求。多地老年助餐服务取得成效，上海市将老年助餐服务纳入政府为民办实事项目；广东省把深化"长者饭堂"建设纳入主题教育民生项目清单，老年助餐服务点增至 3431 个；广西积极构建老年助餐服务网络，探索发展"移动型"助餐服务，支持助餐车进小区服务和上门送餐。

三是加快补齐养老服务短板弱项。首先，政府切实承担兜底责任，2023 年 10 月，民政部、财政部印发《关于组织开展中央财政支持经济困难失能老年人集中照护服务工作的通知》，通过中央财政的支持，减轻经济困难失能老年人及其家庭的负担。其次，中央和地方政府在养老服务人才队伍建设方面持续发力。2023 年 3 月，民政部召开全国养老服务工作表彰暨养老服务人才队伍建设推进会议，号召向先进典型学习。7 月，江苏省发布《江苏省养老护理专业技术资格条件（试行）》，以此推动养老服务人才专业化水平的提升。12 月，北京印发《北京市加快推进养老服务人才队伍建设行动计划（2023年-2025年）》，明确高层次养老服务人才符合条件的可按照人才引进政策办理落户或享受积分落户加分，提出通过政策引导、职业培养、社会认同的方式提高养老服务行业的吸引力，提高养老服务人才的素质与能力。陕西省推动18所院校开设养老服务相关专业，提升养老服务人才的总量和质量。最后，整合区域资源，优化养老服务供给，有效推动区域养老服务协同发展。京津冀发布养老服务协同发展政策方案，通过统一养老机构等级评定、老年人能力综合评估等标准推动京津冀养老协同发展。截至2023年底，河北省养老机构收住京津户籍老人近5000人，前往河北社区养老的京津户籍老人接近4万人，京津户籍老人前往河北旅居养老已达59万人次，充分彰显了跨城养老的市场潜力与成效。粤港澳三地共用共享《养老机构认知症老人照顾指南》等多项养老标准，通过标准化建设推动跨城养老；上海市浦东新区、南京市、杭州市、合肥市签订《长三角三市一区民政工作合作框架协议》，推动四地养老服务等领域精准对接；武汉、长沙、合肥、南昌出台《长江中游四省省会城市养老合作联席会议工作机制》，推进区域内养老服务业发展。

（三）扎实推进老年健康服务体系建设

一是提高老年人健康管理和服务水平。积极践行健康老龄化理念，立足全生命周期这一着力点，提供公平可及、系统连续的健康服务，从而整体提高老年人的健康预期生命和生活质量。2023年5月，《国家卫生健康委办公厅关于开展老年痴呆防治促进行动（2023-2025年）的通知》发布，要求进行老年痴呆的知识科普与早期干预，增强老年人的健康获得感。7月，国家卫生健康委等4部门印发《关于做好2023年基本公共卫生服务工作的通知》，要求以老年人健康体检为抓手做实老年人健康管理服务，持续提升健康管理与服务水平。目前全国各省区市均开展了"互联网+护理服务"，将专业的护理服务从机构延伸至社区和居家，目前全国共计3000余个医疗机构可提供7类60余项群众常用急需的基础护理、康复护理、心理护理等服务项目，增加上门护理服务供给。

二是深入推进医养结合模式创新。推进医养结合是优化老年健康和养老服务供给的重要举措。经过多年实践，我国医养结合初步取得成效，全国医疗卫生机构和养老机构签约合作 8.7 万对，具备医疗卫生机构资质并进行养老机构备案的医养结合机构 7800 多家，床位总数达到 200 万张。2023 年 11 月，国家卫生健康委等 3 部门发布《居家和社区医养结合服务指南（试行）》，为社区居家养老的老龄人口提供健康教育、健康管理、医疗巡诊、家庭病床等医养结合服务。多地将医养结合列为重要民生项目，根据实际情况制定医养结合的具体政策，如陕西安康把医养结合纳入重大民生工程，甘肃庆阳通过目标管理责任书的方式推进医养结合政策的执行。在具体实践探索中，河南郑州构建市、县、乡、村四级老年健康服务机构网络体系；湖南长沙发展"互联网+居家医养结合服务"模式，整合医疗和养老服务资源，满足老年人医疗与养老需求。

三是稳步推进长期护理保险制度试点。目前，我国长护险试点城市为 49 个，试点城市多方面探索建立健全失能老人照护体系，长护险制度在减轻失能人员家庭经济和事务负担，促进养老产业和健康服务业发展等方面发挥积极作用。长期护理保险失能等级评估是长期护理保险制度机制的重要组成部分，是管理运行的关键环节。2023 年 12 月，国家医保局、财政部印发《长期护理保险失能等级评估管理办法（试行）》，规范评估环节，以规范化管理推进长期护理保险高质量发展，保障参保群众公平待遇，确保制度可持续运行。各试点地区积极出台了长护险政策试行方案，取得一定成效。吉林长春将生活照料类、医疗护理类服务纳入长护险支付范围；山东青岛注重城乡均衡发展，关注农村地区失能群体，实施农村地区长期护理保险提升计划；浙江嘉兴的长护险已惠及 4.52 万名失能老年人。

（四）运用数字技术赋能养老服务

数字技术赋能养老服务，借助数字技术实现智慧养老。《"十四五"国家老龄事业发展和养老服务体系规划》明确提出促进老年用品科技化、智能化升级，智能化产品和服务惠及更多老年人。《中共中央 国务院关于加强

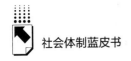

新时代老龄工作的意见》指出，要推进老年人常用的互联网应用和移动终端适老化改造。2023年9月施行的《中华人民共和国无障碍环境建设法》提出"无障碍环境建设应当与适老化改造相结合"，为适老化工作提供法治保障。12月，工信部印发《促进数字技术适老化高质量发展工作方案》，推动数字技术在老龄社会的应用和发展，满足老年人的数字生活和信息服务需求。

为推动养老服务供需精准匹配，多地探索智慧养老模式。2023年6月，北京线上"养老门户"——北京养老服务网正式上线运行，网站汇集北京市580家备案养老机构、1959个助餐点、1469家养老服务驿站等信息，市民可一键查询身边的养老服务资源。老年人及家属可通过网站实时了解养老机构入住情况、筛选养老机构。10月，上海一网通办移动端——"随申办"中推出养老服务政策"e点通"应用服务，帮助市民全面了解全市养老服务补贴、老年综合津贴、社区老年助餐等13项民生政策，助力政策找人，实现养老服务资源的供需对接。上海市开展老年数字教育进社区行动，让老年人享受城市智能化、数字化带来的便利。

发展银发经济是满足老年人需求的必然要求，是积极应对人口老龄化的关键举措。大力促进养老产业发展、增进老年福祉，需要政府和市场共同发力。一方面，政府制定相应政策引导与规范养老产业的发展，明确老年用品和服务目录、质量标准，推进养老服务认证工作。2023年1月，工信部等十七部门印发《"机器人+"应用行动实施方案》，将养老服务列为需要深化"机器人+"的重点领域，推动机器人融入养老服务不同场景和关键领域。国家标准化管理委员会《2023年国家标准立项指南》的推荐性国家标准提到"机构养老、居家养老、智慧养老和适老化改造等生活性服务标准"。6月，工信部等3部门公布《智慧健康养老产品及服务推广目录（2022年版）》，促进智慧健康养老产品及服务的发展与应用，推动智慧健康养老产业发展，在满足老年人需求的同时带动经济发展。上海作为我国最早进入老龄化和老龄化程度最高的城市，致力于推动老龄事业与产业协同发展，养老照护、辅具用品、老年宜居、智慧养老、养老金融、老年教育、老年旅游是上海重点关注的七大养老领域。另一方面，随着我国人口老龄化程度的逐渐加深，养老产业具有巨大的市场潜力，越来越多的市场主体参与到养老产业建设中。截至 2023 年底，我国开展养老相关业务企业达 49 万余家。2023 年 9 月，首届深圳国际智慧养老产业博览会在深圳会展中心（福田）开幕，来自全球约 200 家企业展出超过 1000 种智慧养老产品和技术，构建国际智慧养老产业交流与合作的平台。我国养老产业发展呈现集聚化趋势，四川成都温江区形成以老年产品、保健食品为支撑，老年关爱、特色老年康复相结合的银发经济产业格局，2023 年吸引康养旅居 18 万人次；山东青岛高新区发展以康养为特色的银发经济产业集群，试图打造具有国际影响力的"中国康湾"。

二　2024年养老服务展望与建议

《"十四五"国家老龄事业发展和养老服务体系规划》明确提出"十四五"时期的发展目标主要是养老服务供给不断扩大，老年健康支撑体系更加健全，为老服务多业态创新融合发展，要素保障能力持续增强，社会环境更加适老宜居。为实现此目标，党和政府应践行以人民为中心的发展思想，健全养老服务政策保障体系，持续提高养老服务供给质量，建设老年友好型社会，不断完善居家社区机构相协调、医养康养相结合的养老服务体系，满足广大老年人多层次多样化需求，增进民生福祉。

（一）健全养老服务政策保障体系

我国老年人口数量最多、老龄化速度快、应对人口老龄化任务重，这一基本国情要求我们必须加强积极应对人口老龄化顶层设计，提升老龄社会治理水平，走出一条中国特色积极应对人口老龄化道路。围绕养老服务"钱从哪里来""谁来提供养老服务""老年人怎样实现医养康养"等问题，加强党对养老服务工作的全面领导，加强制度创新和政策供给，健全养老服务政策保障体系。

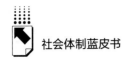

针对养老服务钱从哪里来，即资金来源这一问题，扩大养老服务筹资渠道。首先，继续深入探索建立适应我国国情的长期护理保险制度。长期护理保险制度为失能失智老年人长期照护服务的费用开支提供了制度性保障。我国长护险制度已试点 8 年，应从国家层面对长护险试点情况进行全面科学评估，总结长护险试点地区的成功经验，逐步在全国范围内普遍建立长期护理保险制度，多措并举扩大制度覆盖范围和受益面，满足失能失智老年群体的长期护理需求。其次，继续加大中央预算内投资支持力度，加大民政部和地方各级政府用于社会福利事业的彩票公益金倾斜力度。最后，进一步鼓励和引导企业、社会组织、个人等社会力量依法通过捐赠、设立慈善基金等方式，为养老服务提供支持和帮助。

针对老年人在哪养老、谁来提供服务这一问题，持续健全居家社区机构相协调的养老服务格局。大力发展居家社区养老是政府、社会和家庭的共同选择。完善城乡养老服务设施布局，加强城乡社区养老服务网络建设，整合利用存量资源发展社区嵌入式养老。同时，加强居家社区养老服务能力建设，继续优化家庭适老化改造、助餐助洁助医助浴等服务，实现服务送进家、养老不离家。促进机构养老的发展，政府做好兜底性养老服务，解决困难老年人的机构养老问题；发挥市场作用，鼓励社会资本发展养老服务产业，政府在审批、建设、资金等方面予以支持，充分激发市场活力，有效扩大养老服务供给。

针对老年人如何实现医养康养这一问题，加强老年健康管理与服务，深入推进医养康养结合，加强医疗健康与养老的政策衔接，更好地满足老年人整合性服务需求。提高医养结合的广度与深度，支持老年人根据健康状况在居家、社区、机构间接续养老。进一步丰富医养结合服务的内容，提高服务能力，确保医养结合服务的可持续性。

健全养老服务政策保障体系，尤其要注重各个领域养老服务政策的宏观取向一致性。由于养老服务内容广泛，涉及多个职能部门，不同领域的养老服务政策可能存在政策取向不一致甚至相冲突的情况，因此，要加强不同职能部门养老服务政策的宏观取向一致性。要完善养老服务政策制定和评估的组织协调机制与资源整合机制，形成跨领域、跨部门的治理体系及联合行动，将养老服务政策置于国家整体的发展框架中，切实将积极老龄观、健康老龄化理念融入各项养老服务政策的全过程，以确保养老服务政策协同发力，产生整体大于部分之和的整体效应，为养老服务的高质量发展提供有力支撑。

（二）持续提高养老服务供给质量

统筹与整合存量养老资源，提高养老资源利用效能，推动实现养老服务供给兼顾公平与效率，实现养老服务的高质量发展。

明确多方养老服务主体的责任。科学合理的养老服务体系需要有各方共担的责任框架，实现合理分工与优势互补。[①] 政府、市场、社会、家庭和个人均是养老服务的责任主体，进一步明确各方的责任与行为边界。在党建引领的基础上，强化政府"兜底线、保基本"的重要职责；发挥市场的积极作用，通过市场机制加快养老服务业发展；培育与发挥社会力量，搭建养老服务的社会支持网络；强调家庭和个人是第一责任人。在明确责任的基础上，健全政府主导、市场供给、社会参与、家庭尽责的养老服务工作机制。

重点关注农村养老服务建设。农村养老服务是我国养老服务体系的重要组成部分，也是养老服务城乡均等化发展的短板。第七次全国人口普查数据显示，我国农村老龄化程度高于城市，而农村养老服务供给远不及城市。以积极应对人口老龄化与乡村振兴双重国家战略为契机，精准识别农村老年人养老需求，健全农村养老服务体系，因地制宜推进区域性养老服务中心建设，鼓励发展农村老年助餐和互助服务，使农村老年人共享改革发展成果、安享幸福晚年。

进一步推动跨区域协同养老。养老服务跨区域协同合作是养老服务的重要发展趋势，不同地区的政府和企业之间加强合作，不同地区之间资源互补，

---

① 辜胜阻、吴华君、曹冬梅：《构建科学合理养老服务体系的战略思考与建议》，《人口研究》2017 年第 1 期。

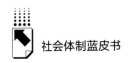

可为老年人提供更高性价比的养老服务，促进优质养老资源共享，共同推进养老服务的发展，同时可推动区域经济与社会发展。政府和企业需要加大投入力度，推动相关技术的研发和应用，打造更加智能化、高效化、人性化的养老服务体系。同时还需要加强跨地区协同合作，打破地域限制和资源瓶颈，加强医保、社保等政策的对接，实现资源的优化配置和共享利用，降低养老成本，提高养老服务的质量和效率，让老年人享受到更加优质的服务。

加强养老服务人才队伍建设。为应对我国养老服务人才队伍总量不足、专业化水平不足等问题，一方面，需要完善人才激励政策，提高养老服务行业的吸引力，扩大养老服务人才队伍；另一方面，应进一步拓宽养老服务人才培养途径，提高养老服务人员的素质与能力，即提升养老服务人才队伍的数量与质量，进而更好地满足我国日益增长的养老服务需求。

培育银发经济，加快发展新质生产力，丰富养老服务供给，增进老年人福祉。在改善养老服务供给方面，银发经济相关产业的发展有助于聚焦老年人多样化需求，形成民生与发展的相互促进。据估算，到2035年我国银发经济规模将达到30万亿元左右，约占GDP的10%，银发经济的发展无疑会催生巨大的市场机遇。未来我国要加快发展新质生产力，推动养老产业高质量发展。加强养老领域的科技研发应用，推动养老服务与大数据、物联网、5G等数字技术以及人工智能其他前沿技术的融合，大力培育老年用品、智慧健康养老、康复辅助器具、适老化改造等潜力产业。以满足老年人需求为核心，推进养老产品与服务的科技化、养老服务平台的数字化，实现养老服务的高质量供给。

（三）建设老年友好型社会

践行积极老龄观、健康老龄化理念，营造老年友好型社会环境。中国式现代化是人口规模巨大的现代化，我国已进入长寿时代，老龄社会是现代化国家的重要特征。从中华优秀传统文化中汲取积极老龄观，[1] 传承中华优秀

① 肖光文：《积极老龄观的中华优秀传统文化溯源》，《人民论坛》2024年第8期。

孝道文化，持续营造敬老孝亲社会氛围，形成积极应对人口老龄化的文化与社会环境。

持续加强基础设施的适老化建设。落实《中华人民共和国无障碍环境建设法》，通过适老化产品、适老化设计、适老化居住、适老化社区建设等方式，从建筑与居住环境等硬件基础设施出发，提升老年人生活的安全性、舒适性和便利性，以硬件安全增强老年群体的获得感与幸福感。

推进数字技术适老化建设。一方面，积极应对数字鸿沟问题，解决老年人运用智能技术困难问题，设置高频服务事项的线下办事渠道，并向基层延伸，提高养老服务的可及性。另一方面，推动数字化养老服务普惠应用，推进智能化服务适应老年人需求，帮助老年人过上更健康、更独立、更有品质的生活。

积极促进老年人社会参与，发挥老年人的社会作用。促进老年人社会参与是积极老龄化的内在要求，我国要大力支持与引导老年人积极参与社会生活，助力老年人实现自我价值。一方面，老年教育是国家终身教育的重要组成部分，应持续扩大老年教育资源供给，推动老年教育向基层普及，实现老有所学。另一方面，制定促进老年人力资源开发利用的政策措施，实施促进老年劳动力持续就业和提升工作质量的综合年龄管理战略，引导老年人积极参与基层民主监督、移风易俗、民事调解、文教卫生等活动，充分发挥老年人作用，提升老年人成就感，实现老有所为。

参考文献

《中共中央关于进一步全面深化改革、推进中国式现代化的决定》，人民出版社，2024。

辜胜阻、吴华君、曹冬梅：《构建科学合理养老服务体系的战略思考与建议》，《人口研究》2017年第1期。

肖光文：《积极老龄观的中华优秀传统文化溯源》，《人民论坛》2024年第8期。

B.6
2023年中国儿童早期照顾
服务发展与展望

陈　偲[*]

摘　要：　2023年，我国儿童早期照顾服务进一步发展，在加强顶层设计的同时，重视推进托育服务供给的多元化、托育服务质量的提升、示范引领作用的发挥等。同时，儿童早期照顾服务面临着一些挑战：托育服务供给数量进一步增长，供给不足与托位空置现象并存；托育服务形式呈多元化特点，可持续发展的压力仍然较大；家庭科学养育指导服务在实践中逐步推进，但尚未形成系统性发展。未来，需加强普惠性托育服务的政策支持，提升服务供给数量和质量；进一步推进托育服务多元化发展，满足不同家庭的服务需求；促进家庭科学养育指导服务的发展，加强家庭能力建设。

关键词：　儿童早期照顾服务　托育服务　家庭科学养育指导　生育支持

2023年是全面贯彻落实党的二十大精神的开局之年。党的二十大报告指出，优化人口发展战略，建立生育支持政策体系，降低生育、养育、教育成本。当前，我国人口发展呈现少子化、老龄化等特征。国家统计局数据显示，2023年，我国人口总数比上年末减少208万人，已连续第二年出现人口负增长。同时，从2017年至2023年，我国的人口出生率已经连续7年下降，2023年全年出生人口902万人，人口自然增长率为-1.48‰。在此背景

---
　*　陈偲，社会保障博士，中共中央党校（国家行政学院）报刊社副编审，主要研究方向为社会保障、社会治理、儿童早期照顾服务。

下，我国进一步加强生育支持体系建设，其中，儿童早期照顾服务作为生育支持体系的重要组成部分，对于减轻家庭负担、提高生育意愿具有积极意义。本文将对2023年儿童早期照顾服务的政策与实践发展进行梳理，并在此基础上展望未来。

一 2023年以来儿童早期照顾服务的政策发展

党的十九大以来，我国儿童早期照顾服务政策快速发展。2019年，国务院办公厅出台《关于促进3岁以下婴幼儿照护服务发展的指导意见》，从国家层面对婴幼儿照护服务的目标、意义等作出详细规定。随后几年，国家密集出台了托育机构的设置标准、管理规范、机构登记和备案办法、保育指导大纲、婴幼儿伤害预防、人才培养、消防安全、综合服务中心建设等相关文件，儿童早期照顾服务的政策法规已初步形成体系。2023年，我国儿童早期照顾服务政策进一步发展。

2023年5月，习近平同志在二十届中央财经委员会第一次会议上提出"以人口高质量发展支撑中国式现代化"，并指出要建立健全生育支持政策体系，大力发展普惠托育服务体系，显著减轻家庭生育养育教育负担，推动建设生育友好型社会，促进人口长期均衡发展。同时，我国出台多项具体政策文件，支持儿童早期照顾服务的发展。

第一，推进托育服务供给的多元化。具体如下：一是在传统托育服务模式的基础上，我国对医卫机构办托育、家庭托育点、社区嵌入式托育服务等做出规定。丰富和规范多种托育服务供给形式，有助于提升服务供给的有效性，从而满足不同家庭的多元需求。二是在推动医育融合方面，2023年9月，我国出台《关于促进医疗卫生机构支持托育服务发展的指导意见》，鼓励医疗卫生机构开展订单签约服务、加强儿童照护指导，健全医卫机构办托育在场所、人才培养、经费等方面的支持政策。通过链接医疗资源与托育服务，可以发挥医卫机构婴幼儿膳食营养、身体发育、疾病防控、保育照护等方面的优势，推动托育服务专业化发展。三是在家庭托育点管理方面，2023

年 10 月，《家庭托育点管理办法（试行）》正式印发，规定了登记备案、服务内容、人员资质、房屋设施等内容。这一文件的出台，使家庭托育点长期难以合法合规备案的问题得以解决，为其规范发展提供了政策支持，有助于发挥其在邻里信任、环境熟悉、入托方式灵活、成本相对较低等方面的独特优势。在社区嵌入式托育服务方面，2023 年 11 月，国家发展改革委出台的《城市社区嵌入式服务设施建设工程实施方案》指出，推动城市公共服务设施有机嵌入社区，社区嵌入式服务设施面向社区居民提供养老托育、社区助餐等一种或多种服务，有助于满足家庭对于托育服务供给在地理便利、时间灵活、普惠性等方面的需求。

第二，继续重视托育服务质量的提升。在前期对托育机构的管理和人才培养等进行详细规定的基础上，2023 年 10 月，我国发布推荐性卫生行业标准《托育机构质量评估标准》，规定了对托育机构的办托条件、托育队伍、保育照护、卫生保健、养育支持、安全保障、机构管理等各方面进行评估的内容，对托育机构整体照顾能力提出要求，为其质量等级评定提供了可量化标准，有助于通过评估促进托育机构服务高质量发展。

第三，加强对儿童早期照顾的财政支持，并继续加强示范引领作用的发挥。一是在减轻家庭抚养负担方面，我国 2022 年将 3 岁以下婴幼儿照护纳入个人所得税专项附加扣除，并在 2023 年将标准从每个子女每月 1000 元提高到 2000 元。二是设立中央财政支持普惠托育服务发展示范项目。2023年，继续发挥中央财政补助资金的引导作用，共确立 15 个示范项目，合计补助资金 15 亿元。三是设立婴幼儿照护服务示范城市。2023 年 3 月，我国命名 33 个城市（区）为第一批全国婴幼儿照护服务示范城市，期待更好地发挥其示范引领、带动辐射作用。

二 儿童早期照顾服务的发展与挑战

（一）托育服务供给数量进一步增长，供给不足与托位空置现象并存

2023 年，我国托育服务供给数量继续提升，同时仍存在总体供给数量

不足、托位空置率高等情况。近年来，我国托育服务机构的数量持续增长。根据企查查数据，2023 年，经营范围涵盖托育服务的新成立机构 2.54 万家①，与 2022 年的数量基本持平。据报道，截至 2024 年 2 月，全国托位数为 480 万个，比 2022 年增加 32.5%②，距离"十四五"规划提出的 2025 年每千人口拥有 4.5 个 3 岁以下婴幼儿托位数（即 600 余万个托位）的目标越来越近。同时，我国托育服务供给数量仍有缺口，有关调查显示，城市中超过 1/3 的家庭有托育需求，在发达地区和一线城市这种需求就更加强烈③。2023 年 7 月，国家卫生健康委员会人口监测与家庭发展司相关负责人表示，我国婴幼儿入托率达到 6%④，相比 OECD 国家超过 30% 的平均入托率，依然有一定发展空间。

另外，我国还面临着托育服务供给有效性不足的问题，在服务供给数量总体不足的同时，托位空置率较高的现象越来越明显。据统计，截至 2023 年 8 月，某一线城市每千人口托位数 1.32 个，低于 2022 年底本市水平和全国平均水平，而托位使用率仅 28.56%⑤。这一情况在其他城市也存在，据对当地百余家托育机构走访调研，强烈的托育需求、较低的入托率、较高的女性劳动参与率并存，托育服务存在较大的供需缺口⑥。面对旺盛的服务需求，托育空置的主要原因在于托育服务供给结构仍难以满足家庭需求。《2023-2024 年全国托育行业发展报告》指出，大众婴幼儿家庭在选择托育机构时最看重的因素为"与家庭居住地的距离""安

① 数据来源：企查查网站，https：//www.qcc.com/web/search？key＝%E6%89%98%E8%82%B2。
② 黄晓薇：《夯实强国建设民族复兴的家庭根基》，《学习时报》2024 年 5 月 20 日。
③ 《城市中超过 1/3 的家庭有托育需求 "托不起""不便利"的难题亟待破解》，"中国青年网"百家号，2023 年 9 月 28 日，https：//baijiahao.baidu.com/s？id＝1778248818772064634&wfr＝spider&for＝pc。
④ 《我国托育机构已超 7.5 万家 提供托位 360 多万个》，中国政府网，2023 年 7 月 11 日，https：//www.gov.cn/lianbo/bumen/202307/content_6891182.htm。
⑤ 《两会三人行 | 今年新增 1 万托位 北京需要怎样的普惠托育？》，"北京商报"百家号，2024 年 1 月 23 日，https：//baijiahao.baidu.com/s？id＝1788851685844048676&wfr＝spider&for＝pc。
⑥ 《一边托位总数不足一边现有托位空置 怎么破》，齐鲁晚报网，2023 年 10 月 13 日，https：//www.qlwb.com.cn/detail/22355697.html。

全问题""收费价格",而托育消费者则更看重"师资水平""离家的距离"。值得关注的是,在家庭月收入方面,调查样本中托育消费者的收入水平明显整体高于大众婴幼儿家庭,并且尽管收费标准不是托育消费者最看重的因素,但它排在他们认为"目前托育园最需要改善与提升的方面"中的首位[①]。针对某省的调查也显示,对托育服务满意度最低的一项是收费价格,满意率为 58.2%[②]。总体上,托育服务的可负担性、可获取性、服务质量等是家庭始终密切关注的问题,现实中依然普遍存在服务价格高、覆盖范围有限、服务形式缺乏多样性、服务质量难以满足家庭需求等现象,影响着有需求的家庭是否付诸行动、在现实中选择和使用托育服务。

(二)托育服务的普惠性提升,政策支持有待进一步强化

2023 年,我国继续大力推进普惠性托育服务发展,在设立中央财政支持普惠托育服务发展示范项目的基础上,地方政府予以配套政策支持。其中,明确规定中央财政资金主要用于支持盘活利用现有场地、激励性奖补、培训与技术指导、数字化服务、配备安防设施、减免租金等。同时,各地在托育机构建设与运营等方面进行财政补助支持,在人才支持、土地优惠、税收优惠、生活类价格优惠、金融支持等方面给予优惠政策,推动普惠性托育服务的发展。国家卫健委托育机构信息公示平台有关数据显示,近年来,我国已在平台备案的托育机构中,非营利性机构数量占比逐渐上升,2020 年,非营利性机构数量累计占比 22.9%,2023 年 7 月,这一数据上升至32.5%[③]。与此同时,普惠性托育服务的政策支持仍有待加强。目前,大多

---

① 首都师范大学学前教育研究中心、《托幼瞭望》:《2023~2024 年全国托育行业发展报告》,2024 年 2 月。

② 尹勤、马嘉琪、许鑫颖:《供需均衡视角下江苏省 0~3 岁婴幼儿托育服务发展研究》,《人口与社会》2023 年第 4 期。

③ 《全国托育机构备案数据观察报告(截至 2023 年 7 月 31 日)》,"我就是托育研究员"百家号,2023 年 8 月 7 日,https://baijiahao.baidu.com/s?id=1773539293895409363&wfr=spider&for=pc。

数托育机构面临着场地成本高、就近选址难、设施达标难、运营成本高等发展难题。在调研中，2023年上半年，某一线城市和山东某地分别有超过70%和60%的调查对象表示，托育机构目前仍处于亏损状态，并希望在现金补贴、减免税费和租金等运营费用等方面得到支持。同时，两地分别有40%和30%的调查对象表示，托育机构曾经获得过以下某种类型的补助：现金补贴、减免租金、减免税费或社保、低息或无息贷款、水电暖执行民用价格、示范性托育园奖补等[①]。但总体上，政府补助的总量仍较为有限并缺乏常态化机制，获得经济支持的托育机构范围仍较为有限，与此同时，高成本运转下的托育机构也难以提供普惠性服务。

（三）托育服务形式呈多元化特点，可持续发展的压力仍然较大

为进一步增加托育服务供给、满足多样化家庭需求，我国在推进传统机构式托育服务的同时，鼓励发展托幼一体化的幼儿园、家庭托育点、医育融合、社区嵌入式服务等多种形式的托育服务。

受出生人口缩减等因素影响，幼儿园提供托育服务的发展空间进一步增大，但也面临着转型压力。在出生率持续走低的情况下，不少幼儿园尤其是民办幼儿园面临生源减少的困境，办托育既有助于其自身发展，也有利于为社会增加托位供给。一方面，幼儿园办托育已经成为托育行业的重要组成部分，截至2023年7月末，在国家卫健委"托育机构信息公示平台"完成备案的机构有28703家，其中登记名称中含有幼儿园的机构有12867家[②]，占总量的44.8%。幼儿园办托育在场地设施、师资队伍、运营管理、生源积累等方面具有良好基础，带来了成本优势。另一方面，幼儿园办托育还有较大潜力。有关数据显示，2011年以来的十年间托班在园人数占总在园人数

---

① 首都师范大学学前教育研究中心、《托幼瞭望》：《2023~2024年全国托育行业发展报告》，2024年2月。

② 《全国托育机构备案数据观察报告（截至2023年7月31日）》，"我就是托育研究员"百家号，2023年8月7日，https://baijiahao.baidu.com/s? id=1773539293895409363&wfr=spider&for=pc。

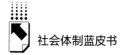

的平均比例为 2.66%，整体比例低，并呈现逐年降低的态势。与此同时，幼儿园办托育也面临着教师的专业能力转型、场地和设施改造、投资回报不高、招生困难等多方面压力，未来需进一步扩大幼儿园提供托育服务的政策空间。

家庭托育点迎来发展契机，同时面临着盈利难等问题。随着《家庭托育点管理办法（试行）》正式出台，家庭托育点的注册、登记、备案实现了有规可依，朝着标准化、规范化方向发展。早在 2022 年，我国山东省济南市就开始对家庭式托育进行了实践探索，并逐步形成了良好的示范效应。2022 年，该地启动全国首个托育城市品牌的创建，制定了地方性的家庭托育点管理办法，探索提供小区内、熟悉环境中的托育服务，采取运营补助、收托补助等方式确保服务普惠，并在职业培训、资格准入、备案流程、品牌管理等方面对其进行规范管理，初步发挥了"小区内、家门口"可见、可及、可持续的家庭式托育优势。与此同时，在更大范围内，市场化的家庭托育服务仍在实践中面临着一些难题，比如，收托上限和照护比的限制导致盈利难、住宅改为经营场所的资质难、价格和质量保障不足等问题。

进一步优化存量资源，社区嵌入式服务、医育融合、用人单位服务等更为多元化的托育服务在实践中探索前行。这些服务形式不仅有助于满足家庭多样化的需求、提升有效供给，而且在盘活存量空间进行改造利用、资源衔接等方面具有先天优势，有助于降低运营与服务成本。其中，社区嵌入式托育服务尚处于试点过程中，2023 年 11 月，《城市社区嵌入式服务设施建设工程实施方案》提出，选择 50 个左右城市、每个城市选择 100 个左右社区作为先行试点项目[①]；部分医疗卫生机构参与到托育服务中，截至 2023 年 7 月，全国共有 80 家与医疗机构相关的备案托育机构，其中与妇幼保健院相

---

① 《在全国选择 50 个左右城市开展社区嵌入式服务设施建设试点——让更多优质服务"嵌入"社区》，中国政府网，2023 年 12 月 19 日，https://www.gov.cn/zhengce/202312/content_6921077.htm。

关的机构占比接近 70%[1]；用人单位托育服务相关政策处于持续推进中，但其服务供给尚未形成规模效应，受政策支持有限、成本收益等因素影响，部分用人单位提供托育服务的动力不足、意愿不强。

（四）家庭科学养育指导服务在实践中逐步推进，但尚未形成系统性发展

发展婴幼儿照护服务的重点是为家庭提供科学养育指导。家庭科学养育指导服务有助于通过为家庭赋能，减轻家庭的养育负担、提升儿童早期发展的质量。近年来，在实践层面，我国的家庭科学养育指导服务逐步发展，同时面临着覆盖率不高、分布不均衡等问题。一方面，少数地区如上海、杭州等，在当地形成了家庭科学养育指导服务的社区网络。例如，上海已建立覆盖城乡社区的家庭科学育儿指导服务网络，16 个区的 900 多个科学育儿指导站（点）覆盖所有街镇，下一步将进一步优化站点的布局、将服务纳入"15 分钟社区生活圈"，儿童家庭每年可免费参加 12 次指导活动，超过的次数按公益价格收费[2]。杭州在街道和乡镇建设的"婴幼儿成长驿站"，目前已经在全市布点建成 539 个，覆盖率达 90.16%，可提供临时托管、家长养育技能课堂等服务。另一方面，部分农村地区通过公益性项目的形式得到服务支持。例如，2020 年以来，中国计生协开始实施"向日葵计划"以促进农村儿童早期发展，主要通过在乡镇、村居建设"向日葵小屋"以定期免费开展亲子活动、家长课堂和入户随访等形式，增强家庭科学养育指导意识，加快补齐农村地区儿童早期发展服务短板[3]。在前期试点的基础上，

---

① 《全国托育机构备案数据观察报告（截至 2023 年 7 月 31 日）》，"我就是托育研究员"百家号，2023 年 8 月 7 日，https：//baijiahao.baidu.com/s? id = 1773539293895409363&wfr = spider&for = pc。

② 《民生调查 | 16 个区已建 900 多个科学育儿指导站（点）儿童家庭每年可享 12 次免费指导》，"新民晚报"百家号，2023 年 9 月 19 日，https：//baijiahao.baidu.com/s? id = 1777451156667531587&wfr = spider&for = pc。

③ 《中国计生协实施"向日葵计划"促进农村地区儿童早期发展》，中国计划生育协会网站，2020 年 6 月 16 日，https：//www.chinafpa.org.cn/ztzl/40zn/40news/202311/t20231112_16169.html。

2022 年和 2023 年继续设置 203 个基层社区或单位为"向日葵亲子小屋"项目点，并逐渐由农村发展至城市。同时，中国发展研究基金会发起的"慧育中国：山村入户早教计划"，多年来持续关注处境不利环境中的儿童早期养育，长期为婴幼儿家庭提供每周一次的入户养育指导，截至 2023 年 12 月，已累计惠及脱贫县 4.1 万名 0~3 岁幼儿①。总体上，家庭科学养育指导服务的发展程度低于托育服务，各地的发展差距较大，同时，在政策上尚未对服务的目标、频率、范围、财政支持方式等作出更为详细的规定，尚未形成体系化服务供给。

三 未来儿童早期照顾服务发展展望

（一）加强普惠性托育服务的政策支持，提升服务供给数量和质量

面对托育服务总量供给不足、已有托位使用率不高的现状，需进一步加强托育服务的有效供给，其中，增加普惠性托育服务的供给是关键。

第一，加大公共资源投入，有效匹配服务供给与需求。首先，进一步树立长期发展理念，持续投入公共资源。尽管短期内对普惠性托育服务的投入使用了一部分公共资源，但从长期来看，这有助于增强家庭的生育意愿、提升儿童早期发展质量以及未来的人力资本。尤其在未来我国人口总量持续减少、人口结构呈老龄化和少子化特点的背景下，人口发展质量的提升是应对人口数量和结构变化的关键举措。通过对普惠性托育服务的长期投入，有助于提升服务供给、服务的可及性和可负担性，提高儿童在早期发展黄金期的发展水平并促进起点公平。其次，重视社会需求评估，增强服务供给的有效性。需充分考虑地区空间规划以及服务人口的密度、数量、构成等特点，统筹考虑服务供给的布局、规模、具体方式。同时，在家庭微观层面，可通过

---

① 《慧育中国：山村入户早教计划》，中国发展研究基金会网站，https://www.cdrf.org.cn/sxmxx/7592.htm。

社会调查等方式充分了解家庭使用托育服务的需求，了解其在服务距离、时间、价格、环境、师资力量、服务灵活性等方面的偏好，因地制宜地提供服务。

第二，加强对普惠性托育服务的政策激励。当前，市场化的托育服务机构在租金、运营、人力等方面成本较高，而家庭对于服务可负担性有较强需求。面对两者之间的冲突，通过政策激励加强对普惠性托育服务的支持，是促进服务可持续发展的重要方向。综合来看，我国各地的普惠性托育服务的扶持性政策涉及建设补助、运营补助、金融支持、税收优惠、土地优惠、生活类价格优惠等多种手段。但与此同时，还存在各地多使用其中个别手段、综合运用多种补助和优惠政策的力度不够，以及财政补助标准不够明确、税收优惠等政策的可操作性不强、不同地方的政策标准差距较大等现象，影响着普惠性托育服务的发展。未来，需进一步加大扶持力度，综合使用扶持性政策中的多种手段，以更好地发挥政策组合优势、降低普惠性托育服务的发展成本；增强政策的可操作性，对土地优惠、税收优惠等作出可落地的条款规定，使普惠性机构能真正享受到政策优惠；进一步制定相对详细的补助标准，例如，浙江省杭州市明确规定，普惠性婴幼儿照护服务机构收托12个月龄以下、12~24个月龄、24个月龄以上的婴幼儿，分别给予每人每月补助800~900元、500~600元、300~400元。

第三，规范普惠性托育服务的管理机制，提升服务质量。服务质量是影响家庭选择和使用托育服务的关键因素。一方面，在普惠性托育服务机构的认定、过程监管、退出机制等方面，需改变目前认定条件模糊或多为原则性要求的现状，进一步明确关于服务机构等级和服务质量评估等要求，对收费标准未达标的普惠性机构强制性退出等方面设计可量化的管理方式。另一方面，人才建设是普惠性托育服务机构的能力建设的关键。在人才管理中，目前关于人才支持如人才培训、对机构进行技术指导等方面的具体制度内容还较为缺乏，可探索对托育服务机构人才培训的时长、考核等机制作出规定，将人才培训纳入政府培训计划，强化产学研合作、鼓励高校和职业院校开设多种形式的线上线下培训。

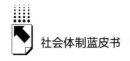

（二）进一步推进托育服务多元化发展，满足不同家庭的服务需求

推进托育服务多元化发展有助于满足家庭的多样化需求，是提升服务效率的重要路径。未来，需进一步盘活存量资源，扩大政策空间，探索发展多种形式的托育服务。

在托幼一体化服务方面，幼儿园办托育在迎来发展空间的同时，也面临着诸多挑战。面对幼儿园是否合法合规办托育、教师的专业能力延伸、转型成本等难点，可通过提供幼儿园办托育的登记备案快速通道、加强教师和从业人员的专业能力转型培训、探索为其场地和设施改造提供资金补助支持等多渠道，打通当前托幼一体化面临的难点问题，为其提供更充分的发展空间。

在家庭托育服务点方面，针对当前存在的资质难、盈利难、监管难等问题，一是发挥社区、行业协会、物业以及业委会等各类基层群众组织的沟通协调作用，在家庭托育点所需要的住宅改经营场所、邻里关系协调等方面，协助托育点在居民区顺利落地。二是家庭托育点最多收托 5 个人、照护人员与收托人数比例不能超过 1∶3 的要求，带来了招生规模受限、人员成本高等盈利限制，可考虑将适用于托育机构的运营补助、受托补助等支持政策拓展到家庭托育点，设立针对家庭托育点的专项普惠性服务项目，确保服务普惠。三是加强对家庭托育服务点的监管，在现有规定的基础上，对从业人员的专业资质、培训时长、能力考核等方面做出要求，同时加强对教育、卫生、食品药品监督、消防等方面的过程监管。

在社区嵌入式服务、医育融合、用人单位服务等方面，首先，提高存量场地资源的利用率，对社区、用人单位等闲置或使用效率不高的场地资源进行盘点和使用，整合场所中已有的儿童早期照顾及各类综合服务资源，在降低托育服务场地成本的同时提升服务效率。其次，增强用人单位、医疗机构等提供托育服务的意愿。受成本收益等多方面因素影响，部分用人单位、医疗机构等办托育的意愿不高，可探索通过税收减免、托位补助以及优先参与行业内的考核、评奖等物质支持和精神激励等方式，促进其参与托育服务供给。

（三）促进家庭科学养育指导服务的发展，加强家庭能力建设

家庭科学养育指导服务的普及将帮助家庭加强自身能力建设，不仅有利于提升家庭早期养育质量，而且可有效减轻养育负担。未来，需继续完善家庭科学养育指导服务网络建设，充分利用儿童友好的公共空间资源，进一步促进服务发展。一是扩大家庭科学养育指导服务网络。针对服务发展不均衡、覆盖率不高等现象，在具备一定经济能力的地区，可依托当地的社区嵌入式托育机构、托育综合服务中心等各类机构，加强与当地的医疗机构、专业院校、社会组织合作，引入家庭科学养育指导服务项目，并探索公益性的价格机制以促进其可持续发展。重视对欠发达地区家庭的公益支持投入，尤其是针对处境不利地位的家庭提供兜底保障服务，更多通过入户指导、亲子线下活动等面对面服务的形式，加强家庭科学养育能力建设。二是探索加强城乡社区的家庭科学养育友好空间建设，以社区休闲体育活动场所、公共图书馆等为依托，设置适合 3 岁以下儿童的家庭游戏设施与空间，为家庭养育中的社会互动、运动等提供环境支持。

参考文献

黄晓薇：《夯实强国建设民族复兴的家庭根基》，《学习时报》2024 年 5 月 20 日。

首都师范大学学前教育研究中心、《托幼瞭望》：《2023～2024 年全国托育行业发展报告》，2024 年 2 月。

尹勤、马嘉琪、许鑫颖：《供需均衡视角下江苏省 0～3 岁婴幼儿托育服务发展研究》，《人口与社会》2023 年第 4 期。

《中共中央关于进一步全面深化改革、推进中国式现代化的决定》，人民出版社，2024。

B.7
2023年中国低收入人口服务
改革进展与展望

王燊成 *

摘　要：　2023年，中国低收入人口服务改革取得了五方面主要进展：一是全国低收入人口动态监测信息平台建设取得积极成效；二是分层分类社会救助体系加快建设；三是社会救助改革创新试点持续推进；四是政府救助与慈善救助有效衔接机制得以明确；五是社会救助数字化取得新发展。随着我国社会主要矛盾发生变化以及经济社会发展目标和环境条件的改变，低收入人口服务也面临着一系列机遇和挑战，一方面，低收入人口服务迎来扩面提质的黄金时期；另一方面，分层分类社会救助体系的难点瓶颈有待解决。展望2024年，做好低收入人口服务，建议全面推进"党建+社会救助"改革创新，加快推进分层分类社会救助体系建设，深入推进社会救助数字化改革。

关键词：　低收入人口　共同富裕　社会服务　社会救助

2023年是贯彻党的二十大精神的开局之年，是实施"十四五"规划承前启后的关键一年，是巩固拓展脱贫攻坚成果同乡村振兴有效衔接的深化之年，是为全面建设社会主义现代化国家奠定基础的重要一年。各级党和政府持续深化社会救助制度改革，健全分层分类的社会救助体系，推进新时代社会救助事业高质量发展。在这一过程中，低收入人口服务也迎来了一项项改

---

* 王燊成，管理学博士，中共中央党校（国家行政学院）社会和生态文明教研部讲师，主要研究方向为民生保障。

革，也面临着一系列新机遇和新挑战。展望 2024 年，中国低收入人口服务在体制机制、内容供给等方面也将迎来新的变革与发展。

一 2023年中国低收入人口服务改革进展

习近平同志指出，"低收入群体是促进共同富裕的重点帮扶保障人群"。[①] 在扎实推进共同富裕的新阶段，有效构建低收入人口救助帮扶机制，有利于缓解因发展不平衡不充分而产生的分配不公平不公正问题，同时也是实现全体人民共同富裕目标的重要抓手、必须啃的"硬骨头"。2023 年，中国低收入人口服务改革取得了一系列进展，包括但不限于全国低收入人口动态监测信息平台建设取得积极成效、分层分类社会救助体系加快建设、社会救助改革创新试点持续推进、政府救助与慈善救助有效衔接机制得以明确、社会救助数字化取得新发展。

（一）全国低收入人口动态监测信息平台建设取得积极成效

在社会救助制度转型发展过程中，各地民政部门在开展信息化核对、建立低收入人口动态监测平台等方面进行了大胆探索并取得重要进展。[②] 建好用好全国低收入人口动态监测信息平台，是民政部门加强低收入人口动态监测、开展常态化救助帮扶的重要举措，也是一个重要抓手。自 2021 年 2 月低收入平台建设工作正式启动以来，民政部先后制定《全国低收入人口动态监测信息平台总体建设方案》，编制《低收入人口动态监测和常态化救助帮扶工作指引》，举办培训班，形成低收入人口业务数据相关标准规范等。从 2021 年 7 月开始，民政部组织全国民政系统在自主申请、摸排走访、数据比对、主动发现基础上，开发建设了全国低收入人口动态监测信息平台。全国低收入人口动态监测信息平台于 2022 年基本建成，归集了 6500 万低收

---

① 习近平：《扎实推动共同富裕》，《求是》2021 年第 20 期。
② 何思研：《社会登记系统建设的国际经验及启示》，《中国民政》2023 年第 1 期。

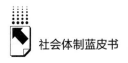
入人口的信息，在加强数据汇聚和更新的同时，还要将海量数据更好地用起来。①

经过为期两年的建设，2023年全国低收入人口动态监测信息平台建设取得积极成效。在国务院新闻办公室举行的国务院政策例行吹风会上，民政部社会救助司负责同志指出，民政部指导地方探索推进全国低收入人口动态监测信息平台建设，已经取得了积极成效。目前全国低收入人口动态监测信息平台已经归集6600多万低收入人口的基本信息，大约占到全国总人口的4.7%。这6600多万人主要包括低保对象近4000万、特困人员460多万，还有低保边缘家庭成员600多万，纳入监测的防止返贫监测人口300多万，以及其他纳入监测范围的低收入人口1300多万。从这些数据可以看到，民政部门监测的低收入人口主要是生活遇到困难、需要救助帮扶的低收入人口。②

（二）分层分类社会救助体系加快建设

分层分类的社会救助体系能够根据不同群体的具体需求，提供有针对性的帮助和服务，确保每一个需要帮助的人都能得到及时有效的支持。通过精准识别和分类施策，可以提高资源利用效率，最大限度地发挥社会救助的作用，减轻贫困和社会不公，增强人民群众的安全感和幸福感。这种体系不仅体现了社会的公平正义，也是实现共同富裕、推动社会和谐发展的重要保障。相较于原有社会救助体系，分层分类社会救助体系的构建是适应贫困治理目标及形势变迁，践行以人民为中心的发展思想所做的适时化创新，在有效拓展救助对象总体帮扶范围的基础上，科学地考虑到了低收入人口的不同类型，不仅有助于破除"低保捆绑"、"救助叠加"和"悬崖效应"等问题，而且有助于整合救助资源、提升救助效率，为各类

---

① 李雪：《社会救助优秀案例的三点启示》，《中国民政》2023年第3期。
② 《全国低收入人口动态监测信息平台建设已取得积极成效》，中华人民共和国中央人民政府官网，2023年10月25日，https://www.gov.cn/xinwen/jdzc/202310/content_6912006.htm。

低收入人口织就更加精准、更加紧密的民生保障安全网。[①] 新时代新征程背景下，加快分层分类社会救助体系建设，是回应人民群众对美好生活向往的重要举措。

2023年，在党中央及各地党委和政府统一部署下，各级民政部门持续加快分层分类社会救助体系建设，扎实推进低收入人口服务精准化、精细化，社会救助服务能力得到有效提升。10月19日，国务院办公厅转发了民政部等十部门《关于加强低收入人口动态监测做好分层分类社会救助工作的意见》（以下简称《意见》），在《社会救助暂行办法》和中办、国办《关于改革完善社会救助制度的意见》基础上对相关内容进行了拓展和深化，为进一步健全以基本生活救助、专项社会救助、急难社会救助为主体，社会力量参与为补充的分层分类社会救助体系提供了政策依据。《意见》指出，低收入人口包括最低生活保障对象、特困人员、防止返贫监测对象、最低生活保障边缘家庭成员、刚性支出困难家庭（刚性支出较大导致基本生活出现严重困难的家庭）成员，以及其他困难人员。最低生活保障对象、特困人员、防止返贫监测对象等低收入人口的认定，按照各地现有规定执行。《意见》强调，加强低收入人口动态监测，具体包括完善低收入人口动态监测信息平台、完善低收入人口数据库、加强动态监测、分类处置预警信息等具体内容。《意见》要求，各地要根据低收入人口动态监测预警信息，按照低收入人口困难程度和困难类型，分层分类提供常态化救助帮扶。对防止返贫监测对象，同时按照现行防止返贫动态监测和帮扶机制给予针对性帮扶，切实防止规模性返贫。具体包括扎实做好基本生活救助、完善专项社会救助、加强急难社会救助、积极发展服务类社会救助、做好其他救助帮扶以及鼓励开展慈善帮扶等内容。抓好《意见》贯彻落实、健全分层分类社会救助体系，是践行"两个维护"、深入贯彻习近平同志关于社会救助工作重要论述的重大措施，是推进共同富裕、加强兜底民生保障的必然要求，是完

---

① 张浩森、谭洪：《共同富裕背景下低收入人口常态化救助帮扶研究》，《兰州学刊》2024年第8期。

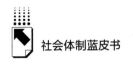

善顶层设计、深化社会救助制度改革的实际行动，也是强化问题导向、推进社会救助高质量发展的现实需要。①

（三）社会救助改革创新试点持续推进

为深入贯彻落实党中央、国务院关于改革完善社会救助制度重大决策部署，加快形成覆盖全面、分层分类、综合高效的社会救助格局，2020年10月，民政部办公厅印发《关于开展社会救助改革创新试点工作的通知》（民办函〔2020〕114号），组织全国54个地区开展为期两年的社会救助改革创新试点。在首批创新试点的基础上，2022年、2023年民政部接续开展了年度社会救助领域创新实践活动。各地扎实推进改革创新试点和创新实践活动，取得积极成效，在改革完善社会救助制度、创新社会救助体制机制、健全分层分类社会救助体系等方面积累了许多有益经验。2023年1月，民政部办公厅印发《关于社会救助改革创新试点和2022年度社会救助领域创新实践活动有关情况的通报》（民办函〔2023〕4号），公布了2022年度社会救助领域创新实践优秀案例名单，这些优秀案例分别来自浙江省杭州市民政局、上海市长宁区民政局、重庆市渝中区民政局、江苏省苏州市相城区民政局、福建省上杭县民政局、湖北省武汉市武昌区民政局、安徽省六安市民政局、新疆维吾尔自治区昌吉回族自治州民政局、内蒙古自治区乌兰察布市民政局、海南省琼海市民政局、四川省达州市民政局、江西省抚州市民政局、广西壮族自治区钦州市民政局、山东省曲阜市民政局以及黑龙江省同江市民政局。2024年2月，民政部办公厅印发《关于公布2023年度社会救助领域创新实践活动有关情况的通知》（民办函〔2024〕11号），公布了2023年度社会救助领域创新实践优秀案例名单，分别来自安徽省淮北市民政局、江苏省南京市秦淮区民政局、浙江省宁波市民政局、陕西省西安市民政局、宁夏回族自治区银川市金凤区民政局、

---

① 《民政部举办全国社会救助工作培训班》，中华人民共和国民政部官网，2023年11月27日，https：//www.mca.gov.cn/n152/n164/c1662004999979995820/content.html。

福建省厦门市民政局、江西省龙南市民政局、辽宁省铁岭市清河区民政局、云南省大理白族自治州民政局、山东省潍坊市寒亭区民政局、河北省吴桥县民政局、内蒙古自治区乌海市民政局、黑龙江省哈尔滨市民政局以及湖南省株洲市天元区民政局。这些小切口撬动大改革的鲜活案例顺应社会救助制度改革发展方向，符合基层救助工作实际，使困难群众得到了实惠，为各地推动社会救助改革创新提供了范本。①

（四）政府救助与慈善救助有效衔接机制得以明确

中国社会自古以来就存在政府救助与慈善救助两股力量。尽管政府救助与民间慈善救助交相运行的格局在中国社会救助体系中天然具有文化上的亲和性，但是这两股力量在现代社会大多数时候是独自发挥作用，并没有实现有机整合。因此，党和政府特别强调政府救助与慈善救助的功能互补、制度衔接，尤其是党的十八大以来，国家出台了一系列政策法规，为理顺二者关系、优化具体衔接等明确了方向。② 2020 年 8 月，中共中央办公厅、国务院办公厅印发了《关于改革完善社会救助制度的意见》，要求“动员引导慈善组织加大社会救助方面支出”“建立政府救助与慈善救助衔接机制”等。不过，长期以来政府救助与慈善救助的衔接机制尚未完全建立，如何有效衔接政府救助与慈善救助仍有待探讨。③ 2023 年9 月，民政部印发《关于加强政府救助与慈善帮扶有效衔接的指导意见》（以下简称《指导意见》），要求加强政府救助与慈善帮扶有效衔接，完善政策措施，健全工作机制，强化信息共享，推进融合发展，形成政府救助和慈善帮扶协调配合、资源统筹、优势互补、融合高效的新格局，合力解决困难群众急难愁盼问题，不断增强困难群众的获得感、幸福感、安全感。与此同时，《指导意见》的

① 王玉明：《深化改革创新为社会救助高质量发展注入动力活力》，《中国民政》2024 年第 7 期。

② 王桑成、杨永政：《资源的叠加还是替代？——政府救助与慈善救助的关系探析》，《学习与实践》2023 年第 9 期。

③ 乜琪、李长文：《情境性互动：政府救助与慈善救助衔接的四种模式》，《北京行政学院学报》2023 年第 6 期。

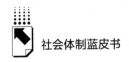

印发，助推政府救助与慈善救助有效衔接机制得以明确，明确了建立完善政府救助和慈善帮扶衔接工作机制、加强政府救助和慈善帮扶对象衔接、加强政府救助和慈善帮扶信息互通共享、创新公益慈善力量参与社会救助途径方法、加强公益慈善力量参与社会救助的激励支持等五项主要任务。

（五）社会救助数字化取得新发展

社会救助当前正面临从救助绝对贫困到救助相对贫困、从被动救助到主动救助、从社会救助不均到精准社会救助的阶段性跨越，以人工智能、互联网与大数据等为代表的数字技术成为推动社会救助发展的重要支撑，数字化转型成为社会救助的必然选择。[①] 数字化的社会救助能更好地适应当前数字化社会的发展，更好地回应数字化时代人民的多元救助需求，是数字化社会安全网中的最后一道防线。[②] 2023 年，为提高社会救助精准度，实现社会救助数字化、智能化，各地积极探索"大数据+救助"，建立民政服务对象的主动发现机制，变"人找政策"为"政策找人"，主动发现、主动救助"沉默的少数"。以"大数据+铁脚板"实现线上线下无缝对接，确保基础民生保障的"应保尽保"，充分发挥社会救助兜底保障作用，社会救助数字化取得新发展。比如，江苏省苏州工业园区在全省率先打造线上"救这么办"智慧救助信息平台和线下"救助管家"相结合的社会救助服务体系，全面推进民生服务领域数字化转型，创新"互联网+"精准救助工作路径；又如，济南市民政局以群众需求为导向，健全完善社会救助数据要素，实现了省、市核对系统双向对接，构建起精准救助数字服务体系；再如，为了让困难群众申请社会救助更便捷、高效、精准，广东省民政厅建设了广东省底线民生信息化核对管理系统和低收入人口动态监测管理系统，为精准认定社会

① 匡亚林、蒋子恒、张帆：《数字技术赋能社会救助：缘起、风险及治理》，《上海行政学院学报》2023 年第 2 期。
② 吴娟、关信平：《社会救助数字化转型：整体逻辑、现实问题与应对策略》，《社会保障研究》2023 年第 6 期。

救助对象，构建覆盖全面、分层分类、综合高效的社会救助体系提供了数据支撑。[①]

二　2024年中国低收入人口服务改革展望

2024 年是中华人民共和国成立 75 周年，是实现"十四五"规划目标任务的关键一年。在 2024 年春节团拜会上，习近平同志强调："持续增进民生福祉，保持社会大局和谐稳定。"[②] 2024 年《政府工作报告》中指出，坚持以人民为中心的发展思想，履行好保基本、兜底线职责，采取更多惠民生、暖民心举措，扎实推进共同富裕，促进社会和谐稳定，不断增强人民群众的获得感、幸福感、安全感。在这一背景下，做好 2024 年我国低收入人口服务，可以在以下三方面推进改革。

（一）全面推进"党建+社会救助"改革创新

党的二十大报告指出，"坚持大抓基层的鲜明导向，抓党建促乡村振兴，加强城市社区党建工作，推进以党建引领基层治理"。[③] 因此，建议全面推进"党建+社会救助"改革创新，将低收入人口的救助帮扶作为基层党建工作的重要内容，并通过考核机制保障"党建+社会救助"的实际效果。

改革开放以来，改善民生是党委和各级政府及工作人员的责任这一现代理念已经深入人心。[④] 在打赢精准脱贫攻坚战的历史历程中，基层党建发挥了重要作用。习近平同志指出，"抓好党建促脱贫攻坚，是贫困地区脱贫致富的重要经验"，并强调"要把夯实农村基层党组织同脱贫攻坚有机

---

① 《数字化助力社会救助精准化——"大数据+救助"各地速览》，民政部信息中心官网，2024 年 3 月 25 日，https://xxzx.mca.gov.cn/n784/c1662004999979998469/content.html。
② 习近平：《在二〇二四年春节团拜会上的讲话》，《人民日报》2024 年 2 月 9 日，第 1 版。
③ 习近平：《高举中国特色社会主义伟大旗帜 为全面建设社会主义现代化国家而团结奋斗》，人民出版社，2022，第 67 页。
④ 王道勇：《改革开放以来我国民生建设的基本经验》，《中国特色社会主义研究》2018 年第 5 期。

结合起来"。① 因此，在促进共同富裕背景下，既要践行好党建促脱贫攻坚的历史经验，也应该结合低收入人口的特殊性，全面推进"党建+社会救助"的新模式、新路径。加强党对基层治理的领导，是"坚持党对一切工作的领导"这一基本方略在基层治理领域的具体体现。② 有学者建议，创新党员参与社会救助服务模式，将"党建+社会救助"项目融入基层党组织的"支部+"项目，推动党员主动"走出去"联系困难群众，主动参与到困难家庭的帮扶服务之中，创建"党建+社会救助"的精品工程，树立"党建+社会救助"的服务品牌。③ 对于低收入人口，"党建+社会救助"至少可以在以下两个方面发挥救助帮扶的重要作用：一是夯实基层党组织的平台纽带作用，有利于在低收入人口的动态监测、帮扶实施、追踪服务等环节中解决部门之间可能存在的沟通不顺畅、低效率等问题；二是发扬基层党员的先进模范作用，尤其在促进共同富裕背景下，要深入挖掘优秀基层党员勤劳致富的"密码"，加强先进事迹的宣扬，发挥榜样的力量，并通过结对子、定向帮扶等形式满足低收入人口个性化的救助需求。

全面推进"党建+社会救助"改革创新，也有利于全面建立社会救助帮扶共同体。党的二十大报告指出，"建设人人有责、人人尽责、人人享有的社会治理共同体"。④ 在低收入人口的救助帮扶过程中，基层党建作用的有效发挥有利于充分吸引社会力量参与，构建救助服务共同体。可以通过政府购买服务的方式，吸引有资质的社会组织或专业社会工作人员介入低收入人口的救助帮扶。政府部门应该充分利用社会救助数据库和大数据研判的优势，通过建立信息平台发布救助信息，主动对接企业、社会组织和个人的救助资源，引导社会力量有序参与社会救助。此外，可以在村级或社区层面设

① 中共中央党史和文献研究院编《习近平扶贫论述摘编》，中央文献出版社，2018，第42页。
② 龚维斌：《"十四五"时期推进基层治理现代化研究》，《中国特色社会主义研究》2021年第4期。
③ 林闽钢：《中国社会救助高质量发展研究》，《苏州大学学报》（哲学社会科学版）2021年第4期。
④ 习近平：《高举中国特色社会主义伟大旗帜 为全面建设社会主义现代化国家而团结奋斗》，人民出版社，2022，第54页。

立社会救助协理员，依托居委会、社会工作者及志愿者等群体形成社会救助共同体，打通社会救助的"最后一公里"。

在共同富裕的背景下，各地政府还应该动员社会力量广泛参与低收入群体的帮扶工作。具体而言，一是需要鼓励企业参与承担社会责任。通过税收优惠、荣誉奖励等政策，鼓励企业积极履行社会责任，参与低收入群体的帮扶工作，如提供就业机会、技能培训、物资捐赠等。二是需要发挥社会组织作用，出台扶持政策，支持公益性社会组织的发展，增强其服务能力、扩大服务覆盖范围，使其在低收入群体帮扶中发挥更大作用。政府可以通过购买服务、项目合作等方式，与社会组织联合开展帮扶工作，充分利用其专业经验和服务网络。三是高度重视第三次分配的重要作用，大力发展慈善等社会公益事业，提高慈善救助在社会救助中的覆盖率、可及性等，真正实现慈善救助成为政府救助的有效补充。积极探索政府购买慈善组织救助服务等合作模式、有效整合政府救助资源与慈善救助资源、解决信息壁垒问题并建立信息共享机制、完善政府救助与慈善救助等相关立法等方面。

（二）加快推进分层分类社会救助体系建设

健全分层分类的社会救助体系，推进社会救助高质量发展，是健全社会保障体系的重要举措，也是实现共同富裕、增进民生福祉的必然要求。适应共同富裕目标，社会救助必须坚持以人民为中心的发展思想，一方面，以"防风险"为目标，加强低收入人口动态监测，将低保边缘家庭、支出型贫困家庭、脱贫不稳定家庭、边缘易致贫家庭等低收入群体全部纳入监测范围，建立健全预警指标体系。另一方面，以"保基本"和"促发展"为目标，将社会救助政策向低保边缘家庭、支出型贫困家庭、脱贫不稳定家庭、边缘易致贫家庭等低收入群体延伸，推动社会救助由保生存向保基本、防风险、促发展转型升级，更好地发挥稳预期、兜底线作用，通过社会救助让生活困顿者得周济之助、陷入困境者无生存之虞、劳动创业者无后顾之忧。[1]

---

[1] 蒋玮：《健全分层分类社会救助体系 切实织密扎牢民生兜底保障安全网》，《中国民政》2024年第6期。

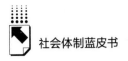

　　加快推进分层分类社会救助体系建设，健全管理体制是关键。这不仅能提升救助工作的效率和效果，还能确保救助资源的公平分配，真正实现共同富裕的目标。由于社会救助涉及的项目分散在教育、医保、住建等部门，可以积极借鉴乡村振兴部门在攻坚期和过渡期行之有效的工作机制和工作方法，进一步做实社会救助部际联席会议制度和县级困难群众基本生活保障协调机制，强化党委领导、政府负责、民政牵头、部门协同，注重发挥和调动部门主动性、积极性，推动部门救助帮扶政策措施有效衔接。[①] 一方面，建立联席会议是为了加强对全国社会救助工作的组织领导，强化部门协作配合，及时解决工作中面临的重大问题，统筹推进全国社会救助体系建设。另一方面，进一步完善县级困难群众基本生活保障工作协调机制，每年至少召开一次成员单位全体会议，研究解决需要多部门协同救助的困难群众基本生活需求问题，统筹整合救助资源，可以采取"一事一议""一案一策"方式，提高救助水平、解决急难愁盼问题。此外，在畅通横向部门之间合作过程中，当前最关键的还是需要进一步打通收入核对管理、救助对象管理、综合经办管理和救助资源管理等信息平台，尤其是收入核对系统。

　　加快推进分层分类社会救助体系建设，还需要健全央地政府之间的关系，匹配事权与支出责任。只有在中央和地方政府通力合作、各司其职的基础上，分层分类社会救助体系才能真正发挥其应有的作用，才可以确保社会救助体系的有效运行和持续发展，进而推动共同富裕目标的实现。一是需要明确事权与支出责任分配。需要明确中央和地方政府在社会救助体系中的职责分工，确保各级政府在各自职责范围内承担相应的支出责任。二是需要增强地方财政能力。在明确事权和支出责任的基础上，应加强地方财政能力建设，确保地方政府有足够的财政资源承担社会救助的支出责任。可以通过完善财政转移支付制度，增加对经济欠发达地区的资金支持，平衡地区间的财政能力差异。三是需要完善财政转移支付制度。改进和完善财政转移支付制

① 蒋玮：《健全分层分类社会救助体系 切实织密扎牢民生兜底保障安全网》，《中国民政》2024年第6期。

度，特别是均衡性转移支付和专项转移支付，确保资金使用的规范性和效率性。四是需要建立稳定的资金筹措机制。为确保社会救助体系的长期稳定运行，需建立稳定的资金筹措机制。五是需要加强中央对地方的监督和指导。中央政府应加强对地方政府社会救助工作的监督和指导，确保各项救助政策和措施的有效实施。通过定期评估和审计，及时发现和纠正地方在执行过程中存在的问题，提高救助工作的透明度和公信力。六是需要促进央地信息共享与协同合作。建立健全央地信息共享机制，实现数据互通和资源共享，增强央地在社会救助工作中的协同合作。

加快推进分层分类社会救助体系建设，优化社会救助内容设计是关键步骤。具体而言，需要做好救助对象的分层分类、需要做好救助项目的分层分类。一方面，需要做好救助对象的分层分类。建议以低收入人口为核心，将低保人口、低保边缘人口、脱贫不稳定户、边缘易致贫户、突发困难户等各类型低收入人口进行有机分层分类，根据不同的圈层进行相应的救助帮扶。比如民政部副部长唐承沛曾指出，"分层分类是根据群众的困难程度和致困原因，划分出三个救助圈层。其中，最核心的内圈是低保对象和特困人员，这些对象要纳入基本生活救助，给予低保，还有医疗、住房、教育、就业专项救助；向外一圈是低收入家庭和支出型贫困家庭，这些对象应该根据他们的实际困难程度，相应给予基本生活救助，主要是专项救助；最外圈层是社会公民，他们因遭遇突发事件、意外伤害、重大疾病等，基本生活陷入困境的时候，要给予急难社会救助，帮助其渡过难关"。① 再如有研究者将分层分类社会救助分别对应了绝对困难、相对困难和其他困难三类低收入群体，其中绝对困难群体对应内圈层，包括低保、特困人员；相对困难群体对应中圈层，包括低保边缘家庭、支出型贫困家庭；其他困难群体对应外圈层，包括遭遇特殊、突发困难的社会公民。建议各地对不同圈层的操作化界定要科学合理、动态调整，并逐步缩小地区和城乡差距，以真正实现对低收入群体

① 周程程、陈星：《如何健全分层分类社会救助体系？民政部答每经问：划出三个救助圈层，建立主动发现机制》，每日经济新闻，2020年11月23日，http://www.nbd.com.cn/articles/2020-11-23/1554725.html。

的全面与公平覆盖。① 另一方面，需要做好救助项目的分层分类。2014 年
《社会救助暂行办法》实施以来，社会救助主要由最低生活保障、特困人员
供养、医疗救助、住房救助、教育救助、就业救助、临时救助、受灾人员救
助 8 类项目构成。实际上，8 类项目按照项目性质或服务方式也可以划分为
不同的圈层。如果按照项目性质而言，最低生活保障、特困人员供养属于消
极型救助，在严格家计调查的基础上，二者属于底线救助项目，兜住的都是
那些"值得救助"的人口；教育救助、医疗救助、就业救助属于发展型救
助，三者旨在通过改善低收入人口的人力资本促进自身成长；而临时救助、
住房救助以及受灾人员救助属于消极型与发展型救助的中间层，三者均是陷
入各类生活窘境、需要政府加以救助才能抵御风险者。按照服务方式而言，
社会救助方式包含现金、实物和服务三种，其中现金和实物救助较为普遍。
特困人员供养、最低生活保障、临时救助、教育救助、医疗救助、住房救
助、受灾人员救助，都以现金救助为主或包含现金救助；临时救助、住房救
助、受灾人员救助，则包含了实物救助；对特困人员的供养服务、受灾人员
救助中开展的心理抚慰服务和就业救助中的就业服务，则属于服务型救
助。② 因此，建议根据不同救助对象的需求，设计多层次的救助项目，如最
低生活保障、医疗救助、教育救助、住房救助等，确保各类救助对象的基本
生活需求得到满足。同时，在设计救助项目时，要考虑到不同救助对象的特
殊需求，提供有针对性的救助措施，避免"一刀切"的救助方式，提高救
助工作的精准度和有效性。

（三）深入推进社会救助数字化改革

新时期，建议各地政府应该充分利用数字化技术，推动社会救助的数字
化转型，实现低收入群体的精准动态识别和靶向帮扶，提高社会救助工作的
科学性、精准性和有效性，为共同富裕目标的实现提供有力保障。

---

① 张浩淼：《以高质量社会救助制度筑牢共同富裕底板》，《学术研究》2022 年第 9 期。
② 韩克庆、郑林如、秦嘉：《健全分类分层的社会救助体系问题研究》，《学术研究》2022 年
第 10 期。

第一，紧紧抓住救助数字化转型的三个关键。一是构建数字救助标准体系。以"高效救助"改革为突破口，围绕大系统、大数据、大集成建设，抓好救助标准化体系建设。围绕公共数据整合、共享，抓好数据交换标准化建设。二是打通救助数据互通关键节点。围绕救助信息孤岛的堵点和难点，加快构建跨部门、跨层级、跨领域的标准模型。围绕救助数据共享、流程再造、信用体系建设，重点开展数据汇聚、数据平台、数据安全、大数据应用等领域急需标准的研制，加快规范救助数据资源目录编制、"互联网+救助服务"数据管理。三是推进大数据、互联网、云计算、人工智能、区块链等现代化信息技术标准化联动在救助的应用。

第二，全力推进智慧救助协同发展。社会救助数字化改革需要注重人民性视角，重视政策目标对象的用户体验。政府在搭建社会救助数字化平台时，不仅需要从技术角度提升救助平台的高效便捷程度，更需要从救助角度优化在线申请流程，提高救助精准度与加强人文关怀，例如针对"数字弱势群体"完善线上线下联动机制、提供相对多样化的救助方式选择、为流动人口提供便捷的就地救助和社会多元主体协同措施等。具体而言，可以积极探索"标准化+大数据+救助服务"模式，加快"网上办、掌上办"领域数据采集、分级、交换、质量、保密等关键共性标准的制定，制定和实施救助服务指导性目录及标准。建立社会救助数据标准化协调机制，开展乡镇（街道）便民服务中心等救助服务标准制定、实施与评价，为准确判断困难类型、困难程度和有针对性地开展救助工作提供依据。

第三，利用互联网+技术，在精准识别社会救助对象的基础上实现救助服务的靶向供给。一是建立综合信息数据库，将低收入群体的基本信息、收入状况、家庭情况、健康状况等数据进行整合，建立统一的综合信息数据库。在数据库的基础上，实现社会救助、医疗、教育、住房等相关部门的数据共享，形成全面、准确的低收入群体数据体系。二是利用好大数据分析技术，对综合信息数据库中的数据进行挖掘和分析，识别低收入群体的特征和分布情况，同时利用大数据分析低收入群体的消费行为、健康状况、就业情况等，及时发现潜在的救助需求。三是建立低收入群体动态监测系统，实时更新低收入人群的数据，确保数据的及时性和准确性。同时通过动态监测系统，建立低收入群体预警机制，及时发现因突发事件、重大疾病等原因导致的救助需求变化，提前采取干预措施。四是利用人工智能算法，对低收入群体的数据进行智能筛选和分类，精准识别需要重点帮扶的人群，并根据低收入群体的具体情况，利用人工智能技术制定个性化的帮扶方案，提高帮扶的针对性和有效性。五是建立低收入群体帮扶的数字化服务平台，实现救助申请、审核和发放的线上化，简化流程，提升效率。在平台上公开救助政策、帮扶项目和救助进展，提供意见反馈渠道，提升透明度和公信力。六是对基层工作人员进行数字技能培训，提升其利用数字化技术开展救助工作的能力。与此同时，对低收入群体和社区居民进行数字技能培训，帮助他们更好地利用数字化平台获取救助信息和服务。七是对低收入群体的敏感信息进行加密处理，确保数据在传输和存储过程中的安全性。政府有关部门也应该制定严格的数据隐私保护政策，确保低收入群体的个人信息不被泄露和滥用。

参考文献

龚维斌：《"十四五"时期推进基层治理现代化研究》，《中国特色社会主义研究》2021 年第 4 期。

韩克庆、郑林如、秦嘉：《健全分类分层的社会救助体系问题研究》，《学术研究》2022 年第 10 期。

蒋玮：《健全分层分类社会救助体系 切实织密扎牢民生兜底保障安全网》，《中国民政》2024 年第 6 期。

林闽钢：《中国社会救助高质量发展研究》，《苏州大学学报》（哲学社会科学版）2021 年第 4 期。

王道勇：《改革开放以来我国民生建设的基本经验》，《中国特色社会主义研究》2018 年第 5 期。

习近平：《高举中国特色社会主义伟大旗帜 为全面建设社会主义现代化国家而团结奋斗》，人民出版社，2022。

习近平：《在二〇二四年春节团拜会上的讲话》，《人民日报》2024 年 2 月 9 日，第

1 版。

张浩淼：《以高质量社会救助制度筑牢共同富裕底板》，《学术研究》2022 年第 9 期。

中共中央党史和文献研究院编《习近平扶贫论述摘编》，中央文献出版社，2018。

社会治理篇 ➲

B.8
2023年社会治理法治进程及2024年展望

赵秋雁*

摘　要：　2023年，社会治理法治化进程取得积极进展。贯彻落实党的二十大精神，丰富和发展习近平法治思想，进一步提升民生保障领域制度化水平，努力建设更高水平的平安中国、法治中国。2024年，全面提升中国式社会治理法治化水平的任务仍很艰巨，要立足高质量发展需求，进一步提升社会领域立法质效，不断健全行政执法监督工作体系，推进严格规范公正文明执法，坚持和发展新时代"枫桥经验"，依法能动履职助力社会治理，抓好"关键少数"、引领"绝大多数"，推动全民尊法学法守法用法。

关键词：　习近平法治思想　法治社会　中国式社会治理现代化

---

* 赵秋雁，法学博士、教授、博士生导师，北京师范大学中国社会管理研究院副院长、青年诚信建设研究中心主任，主要研究方向为社会治理、社会法、经济法。

一 2023年社会治理法治化的主要进展

（一）多元主体依法共治

1. 依法保障全面从严治党向纵深发展

2023年，顺应新时代要求，修订的《中国共产党纪律处分条例》更严格、更系统、更精准，为全面加强党的纪律建设提供重要遵循。发布的《专业技术类公务员管理规定》《行政执法类公务员管理规定》《事业单位工作人员处分规定》《事业单位工作人员考核规定》等进一步贯彻落实党管干部、党管人才，促进依法履职。修订的《干部教育培训工作条例》新增"纪律与监督"一章，增强了制度执行的刚性约束，还印发了《全国干部教育培训规划（2023-2027年）》，等等。

2. 严格依法行政助推法治政府建设

2023年，严格推进依法行政，夯实法治政府建设的基础和关键。一是在落实责任上下功夫。《中华人民共和国行政复议法》施行二十多年来首次"大修"，通过优化行政复议管辖体制、扩大行政复议范围、完善行政复议前置规定和审理程序等，促进行政复议发挥化解行政争议主渠道作用。二是在明确工作职责和任务上下功夫。修订的《中华人民共和国慈善法》新增规定，县级以上人民政府应当统筹、协调、督促和指导有关部门在各自职责范围内做好慈善事业的扶持发展和规范管理工作，这进一步明确了行政机关在推进慈善事业发展中"监督者""管理者""服务者"的任务。国办转发国家发展改革委、财政部《关于规范实施政府和社会资本合作新机制的指导意见》的通知旨在规范实施政府和社会资本合作新机制，遏制新增地方政府隐性债务，确保规范健康可持续发展。三是在健全制度体系上下功夫。《数字中国建设整体布局规划》指出，要加快制度规则创新，完善与数字政务建设相适应的规章制度。教育部等13部门联合印发的《关于健全学校家庭社会协同育人机制的意见》提出，到"十四五"时期末，政府对学校家

庭社会协同育人工作的统筹领导更加有力，制度体系基本建立健全。

3.基层法治建设取得新进展

2023年，基层法治建设取得新进展。主要表现在三个方面：一是进一步强化基层治理党建引领，明确统筹推进党建引领基层治理和基层政权建设作为中央社会工作部重要职责。二是持续推动基层减负增效提质。印发的《关于防治"指尖上的形式主义"的若干意见》旨在规范政务移动互联网应用程序（以下简称政务应用程序）、政务公众账号和工作群组管理，减负基层。三是志愿服务规范化、制度化水平进一步提升。《中华人民共和国志愿服务法》被列入十四届全国人大常委会立法规划"条件比较成熟、任期内拟提请审议的法律草案"的第一类项目。

（二）统筹城乡的民生保障领域法治建设

2023年，围绕保障和改善民生完善法律体系，为民政事业高质量发展提供有力法治保障。

1.依法治教

2023年，教育部会同有关部门围绕构建完善基本公共教育服务体系、培养高素质教师队伍、推进校外培训治理、加强法治教育和法学理论研究等开展了制度建设。一是为构建优质均衡的基本公共教育服务体系提供法治保障。中办、国办印发的《关于构建优质均衡的基本公共教育服务体系的意见》强调，要加强基本公共教育服务标准化、专业化、法治化建设。二是完善培养造就高素质教师队伍的制度。教育部印发的《关于推开教职员工准入查询工作的通知》将师德师风第一标准融入教师资格认定、招聘引进等环节。根据教育部印发的《关于实施国家优秀中小学教师培养计划的意见》启动实施首批"国优计划"研究生培养，将为中小学输送一批教育情怀深厚、专业素养卓越、教学基本功扎实的优秀教师。教育部等10部门印发的《国家银龄教师行动计划》部署了银龄教师支持普通高等教育、职业教育、基础教育、终身教育、民办教育的五大行动。教育部等4部门印发的《职业学校兼职教师管理办法》旨在推动高素质"双师型"教师队伍建设。

三是在教育"双减"中做好科学教育加法。一方面，依法深化校外培训治理，教育部印发的《校外培训行政处罚暂行办法》通过明确执法责任、权限和依据来提升校外培训执法规范化、法治化水平。教育部办公厅等5部门联合印发的《校外培训机构财务管理暂行办法》进一步强化了财务活动的闭环管理。另一方面，推动形成"大科学教育"格局，教育部等18部门联合印发的《关于加强新时代中小学科学教育工作的意见》通过制定"改进学校教学与服务"和"用好社会大课堂"等具体举措，推动科学教育落地见效。四是加强法治教育和法学理论研究。中办、国办印发《关于加强新时代法学教育和法学理论研究的意见》，目标是提高法学教育和法学理论研究质量和水平，为法治中国建设培养高素质法治人才、提供科学理论支撑。

2. 社会福利与社会保障

民政部办公厅印发的《民政法规制度建设规划（2023-2027年）》将社会救助、儿童福利、残疾人保障、慈善事业、社会组织管理、行政区划、地名管理等列入基本制度建设任务。2023年，为增进民生福祉、促进共同富裕，主要开展未成年人保护、积极应对人口老龄化、保障妇女儿童权益、提升残疾人能力等方面制度建设。一是儿童关爱和发展方面，国家卫生健康委等5部门制定了《家庭托育点管理办法（试行）》；民政部等15部门发布的《农村留守儿童和困境儿童关爱服务质量提升三年行动方案》指出，到2026年，农村留守儿童和困境儿童生存权、发展权、受保护权、参与权等权利得到更加充分、更加有效的保障；还发布了《儿童言语功能评估服务指南》推荐性行业标准。二是未成年人保护方面，民政部办公厅印发《未成年人网络保护条例》，《最高人民法院 最高人民检察院关于办理强奸、猥亵未成年人刑事案件适用法律若干问题的解释》实施。三是促进老年人、残疾人共享改革发展成果方面，《中华人民共和国无障碍环境建设法》部署无障碍环境建设，保障残疾人、老年人平等、充分、便捷地参与和融入社会生活；《视力残疾和听力残疾人员普通话水平测试管理办法（试行）》有利于促进视力残疾和听力残疾人员劳动就业，参与社会生活；《养老机构康复服务规范》《老年人居家康复服务规范》《老年人助浴服务规范》《公共汽

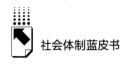

（电）车视障人士助乘系统技术规范》等标准发布。此外，还修订了《军人军属法律援助工作实施办法》等。

3. 医疗保障

2023 年，深入贯彻实施健康中国战略的决策部署，医疗卫生服务制度建设取得进展。一是进一步发挥规划引领和资源调控作用。中办、国办印发《关于进一步完善医疗卫生服务体系的意见》《关于进一步深化改革促进乡村医疗卫生体系健康发展的意见》等文件，国家卫生健康委发布《"十四五"大型医用设备配置规划》等文件。二是进一步加强医疗卫生行业监督管理。《医院巡查工作管理办法（试行）》旨在全面规范医疗机构在党的建设、行业作风、运行管理等方面开展的专项检查工作；《人体器官捐献和移植条例》进一步完善器官获取和分配制度、加强器官移植技术应用管理、加大对违法行为的处罚力度；还印发了《涉及人的生命科学和医学研究伦理审查办法》等。三是加强社会心理健康建设。民政部等 5 部门出台《关于加强困境儿童心理健康关爱服务工作的指导意见》。教育部等 17 部门联合印发《全面加强和改进新时代学生心理健康工作专项行动计划（2023—2025 年）》。

此外，在劳动就业方面，国办印发的《保障农民工工资支付工作考核办法》旨在压紧压实属地政府根治欠薪工作责任。住房和城乡建设部、市场监管总局联合印发了《关于规范房地产经纪服务的意见》，住房和城乡建设部印发了《建设工程质量检测机构资质标准》等。

（三）平安中国建设

2023 年，落实总体国家安全观，统筹发展与安全，进一步加强国防和军队安全、金融安全、粮食安全、生态安全等制度保障，积极推进平安中国、法治中国建设。一是依法治军方面，中央军委办公厅印发《关于加强新时代军队财务工作的意见》，对加强新时代军队财务工作的组织领导、监督管理等作出规范。二是金融安全方面，审议通过的《非银行支付机构监督管理条例》旨在规范非银行支付机构行为，推动非银行支付行业稳健运行和高质量发展。三是粮食安全方面，审议通过《中华人民共和国粮食安全保障法》、修订《粮食质量安全监管办法》等。四是生态安全方面，制定《中华人民共和国青藏高原生态保护法》、修订《中华人民共和国海洋环境保护法》、积极推进生态环境法典编纂工作。五是涉外安全方面，制定《中华人民共和国对外关系法》《中华人民共和国外国国家豁免法》，修订《中华人民共和国民事诉讼法》涉外编、《中华人民共和国反间谍法》，为扩大高水平开放、增强国际交流、维护国家主权提供法治保障。

二 2023年社会治理法治建设的特征

（一）进一步加强党对社会治理法治建设的全面领导

修订的《中华人民共和国立法法》明确规定，立法应当坚持中国共产党的领导，坚持以马克思列宁主义、毛泽东思想、邓小平理论、"三个代表"重要思想、科学发展观、习近平新时代中国特色社会主义思想为指导，推进中国特色社会主义法治体系建设，保障在法治轨道上全面建设社会主义现代化国家。修订的《中华人民共和国慈善法》第四条增加一款，作为第一款："慈善工作坚持中国共产党的领导。"修订的《中国公民收养子女登记办法》第三条规定："收养登记工作应当坚持中国共产党的领导，遵循最有利于被收养人的原则，保障被收养人和收养人的合法权益。"

（二）为经济社会高质量发展夯实法治保障根基

中共中央、国务院印发的《质量强国建设纲要》将"质量政策法规更加健全……"作为"质量治理体系更加完善"的重要内容纳入2025年主要目标，把"加强质量法治建设"作为"推进质量治理现代化"的重要举措，强调"创新质量治理模式，健全以法治为基础、政府为主导、社会各方参与的多元治理机制，强化基层治理、企业主责和行业自律"。国办印发的《提升行政执法质量三年行动计划（2023—2025年）》指出，行政执法质

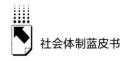

量直接关系法治政府建设成效，并将"行政执法质量和效能显著提高"作为 2025 年主要目标。《国务院关于推进普惠金融高质量发展的实施意见》强调，要完善基础设施、制度规则和基层治理，推进普惠金融治理能力现代化。

（三）推动制度优势更好地转化为社会治理效能

修订的《中华人民共和国慈善法》以立法形式对募捐成本进行规范，有利于慈善组织审慎使用资金，助力社会效益最大化。《社会保险经办条例》对社保经办服务的覆盖范围、服务渠道、服务方式等都作出了便民利民的规定，有利于提高参保人员的获得感和幸福感。修订的《行政单位财务规则》将全面实施绩效管理作为行政单位财务管理的主要任务，强调绩效结果应用和转化。国家卫生健康委办公厅等 3 部门联合印发的《关于印发〈公立医院成本核算指导手册〉的通知》将进一步推动成本核算工作深入开展，有利于优化资源配置、提升运营效率。

（四）加快统筹推进国内法治和涉外法治

涉外法治是中国特色社会主义法治体系的重要组成部分，坚持统筹推进国内法治和涉外法治，有利于国家外交政策的统一及维护国家间关系稳定。新中国成立以来，首部集中阐述我国对外工作大政方针、原则立场和制度体系的基础性和综合性涉外法律《中华人民共和国对外关系法》的出台，为我国在全球治理中更好发挥大国作用提供了重要法律支撑。涉外法治建设的又一里程碑《中华人民共和国外国国家豁免法》的出台，实现了我国从"绝对国家豁免"到"限制国家豁免"的重大转变，这是顺应新时代国际关系健康发展之举，也是国家主权平等原则的集中体现。实践中，调解这一"东方经验"在国际商事纠纷解决中发挥作用，彰显中国法治智慧。① 还发

---

① 最高人民法院第二国际商事法庭成功调处一中外企业间标的额 10 亿元纠纷，促使双方各自撤回境内外多起关联诉讼，合作关系得以修复。最高人民法院工作报告（2024 年 3 月 8 日）。

布了《最高人民法院关于审理涉外民商事案件适用国际条约和国际惯例若干问题的解释》等。

三 2024年社会治理法治建设面临的挑战和展望

2024年是中华人民共和国成立75周年，是实现"十四五"规划目标任务的关键一年。要继续深入学习贯彻习近平法治思想，按照"法治国家、法治政府、法治社会"一体建设的要求，持续推进"科学立法、严格执法、公正司法、全民守法"，全面推进法治社会建设，不断提高社会治理法治化水平。

一是立足高质量发展需求，进一步提升社会领域立法质效。《中央党内法规制定工作规划纲要（2023－2027年）》指出，迈上新征程，党内法规制度建设进入高质量发展新阶段，依规治党面临巩固拓展提高新任务。《国务院2024年度立法工作计划》指出，要进一步丰富立法形式，注重"小快灵""小切口"立法，加快填补立法薄弱点和空白区，并对"增进民生福祉""健全国家安全法治体系"等作出重要部署。2024年，在社会领域，要立足高质量发展，修订《中华人民共和国学前教育法》《中华人民共和国传染病保护法》等保障和改善民生的法律法规，聚焦"五大安全"，以构建新安全格局提升社会治理效能，为中国式社会治理现代化提供有力的法治保障。

二是不断健全行政执法监督工作体系，推进严格规范公正文明执法。中办、国办印发的《关于加强行政执法协调监督工作体系建设的意见》指出，到2024年底，要基本建成省、市、县、乡四级全覆盖的比较完善的行政执法监督工作体系，实现对行政执法工作的全方位、全流程、常态化、长效化监督。2024年，一方面，要严格落实《中华人民共和国行政处罚法》《中华人民共和国行政复议法》等相关法律制度，持续提升行政执法工作规范化水平；另一方面，要深入贯彻落实《法治政府建设实施纲要（2021—2025年）》《提升行政执法质量三年行动计划（2023—2025年）》等有关文件

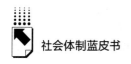

精神，不断提高行政执法质量和效率。

三是坚持和发展新时代"枫桥经验"，以依法能动履职助力社会治理。自 2019 年最高人民检察院实施《人民检察院检察建议工作规定》以来，持续开展检察建议规范化、法治化建设，先后出台了防治校园性侵、规范公告送达、强化金融监管等检察建议。2023 年，《最高人民法院关于综合治理类司法建议工作若干问题的规定》施行，人民法院在履行审判执行职责时发现社会治理领域中存在引起矛盾纠纷多发高发、影响经济社会发展和人民群众权益保护的突出问题时，需要向有关主管机关或者其他有关单位提出改进工作、完善治理的司法建议。这些举措都有利于促进法律监督机关、审判机关在国家和社会治理中更好发挥作用。2024 年，要坚持和发展新时代"枫桥经验"，做实依法能动履职，主动应对社会风险，积极推动形成优势互补、融合发力的多元共治格局。

四是抓好"关键少数"，引领"绝大多数"，推动全民尊法学法守法用法。全民守法是实现全面依法治国的重要基础。2024 年，总体上，要巩固拓展学习贯彻习近平新时代中国特色社会主义思想主题教育成果，继续深入学习贯彻习近平法治思想，持续推动全民尊法学法守法用法。一方面，要把握政治属性，抓好"关键少数"，引领"绝大多数"，贯彻落实中办印发的《全国党政领导班子建设规划纲要（2024—2028 年）》等文件精神，锻造法治思维，运用法治方式，做到法治与改革相统一。另一方面，要夯实全民守法的社会工程。2024 年施行的《中华人民共和国爱国主义教育法》是以法治方式推动保障新时代爱国主义教育的重大举措，要厚植家国情怀，使爱国主义成为全体人民的坚定信念、精神力量和自觉行动。要贯彻落实中办、国办《关于加强社区工作者队伍建设的意见》《关于健全新时代志愿服务体系的意见》、中央社会工作部等 3 部门的《关于加强高校法律援助志愿服务工作的意见》等，加强基层治理队伍建设，弘扬志愿精神，为推进法治社会建设提供有力支撑。

参考文献

中共中央宣传部、中央全面依法治国委员会办公室：《习近平法治思想学习纲要》，人民出版社、学习出版社，2021。

魏礼群主编《中国特色社会主义社会学》，北京师范大学出版社，2023。

莫纪宏、田禾主编《中国法治发展报告 No.22（2024）》，社会科学文献出版社，2024。

张文显：《"中国式法治现代化"的语义和意义分析》，《东方法学》2024 年第 4 期。

李林：《良法善治——中国之治背后的法治思想》，外文出版社，2024。

B.9
2023年超大城市社会治理回顾与展望

陈　鹏*

摘　要： 随着我国城镇化进程的加速推进，超大城市日益在国家治理现代化总体格局中占据举足轻重的地位。2023年，我国超大城市社会治理取得多方面进展，主要体现在：排头兵地位更加凸显，数字化转型不断深入，法治化建设不断加强，体制机制不断完善。与此同时，超大城市也面临着治理规模大、治理负荷重、治理难度大，数字化赋能效果亟待进一步释放，法治保障亟待进一步加强，基层减负增效进一步提升等难题和挑战。在进一步全面深化改革的背景下，超大城市社会治理应始终坚持党的全面坚强领导，坚持以人民为中心，坚定不移地走人民城市发展道路，坚持敏捷治理、数智治理、精细治理、复杂治理等多元化发展路径。

关键词： 超大城市　社会治理　数字化　法治化

一　2023年超大城市社会治理的主要进展

随着我国城市发展进入存量更新和内涵提升的高质量发展新阶段[①]，超大城市的兴起及其有效治理日益成为国家治理现代化建设的重要组成部分。自2014年我国调整城市规模划分标准，首次提出超大城市，至今已有十年。2023年，我国超大城市社会治理取得多方面进展，主要体现在如下四个方面。

---

* 陈鹏，社会学博士，北京师范大学社会学院副教授，主要研究方向为城市社会学与社区研究、社会治理与社会政策。

① 倪虹：《开创城市高质量发展新局面》，《求是》2023年第20期。

（一）超大城市社会治理排头兵地位更加凸显

人口规模巨大是中国式现代化的首要特征，尤其是在超大城市中获得鲜明体现。随着我国城镇化进程的加速推进，超大城市日益成为探索现代化治理新路子的先行者。一是超大城市数量进一步增加。超大城市是人口高度集聚的空间区域。2023 年 10 月住建部发布的《2022 年城市建设统计年鉴》，与 2021 年公布的第七次全国人口普查数据相比，我国城区常住人口超过 1000 万人的超大城市已从 7 座增至 10 座，其中武汉、东莞、杭州为新增的 3 名成员[1]。二是超大城市已经实现高度城市化。相关统计数据显示，截至 2023 年底，全国常住人口城镇化率达到 66.16%[2]；而我国主要超大型城市常住人口城镇化率，2021 年深圳已达到 99.81%，接近 100%；2020 年上海为 89.3%[3]；2023 年末，东莞为 92.83%，北京为 87.8%，广州为 86.76%，天津为 85.49%，武汉为 84.79%，杭州为 84.2%，成都为 80.5%，重庆为 71.67%[4]。三是超大城市城中村改造加快推进。超大城市城中村普遍是外来人口高度聚集的地带，也是城市建设治理的短板弱项。2023 年，国务院办公厅发布《关于在超大特大城市积极稳步推进城中村改造的指导意见》，提出采取拆除新建、整治提升、拆整结合等不同方式实施分类改造。四是超大城市成为新的国家治理单元。作为一种具有中国特色的城市类型，超大城市作为中国式现代化建设的排头兵，成为服务全国、面向区域、链接全球的整体单元，这就使得超大城市治理具有鲜明的"国家性"，成为国家治理的空间型工具[5]。

---

① 参见住房和城乡建设部《2022 年城市建设统计年鉴》，https：//www.mohurd.gov.cn/gongkai/fdzdgknr/sjfb/，最后检索时间：2024 年 7 月 1 日。

② 宋霞：《我国常住人口城镇化率达 66.16%》，《北京青年报》2024 年 8 月 3 日。

③ 鲁哲：《上海市第七次全国人口普查主要数据公布》，《新民晚报》2021 年 5 月 18 日。

④ 本数据来源于 2023 年度各城市发布的国民经济和社会发展统计公报，其中深圳和上海发布的公布中没有显示常住城镇人口数量，故而以近年相关数据为参考。

⑤ 锁利铭等：《国家治理单元：理解超大城市治理的新视角》，《国家现代化建设研究》2024 年第 3 期。

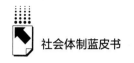

（二）超大城市社会治理数字化转型不断深入

随着数字时代的来临，加快建立与之相适应的城市治理新形态成为必然要求，特别是在超大城市显得更为紧迫。2023年2月，中共中央、国务院印发《数字中国建设整体布局规划》，并明确提出构建普惠便捷的数字社会，推进数字社会治理精准化，这使得我国数字化转型顶层设计和总体布局进一步明晰。一是数字化转型成为城市治理变革核心引擎。数字化，既是技术变革，也是组织变革，更是思维和方法的变革。而技术变革、治理生态、治理问题以及治理需求，都共同驱动着城市治理的数字化转型①。在这个过程中，超特大城市的数字化转型，体现出较为鲜明的示范引领和辐射带动作用。二是坚持生产、生活和治理方式整体驱动。加快建设数字经济、数字社会、数字政府，以数字化转型整体驱动生产方式、生活方式和治理方式变革是国家"十四五"规划提出的战略方向②。针对城市治理而言，数字技术不仅重塑了城市的生产模式和居民的生活方式，而且再造和变革了城市的治理方式和运行机制。2023年，我国数字经济核心产业增加值占GDP的比重达到10%，已提前完成预定目标③；在"互联网+政务服务"持续优化的背景下，政府公共服务便捷普惠度不断提高；在数字社会建设方面，加快社会信用体系建设、立法进程，加大网络空间综合治理力度。三是坚持技术赋能与制度变革双轮驱动。在城市治理数字化转型过程中，"技术驱动"与"科层统合"逐渐形成一种交互机制，寓数字技术于科层组织，进而促进技术与制度的交互影响与变革④。

---

① 陈水生：《城市治理数字化转型：动因、内涵与路径》，《理论与改革》2022年第1期。
② 详见《中华人民共和国国民经济和社会发展第十四个五年规划和2035年远景目标纲要》。
③ 申佳平等：《2023年我国数字经济核心产业增加值占GDP比重达到10%》，新华社，2024年5月24日。
④ 翁士洪：《技术驱动与科层统合：城市治理数字化转型的交互机制》，《中国行政管理》2023年第6期。

（三）超大城市社会治理法治化建设不断加强

在全面依法治国的背景下，坚持以法治思维和法治方式引领、推动和巩固、深化城市社会治理变革不断走向深入，城市社会治理法治化水平不断提高，一些超大城市起到重要示范引领作用。一是以北京为代表的接诉即办模式。2021年《北京市接诉即办工作条例》颁布，经历"吹哨报到""接诉即办""主动治理"三个发展阶段。相关数据显示，2023年，北京12345市民服务热线平均每天接听电话近6万个，全年受理市民反映事件2144万件，群众诉求响应率100%、解决率95.5%、满意率96.1%①。二是以上海为代表的一网通办模式。2018年9月，《上海市公共数据和一网通办管理办法》颁布，此后每年发布年度全面深化"一网通办"改革工作要点。2023年，日均办件量超过37万，实际网办率从不足20%提升至81.6%，好评率达99.94%②。2023年，致力于打造"一网通办"智慧好办2.0版，并制定和实施了深化"一网通办"改革行动方案（2024~2026年）。三是以深圳为代表的民意速办模式。2022年，深圳市委印发《关于深化党建引领基层治理推进民生诉求综合服务改革的行动方案》，将民意速办确立为全市综合性改革；2023年，《深圳市"@深圳—民意速办"运行指引》和《深圳市民生诉求职责清单》发布，为民意速办规范化运作奠定坚实基础。2023年，深圳民生诉求服务总量超3700万，按时办结率和市民整体满意率均超99%③。这些城市都体现了城市重大综合改革既于法有据又有法治引领的特征，为探讨符合超大城市特点和规律的社会治理新路子提供了重要经验借鉴。

---

① 张道峰、王楠：《群众诉求响应率100% 北京接诉即办改革举措取得明显成效》，中央广播电视总台央视新闻，2024年3月19日。
② 《上海"一网通办"上线5周年，实名用户已有8146万，累计办件超过4亿件》，上海市商务委员会网站，2023年10月29日，https：//sww.sh.gov.cn/swdt/20231025/84a849ee85e145b0ad23719ab68bf990.html。
③ 深圳市人力资源和社会保障局：《解锁超大城市现代化治理的深圳方法论》，深圳市人力资源和社会保障局网站，2024年6月18日，https：//hrss.sz.gov.cn/gkmlpt/content/11/11365/post_11365918.html#1689。

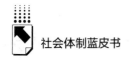

（四）超大城市社会治理体制机制不断完善

在全面深化改革的背景下，我国社会治理体制机制改革创新进一步全面深入推进。一是中央社会治理体制顶层设计成型。2023 年 3 月，中共中央、国务院印发《党和国家机构改革方案》，提出组建中央社会工作部，省、市、县三级同步建立，这标志着我国社会领域统一领导体制的确立，是新时代中国社会治理发展的重大制度成果。二是地方政府社会治理职能不断加强。从社会治理领域而言，相较于中央政府职责而言，地方政府的职责侧重于公共服务和社会管理。市域在社会治理宏观与微观之间具有承上启下的重要作用，并在推进建设过程中使得超大城市地方政府的社会治理职能获得进一步强化和凸显。2023 年，我国市域社会治理现代化第一批试点期满进入验收阶段。三是基层社会治理体制改革持续推进。在一些超大城市治理体系建设中，以街道社区为核心的基层社会治理体制改革不断深入。从 2023 年的改革实践来看，主要体现在如下方面：第一，优化和调整街道社区规模。北京、上海、天津等城市对社区居委会设立标准做出明确规定，一般以社区内住宅套数 2000~3000 户为基本标准。第二，探索居委会代行业委会职责路径。2023 年 2 月，深圳制定了《深圳市社区居民委员会代行住宅区业主委员会职责管理办法（试行）》。第三，建设社区嵌入式服务综合体。2023 年 11 月 26 日，国务院办公厅转发国家发展改革委《城市社区嵌入式服务设施建设工程实施方案》，全国选择 50 个左右城市开展试点，每个试点城市选择 100 个左右社区。2023 年 10 月，广州市发布地方标准《社区居委会资源管理规范》，这为促进社区居委会标准化建设、提高社区服务效能奠定了基础。

二 2023年超大城市社会治理面临的问题与挑战

2023 年我国超大城市社会治理在取得不断进展的同时，也面临着一些难题与挑战，主要表现在如下方面。

（一）超大城市治理规模大、负荷重、难度大

城市规模不同，面临的治理难题也各不相同。从世界范围来看，超大城市的兴起及其有效治理是各国共同面临的一个难题。相关数据显示，截至2021年，全球共有36个超大城市[①]。我国拥有世界上数量最多的超大城市，而且随着我国城镇化进程的深入推进，我国超大城市未来可能还将进一步增加。这些超大城市的治理规模大、治理负荷重、治理风险大、治理难度大。同时，超大城市普遍面临人口膨胀、环境污染、交通拥堵、学位紧张等"大城市病"[②]。根据世界城镇化发展规律，当城镇化率在30%~50%时，"城市病"处于显性阶段；城镇化率为50%~70%时，"城市病"可能集中暴发[③]。从上文数据可见，我国10个超大城市城镇化率普遍已超过70%，近些年"城市病"问题治理取得显著成效，但仍有待进一步巩固和优化。

（二）超大城市治理数字化赋能效果有待提升

针对超大城市而言，运用数字化技术赋能城市治理，成为一种必不可少的选择和路径。由于城市治理体制机制不够顺畅和滞后，在现实运行中出现数字技术运用不深、系统不衔接、场景开发不足、部门不协同、交互不畅通等问题，影响了数字化赋能的深度挖掘和释放[④]。这也表明，仅仅采取单方面的技术赋能，并不能充分实现和达至数字化赋能的良好效果，而必须坚持"技术创新"与"制度变革"之间的双轮驱动、相得益彰，才能真正取得切实效果。同时，值得注意的是，伴随着数字化治理技术的广泛使用和流行，数字鸿沟也出现了。特别是针对一些数字弱势群体而言，比如，老年人、残

---

① Wendell Cox. Focusing on world megacities：demographia world urban areas, https：//www. newgeography. com/content/007127-focusing-world-megacities-demographia-world-urban-areas-2021，最后检索时间：2024 年 7 月 1 日。

② 《疏解非首都功能：解决"大城市病"的中国方案》，《光明日报》2019 年 2 月 25 日。

③ 田俊荣等：《"城市病"缘何而生?》，《人民日报》2014 年 5 月 12 日。

④ 查志远：《调研发现数字治理存在三大短板：协同难、场景不足、机制不顺》，《新京报》2023 年 6 月 20 日。

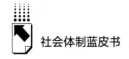

疾人、外来务工人员等，因缺乏足够的数字接入能力，无法充分有效享受相关的数字公共服务①。此外，权责划分、数字安全、隐私保护等客观因素，也会使数字化共享"打折扣"，从而削弱数字赋能基层治理的能力②。

（三）超大城市治理法治保障有待进一步加强

法治是推进超大城市有效治理的根本保障。当前，超大城市治理面临一些机制性、障碍性、瓶颈性的深层次问题，与城市治理的一些基础性制度及其法治保障相对不足具有紧密关系③。特别是在城市基层治理领域，有关居委会和业委会的法律修订和立法保障严重滞后于经济社会发展的现实需要，不利于理顺基层社会治理多方主体的法律权责关系。同时，伴随城市治理数字化转型带来的技术迭代，产生了大量新兴、前沿、未知领域的立法空白地带，亟待相关配套政策法规予以规范和保障。这就需要充分利用超大城市的立法创制权，加强超大城市治理改革创新探索与立法授权相协调，构建能够前瞻性服务于超大城市的系统、精准、精细、敏捷、数字的法治体系④。

（四）超大城市治理减负增效有待进一步加强

在中央大力推进基层减负、整治形式主义的背景下，尽管缓解基层治理压力的宏观政策取向正在形成，但一些地方仍然存在"数字减负""加压减负"等与政策导向相悖的现象，一些隐蔽但关键的因素仍在制约着城市基层治理效能的提升⑤。一些调查数据显示，社区减负的政策组合拳并未达

① 刘昊：《数字化城市集成治理的实践探索与提升路径》，大河网，2024 年 7 月 30 日，https：//theory. dahe. cn/2024/07-30/1793927. html。
② 田文波：《数字赋能城市基层治理现代化》，《广州日报》2022 年 5 月 31 日。
③ 俎涛：《深入推进精治共治法治 不断提升首都城市治理现代化水平》，中国共产党新闻网，2023 年 5 月 10 日，http：//theory. people. com. cn/n1/2023/0510/c40531-32682837. html，最后检索时间：2024 年 7 月 1 日。
④ 张震等：《中国特色超大城市治理法治化论纲》，《西南政法大学学报》2024 年第 3 期。
⑤ 安园园等：《超大城市基层减负增效何以实现——基于党建引领街道—社会职责异构的解释》，《理论月刊》2023 年第 8 期。

到预期目标，社区减负增效的落实情况并不乐观，社区干部的整体负担感较重①。特别是"小马拉大车"现象在一些城市基层还较为突出，基层政府长期处于负重运作状态，权小责大、人少事多，形成较难扭转的结构性治理困境②。而造成这种基层治理负担过重的体制根源在于政府纵向间的"职责同构"，其根本出路是构建中国特色的政府职责体系③，逐步实现从"职责同构"到"职责异构"的转变。

三 推进超大城市社会治理的路径与展望

作为一个世界性难题，超大城市治理必须尊重治理规律，把握治理特点，明晰治理路径。我国超大城市的崛起，对社会治理和社会发展产生一系列重大而深远的影响。深入实施以人为本的新型城镇化战略，需要高度重视超大城市社会治理现代化建设，始终坚持党的全面坚强领导，坚持以人民为中心，着力打造人民城市。在进一步全面深化改革背景下，针对推进超大城市社会治理改革创新提出如下建议。

（一）坚持敏捷治理

习近平同志指出："在共建共享过程中，城市政府应该从'划桨人'转变为'掌舵人'，同市场、企业、市民一起管理城市事务、承担社会责任。"④ 随着超大城市治理环境和任务的日益复杂，敏捷治理成为推进超大城市治理现代化建设的重要路径。所谓敏捷治理，意指以柔性的政策干预及适度的统筹管理来促进技术工具有效使用，实现对治理问题的及时感知、快

---

① 麦佩清：《"基层减负年"减负了吗？——基于某直辖市 A 区 259 个社区的调研》，《公共管理评论》2020 年第 3 期。
② 何海根：《基层治理要破解"小马拉大车"难题》，《学习时报》2024 年 3 月 29 日。
③ 朱光磊：《构建政府职责体系是解决基层治理负担过重问题的根本出路》，《探索与争鸣》2023 年第 1 期。
④ 《习近平关于城市工作论述摘编》，中央文献出版社，2023，第 151 页。

速回应及可持续性处置①。一是坚持敏捷思维。相较于传统的科层思维和技术思维，敏捷思维代表了一种新型的治理范式，能够灵敏感应、有效捕捉和及时回应公众需求。这需要一场数字时代的城市敏捷治理新启蒙②。二是构建敏捷组织。政府作为科层组织系统，在敏捷思维下将更加重视和强调组织关系的互动与反馈，通过积极主动地与其他治理主体进行互动调适，面对内外部环境始终保持活力，并因应环境可能发生的变化及时进行组织自我重组③。三是培育敏捷文化。积极培育和涵养敏捷文化，将敏捷文化渗透到多级政府部门中，在基层的公共政策决策、执行、管理和服务等方面形成一种新的工作方式和解决思路④。

（二）坚持数智治理

习近平同志指出："从数字化到智能化再到智慧化，让城市更聪明一些、更智慧一些，是推动城市治理体系和治理能力现代化的必由之路。"⑤"数智化"是一个颠覆性创新的过程，是在大数据、人工智能和云计算等技术加持下智能地分析和应用数据⑥，是通过数字与行政"双轮驱动"展开的社会治理创新⑦。一是构筑数智治理平台。借助现代数智技术，搭建政府部门、企业平台、公民主体间的数据协同与共享平台，不断夯实和提升城市治理韧性。二是丰富数智应用场景。围绕城市公众急难愁盼的利益问题和公共服务，系统规划和开发各类数智应用场景，不断培育和打造各种特色场景，

---

① 顾丽梅等：《超大城市敏捷治理的路径及其优化研究——基于上海市"一网统管"回应社情民意实践的分析》，《中国行政管理》2023 年第 6 期。
② 《刘兴华：以超大特大城市敏捷治理推进中国式现代化》，中国国家创新与发展战略研究会网站，2024 年 1 月 31 日，https://www.ciids.cn/list_148/2551.html。
③ 吴磊等：《数字化时代敏捷治理的学术图景：研究范式与实现路径》，《电子政务》2022 年第 8 期。
④ 赵静、薛澜等：《敏捷思维引领城市治理转型：对多城市治理实践的分析》，《中国行政管理》2021 年第 8 期。
⑤ 《习近平关于城市工作论述摘编》，中央文献出版社，2023，第 114~115 页。
⑥ 于文轩等：《以"数智化"推进超大特大城市敏捷治理》，《中国青年报》2023 年 12 月 5 日。
⑦ 孙逸啸：《数智治理：内涵、风险及其法律调控》，《世界社会科学》2024 年第 3 期。

更好地回应和满足各类治理需求。三是平衡数智共治结构。在数智治理过程中，涉及多方治理主体，既包括政府公权力，也包括企业平台私权力，还包括公民个人的私权利。在这三方权力（利）体系中，公民数字私权利处于最弱势的地位，需要予以加以保障和强化，进而以制度规范三者之间的治理权能，形成平衡共治结构。

（三）坚持精细治理

习近平同志指出，城市管理应该像绣花一样精细，"通过绣花般的细心、耐心、巧心提高精细化水平，绣出城市的品质品牌"①；同时，他指出："要创新城市治理方式，特别是要注意加强城市精细化管理，把矛盾和问题尽早排解疏导，化解在萌芽状态。"② 这就需要把握好三个关键方面：一是全面强化基本公共服务保障。以保障住房、教育、医疗等基本公共服务为重点，有效满足城市广大民众多样化、个性化的美好生活需要，以优质的服务实现一流的治理。二是全面提升网格化治理效能。顺应互联网和信息技术迅猛发展趋势，充分利用大数据、物联网、人工智能等先进技术，积极推进综合网格体系建设，加强整合多元网格数据资源，改进和优化网格化社会治理运行机制，不断增强社区专职社工和网格员队伍能力水平建设。三是坚持和发展新时代"枫桥经验"。超大城市往往集聚着各类社会矛盾和社会风险。在城市基层大力倡导和发展新时代"枫桥经验"，坚持党建引领，紧紧依靠城市广大群众进行社会矛盾纠纷预防调处化解，着力打造人人有责、人人尽责、人人享有的基层社会治理共同体。

（四）坚持复杂治理

超大城市，不仅意味着更大的治理规模、更重的治理负荷，而且意味着更强的治理惯性和更复杂的治理思维③。在新的城市治理秩序中，针对超大

---

① 《习近平关于城市工作论述摘编》，中央文献出版社，2023，第 156 页。
② 《习近平关于城市工作论述摘编》，中央文献出版社，2023，第 150 页。
③ 赵萌琪等：《习近平关于城市治理重要论述研究》，《教学与研究》2023 年第 8 期。

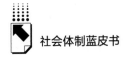

规模城市的治理，需要转向一种面向复杂社会的复杂治理思路，具备一种复杂系统科学的眼光和方法论①。一是坚持将超大城市视作复杂系统。所谓复杂系统是由相互作用的元素组成的系统，且整体上有涌现现象②。从某种意义上讲，超大城市治理意味着对一个超大规模的复杂系统进行治理。二是坚持"化繁为简"，实行"简约治理"。针对现代城市系统的高度复杂性，化繁为简是一种基本的社会治理思路，主要表现为一种"简约治理"的路径。所谓简约治理，最早起源于乡村治理领域，强调以准官员和纠纷解决为主的半正式基层行政③；后也广泛运行于城市基层治理领域，并将"社会自治"、"弹性空间"和"自主性"作为其核心价值④。三是探索与复杂系统"与繁共生"。这种思路的实质在于，追求一种社会治理的共生状态，遵循与复杂性同步的混沌自为原则，从而使得治理系统成为一种对外开放对内无界且更具适应性的复杂系统⑤。这或可视为超大城市治理逻辑变革的新思路。

参考文献

中共中央党史和文献研究院编《习近平关于城市工作论述摘编》，中央文献出版社，2023。

中共中央党史和文献研究院编《习近平关于基层治理论述摘编》，中央文献出版社，2023。

《中共中央关于进一步全面深化改革　推进中国式现代化的决定》，《人民日报》2024年7月22日。

---

① 泮伟江：《中国超大规模城市法律治理》，《国家检察官学院学报》2020年第6期。
② Bianconi 等：《诺奖之后的复杂科学：18位学者勾勒未来20年复杂系统研究图景》，澎湃网，2024年2月15日，https://www.thepaper.cn/newsDetail_forward_26342682。
③ 黄宗智：《集权的简约治理——中国以准官员和纠纷解决为主的半正式基层行政》，《开放时代》2008年第2期。
④ 欧阳静：《简约治理是什么》，《广西师范大学学报》（哲学社会科学版）2023年第2期。
⑤ 柳亦博：《由"化繁为简"到"与繁共生"：复杂性社会治理的逻辑转向》，《北京行政学院学报》2016年第6期。

B.10

2023年我国物业发展及其管理模式比较

摘　要： 2023年，我国住宅物业持续拓展，但整体行业增速减缓，企业行业发展承压，增收不增利现象延续。我国物业管理方式由包干制为主导，包干制固有的零和博弈带来诸多物业管理乱象。面对包干制管理问题，酬金制物业管理逐步推进，部分破解了物业服务收支不透明、业主与物业管理公司不信任难题，为业主、业主委员会与物业管理公司的协同共治提供了契机。本文在介绍2023年物业管理发展现状基础上，聚焦包干制、薪金制两大物业管理模式，分析其运行特点，并进行比较分析，展望其未来发展趋势。

关键词： 物业管理　包干制　酬金制　基层治理

伴随着城镇化发展、城市人口增长，城市居民人均住房面积增加。同时，人们对居住环境、物业服务管理水平等提出新要求。业主自治、物业管理已经成为城市基层治理的重要内容，物业服务管理状况直接影响基层治理的稳定和谐。近年来，受到宏观经济、房地产市场等因素影响，物业管理行业发展承压。2023年，物业管理行业发展增量不足，存量市场竞争在强化。

---

* 马福云，法学博士，教授、博士生导师，中共中央党校（国家行政学院）社会和生态文明教研部社会治理教研室主任，主要研究方向为发展社会学，研究主题包括社会管理、社会工作服务、农村发展等。

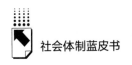

一 2023年我国物业管理发展概况

根据中国物业管理协会数据，截至 2023 年，我国物业服务企业超过 20 万家，管理物业面积约 370 亿平方米，市场规模达到 1.4 万亿元，从业人员近 1000 万①。在 2023 年，我国住宅物业管理面积增至 330.05 亿平方米，住宅物业服务的市场规模为 4356.7 亿元，② 住宅物业在整体物业管理中占据着主导地位。

基于对 2023 年中国物业管理百强企业的研究，我们可以大体解析物业管理行业的运行概况。在管理规模上，截至 2023 年底，百强企业的物业管理面积为 111.41 亿平方米，所占市场份额为 28.47%，同比增加 9.41%，增速放缓。大行业、小龙头依然是物业管理行业的典型特征。2023 年底，物业管理行业中，管理面积超过 3 亿平方米的企业有 10 家，行业中市场的占有率约 14%，集中度进一步提升。其中，百强企业第三方在管面积达 63.77 亿平方米，占在管面积的比重为 57.23%，与上年同期基本持平。伴随机关事业单位后勤的社会化改革，在商业写字楼、产业园区基础上，学校、医院、单位大院等开始进入物业管理市场，成为部分物管企业布局的重点。

在物业管理经营方面，2023 年，物业百强企业的营业收入达 3435.01 亿元，市场份额占有率为 20.34%，比上年增长 7.46%，增速有所放缓。其中，物管行业中营业收入超过百亿元的企业有 10 家，行业中的市场占有率约 11%，集中度进一步提升。但是，总体上"增收不增利"现象仍在持续。2023 年，物管百强企业的毛利润为 691.15 亿元，比上年增长 3.44%；净利润为 206.09 亿元，比上年却下降 4.41%，仍处于持续负增长状态，物管行

---

① 《2023 物业管理行业最大思想盛宴成功举办》，中国物业管理协会网站，2023 年 10 月 14 日，https://www.ecpmi.org.cn/NewsInfo.aspx? NewsID=14644，最后检索时间：2024 年 8 月 10 日。

② 《2024 年中国住宅物业管理面积、市场规模及发展建议分析》，搜狐网，2024 年 5 月 16 日，https://www.sohu.com/a/779154456_121388268，最后检索时间：2024 年 8 月 10 日。

业盈利进入微利时代。物业管理作为劳动密集型产业，其运行成本，尤其是人工成本所占比例较大。2023年，物管百强企业营业成本达2743.86亿元，营业成本率达79.88%，较上年有所增加。其中，自有员工的人工成本占比达51.20%，如果叠加占比近20%的外包服务成本，广义人工成本占比大约七成。①

2023年12月，国家发改委印发《产业结构调整指导目录（2024年本）》，明确将物业服务纳入"鼓励类"目录中，首次提出鼓励非住物业服务发展。同时，物业服务管理还面临系列政策背景下的利好，包括保障和改善民生、社区管理智慧化、完整社区建设、"一刻钟生活服务圈"建构等。未来社会服务发展倾向于更加精细化，更加注重服务的可及性、可得性，推动各类服务向社区、小区拓展，这都为物业服务管理的发展带来更多机遇与发展空间。

二　我国物业管理模式及其特征分析

我国物业服务主要有包干制和酬金制两种管理模式。其中，包干制在物业管理中占据主导地位。中国物业管理协会发布的《2015物业服务企业发展报告》中显示，在360家样本物业服务企业管理的30322个物业管理项目中，包干制收费模式占比86%，酬金制收费模式占比14%。② 2018年，中海物业在管面积达到1.4亿平方米，其中采取包干制的占比超过80%。③ 近年来，一些包干制管理物业遇到问题，开始转向酬金制管理，意欲以酬金制解决物业费用收支不透明问题，重建业主、业主委员会和物业管理企业间的关

---

① 《重磅！2024中国物业服务综合实力百强企业发布》，中国经济新闻网，2024年5月10日，https://www.cet.com.cn/wzsy/cyzx/10049790.shtml，最后检索时间：2024年8月10日。

② 王鹏：《解读〈2015物业服务企业发展报告〉》，《中国物业管理》2015年第10期。

③ 《物业基本法⑩ 中海物业：上市三年，老牌物业公司"小步慢走"》，凤凰网，2019年7月3日，https://beihai.house.ifeng.com/news/2019_07_03-52160971_0.shtml，最后检索时间：2024年8月10日。

系。因此，有必要解析物业管理中的包干制、酬金制两种物业管理模式，并结合物业管理探索实践，阐释其背后的发展逻辑。

（一）包干制物业管理及其运行特征

包干制物业管理伴随着我国住房制度改革、商品房拓展而发展起来。在包干制管理中，企业利润与物业服务支出间存在零和博弈，物业费开支难以透明化，服务品质多靠企业自律保障，业主、业主委员会与物业管理公司间的矛盾纠纷也由此而产生。

1. 包干制物业的产生

20 世纪 80 年代末，伴随着商品房的开发，物业管理出现，物业管理费基于政府定价而确定。1989 年 7 月，深圳市政府将原有房管所改制为物业管理公司，向住户或产权人收取的物业管理费为每月 0.1 元/平方米。低廉的物业费使改革得以顺利推行，物业服务得以顺利进入普通居民家庭。

伴随着房地产开发、物业管理市场化，物业管理及其服务收费规范逐步建立。1994 年 4 月，建设部颁布《城市新建住宅小区管理办法》。该办法提出住宅小区应当逐步推行社会化、专业化的管理模式，由物业管理公司统一实施专业化管理；明确住宅小区应成立住宅小区管委会，管委会权利之一就是决定选聘或续聘物业管理公司；要求物业管理公司依照物业管理合同和有关规定收取管理费用，依照物业管理合同和管理办法对住宅小区实施管理。1996 年 2 月，国家计委与建设部联合下发《城市住宅小区物业管理服务收费暂行办法》。该办法规定了物业管理服务收费涵盖的费用范畴，明确凡属为物业产权人、使用人提供的特约服务，除政府物价部门规定有统一收费标准者外，服务收费实行经营者定价。

2003 年 6 月，国务院颁布《物业管理条例》。2003 年 11 月，国家发改委、建设部发布的《物业服务收费管理办法》提出，物业服务收费应当区分不同物业的性质和特点分别实行政府指导价和市场调节价。政府指导价由政府价格主管部门会同房地产行政主管部门制定基准价及其浮动幅度，市场调节价由业主与物业管理企业在物业服务合同中约定。该办法还提出业主与物业管理企业可以采取包干制或者酬金制等形式约定物业服务费用，并明确包干制、酬金制的物业服务计费方式，规范了物业服务成本或者服务支出构成。这使得物业服务收费告别了政府统一定价，给予业主、业主委员会以物业服务计费的选择权。

2. 包干制物业运行条件及其困境分析

长期以来，包干制在物业管理中占据主导地位。在包干制管理中，业主向物业管理公司支付物业费，物业管理公司提供物业管理服务，费用盈余或者亏损均由物业管理公司承担。业主支付物业费以享有物业服务。物业管理公司在支付物业服务费用、税费后，盈余即为公司利润。因此，包干制建立在合作愉快的良好愿望下，其良性运行条件是业主按时足额缴费，物业管理公司提供品质良好的服务，业主、业主委员会与物业管理公司间协同较好。

包干制的协调运行在实际运作中很容易被打破。业主缴费后，物业服务品质由物业管理公司支付的人力成本和运营成本决定。物业管理公司关注自身利润，在服务品质由支出成本决定下，提高服务品质就意味着降低自身利润。而一旦业主感到服务品质下降，也会想到物业管理公司为利润而缩减服务。另外，包干制的成本开支、公共区域收益及使用等存在诸多不透明之处，也容易导致业主和物业管理公司间产生矛盾纠纷，进而向不合作方向发展，出现业主拒缴物业费。物业费收入减少，势必导致物业管理公司减少开支，降低物业服务质量。其后果就是业主欠费与服务品质下降的恶性循环。

服务品质的模糊性也使其成为业主与物业管理公司的争议焦点。物业运行离不开共用设施设备，其维修、养护和管理由物业管理公司负责。诸多共用设施设备的维修、养护管理等不可能都有明确具体的标准。对于如何维护，按照什么标准维护，如果维修不好如何处理，设备如何更新更换等都没有明确规范。即便物业管理公司都已做到位，业主、业主委员也不一定满意。面对业主的不满意评价，物业管理公司如何证明其已做到位也没有标准。这样，物业服务管理责任界定就成为难题，产生矛盾纠纷就很容易升级。

另外，时间流逝也是物业矛盾纠纷的诱因。一方面，物业共用设施设备随着时间使用都存在折旧及老化问题，设施设备老化就需要更换，尤其是一些关键设施设备在过质保年限后，必须要更换。更换经费必然要由业主承担。但是，这却难以得到业主认可，部分业主会将其归因于物业管理公司保养维护不到位而拒绝出资。另一方面，随着时间流逝，通货膨胀不可避免。通货膨胀意味着资金购买力下降，消耗物料成本上升以及物业管理人工成本上涨。因此，即便业主缴纳物业费不变，期望每年享受到同样品质的服务也难以如愿。如果物业管理公司要维持较高利润，其选择无非两种，一是上调物业服务费，二是降低物业服务成本。上调物业费会遇到诸多阻力，物业管理公司就只能降低服务成本，降低物业服务的品质。

3.物业包干制运行特征及效果分析

在包干制物业管理中，物业管理公司处于物业服务成本与企业利润的零和博弈中。物业服务品质高低主要取决于企业对利润的考量，为获得利润而降低物业服务成本是必然的。其后果就是物业服务品质的下降。鉴于物业服务品质的模糊性，业主即便对物业服务质量存在不满，也难以找到切实可行的评价方法。其结果必然是服务品质下降，业主满意度降低。进而进入业主不满意，物业缴费率不高，物业服务品质再下降的恶性循环。

但是，物业包干制也具有其自身优势，包干制的执行较简单，便于小型物业公司采用。包干制无须涉及物业管理公司自身财务，监管聚焦服务品质，对业主委员会成员素质要求不高。当然，物业成本限制也可能刺激物业管理公司服务管理创新，包括通过信息化手段实现管理的数字化转型，提高内部管理和服务效率。

（二）酬金制物业的兴起及其运营分析

酬金制物业管理通过给付物业管理公司以固定报酬，使得用于物业服务管理的费用清晰化。酬金制物业管理还要求物业管理公司以预算管理方式安排物业服务项目及其费用开支，并以物业使用管理公示促进物业费使用管理透明化。但是，酬金制物业管理对业主、业主委员会提供了较好的履职要求。

1.酬金制物业产生的背景分析

包干制物业与当时盛行的承包制逻辑一致，其与物业管理公司相伴生，在物业管理发展过程中得到普遍应用。但是，包干制给物业管理市场带来逆淘汰后果，物业服务好的物业管理公司反而所得利润少。因此，物业管理公司为获取利润而降低物业服务成本和品质更为常见。在包干制物业弊端逐步暴露的同时，广大业主却越来越看重服务品质，并要求物业管理公司公开物业费使用情况。面对服务的低品质，业主则选择不缴费，这倒逼物业管理公司转变运作模式。

进入21世纪后，基于20世纪90年代物价水平所确定的物业费标准早已过时。照此标准收费的物业管理公司利润越来越少，不少处于艰难运营境地。而伴随业主自主意识提高，业主委员会管理能力的强化，要求物业管理公司公开物业服务收支的呼声越来越高，业主、业主委员会和物业管理公司间的冲突趋于升级。这使得物业管理公司不得不谋求改变运作模式，否则提高物业费诉求难以得到业主认可。业主、业委会对物业服务管理不满，物业管理公司对小区收费不满，基层政府对物业管理状况不满，这推动着物业管理模式的转型。

2.酬金制物业的产生及其运行模式分析

2003年，国家发改委、建设部联合印发的《物业服务收费管理办法》提出，业主与物业管理企业可以采取包干制或者酬金制等形式约定物业服务费用。这是物业服务主管部门首次提出酬金制，并认可酬金制管理。酬金管理模式逐渐被物业管理行业所知晓，成为面对包干制困境，可探索使用的物业管理新模式。

根据《物业服务收费管理办法》，酬金制是指在预收的物业服务资金中按约定比例或者约定数额提取酬金支付给物业管理企业，其余全部用于物业服务合同约定的支出，结余或者不足均由业主享有或者承担的物业服务计费方式。在酬金制管理中，业主缴纳的物业费一部分是物业管理公司的物业服务报酬，另一部分用于物业服务管理的实际支出。这表明物业管理公司提供物业服务获取报酬，业主按照物业管理实际支付费用，而原约定的物业费是

否够用具有不确定性。

物业管理是全体业主或业主委员会与物业管理公司通过契约达成的物业服务委托行为。从业主、业主委员会和物业管理公司关系来看，双方基于平等地位达成服务合约。酬金是基于合同约定，物业管理公司从事物业服务管理的应得报酬。物业管理公司以受委托人身份使用物业费，它要选择恰当服务，对服务进行监管，对全体业主履职尽责。全体业主或者业主委员会参与物业服务管理，尤其是参与物业管理的重大决策、大额经费支出。这种管理参与须通过必要形式与合理程序履行，以保障业主或业主委员会行使管理权，使服务监管成为可能。因此，酬金制物业管理需要业主、业主委员会的制度化参与，要求建立起业主、业主委员会与物业管理公司的协同机制，包括物业费预决算、物业费公示审计、物业费补偿以及物业服务奖惩等。

物业费预决算是酬金制物业管理的基础性制度。它要求物业管理公司根据以收定支原则在年初根据可支配物业费收入与物业管理开支做出收支平衡预算，并在年末对照物业管理实际做出收支决算。预算编制完成后，物业管理公司需和业主委员会一起讨论修订，并在征得业主委员会同意后执行，决算也需业主委员会审核同意。物业费预决算的编制执行可使物业服务管理活动内容及其相应支出为业主、业主委员会所周知，使得业主充分了解物业服务管理活动及其费用支出，便于业主参与管理以及开展物业管理监督。

物业费公示审计是指在物业费预决算管理基础上，对物业管理活动、物业费收支等进行公开公示。业主对自己出资购买服务具有知情权，公示物业管理活动以及相应费用收支是物业管理公司给全体业主出资的交代。同时，物业管理公司作为受托服务方，对所提供服务有告知责任，以向业主表明其服务管理按照约定内容执行。一般情况下，业主对物业费的监管可通过物业费预决算以及公示进行，在其不能满足监管需要时，或者业主、业主委员会与物业管理公司对所提供服务管理内容及相应费用有不同意见，又不能达成一致时，可聘请专业机构进行审计。物业费审计，是业主、业主委员会与物业管理公司基于合同关系就服务管理内容及其费用开支合理性的审计，除了物业管理公司调整时要接受必要审计外，也可就争议项目本身或者特定时间段内的事项及收支进行审计。

物业费补偿是指建立物业费多退少补机制。物业费所有权属于业主，其为物业管理运作提供资金。在酬金制管理中，物业费年度收支相抵后应等于零。但是，在物业管理运作实践中，物业服务管理的内容、服务对象及其价格变化是常态，服务价格波动使得年度费用收支出现差额。如果年度收支差额不大可采取调整年度预算方式解决。如在经费预算调整后仍出现较大结余，可采取弥补上年亏损、纳入专项维修资金或根据业主大会约定方式处置，如果出现较大缺失，则由全体业主分摊并及时补足。

物业服务奖惩是指基于物业服务管理绩效对物业管理公司给予奖励或者惩罚。在酬金制管理中，物业管理公司所得报酬事先约定，这势必导致物业管理激励不足问题。而物业服务奖惩管理正是对这一问题的解决之道。如果物业服务管理绩效好，物业公司可得到相应奖励，而物业管理出现重大过错，则会触发惩罚条款。因此，业主、业主委员会需约定奖惩条款，可鼓励物业管理公司通过有效劳动为业主创造更大收益。

3.酬金制物业管理运行特征及效果分析

酬金制物业管理通过单独划拨管理酬金方式，解决了包干制物业管理中物业管理费用支出与物业管理公司利润两者间的利益博弈问题，有利于推动物业费收支使用的透明化。在酬金制管理中，物业费使用管理主体是业主，物业管理公司仅受托管理。物业管理公司需做出物业费使用预决算，公开物业管理内容及相应费用支出情况，以保障业主知情权。更重要的是，在物业管理公司获取固定服务酬金的前提下，全体业主是物业管理及其费用支出的责任主体，业主对物业管理费自负盈亏，物业管理公司受托使用、公开物业管理内容及其费用支出是必然的。酬金制物业管理的最大优势是物业费使用开支透明化，消除了包干制管理中物业管理公司包干使用、剩余归己而带来的物业费收支不透明弊端。

酬金制物业管理给业主、业主委员会提出更高要求。在酬金制管理中，物业管理公司编制物业费预决算后，业主委员会需就物业管理事项及其开支合理性进行审核，并给出修订意见建议。在物业管理过程中，业主委员会还须对物业管理事项进行实时监督，保障物业服务成效。这在客观上要求业主委员会了解物业管理事项及其相应费用，否则其审核就失去了合理性。业主委员会代替全体业主对物业管理进行监管，对全体业主负责，并向全体业主报告工作，如其监管不到位，就要承担相应责任。这都要求业主委员会付出时间和精力，关注并积极参与物业活动监管，以保障物业管理按计划进行，追求物业管理绩效。为此，业主委员会需进行市场调研，随同物业管理公司一起工作，跟进物业服务项目，并协调业主解决实际问题。很明显，酬金制物业管理的实际效果与业主委员会对物业管理熟悉程度、对主管事项负责程度联结在一起。一旦业主委员会松懈懈怠、成为橡皮图章时，酬金制就失去其应有监管主体，就会沦落为实际操作上的包干制，进而带来监管失效风险。

从酬金制物业管理实际运作看，酬金制物业管理明确了物业管理主体为全体业主，推动着业主委员会建立及实质性开展工作。酬金制管理还明确了业主、业主委员会和物业管理公司间的雇佣关系，使物业管理公司回归受雇、提供服务角色，有助于推动基层治理中的业主自治，也有助于理顺业主、业主委员会与物业管理公司间的地位关系。不同于包干制物业的承包代管方式，酬金制管理中的物业管理公司只能拿到约定服务酬金，其他费用用于物业管理，即便出现剩余也依然属于业主。这克服了包干制下物业管理公司为获取利润、压缩物业管理支出、降低服务品质的现象，有助于从源头化解物业管理矛盾纠纷，也为物业服务管理的健康发展奠定了基础。

三　我国物业管理模式比较及其发展展望

伴随着城市化的快速推进，城市每个物业管理小区的治理是社区、街道（镇）治理的基础。小区治理水平关系着居民日常生活、影响基层社会治理样态，因此，物业管理问题越来越成为党和政府关注的基层治理问题之一。从上述对包干制、薪酬制两种物业管理模式的介绍分析来看，业主、业主委员会与物业管理公司之间围绕物业费、物业管理及企业利润存在博弈关系。不同物业管理运作模式决定着博弈性质及其相关主体之间的关系。

（一）包干制与薪金制对比分析

包干制物业管理简单易行，但其中零和博弈的存在给其实际运作带来困难，其中，物业费收取难是普遍问题。物业服务品质评价难以达成一致，一旦业主提出服务需求，物业管理公司没有及时回应并解决问题，业主就以拒缴物业费方式应对。同时，物业管理费用收支不透明也易引发业主抱怨。物业将停车、广告等收入纳入囊中，而不告知业主引发普遍不满，激发业主与物业管理公司矛盾。业主和物业管理公司间的矛盾带来两难困境。一方面，业主因得不到满意的物业服务而拒缴物业费，另一方面，物业公司因收不上物业费，或者因谋取其自身利益、降低服务品质而引发业主普遍抵制而难以收费运作。业主和物业关系紧张，引发物业服务管理危机，使得物业管理成为"烫手山芋"，发展为基层社会矛盾纠纷的导火索。

酬金制物业通过物业服务费用与服务报酬分离、辅之以管理费预决算、物业管理公示、服务绩效评价等强化业主、业主委员会对物业管理公司的制约。但是，酬金制物业管理要求业主委员会有足够的物业管理知识以及较高的道德情操。业主委员会代替全体业主与物业管理公司协同，需要业主委员会对物业管理项目及其费用进行审查，这就需要其了解相关物业服务情况，否则就难以做到尽职尽责。而一旦业主委员会与物业管理公司间有暗箱操作，若业主委员会与物业管理公司存在协同谋利情形，业主难以短时期察觉并采取制约措施。

从理论层面分析，与包干制管理相比较，酬金制物业管理可更有效地解决信息不对称问题和搭便车现象。在市场交易中，卖方总是比买方掌握更多信息，并倾向于以此谋利。在物业管理中，物业管理公司掌握更多专业技术、费用及市场信息，业主对物业服务及收费合理性判断缺乏足够信息，物业管理公司不可能不为谋利而损害业主利益。而酬金制推动着物业管理信息的透明化，更推动着业主委员会了解相似信息，使得双方信息不对称性大减。同时，酬金制还有利于减少搭便车现象。业主认为总会有人管大家的事情，从而降低对物业监管的参与。酬金制物业推动着业主、业主委员会的制

度化参与，使得业主、业主委员会的参与程度和广度拓展，从而更有利于物业服务及其费用开支的合理化，有利于维护业主利益。

（二）我国物业管理模式未来发展前瞻

近年来，针对包干制物业服务中出现的费用收支不透明、物管公司自肥而降低物业服务品质的现象，一些业主开始以不缴费进行抗争，一些业主委员会则准备更换物管公司。不少住宅小区，还有一些产业园区、学校、医院等非住宅也倾向于采取酬金制物业管理模式。早在 2004 年，深圳就在以物业管理促和谐社区建设的探索中，倡导推行物业管理酬金制，使酬金制物业管理成为普遍现象，物业服务市场秩序井然。2010 年，广东省佛山市顺德区借鉴深圳经验，倡导推行物业管理酬金制，推动企业服务与其薪酬契约平等化。① 各种媒体中都有不少酬金制管理解决物业管理难题的个案，例如上海市嘉定区新成路街道嘉宝花园小区②、湖北省武汉市江夏区凤凰社区三和光谷道小区③、贵州省贵阳市乌当区金江苑小区④等。上海交通大学中国城市治理研究院分析多个实行酬金制的小区发现，酬金制在制度设计上优于包干制，其从多方面打开了小区治理新局面，代表物业管理未来发展的模式，但它在实践中还有很长的路要走。⑤

在包干制的物业管理模式遭遇了多重困境的背景下，基于地方政策的支持，后续会有越来越多的小区尝试用酬金制代替包干制，但这一过程依然并

---

① 《顺德倡导推行物管酬金制 服务与薪酬契约平等》，2010 年 4 月 8 日，参见 https：//news. focus. cn/nj/2010-04-08/900647. html，最后检索时间：2024 年 8 月 14 日。
② 《物业"包干制"改为"酬金制"，这个小区怎么做到的?》，搜狐网，2023 年 7 月 24 日，https：//www. sohu. com/a/705644111_121123756，最后检索时间：2024 年 8 月 14 日。
③ 胡俊：《引入酬金制，缔造"三和"小区——武汉市三和光谷道小区酬金制服务模式介绍》，《中国物业管理》2022 年第 12 期。
④ 《给物业开工资，贵阳金江苑小区采用"酬金制"管理》，"天眼新闻"百家号，2021 年 1 月 23 日，https：//baijiahao. baidu. com/s? id=1689652772520149607，最后检索时间：2024 年 8 月 14 日。
⑤ 夏奇缘、刘瑞：《从包干制到酬金制，困扰小区的治理难题有了"新解法"》，文汇网，2019 年 12 月 17 日，https：//wenhui. whb. cn/zhuzhan/cs/20191217/309109. html，最后检索时间：2024 年 8 月 14 日。

非易事。同时，尽管目前诸多物业管理难题并非都可以用酬金制管理来解决，但是这酬金制物业管理的拓展隐藏着求解物业管理难题的基本逻辑。首先，在物业管理运行中，必要的经费支撑不可缺失。很多城市小区的物业管理面临经费短缺难题，一些实行包干制物业管理的小区，物业费不高，费用收缴率也不高，导致物业管理只能提供基础性服务。物业管理涉及诸多配套设施维护维修，即便日常性的水电气暖供应、保洁、治安等都需要经费支撑，物业缴费不足，必然带来小区物业管理运营难，更不可能谈得上管理品质。其次，物业管理服务评估及其市场化竞争是必要的。地方政府有必要引入物业服务管理质量评价体系，推动建立物业考核监管机制，引导物业服务通过市场竞争，实行优胜劣汰。地方政府可成立评估考核小组，或引入第三方进行考核评估，对于居民满意率过低，考评评估结果过差的，地方政府要对物业管理公司进行提示整改。对整改后若仍未能达标，可建议业主委员会予以更换。最后，对包干制物业管理遇到困难的，可借鉴深圳等地经验，尝试推行酬金制物业管理，推进物业管理项目、物业费用收支的公开透明，以推动业主、业主委员会与物业管理公司建构协同合作关系，推动物业管理公司提升服务管理水平，推进物业管理的制度设计及实践运行模式更为优化。

参考文献

周梦宇、高岭、李卫红：《住宅小区物业管理存在的问题和对策思考》，《城乡建设》2022 年第 19 期。

刘政：《物业管理酬金制与包干制比较》，《中国房地产》2015 年第 13 期。

张金娟：《物业管理酬金制的理论与实践》，《城市问题》2018 年第 4 期。

《2024 中国物业服务综合实力百强企业》，中物智库 2024 年 5 月 8 日发布。

B.11
2023年中国乡村社会治理回顾与展望

袁金辉 孙 晨*

摘 要: 2023年,在各方力量的共同努力推动之下,脱贫攻坚成果得到了巩固拓展、乡村治理现代化水平不断提升、宜居宜业和美乡村建设不断推进、农村精神文明建设成效显著。但是,与乡村全面振兴和农业农村现代化要求相比,乡村治理仍面临诸多挑战与难题,主要表现在乡村治理基础支撑不足、人才队伍建设水平不高、"三治"有机融合不够、农村公共服务存在短板、乡村文化建设明显滞后。展望未来,要坚持党建引领乡村治理、不断完善乡村治理体系;学习推广"千万工程"经验、扎实推进和美乡村建设;巩固拓展脱贫攻坚成果、推动乡村全面振兴;加强乡村人才队伍建设、强化乡村振兴人才支撑;加强农村精神文明建设、持续推进移风易俗。

关键词: 乡村治理 乡村建设 乡风文明 人才支撑

2023年是全面贯彻落实党的二十大精神的开局之年,也是推进巩固拓展脱贫攻坚成果同乡村振兴有效衔接的深化之年。这一年,乡村治理领域取得了显著成效,同时,仍旧面临诸多挑战与难题。为满足农民群众日益增长的美好生活需要,实现乡村振兴和农业农村现代化的目标,需要继续完善乡村治理体系,扎实推进和美乡村建设,强化政策保障与体制机制创新,推动乡村治理体系和治理能力的现代化。

---

* 袁金辉,法学博士,中共中央党校(国家行政学院)研究生院研究员,博士生导师,主要从事乡村治理研究;孙晨,中共中央党校(国家行政学院)社会和生态文明教研部博士生,主要从事社会治理研究。

一　2023年乡村社会治理的总结回顾

（一）脱贫攻坚成果得到巩固拓展

巩固拓展脱贫攻坚成果是推进乡村全面振兴的底线任务，也是全面推进乡村振兴的有力支撑。过去一年，在各级党委、政府的共同努力之下，脱贫攻坚成果得到了巩固拓展，脱贫人口和脱贫地区的内生发展动力不断增强，收入差距、发展差距不断缩小。一是强化防止返贫动态监测和帮扶机制。动态调整监测范围标准，及时监测识别有返贫致贫风险的农户，做到早发现、早干预、早帮扶。加强跨部门数据协同共享，牢牢守住了不发生规模性返贫的底线。二是多措并举确保脱贫人口稳岗就业、增加脱贫人口收入。不断深化东西部劳务协作、探索推广"企业+就业帮扶车间"等新模式，深入开展"雨露计划+"就业促进行动，切实发挥公益性岗位对弱劳力、半劳力的就业"兜底"作用，不断扩大就业规模。开展就业技能培训，不断提升就业质量。截至2023年底，全国脱贫人口务工总人数达到3396.9万人，超出目标377.7万人①。通过培育壮大脱贫地区特色产业、鼓励发展庭院经济、开展消费帮扶等，健全完善联农带农益农机制，带动脱贫人口增收。2023年，脱贫县农村居民人均可支配收入为16396元，比上年增长8.5%。② 三是加大对重点地区的政策倾斜力度、不断深化社会帮扶。安排中央财政衔接资金倾斜支持160个国家乡村振兴重点帮扶县发展，选派医疗、教育干部人才、科技特派团等对重点帮扶县进行"组团式"帮扶，加强东西部协作、做好中央单位定点帮扶，积极动员民营企业与社会组织的力量助力乡村振兴，不断夯实脱贫地区发展基础。

---

① 《图表：2023年脱贫劳动力务工总规模达到3396.9万人》，中国政府网，2024年1月24日，https://www.gov.cn/zhengce/jiedu/tujie/202401/content_6927814.htm。

② 《中华人民共和国2023年国民经济和社会发展统计公报》，国家统计局网站，2024年2月29日，https://www.stats.gov.cn/sj/zxfb/202402/t20240228_1947915.html。

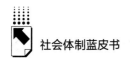

（二）乡村治理现代化水平不断提升

2023年，农业农村部开展了第五批全国乡村治理典型案例征集评选工作，共推选出32个乡村治理的典型案例，对当下乡村治理中涌现的创新经验做法予以总结推广。当前，乡村治理现代化水平不断提升，主要体现在以下几个方面。一是农村基层党组织建设不断加强。通过党建引领，强化党对乡村治理的全面领导，增强了农村基层党组织政治功能和组织功能。二是乡村治理方式不断创新。通过推行清单制、积分制、接诉即办，创新基层矛盾调解方法、完善乡村议事协商机制、打造"枫桥式"基层治理新模式等，乡村治理效能持续提升。三是乡村治理数字化水平不断提升，主要表现在乡村数字基础设施建设不断完善、乡村数字化治理效能持续提升，数字惠民服务扎实推进。当前，农村宽带接入用户数超过1.9亿，乡镇级以上区域和有条件的行政村基本实现5G网络覆盖①。农村公路、水利、电网等传统基础设施的数字化改造正在全方位积极推进。网格化管理、精细化服务、信息化支撑的农村基层治理平台不断完善，"微网格""微庭院""平安e格"等不断赋能乡村治理。"互联网+政务服务"加快向乡村延伸覆盖，农村党务、村务、财务网上公开持续推进，农村智慧应急能力明显增强。四是加快补齐乡村治理人才短板。中央组织部、中央党校对全国村党组织书记和村委会主任开展视频培训，促进优质培训资源直达基层。引导社会力量开展"耕耘者"振兴计划，培训乡村治理骨干3.6万人②，促进基层治理人员治理能力的提升。

（三）宜居宜业和美乡村建设不断推进

党的二十大报告指出，建设宜居宜业和美乡村。当下宜居宜业和美乡村

---

① 《中央网信办、农业农村部等五部门联合印发〈2023年数字乡村发展工作要点〉》，农业农村部官网，2023年4月13日，http://www.scs.moa.gov.cn/zcjd/202304/t20230413_6425294.htm。

② 《农村社会事业稳步发展》，农业农村部官网，2023年12月18日，http://www.shsys.moa.gov.cn/gzdt/202312/t20231218_6442935.htm。

建设，主要表现在农村人居环境整治方面。改善农村人居环境，是以习近平同志为核心的党中央从战略全局高度做出的重大决策部署，是建设宜居宜业和美乡村的重要内容，也是提升农民群众的获得感、幸福感、安全感的重要措施。近年来，党中央、国务院高度重视改善农村人居环境，出台了一系列的政策措施，积极推动开展村庄清洁行动，村庄参与率超过95%[①]，农村人居环境得到较大程度改善。一是厕所革命成效显著。坚持好字当头、质量优先，不断推进农村户厕改造与农村公厕建设维护，扎实开展问题厕所摸排整改及"回头看"活动。截至2023年底，全国农村卫生厕所普及率超过73%[②]。二是生活垃圾处理成效显著。推动有条件的村庄开展垃圾分类、加强及时清运处理、超过90%的行政村对生活垃圾进行了收运处理[③]，促进废弃物就近就地资源化利用，生活垃圾处理体系不断完善。三是污水治理成效显著。推动农村改厕工作与农村生活污水治理有效衔接，因地制宜开展污水治理工作，完善污水处理设施建设，不断加强农村污水治理。

（四）农村基础设施与公共服务水平不断提升

2023年，农业农村部联合国家发展改革委、国家乡村振兴局共同组织开展了第四批全国农村公共服务典型案例征集推介工作，最终评选出22个农村公共服务典型案例，对地方公共服务的创新实践经验进行了总结推广，涉及农村医疗、养老、就业、便民服务等多个领域。同时，农村交通道路、宽带网络、供水供电等基础设施不断完善。截至2023年底，道路交通方面，农村公路总里程达460万公里，实现了具备条件的所有乡镇和建制村通硬化路、客车、邮政快递，农村"出行难"问题得到历史性解决[④]。电力方面，

---

① 《全面推进乡村振兴取得新进展》，农业农村部官网，2023年12月30日，https://www.moa.gov.cn/xw/zwdt/202312/t20231230_6443790.htm。

② 《我国农村人居环境整治提升取得新成效》，农业农村部官网，2024年2月29日，https://www.moa.gov.cn/ztzl/ymksn/xhsbd/202402/t20240229_6449322.htm。

③ 郁琼源等：《我国农村人居环境持续改善》，《光明日报》2024年2月29日。

④ 《铺就幸福坦途 共享美好生活——"四好农村路"高质量发展十年巡礼》，交通运输部官网，2024年5月27日，https://www.mot.gov.cn/jiaotongyaowen/202405/t20240527_4139823.html。

农村电网基础设施不断改善，供电服务水平持续提高，农村电气化水平不断提升，用电条件显著改善。宽带网络方面，固定互联网宽带接入服务在农村地区加快普及，农村宽带接入用户1.92亿户，比上年增长8.8%，增速较城市宽带用户高1.3个百分点[①]。供水方面，新建农村供水工程2.3万处，提升了1.1亿农村人口供水保障水平，农村规模化供水工程覆盖农村人口比例达到60%，农村自来水普及率达到90%,[②]，供水保障水平显著提升。

（五）农村精神文明建设成效显著

2023年，农村精神文明建设成效显著，主要表现在以下几个方面。一是移风易俗工作取得显著成效。自2022年实施《开展高价彩礼、大操大办等农村移风易俗重点领域突出问题专项治理工作方案》以来，农村地区的移风易俗工作取得了一些显著的成效，索要高价彩礼、人情攀比、"无事酒"、"人情债"等不良风俗得到了整治，喜事新办、丧事简办、零彩礼、低彩礼在一些农村地区蔚然成风。为展示各地文明乡风建设成效、选树先进典型，农业农村部组织开展了第四批全国"文明乡风建设"典型案例征集活动，共有17个县级、18个乡镇级、14个村级典型案例入选。这些典型案例聚焦治理高额彩礼、人情攀比、铺张浪费等不良风习，通过党建引领、红白理事会、党员干部带头、文明积分、村规民约等方式，推动乡村文明焕发新气象。二是加强重要农业文化遗产保护利用。组织开展农业文化遗产发掘评定工作，公布第七批中国重要农业文化遗产名单，加强对传统农业文化遗产的保护利用。三是举办丰富多彩的乡村文化活动。全国村歌大赛、"村晚"、"村BA"、"村超"、广场舞等群众性文化活动广泛开展，备受瞩目。此外，乡村文化产业与乡村旅游蓬勃发展，文化活动中心、图书馆、农家书屋、文化礼堂等公共文化场馆建设不断加强，农民群众的文化生活不断丰富充实。

---

① 《2023年通信业统计公报》，中国政府网，2024年1月24日，https://www.gov.cn/lianbo/bumen/202401/content_6928019.htm。

② 《我国农村自来水普及率达到90%》，中国政府网，2024年1月11日，https://www.gov.cn/lianbo/bumen/202401/content_6925449.htm。

二 乡村社会治理面临的困难与挑战

（一）村级集体经济薄弱，治理基础支撑不足

当前，乡村社会诸多问题产生的根源在于农村集体经济弱化以致支撑乡村治理的内生性资源匮乏，农民处于松散状态，组织化水平低①。农村集体经济具有经济和社会双重属性，基层自治组织公共事务管理的治理资源仍然要由集体经济组织提供②，集体经济的发展程度对乡村治理效能产生重要影响。当前，部分村庄集体经济薄弱，导致其对治理的支撑能力不足。一是集体经济发展不平衡。相比于东部地区，中西部地区集体经济的收入和资源难以有效满足村庄治理的需要。受村庄自然资源、交通区位等的限制，一些村庄缺乏核心竞争力，集体经济积累少、底子薄，收入来源窄。二是各地对集体经济的政策支持程度不同。对集体经济政策支持程度的差异导致一些村庄的集体经济发展缺少有力的指导。三是一些地区村干部对集体经济发展的重视程度不到位，对集体经济发展的关注不够。发展壮大新型农村集体经济，将农村集体经济发展转化为治理效能，对于推动共同富裕、实现乡村有效治理具有重要意义。

（二）人才队伍建设不足，制约乡村社会发展

全面推进乡村振兴，人才振兴是关键。近年来，乡村人才队伍建设取得了一定的成就。数据显示，从2012年到2022年底，返乡入乡创业人员累计达到1220万人。据《"十四五"农业农村人才队伍建设发展规划》提出的

---

① 陈晓枫、钱翀：《新型农村集体经济推进乡村治理现代化的机理与现实路径》，《当代经济研究》2024年第1期。
② 曾恒源、高强：《乡村治理视域下村级组织功能分离改革的理论与实践——基于江苏省两个案例的考察》，《农业经济问题》2023年第4期。

发展目标，到 2025 年，返乡入乡创业人员超过 1500 万人①。但是，当前乡村人才队伍建设仍旧面临一些短板和弱项。首先，乡村人才总体数量不足。近年来，"第一书记"、"三支一扶"人员、"大学生村官"等对缓解乡村人才短缺的情况起到了一定的作用，但是，当前的乡村人才总量与乡村振兴的要求之间还存在一定的差距。随着城乡发展差距的不断加大，乡村人才流失严重，同时，人才流入微乎其微，导致乡村人才尤其是治理人才严重匮乏。其次，当前乡村治理主体老龄化严重，受教育程度偏低，思想观念相对落后，对于信息技术以及新管理理念接受不足，难以适应乡村社会发展的要求。此外，城乡之间公共服务差距较大，乡村医疗、教育水平等显著落后于城市，乡村工作人员工资待遇普遍较低，激励保障机制不健全等导致难以吸引、留住人才。

（三）"三治"有机融合不够，乡村治理难度增加

随着城镇化的发展，城乡发展差距不断扩大，村庄人口大量外流，村庄空心化、老龄化趋势不断加剧，加大了村庄自治的难度。首先，如何激发村民的主体能力，提升其参与村庄公共事务治理的积极性、主动性仍是村庄治理的重要课题。其次，受市场经济的冲击，传统乡土伦理逐渐式微，一些村庄社会风气缺乏正确引导，同时在婚丧嫁娶方面也存在盲目攀比、铺张浪费、厚葬薄养等不良风气，村庄德治教化亟待加强。不同于法治，德治没有强制性，是一种软治理，德治是对自治、法治的积极补充，是乡村治理现代化的道德支撑。充分发挥德治的导向性作用，才能充分发挥自治与法治的作用。再次，在法治方面，传统乡土社会，"无讼"观念影响深远，使得乡村地区法治建设较为薄弱。村民法治意识薄弱，法律知识欠缺，村庄法律服务供给不足。推进乡村法治建设，既是乡村社会稳定的重要基础，也是推进乡村治理体系和治理能力现代化的必然要求。"三治融合"并不是自治、法治、德治的简单相加，融合要在区分各治理方式作用范围的基础上，发挥各

---

① 马玉娜：《强化乡村振兴人才支撑》，《经济日报》2024 年 2 月 1 日，第 10 版。

自不同的功效，实现功能互补，优化治理效能。但实践中重"三治"轻融合的现象普遍存在，更多的是将三者分开而论，强调各自的治理效能，缺乏对"三治融合"创新机制的探索创新①。

（四）公共服务存在短板，城市乡村差距较大

提升农村地区公共服务水平、促进城乡基本公共服务均等化是乡村振兴战略的内在要求，也是促进城乡统筹发展的重要途径。近年来，农村公共服务水平有了很大提升，但是，与农业农村发展要求和农民的美好生活需要相比，农村公共服务还存在不少差距，主要表现为农村地区公共服务总量不足，质量不高。首先，在医疗卫生服务方面，农村普遍存在看病难、看病贵、硬件设施不足、医务人员数量少等问题。其次，在养老服务方面，城乡养老保险待遇差别大，农民养老金待遇水平低，农村养老机构数量少、质量低，缺乏专业护理人员。再次，在教育方面，农村教育水平与质量与城市相比差距较大，农村学校教育设施、教育条件存在改善的空间。又次，在文化公共服务方面，存在文化产品单一，不能有效满足农民需求等问题。最后，在就业服务方面，农村就业服务体系不完善，缺乏就业信息供求网络与相应的服务机构。在基础设施方面，当前农村基础设施建设情况与"宜居宜业和美乡村"的目标相比，还存在一定的差距。例如，部分偏远农村地区网络基础设施建设不足，农村生活用能清洁化水平不高，部分地区农村垃圾分类转运和处置率不高。但同时，随着农村空心化问题的不断加剧，部分地区农村公共服务设施也存在较为严重的闲置现象。

（五）乡村文化水平不高，文化活动内容单一

乡风文明与文化建设是乡村软实力的重要外显，为乡村治理提供了道德基础和价值支撑。但是，当下，乡风文明与文化建设仍存在一些问题，主要

---

① 程传兴、廖富洲：《完善"三治融合"乡村治理体系的对策研究》，《中州学刊》2023年第8期。

体现在以下几个方面。首先，乡村优秀传统文化日渐衰落，甚至存在后继无人的风险。随着城镇化的发展，一些承载优秀传统文化的村落正在消失，延续乡村优秀传统文化的任务日益艰巨。此外，随着乡村空心化日益加剧，一些优秀的传统文化活动与民间艺术也正处于后继无人的尴尬境地。其次，移风易俗工作仍需持久发力。当前农村地区的移风易俗工作取得了一些显著的成效，但是，移风易俗不是一朝一夕就可以完成的。移风易俗既是攻坚战，也是持久战。特别是在一些地区仍然存在高价彩礼、人情攀比、厚葬薄养、铺张浪费等行为，仍需加强治理与整治。天价彩礼、大操大办等陈规陋俗与新时代文明风尚背道而驰，应坚持倡导性规范与约束性规范共举，推动移风易俗工作顺利开展。再次，乡村公共文化建设不足。一方面，农村地区体育健身、文化活动、文化广场等公共文化设施建设不足；另一方面，一些地区的文化设施如农家书屋等利用率较低，形同虚设。最后，一些农村地区文化活动同质性较高，内容形式较为单一，难以反映村庄自身的文化底蕴与特色，不能有效满足农民群众的精神文化需求。农村文化活动应因地制宜，以农民需求为导向，采取农民群众喜闻乐见的形式，提升农民的参与度。

三 我国乡村社会治理的未来展望

（一）坚持党建引领乡村治理，不断完善乡村治理体系

首先，在乡村治理中要全面加强党的领导。农村基层党组织是党在农村全部工作和战斗力的基础。农村基层党组织在动员农民参与乡村治理、发展乡村集体经济、推动共同富裕等方面具有重要作用。全面加强党的领导，就是要将党的领导贯穿于乡村治理的各个环节、各个方面，充分发挥农村基层党组织在乡村中的战斗堡垒作用，不断强化农村基层党组织政治功能和组织功能。要不断加强农村基层党组织建设，不断提高农村基层党组织服务群众的能力，把农民群众紧密团结在党的周围，巩固筑牢党在农村的执政基础。加强农村基层党组织对村民自治组织、村务监督组织、农村集体经济组织和

农民合作组织等的指导引领作用。此外，要凝聚多元治理主体合力、推动构建乡村治理共同体。在农村治理中，基层党组织发挥关键作用，但是，也要充分发挥多元主体的作用，形成治理合力。充分发挥以村民为主体的自治基础作用，县乡政府优化配置资源、提供公共服务的作用，同时也要加强对乡村社会组织的培育，充分发挥其服务优势[①]。

其次，推进自治、德治、法治"三治"融合，提升乡村治理水平。实现乡村有效治理既要利用好现代治理手段，也要充分利用传统治理资源，将自治、法治、德治很好地结合起来。自治方面，要不断完善村民自治，健全农村基层民主选举、民主决策、民主管理、民主监督机制。学习和发扬新时代"枫桥经验"，提升农民的主人翁意识，彰显农民的主体性地位，提高农民主动参与村庄公共事务治理的积极性、主动性、创造性。法治方面，加强法治宣传教育，不断提升村民的法治素养，完善法律公共服务，培育一批"法治带头人"，推动开展"法律进乡村"活动等，推动法治乡村建设，不断提高乡村治理的法治化水平。德治方面，通过制定村规民约、村民道德公约等行为规范，深入挖掘优秀传统文化资源，加强社会主义核心价值观教育，培育良好家风、淳朴民风，发挥乡贤的示范引领作用等，推进乡村德治建设。

（二）学习推广"千万工程"经验，扎实推进和美乡村建设

2024年中央一号文件强调，要学习运用"千万工程"的发展理念、工作方法和推进机制，把推进乡村全面振兴作为新时代新征程"三农"工作的总抓手，集中力量抓好办成一批群众可感可及的实事。"千万工程"是习近平同志在浙江工作期间，亲自谋划、亲自部署、亲自推动的一项重大决策。"千万工程"以农村人居环境整治为破解乡村发展问题的突破口，把村

---

① 孙玉娟、孙浩然：《构建乡村治理共同体的时代契机、掣肘因素与行动逻辑》，《行政论坛》2021年第5期。

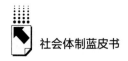
庄整治与经济发展，生态治理与产业开发、农民富裕等结合，① 推动了乡村面貌的巨大转变与农民幸福感的显著提升。具体而言，学习运用"千万工程"经验，要坚持"绿水青山就是金山银山"的发展理念，以环境整治加强农村基础设施和公共服务建设，改善农民生活条件，达到"宜居"的目的，同时，要处理好绿色发展与协调发展的关系，将农村生态文明建设、文化建设、经济建设、社会建设有机融合②，推动全面协调发展，实现村庄经济社会发展和生态保护的协调，实现"宜业"的目标。

首先，要加强乡村规划建设管理。科学谋划、统筹推进，因地制宜界定乡村建设规划范围。同时也要充分尊重农民的意愿，吸收农民的意见要求，发挥农民的主体作用，不代替农民选择。其次，持续开展农村人居环境整治工作。稳妥推进农村厕所革命，统筹推进农村生活垃圾和污水治理，深入实施村庄清洁行动，引导村民开展庭院美化、村庄绿化行动。再次，要不断完善农村基本公共服务，提高农村居民享受公共服务的可及性、便利性。例如，在医疗方面，加快补齐公共卫生服务短板，完善农村基层医疗卫生设施，提高农村医生队伍专业化水平，提升农村传染病防控和应急处置能力，健全完善乡村医疗卫生体系。在教育方面，改善农村义务教育学校办学条件，推动县域义务教育均衡发展，不断促进教育公平。在养老方面，坚持"居家社区机构相协调、医养康养相结合"，推广日间照料、互助养老、探访关爱、老年食堂等养老服务，健全完善农村养老服务体系，有效满足农村地区老年人的养老需求。又次，不断完善农村基础设施。加强农村公路养护和安全管理，提升农村供水、供电保障能力，开展水质提升专项行动等。最后，在数字乡村建设方面，要持续加强农村信息基础设施建设，不断提高农村通信网络质量，扩大覆盖范围。

---

① 唐京华、陈宏彩：《中国式现代化视域下乡村振兴的逻辑与路径——以浙江"千万工程"为例》，《中国行政管理》2023 年第 7 期。
② 高鸣、郑兆峰：《宜居宜业和美乡村建设的理论逻辑与实践进路——基于浙江"千万工程"的经验与启示》，《中州学刊》2024 年第 2 期。

（三）巩固拓展脱贫攻坚成果，促进其与乡村振兴有效衔接

巩固拓展脱贫攻坚成果与乡村全面振兴仍然是未来几年乡村社会发展的主要任务，为此一定要推动二者有机衔接。一是要健全并运行好防止返贫动态监测和帮扶机制。要加强对易返贫致贫人口的动态监测工作，做到早发现、早干预、早帮扶，做到分类帮扶、精准施策。二是要激发脱贫地区和脱贫群众内生发展动力。就业是增强脱贫地区和脱贫群众内生发展动力的重要方式。就业帮扶车间、产业帮扶项目等在促进就业、增加收入等方面具有重要作用。同时要充分发挥乡村公益性岗位的保障作用，深入开展"雨露计划+"就业促进行动和搬迁群众就业帮扶专项行动，深化东西部劳务协作，确保脱贫群众稳岗就业。同时也要做到扶贫同扶智、扶志相结合，提升脱贫群众自我发展的能力与积极性。三是要建立稳定完善的帮扶政策。后扶贫时代，开展农村低收入人口和欠发达地区常态化帮扶工作，要加大帮扶项目的金融支持力度、做好已脱贫地区信贷投放工作及脱贫人口小额信贷工作，要继续深化东西部协作、加强中央单位定点帮扶、推动"万企兴万村"行动，为巩固脱贫攻坚成果提供稳定的政策支持。

（四）加强乡村人才队伍建设，强化乡村振兴智力支撑

《关于加快推进乡村人才振兴的意见》中指出，到2025年，要实现乡村振兴各领域人才规模不断壮大、素质稳步提升、结构持续优化，各类人才支持服务乡村格局基本形成，乡村人才初步满足实施乡村振兴战略基本需要。一是要选优配强农村党组织带头人，加强农村党员队伍建设，不断优化农村党员队伍结构，不断提高农村党员的思想素质和科学文化水平，做好农村党员的教育管理工作，充分发挥农村党员先锋模范作用。二是要积极培育农村新乡贤队伍。新乡贤是农村人才队伍的重要组成部分，他们往往拥有新知识、新视野、新技术，同时在农村产业转型升级、推进"三治融合"、促进乡风文明建设等方面发挥了重要作用。三是要充分发挥农民群众的主体性作用。广泛调动农民群众的积极性、主动性，不断提高其思想素质、技能水

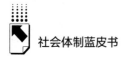

平。四是要积极吸引各类人才进入乡村，改变以往城乡之间人才单向流动的局面。此外，还要营造吸引人才参与乡村振兴的良好政策环境，不断完善农村基础设施和公共服务，推进城乡基本公共服务均等化，缩小城乡在交通、通信、网络、住房、医疗、教育、文化等方面存在的差距，完善人才激励机制，营造良好的人才发展环境。

（五）加强农村精神文明建设，持续推动农村移风易俗

乡村振兴，既要塑形，也要铸魂。从国家长久发展战略来看，乡村文化的振兴是一项长久艰巨的任务，需常抓不懈、持久推进。首先，要加大对乡村优秀传统文化的保护力度。例如，重视对传统农耕文化、重要农业文化遗产的继承、保护与利用，组织开展有影响力的节日特色活动。其次，深入推进移风易俗。近年来，天价彩礼、大操大办等婚丧嫁娶方面存在的不良风气大大加重了农村家庭的经济负担，要继续对农村婚丧嫁娶中存在的高价彩礼、大操大办、人情攀比、铺张浪费等不良风俗进行专项治理。要注重发挥农村红白理事会的重要作用，健全激励机制，推广道德超市、光荣榜等做法，引导农民自觉抵制陈规陋习，深入推进移风易俗。最后，充分发挥村规民约的作用。村规民约是在结合本村实际、得到村民认可的情况下，制定的指导村民行动的行为守则，具有宣传、教育、引导的重要意义。以村规民约为载体，弘扬优秀传统美德，发挥道德榜样的引领示范作用，达到滋润人心、德化人心、凝聚人心的善治目标，培育守望相助、崇德向善的社会风尚。此外，还要深入开展社会主义核心价值观宣传教育活动，开展听党话、感党恩、跟党走宣传教育活动，加强家庭家教家风教育，举办丰富多彩的群众性文化活动等，这些都是农村地区乡风文明和文化建设的重要内容。

参考文献

徐勇：《乡村治理的中国根基与变迁》，中国社会科学出版社，2018。

费孝通：《乡土重建》，湖南人民出版社，2022。

张红宇、周二翠：《宜居宜业和美乡村建设：现实基础与实现路径》，《中国农村经济》2023年第9期。

叶兴庆：《迈向2035年的中国乡村：愿景、挑战与策略》，《管理世界》2021年第4期。

陈锡文：《充分发挥农村集体经济组织在共同富裕中的作用》，《农业经济问题》2022年第5期。

唐京华、陈宏彩：《中国式现代化视域下乡村振兴的逻辑与路径——以浙江"千万工程"为例》，《中国行政管理》2023年第7期。

涂圣伟：《脱贫攻坚与乡村振兴有机衔接：目标导向、重点领域与关键举措》，《中国农村经济》2020年第8期。

贺雪峰：《乡村治理中的公共性与基层治理有效》，《武汉大学学报》（哲学社会科学版）2023年第1期。

高鸣、郑兆峰：《宜居宜业和美乡村建设的理论逻辑与实践进路——基于浙江"千万工程"的经验与启示》，《中州学刊》2024年第2期。

陆益龙、李光达：《中国式乡村治理现代化的本质要求与路径选择》，《江苏社会科学》2023年第2期。

马华：《"结构—行动"分析框架下新时代乡村治理共同体建构的三重逻辑》，《中共中央党校（国家行政学院）学报》2024年第1期。

B.12
2023年数字中国建设回顾与展望

姬凌岩*

摘　要：　2023年，我国数字中国建设取得了丰硕成果，也不断面临发展挑战。全年数字化基础设施进一步完善，数字生态环境进一步优化。数字领域标准体系建设水平大幅度提升，政策引导力度进一步加大。数字技术在被广泛应用的同时，也给我国的信息安全、数据安全、国家安全、均衡发展等带来诸多挑战。未来一个时期，伴随数字化建设的深入开展，经济社会发展中数字要素更加丰富，增强数字技术自主能力、壮大数字人才队伍、提升数字领域标准水平、提高数字社会治理水平、缩小数字鸿沟，成为数字中国建设的必然方向。

关键词：　人工智能　数字治理　数字鸿沟　人才缺口　数字壁垒

一　数字中国建设现状

2023年，我国加大力度统筹规划数字中国建设，提升数字社会整体治理水平。全年数字化基础设施进一步完善，数字生态环境进一步优化，数字领域标准体系建设水平大幅度提升。

（一）数字基础设施建设稳步推进

第53次《中国互联网络发展状况统计报告》显示，截至2023年底，

---

* 姬凌岩，理学硕士，中共中央党校（国家行政学院）信息技术部调研员，主要研究方向为社会数字化建设、教育信息化。

我国光缆线路长度6432万公里，同比增长8.0%；移动电话基站1162万个，同比增长7.3%，其中5G基站337.7万个，占移动基站总数的29.1%，同比增长7.8%；互联网宽带接入端口11.36亿个，同比增长6.1%；IPv6地址数量68042块/32，同比增长1.0%。经工业和信息化部评估，2023年我国有97座城市达到千兆城市标准。同时，我国进一步加强了农村偏远地区数字基础设施建设，据中央网信办、农业农村部、国家发展改革委、工业和信息化部、国家乡村振兴局2023年4月联合印发的《2023年数字乡村发展工作要点》要求，2023年底乡镇级以上区域和有条件的行政村基本实现5G网络覆盖，逐步推进5G网络和千兆光网向乡村延伸，推动有线电视网络升级改造。

（二）数字生态愈加完善

第53次《中国互联网络发展状况统计报告》显示，截至2023年底，我国网民规模为10.92亿人，同比增长1.9%，互联网普及率为77.5%；手机网民规模为10.91亿人，网民中使用手机上网的比例为99.9%；农村网民规模为3.26亿人，同比增长5.8%；千兆及以上速率的固定宽带用户为1.63亿户，同比增长10.1%，5G移动电话用户达8.05亿户，同比增长43.5%；全国农村宽带用户总数达1.92亿户，同比增长8.8%。我国公众互联网应用繁多，涉及支付、购物、外卖、旅行预订等交易类应用，视频、直播、音乐、文学等娱乐类应用，网约车、互联网医疗等服务类应用。2023年网络视频、即时通信、短视频用户规模居前三位，分别为10.67亿人、10.60亿人、10.53亿人，网民使用率依次为97.7%、97.0%、96.4%；网约车、在线旅行预订、互联网医疗类应用用户增速较快，分别同比增长20.7%、20.4%、14.2%，用户规模分别为5.28亿人、5.09亿人、4.14亿人。2023年，我国物联网、工业互联网进入高速发展期。《2023年通信业统计公报解读》数据显示，截至2023年底，我国蜂窝物联网终端用户数23.32亿户，占移动终端连接数的57.5%，同比增长26.4%。蜂窝物联网终端应用在公共服务、车联网、智慧零售、智慧家居等领域的规模分别达

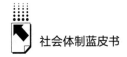

7.99 亿户、4.54 亿户、3.35 亿户和 2.65 亿户。[①] 工业互联网已融入我国 49 个国民经济大类，覆盖了全部工业大类，配套标识解析体系全面建成，"5+2"顶级节点稳定运行，服务企业超 40 万家，有一定影响力的工业互联网平台超 340 个，工业设备连接数超 9600 万台套。[②]

（三）数字领域政策引导力度进一步加大

2023 年 2 月，中共中央、国务院印发了《数字中国建设整体布局规划》，明确提出 2025 年基本形成横向打通、纵向贯通、协调有力的一体化推进格局，数字中国建设取得重要进展；2035 年，我国数字化发展水平进入世界前列，数字中国建设取得重大成就；提出了"2522"的整体框架结构，部署了打通数字基础设施大动脉、畅通数据资源大循环两大重点任务；明确了数字经济、数字政务、数字文化、数字社会、数字生态文明五大经济社会融合发展目标[③]，描绘了未来数字中国总体发展蓝图。4 月，中央网信办、农业农村部、国家发展改革委、工业和信息化部、国家乡村振兴局联合印发了《2023 年数字乡村发展工作要点》，提出乡村数字化、粮食安全数字化、网络帮扶、智慧农业、县域数字经济、乡村数字文化、乡村治理数字化、乡村数字普惠服务、智慧绿色乡村、数字乡村高质量发展等十项重点任务。5 月，工业和信息化部工业互联网专项工作组办公室印发了《工业互联网专项工作组 2023 年工作计划》，提出网络体系强基、标识解析增强、平台体系壮大、数据汇聚赋能、新型模式培训、融通应用深化、关键标准建设、技术能力提升、产业协调发展、安全保障强化、开放合作深化、加强组织实施、

① 《2023 年通信业统计公报解读：通信业全年保持稳中有进发展态势》，工业和信息化部网站，2024 年 1 月 24 日，https://www.miit.gov.cn/jgsj/yxj/xxfb/art/2024/art_83bd39a7f3b54db2a4881968d09c5794.html，最后检索时间：2024 年 6 月 11 日。

② 《2023 年电信业务收入同比增长 6.2% 5G 应用融入 71 个国民经济大类 工业互联网覆盖全部 41 个工业大类》，2024 年 1 月 22 日，https://www.cnii.com.cn/gxxww/rmydb/202401/t20240122_538874.html，最后检索时间：2024 年 6 月 14 日。

③ 《中共中央 国务院印发〈数字中国建设整体布局规划〉》，中国政府网，2023 年 2 月 27 日，https://www.gov.cn/xinwen/2023-02/27/content_5743484.htm，最后检索时间：2024 年 6 月 11 日。

拓宽资金来源、加大人才保障等14大任务，并相应提出54条具体工作举措。同时，工业和信息化部等部门印发了《"5G+工业互联网"融合应用先导区试点工作规则（暂行）》《"5G+工业互联网"融合应用先导区试点建设指南》《算力基础设施高质量发展行动计划》，以推进工业互联网应用示范、算力设施建设等工作。

（四）数字领域治理持续开展

2023年我国持续组织开展网络空间"清朗"系列专项行动，着力整治查处群众反映突出、严重损害公共利益、社会影响恶劣的网络违法违规行为，先后组织了"清朗·2023年春节网络环境整治""清朗·从严整治'自媒体'乱象""清朗·规范重点流量环节网络传播秩序""清朗·优化营商网络环境 保护企业合法权益""清朗·2023年暑期未成年人网络环境整治""清朗·成都大运会网络环境整治""清朗·杭州亚运会和亚残运会网络环境整治""清朗·生活服务类平台信息内容整治""清朗·网络戾气整治"等专项行动。同时，我国加大数据流动、新技术应用等领域治理力度，并强化数字治理规范化建设。2月，国家互联网信息办公室发布《个人信息出境标准合同办法》；12月，国家互联网信息办公室、香港特区政府创新科技及工业局共同制定《粤港澳大湾区（内地、香港）个人信息跨境流动标准合同实施指引》；7月，国家互联网信息办公室、国家发展改革委、教育部、科技部、工业和信息化部、公安部、国家广电总局等部门联合印发《生成式人工智能服务管理暂行办法》；9月，国务院第15次常务会议通过《未成年人网络保护条例》；6月，第十四届全国人民代表大会常务委员会第三次会议通过的《中华人民共和国无障碍环境建设法》规定，利用财政资金建立的互联网网站、服务平台、移动互联网应用程序，应当逐步符合无障碍网站设计标准和国家信息无障碍标准；3月，国家互联网信息办公室颁布《网信部门行政执法程序规定》，规范和保障网信部门依法履行职责。

（五）数字领域标准化建设进一步提速

2023年，我国统筹推进数字领域标准研制实施，激发标准化对数字中

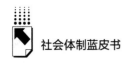

国建设的支撑引领作用。7月，农业农村部、国家标准化管理委员会、住房城乡建设部联合印发《乡村振兴标准化行动方案》，提出完善土壤信息化标准、制定智慧监管标准等。同月，工业和信息化部、国家标准化管理委员会联合印发《国家车联网产业标准体系建设指南（智能网联汽车）（2023版）》。8月，工业和信息化部、科技部、国家能源局、国家标准化管理委员会印发《新产业标准化领航工程实施方案（2023—2035年）》，聚焦包括新一代信息技术在内的八大新兴产业，以及囊括元宇宙、脑机接口、量子信息、人形机器人、生成式人工智能、未来显示、未来网络等在内的九大未来产业。10月，国家标准化管理委员会、工业和信息化部、民政部、生态环境部、住房城乡建设部、应急管理部六部门联合印发《城市标准化行动方案》，提出制定修订包括智慧城市在内的十余个领域超150项国家标准、行业标准，并将智慧城市标准化建设列为重点任务之一。12月，工业和信息化部、国家标准化管理委员会印发《工业领域数据安全标准体系建设指南（2023版）》。国家标准化管理委员会相关信息显示，2023年我国制定修订数字领域国家标准380余项。其中：半导体、集成电路、元器件等基础技术相关标准55项；云计算、大数据、生物识别等信息技术相关标准42项；云计算、大数据、电子政务、数字签名等信息安全技术相关标准42项；智能运维、数据中心、数字化转型等信息技术服务相关标准6项；机器人相关标准2项；人工智能相关标准1项；分布式记账等区块链相关标准6项；量子计算标准1项；智慧农业、电子标识等物联网相关标准5项；数据质量等相关标准7项；交通、场景应用、基础设施、建筑等智慧城市相关标准12项；数字工厂、工业云、网络协同等智能制造相关标准12项；工业、交通、商务、金融、城市、政务等应用领域相关标准184项。

（六）国际合作交流稳步拓展

2023年，我国继续推进数字领域国际交流合作。国家主席习近平先后在8月金砖国家领导人第十五次会晤、10月第三届"一带一路"国际合作高峰论坛、11月美国亚太经合组织第三十次领导人非正式会议及世界互联网大会乌镇峰会等重要国际会议或活动中，倡导各国在加强交流对话的前提下，共同推进大数据、云计算、量子计算等新技术应用；进一步拓展人工智能领域合作、推进人工智能健康有序安全发展；尊重网络主权，构建更加普惠繁荣、和平安全的网络空间。2023 年 5 月，我国向联合国提交了《中国关于全球数字治理有关问题的立场》文件，呼吁各方遵循坚持团结合作、聚焦促进发展、促进公平正义、推动有效治理四项基本原则，完善全球数字治理体系，构建网络空间命运共同体。10 月，我国在第三届"一带一路"国际合作高峰论坛发布《全球人工智能治理倡议》，提出以人为本、尊重主权、智能向善、互相尊重、平等互利，建立风险等级测试评估体系，建立健全法律和规章制度，坚持公平性和非歧视性原则，坚持伦理先行，坚持广泛参与、协商一致、循序渐进，积极开展用于人工智能治理的相关技术开发与应用，增强发展中国家在人工智能全球治理中的代表性和发言权等 11 条倡议。我国还向亚太经合组织提出数字乡村建设、企业数字身份、利用数字技术促进绿色低碳转型等倡议。

二　数字中国建设面临的挑战

随着数字中国建设加速，数字技术在经济社会各领域的广泛应用，持续为我国发展带来信息安全、数据安全、国家安全、均衡发展等方面的诸多挑战。

（一）新兴技术赋能带来的安全挑战

迭代演进的数字技术在赋能经济社会发展的同时，也为数字领域建设不断带来新的安全隐患。2023 年生成式人工智能引起社会广泛关注，人工智能技术水平显著提升，然而人工智能技术也在一定程度上降低了数字犯罪成本。2023 年公安机关破获一起电信网络犯罪，犯罪分子通过人工智能换脸技术伪装成受害者好友，在短短 10 分钟内骗走了受害者 400 多万元。有的黑客工具甚至融入了生成式人工智能技术，极大地降低了恶意活动的技术门槛。FraudGPT 就是这样一款简单易用的黑客攻击工具，能自动生成病毒等恶意代码，可以制作不易检测的恶意软件、编写内容逼真的网络钓鱼邮件。同时，区块链技术易用性提升也进一步加大了网络空间攻击的复杂性。12月，俄罗斯卡巴斯基实验室发现了一款采用了区块链技术的多功能恶意软件NKAbuse，其去中心化、匿名性等特点，让网络中央控制器难以发现受感染的僵尸网络。云计算供应链同样遭遇到安全风险，其管理软件存在的若干漏洞，对云服务和数据中心使用的服务器带来了安全威胁。同时，随着量子计算逐步接近实用，其强大算力也为基于传统计算技术的各类密码带来安全风险，目前各国已经纷纷启动后量子密码研究，以应对量子时代可能存在的安全威胁。

（二）融合发展带来的治理挑战

数字技术现已成为经济社会发展必不可少的基本要素，必然为各应用领域带来更多治理挑战。多年治理后App违法收集个人信息的行为依旧存在。2023年9月，知网因违法处理个人信息行为受到查处，据查，知网运营的手机知网、知网阅读等14款App存在违反必要原则收集个人信息、未经同意收集个人信息、未公开或未明示收集使用规则、未提供账号注销功能、在用户注销账号后未及时删除用户个人信息等违法行为[1]。当下网络谣言的泛滥不仅影响了个人利益，甚至威胁到个人身心健康和人身安全。2023年公安机关侦破了一起侮辱他人案，犯罪团伙利用黑客手段非法获取公民个人信息，对受害人实施网络暴力，造成多名未成年受害人不同程度抑郁，甚至产生自杀倾向。不负责任的网络谣言同样给社会公共治安、国家公共政策带来了负面影响。2023年10月，微博平台"木曰子华"、百度平台"mxhdaqa"等账号散播"西南大学药学院爆炸了？"的视频信息，后经查实该视频为虚假信息。同月，国家医保局发表辟谣声明，指出近期在微信群和微信朋友圈散播的文章《职工注意！2024年起，职工医保缴费将彻底改变》及其相关

---

[1] 《国家互联网信息办公室对知网（CNKI）依法作出网络安全审查相关行政处罚》，国家互联网信息办公室网站，2023年9月6日，https://www.cac.gov.cn/2023-09/06/c_1695654024248502.htm，最后检索时间：2024年6月14日。

截图内容纯属造谣，并保留追究相关造谣者责任的权利①。网络不实信息也一定程度上影响了正常经济秩序。网上某些账号散播公司负面不实信息，并借删帖为由索要高额公关费，或要挟开展高额商业合作。在 2023 年 8 月，国家互联网信息办公室集中处置了假冒仿冒"国家电力投资集团""中国烟草""中国化工""华润集团""中国船舶""国家电网""交大家教"等账号 2800 余个，假冒仿冒企业内设部门"瑞幸咖啡加盟部""小天鹅美的洗衣机直营部""广交会预定部"等账号 750 个，盗用知名企业家肖像注册的账号 530 个。②

（三）技术进步带来的国家发展挑战

近年来，我国持续专攻"卡脖子"技术，数字技术水平有了显著提升，追赶欧美技术霸权的步伐加快，引发了以美国为首的西方国家高度关注。2023 年，美国继续对我国施行"小院高墙"策略。2 月，美国司法部、商务部成立"颠覆性技术打击小组"，对我国封锁超大规模计算、人工智能、量子计算等领域先进技术，遏制和打击我国进一步发展。8 月，美国颁布了《关于解决美国对受关注国家的特定国家安全技术和产品投资的行政令》（Addressing United States Investments in Certain National Security Technologies and Products in Countries of Concern），以国家安全为由，严格限制或直接禁止美国企业投资我国半导体和微电子、量子信息与人工智能三大领域，并督促其盟友和合作伙伴跟进。与此同时，我国关键基础设施、数据安全等也不断受到威胁。2023 年 7 月，某黑客组织攻击了武汉市地震监测中心网络，据查该黑客组织具有政府背景，有明显的政治、军事目的，有可能综合窃取的地震烈度信息与其他情报信息分析当地军事活动情况。同时，国内外媒体

---

① 《国家医保局辟谣声明》，中国政府网，2023 年 10 月 27 日，https：//www.gov.cn/lianbo/bumen/202310/content_6912308.htm，最后检索时间：2024 年 6 月 11 日。

② 《"清朗·优化营商网络环境 保护企业合法权益"专项行动查处一批典型案例》，国家互联网信息办公室，2023 年 8 月 1 日，https：//www.cac.gov.cn/2023 - 08/01/c _ 1692460647400775.htm，最后检索时间：2024 年 6 月 14 日。

也频频报道暗网交易我国机构和公司内部敏感信息、公民个人信息，涉及金融、能源、医疗、教育、通信、交通等众多领域。

（四）快速发展带来的城乡均衡挑战

由于我国各地地理条件不一、经济基础存在差异，行业布局各具特色，社会基础不尽相同，因而我国数字化领域城乡差异也较为突出。第53次《中国互联网络发展状况统计报告》显示，截至2023年12月，我国城镇网民为7.66亿人，占城镇总人口数的82.1%；农村网民为3.26亿人，占农村总人口数68.3%；我国城镇地区互联网普及率为83.3%，农村地区互联网普及率为66.5%。在我国3.17亿非网民中，农村地区常住人口占51.8%。而且，农村地区普遍存在数字化基础设施薄弱、农民整体受教育程度不高、信息获取渠道较少等情况，在很大程度上影响了数字化与当地经济社会融合程度。《中国数字经济发展研究报告（2023年）》数据显示，作为第一产业，我国农业数字化水平明显滞后于非农业，农业领域数字经济渗透率远远低于工业、服务业，三者数字经济渗透率依次为10.5%、24.0%、44.7%；农业数字经济全要素生产率仅为1.04，同样低于工业和服务业的1.54和1.90。华中师范大学中国农村研究院"百村观察"课题组调查显示，目前我国村务数字化普及率平均为50%左右，东、中、西部地区村务数字化普及率依次为59.8%、48.0%、42.8%。实现了村务数字化的村庄中，62.1%的村庄数字平台没有向村民开设服务端口；10.3%的村庄数字平台虽然开设了村民服务端口，但开设的端口七成以上只能用于医保、社保等费用缴纳。无法满足村民更多实际需求。①

（五）深度应用带来的数字素养与人才缺口挑战

2023年，中国互联网络信息中心对我国网民数字素养与技能发展情况

---

① 《为乡村振兴插上"数字翅膀"——来自数字乡村建设情况的调查与思考》，中国政府网，2023年9月21日，https://www.gov.cn/yaowen/liebiao/202309/content_6905547.htm，最后检索时间：2024年6月11日。

进行了调查统计，调查内容涉及数字产品和服务使用、数字内容创造、网络安全防护等方面的素质与能力。该调查结果显示，54.1%的网民数字素养与技能达到初级水平，仅有不到30%的网民具备中高级数字素养，熟练掌握文本编辑、数据分析、编写程序等技能，网民在熟练掌握中高级数字技能方面仍有待加强[①]。同时，华中师范大学中国农村研究院"百村观察"课题组调查显示，农村村民受教育程度有限、接受数字素养技能培训不足，影响了其应用数字化村务平台的意愿，在表示"已实现村务电子化办理"的受访村民中，有46.5%的表示"不知道如何使用数字平台"，16.0%的表示"从来没有下载和使用过数字平台"。同时，我国数字人才队伍缺口较大。2020年人力资源和社会保障部《新职业在线学习平台发展报告》指出，到2025年我国数字化领域人才需求预计超3000万，其中人工智能人才需求近500万、物联网安装调试员需求近500万、数字化管理师人才缺口近千万[②]。2023年10月，人力资源和社会保障部组织开展了第六批新职业征集工作，在征得的400多个职业中，1/4涉及智能制造、信息技术和现代服务等领域。

三　数字中国建设发展趋势

伴随我国数字化建设深入开展，经济社会发展中数字要素愈趋丰富，增强数字技术自主能力、壮大数字人才队伍、提升数字领域标准水平、提高数字社会治理水平、缩小数字鸿沟，成为数字中国建设发展的必然方向。

（一）进一步提升技术自主水平

掌握技术的自主权，才能真正建设数字化强国，才能真正把握经济社会

---

① 第53次《中国互联网络发展状况统计报告》，中国互联网络信息中心，2024年3月。
② 《首份新职业在线学习平台发展报告发布：新职业呈现供需两旺局面》，人力资源和社会保障部，2020年7月23日，https://www.mohrss.gov.cn/SYrlzyhshbzb/dongtaixinwen/buneiyaowen/202007/t20200723_380359.html，最后检索时间：2024年6月14日。

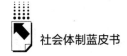

发展自主权，才能让人民真正安全享用数字建设带来的红利，才能真正掌握国家强盛与民族复兴的命运。大力提高数字技术自主化水平，已经成为我国全面建成社会主义现代化强国的必由之路。我国应充分利用中国特色社会主义制度优势，集中政府、社会、行业高精尖力量，发挥走在前列的高等院校、科研院所、重点企业作用，协同推进数字技术突破创新。科学统筹发展与安全，积极开展同国际知名科研机构合作，共同推进全球数字技术发展。提升技术自主水平，一方面补齐短板，聚焦数字化基础技术攻关，加大集成电路、新型显示、关键软件等科研创新力度；另一方面锻造长板，聚焦新兴数字技术研究，加大人工智能、大数据、云计算等重点领域技术创新应用力度；同时，创建完善配套生态，大力推进国产技术应用，营造国产技术普及氛围，不断在市场应用中检验技术、发展技术、完善技术，并充分发挥创新应用试点带头示范作用，促进全领域共同发展。

（二）大规模培养急需数字人才

补齐 3000 万数字人才缺口，急需加快培养引进供给数字化背景下符合经济社会发展需要的综合型数字人才，确保人才供应的质量与数量满足发展需要。一是加大人才建设顶层设计力度，健全数字人才基本制度，更新补充完善符合数字中国建设需要的现代职业分类体系与职业认证体系，规范和引领职业发展。二是立足数字技术发展现状与未来趋势，进一步优化完善高等院校数字人才培养机制和配套学科体系建设，设立满足长远需要、具有前瞻性的技术学科，培养专业性数字人才，完善现有学科建设，将数字技术与传统学科融合，培育复合型人才。三是构建多层次数字人才培养体系，充分发挥教育、培训、行业相关机构多渠道作用，努力扩大培训范围、培训规模，提升培训质量，为数字中国建设提供科研、技术、应用等方面分层次多样化人才。四是健全职业培训体系，为社会从业者提供既适应经济社会发展需要，又满足其职业成长与终身学习需要的职业技能培训模式，为数字环境下从业者就业、转型、发展提供持续性支持，增强其择业、转岗、创业的综合能力。五是发挥数字化领域领军人才带头作用，适当引入国际优秀数字人才，配套建立数字人才奖励激励机制。六是实施全民数字素养与技能提升计划，推进数字素养培训进学校、进社区、进乡村、进企业、进机关。

（三）科学系统加快数字领域标准建设

标准建设是促进数字中国高质量发展的重要基础。相关部门行业机构，要深入贯彻《国家标准化发展纲要》，切实推动落实《数字乡村标准体系建设指南》《城市标准化行动方案》《乡村振兴标准化行动方案》等工作要求，加强各领域标准体系的顶层设计，立足数字中国建设发展与技术更新演进的实际情况，分层分类分步骤统一规划数字中国基础技术、行业应用、数据存储交换、安全保障等标准，避免不同领域相同相似标准重复性建设。针对涉及国家安全、国计民生、公共利益的重要网络设施、信息系统等关键基础设施，应统一制定和施行强制性国家标准，提升其整体安全、可靠、共享、可控性。切实推进标准落地实施，将标准化建设纳入数字化建设评价指标体系，加强数字化设备设施平台系统的标准化审核评定工作。针对关键基础设施，强制选用达到国家标准的设备设施平台系统，对于其他应用领域，鼓励优先选用符合标准化要求的设备设施平台系统。组织开展标准试点应用，加强标准化示范带动作用。充分发挥国家、行业标准化组织的作用，会同地方、行业协会、产业联盟等组织，协同开展标准更新编制工作。加强标准宣传推广，充分利用媒体宣传、会议活动，提升行业标准化应用意识。积极参与数字领域国际化标准制定，适当学习借鉴国外先进标准，推动我国标准国际化。提供灵活便利的标准数字化查询渠道，提升标准的易获取性，提高标准内容公开水平，便于行业产业相关人员随用随查。

（四）持续提升数字社会治理水平

数字社会治理水平持续提升，有益于数字中国可持续健康发展。持续提升数字社会治理水平，要始终贯彻以人民为中心的发展理念，满足人民日益增长的美好生活需要，确保人民群众在数字中国建设中拥有更多的获得感、

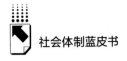

幸福感、安全感。随着我国数字治理水平的提升，应进一步统筹协调相关部门组织机构在数字社会治理中职责作用，强化分工合作，协同治理数字社会；健全相关法律法规，统筹规划、科学编制数字领域法律法规，为适应数字社会发展需要完善现行法律法规；总结把握管网治网规律，健全网络综合治理体系，促进管网治网更加科学、高效、有序；构建规范有序的数字化治理技术，完善以技术管技术、以技术治技术的监管治理机制；加强数字治理能力建设，推进各层级监管系统互联互通、数据互通共享，提升监管人员数字治理意识与数字治理能力。积极参与全球数字化治理，构建开放共赢的国际合作格局，统筹推进"数字丝绸之路""丝路电商"等数字领域合作，主动参与联合国、亚太经合组织、金砖国家、上合组织等国际组织数字领域合作及有关国际规则构建。

（五）进一步缩小数字鸿沟

随着我国数字化进程不断加快，数字融合程度不断加深，为确保各领域各群体公平享有数字化带来的效益，必须在建设发展进程中尽可能缩小不同区域、不同行业、不同群体间的数字鸿沟，努力减缓由于对数据信息、网络技术的拥有程度、应用程度以及创新能力的差别，而造成的信息落差及贫富进一步两极分化的趋势。统筹协调区域发展，在继续推进城镇数字化建设、加速智慧城市建设的同时，切实落实国家数字乡村战略，积极探索数字乡村发展模式，促进城乡协调发展，帮助广大村民公平参与数字经济、共享数字普惠成果，推进乡村全面振兴、实现共同富裕。多措并举减少数字化转型阶段行业数字鸿沟扩大，相关部门机构协同，着重为中小微企业数字化转型搭建集政府、企业、科研机构等资源于一体的服务平台，为企业提供资金、人才、技术和数据等支撑，协助企业规划符合自身发展方向的数字化转型方案。缩小不同人群间的数字鸿沟，特别是老龄人口与其他人群间的数字鸿沟，促进数字技术适老化高质量发展，降低各类技术使用门槛，提高老年人数字应用的安全保障水平，改善老年人数字应用体验，增强老年人在数字化发展中的获得感、幸福感和安全感。要提升社会群体整体数字素养，除继续发挥教育、培训等渠道的作用外，还要深度挖掘城镇居民委员会、农村村民委员会等基层组织作用，随时面向群众组织开展数字技能培训、数字安全宣传等。

参考文献

中央网络安全和信息化委员会办公室编《习近平总书记关于网络强国的重要思想概论》，人民出版社，2023。

《第53次〈中国互联网络发展状况统计报告〉》，中国互联网络信息中心网站，2024年3月22日，https：//www.cnnic.net.cn/n4/2024/0322/c88-10964.html。

B.13
我国省级区域社会发展评价研究

胡建国 刘东林*

摘 要: 在借鉴以往研究成果的基础上构建社会发展评价指标体系,并利用国家统计局数据对我国各省级区域社会发展水平进行评价。研究发现,各省级区域社会发展水平存在明显差异,大体可分为高水平、较高水平和中下水平三类;在空间差异方面,社会发展高水平省级区域主要集中在长三角地区、珠三角地区和京津冀地区,而社会发展中低水平省级区域主要集中在西部地区和东北地区;在社会发展与经济发展协调发展方面,超过一半的省级区域呈现较好的协调性,另外各1/4省级区域社会发展或滞后或领先于经济发展。对此,应积极促进经济社会发展,同时改变经济社会发展的不平衡与不充分状况,满足人民群众日益增长的美好生活需要。

关键词: 省级区域 社会发展水平 经济社会协调发展

社会发展具有过程性与阶段性,是一项长期任务,及时动态掌握社会发展进程及其水平,有助于更好地实现经济与社会协调发展。本文根据国家统计局相关统计数据,构建代表性指标体系,测算我国省级区域社会发展水平,并与经济发展的协调性进行比较,目的在于推动更高质量的协调发展。①

---

* 胡建国,管理学博士,北京工业大学社会学系教授,北京社会管理研究基地研究员,主要研究方向为社会建设与社会治理;刘东林,北京工业大学社会学系硕士研究生,主要研究方向为社会建设与社会治理。

① 本研究涉及的省级区域主要是指我国内地31个省、自治区、直辖市,不包括香港特别行政区、澳门特别行政区和台湾地区。

一 社会发展评价指标体系构建

（一）现有研究

改革开放 40 多年来，我国经济社会发展取得了举世瞩目的成就，但依然存在发展不够充分、不够协调的问题，尤其是经济与社会发展不协调，社会发展滞后于经济发展。建立社会发展评价指标体系，科学评价我国社会发展水平，以促进我国经济社会协调发展，是学术界持续关注的问题。现有研究围绕社会发展评价指标体系开展了大量研究，取得了丰硕的成果。

一是中国发展指数（RCDI）。该指标体系由中国人民大学研究团队提出，主要包括四个一级指标和 15 个二级指标，分别是健康指数（出生预期寿命、婴儿死亡率、每万人平均病床数）；教育指数（成人文盲率、大专以上文化程度人口比例）；生活水平指数（农村居民年人均纯收入、人均GDP、城乡居民年人均消费比、城镇居民恩格尔系数）；社会环境指数（城镇登记失业率、第三产业增加值占 GDP 比例、人均道路面积、城镇居民人均居住面积、省会城市空气质量达到并好于二级的天数、人均环境污染治理投资额）。[①]

二是小康社会建设的衡量标准。该指标由国家统计局提出，包括 6 个一级指标和 52 个二级指标，分别是：经济发展（人均 GDP、服务业增加值占GDP 比重、城镇化率、互联网普及率等）；民主法治（基层民主参选率、每万人口拥有律师数等）；文化建设［文化及相关产业增加值占 GDP 比重、行政村（社区）综合性文化服务中心覆盖率等］；人民生活（居民人均可支配收入、恩格尔系数、城乡居民收入比、平均预期寿命等）；资源环境（单位 GDP 建设用地使用面积、单位 GDP 能源消耗、森林覆盖率等）；三大攻

[①] 袁卫、彭非主编《中国人民大学中国发展报告（2008）》，中国人民大学出版社，2009，第 12~13 页。

坚［广义货币供应量与国内生产总值之比（M2/GDP）、政府负债率、企业资产负债率、农村贫困人口数、主要污染物排放等］。①

三是由中国社会科学院提出的全面实现小康社会指标体系。该指标体系包括五个一级指标和28个二级指标，分别是：社会结构指数（第三产业从业人员比重、城市人口比重等）；经济与科教发展指数（人均GDP、工业企业实际失业率、人均教育经费等）；人口素质指数（每万人口在校大学生人数、每万人口医生数、平均预期寿命）；生活质量和环保指数（恩格尔系数、人均生活用电量等）和法制及治安指数（每万人口治安案件发生率、每10万人口交通事故死亡人数等）。②

概括来看，现有关于社会发展的指标在具体内涵上并不一致，不同程度地涉及社会发展之外的其他领域的指标。我们认为社会发展指标主要反映民生进步、社会事业发展、公共基础完善以及社会治理有序，具有专门性与指向性；同时社会发展的主体具有多元性，承担各自不同的职责，需要在社会发展评价指标体系中得到进一步丰富和完善。

（二）评价社会发展应遵循的原则

立足于国情，借鉴现有研究成果，本研究在构建我国社会发展评价指标体系时主要遵循以下原则。一是专门性原则。社会发展指标选取应指向具体领域，即民生事业、社会事业、公共基础设施和社会治理，以此体现社会发展的本质特征。二是主体性原则。社会发展的主体具有多元特性，各自分工不同，即党委领导、政府负责、社会协同与公众参与，尤其是政府的资源投入对于社会发展水平有着极为重要的影响，社会发展指标应体现这一主体的重要性。三是适度与可操作性原则。社会发展指标体系的构建，需要考虑可操作性，在保证获取足够信息的前提下，指标应尽量简化，避免复杂操作，

① 赵军利、姜澍：《如何对全面建成小康社会进程进行统计监测》，国家统计局网站，2023年1月1日，https://www.stats.gov.cn/zs/tjws/tjjc/202301/t20230101_1903718.html。

② 朱庆芳：《全面建设小康社会：2001年目标实现程度的综合评价和分析》，《中国党政干部论坛》2002年第12期。

同时要充分利用现有的公开统计数据，保证数据可获取性和可靠性，便于研究操作。四是可比性原则。社会发展指标体系的构建要尽可能具备纵向和横向的可比性，能够实现各省级区域发展状况的比较。

（三）评价社会发展的数据来源

本研究使用的数据来源于国家统计局网站上的"国家数据—分省年度数据"。该数据汇总了我国各省级区域的经济社会发展主要指标的最新年度数据（2022 年）。对于本研究涉及的指标数据，我们进行了采集汇总和清理，其中个别缺失的数据则根据近 5 年的变化趋势进行缺失值补充。

（四）评价社会发展的指标选择

在现有研究中，有关社会发展的评价指标多涉及民生与社会治理。例如，有研究指出社会现代化必须实现民生事业现代化、社会事业现代化、社会体制现代化、社会管理现代化、社会组织现代化、社会生活现代化、社会结构现代化等。[1] 此外，有研究认为社会现代化主要体现为人民生活质量的不断提高，在一个社会中社会现代化的重要标志之一就是居民生活质量改善。生活质量的改善有助于人类发展得更为成功，增加人民的福利水平和对生活的满意度。[2] 在上述研究基础上，本研究认为社会发展的目标是推进社会的进步与有序，相应指标主要包括民生事业、社会事业、公共基础设施和社会治理这四个维度，据此提出评价我国省级区域社会发展的指标体系（见表1）。在表 1 中社会发展水平评价指标体系共包括四个一级指标和 60个二级指标。就一级指标来看，民生事业指标主要反映各省级区域民生福祉水平，包括就业、收入及收入差距、社会保障等；社会事业指标主要反映各省级区域社会事业发展，主要反映教育、科技、文化、卫生等活动的服务水平。公共基础设施指标主要反映各省级区域城镇化建设及基础设施建设水

---

① 陆学艺：《社会建设就是建设社会现代化》，《社会学研究》2011 年第 4 期。
② 〔俄〕柳德米拉·贝列耶娃：《俄罗斯社会现代化与生活质量测评》，《理论与现代化》2016年第 6 期。

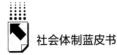

平；社会治理主要反映各省级区域在增强基层组织活力、促进多元主体参与、保障社会安定有序等方面的成效。需要强调的是，在指标体系设计时一些重要的指标由于无法获得数据而被舍弃。例如，在社会治理一级指标下的二级指标，原本包括社区服务机构、社会捐赠、社会治安事件等指标，但是在国家统计局数据中，这些指标要么近5年没有公布数据，要么缺失，因此暂不考虑。另外需要强调的是，社会发展水平评价指标体系突出政府在社会发展中的主体性与主导性，因此将政府财政投入在社会发展中的资金占比作为重要的评价依据；同时也突出社会协同的重要性，把基层社会组织和自治组织数量作为重要的评价依据，这也是本研究在社会发展水平评价指标体系建构中的重要特点。

表1 省级区域社会发展水平评价指标体系

一级指标	二级指标	指标解释	权重	指标属性
民生事业	城镇人口失业率	城镇登记失业人数与城镇人口的比值	3.0	逆向
	全体居民人均可支配收入	全体居民人均可支配收入（元）	3.0	正向
	城镇居民人均可支配收入	城镇居民人均可支配收入（元）	2.0	正向
	农村居民人均可支配收入	农村居民人均可支配收入（元）	2.0	正向
	城乡居民人均可支配收入差距	城市居民和农村居民人均可支配收入的比值	2.0	逆向
	全体居民人均消费支出	全体居民人均消费支出（元）	3.0	正向
	城镇居民人均消费支出	城镇居民人均消费支出（元）	2.0	正向
	农村居民人均消费支出	农村居民人均消费支出（元）	2.0	正向
	城乡居民人均消费支出差距	城市居民和农村居民人均消费支出的比值	2.0	逆向
	城镇养老保险参保率	城镇职工参加养老保险人数与城镇人口的比值	1.0	正向
	失业保险参保率	参加失业保险人数与城镇人口的比值	1.0	正向
	工伤保险参保率	工伤保险年末参保人数与城镇人口的比值	1.0	正向
	生育保险参保率	年末参加生育保险人数与城镇人口的比值	1.0	正向

续表

一级指标	二级指标	指标解释	权重	指标属性
民生事业	城镇基本医疗保险参保率	城镇基本医疗保险年末参保人数占城镇人口比例	1.0	正向
	农村养老保险参保率	农村居民社会养老保险参保人数占农村人口比例	1.0	正向
	社保支出占财政支出比重	地方财政社会保障和就业支出与财政支出的比值	2.0	正向
	住房保障支出占财政支出比重	地方财政住房保障支出与财政支出的比值	2.0	正向
社会事业	每万人口拥有大学学历人数	大专及以上学历者占常住人口的比值	1.5	正向
	教育支出占财政支出比重	地方财政教育支出与财政支出的比值	1.5	正向
	小学师生比	小学生师比(教师人数=1)	1.5	逆向
	初中师生比	初中生师比(教师人数=1)	1.5	逆向
	高中师生比	普通高中生师比(教师人数=1)	1.5	逆向
	高校师生比	普通高校生师比(教师人数=1)	1.5	逆向
	每万人口拥有卫生技术人员数	每万人拥有卫生技术人员数(人)	2.0	正向
	每万人口医疗卫生机构床位数	每万人医疗机构床位数(张)	2.0	正向
	每万人医疗卫生机构数	每万人医疗卫生机构数(个)	2.0	正向
	平均预期寿命	平均预期寿命(岁)	2.0	正向
	科学技术支出占财政支出比重	地方财政科学技术支出与财政支出的比值	5.0	正向
	艺术表演团体国内演出观众人次	艺术表演团体国内演出观众人次(千人次)	1.0	正向
	艺术表演场馆观众人次	艺术表演场馆观众人次(千人次)	1.0	正向
	每万人拥有公共图书馆业机构数	每万人拥有公共图书馆业机构数(个)	1.0	正向
	人均拥有公共图书馆藏量	人均拥有公共图书馆藏量(册/人)	1.0	正向
	公共图书馆总流通人次	公共图书馆总流通人次(万人次)	1.0	正向
	每万人拥有博物馆机构数	每万人拥有博物馆机构数(个)	1.0	正向
	博物馆参观人次	博物馆参观人次(万人次)	1.0	正向
	文化体育与传媒支出占财政支出比重	地方财政文化体育和传媒支出与财政支出的比值	1.0	正向

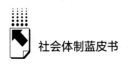

续表

一级指标	二级指标	指标解释	权重	指标属性
公共基础设施	城镇化水平	城镇人口与农村人口的比值	5.0	正向
	每万人拥有公共交通车辆	每万人拥有公共交通车辆(标台)	1.0	正向
	人均城市道路面积	人均城市道路面积(平方米)	1.0	正向
	人均拥有城市道路照明灯数	人均拥有城市道路照明灯数	1.0	正向
	人均拥有公共汽电车运营线路长度	人均拥有公共汽电车运营线路长度	1.0	正向
	人均拥有轨道交通运营里程	人均拥有轨道交通运营里程	1.0	正向
	人均乘坐公共汽电车次数	人均乘坐公共汽电车次数	1.0	正向
	人均乘坐轨道交通次数	人均乘坐轨道交通次数	1.0	正向
	建成区绿化覆盖率	建成区绿化覆盖率(%)	1.0	正向
	人均道路清扫保洁面积	人均道路清扫保洁面积	1.0	正向
	人均拥有市容环卫专用车辆设备	人均拥有市容环卫专用车辆设备	1.0	正向
	每万人拥有公共厕所数量	每万人拥有公共厕所数量(座)	1.0	正向
	城市用水普及率	城市用水普及率(%)	1.0	正向
	城市燃气普及率	城市燃气普及率(%)	1.0	正向
	人均公园绿地面积	人均公园绿地面积(平方米/人)	1.0	正向
	网页数	网页数(万个)	2.0	正向
	人均使用移动互联网流量数	人均使用移动互联网流量数	2.0	正向
	城乡宽带接入覆盖率	城乡宽带接入覆盖率	2.0	正向
社会治理	城乡社区事务支出占财政支出的比值	地方财政城乡社区事务支出与财政支出的比值	2.5	正向
	每万人拥有社会组织数量	每万人拥有社会组织数量(个)	2.5	正向
	每万人拥有自治组织数	每万人拥有自治组织数(个)	2.5	正向
	城市生活困难人数占比	城市居民最低生活保障人数与城镇人口的比值	2.0	逆向
	农村生活困难人数占比	农村居民最低生活保障人数与农村人口的比值	2.0	逆向
	交通事故发生数	交通事故发生数总计(起)	2.5	逆向

（五）社会发展评价方法

本研究评价指标包括正向指标和逆向指标。对于正向指标来说，数值越大代表评价越好；对于逆向指标来说则截然相反，数值越小代表评价越好。在消除量纲前需要将指标方向进行统一，本研究采取对逆向指标取倒数的方式进行指标正向化，将所有指标统一为正向指标，计算公式见式1。其中，X 为对应的逆向指标取倒数后的数值，T_{ij} 表示第 i 个逆向指标第 j 项的指标值，即逆向指标的原始值，$i=1$，2，3…8；$j=1$，2，3…31。

$$X = \frac{1}{T_{ij}} \qquad （式1）$$

在数据无量纲化处理方面，本文采取均值化的方式消除量纲，首先需要计算出各项样本平均值 $\overline{X}$，具体计算公式见式2。之后利用每项样本平均值 $\overline{X}$ 将原始数据转化为以1为基准指数，围绕基准指数上下波动的数据，具体计算公式见式3。其中，Y_{ij} 为对应的各指标数据均值化后的数值，即标准值；X_{ij} 表示第 i 个样本第 j 项的指标值，即原始值；$\overline{X}$ 代表某一个样本各省级区域的平均值，$i=1$，2，3…n；$j=1$，2，3…m。n代表指标数量，最大值为58；m代表省份数量，最大值为31。

$$\overline{X} = \frac{1}{m} \times \sum_{j=1}^{m} X_{ij} \qquad （式2）$$

$$Y_{ij} = \frac{X_{ij}}{\overline{X}} \qquad （式3）$$

在上述操作基础上，本研究进一步采取专家德尔菲法向相关专家征求意见以确定不同指标的权重。由于指标体系中反映社会治理的指标在国家统计局公布的数据中多有缺失，因此只能选取少数指标评价社会治理，所以在权重分配上社会治理部分的权重相较于其他一级指标更低。经过上述操作，处理后数据方向一致，再根据指标体系对各项数据赋予的权重，计算各项指标指数并求和得到社会发展指数，该指数围绕基准指数100上下波动，分值越高，社会发展水平越高，反之，社会发展水平越低。

二 主要发现

基于省级区域社会发展水平评价指标体系及上述方法，我们测算得到我国各省级区域社会发展整体水平和五个维度上的具体水平（见表2），主要发现如下。

表2 2022年我国各省级区域社会发展水平评价得分

省份	民生事业	社会事业	公共基础设施	社会治理	社会发展水平
	得分	得分	得分	得分	总分
北京市	43.23	41.05	68.37	18.46	171.12
上海市	45.57	35.32	47.56	25.44	153.90
浙江省	41.62	45.19	33.85	22.88	143.54
江苏省	37.82	40.76	29.85	22.48	130.90
广东省	36.99	35.96	33.51	16.35	122.81
山东省	35.91	34.06	21.94	20.76	112.67
天津市	33.49	26.70	35.06	12.74	108.00
湖北省	29.13	42.86	21.69	10.79	104.47
福建省	33.07	29.08	24.47	16.31	102.93
安徽省	32.53	36.11	20.29	11.95	100.89
河北省	31.48	26.35	20.19	20.78	98.80
湖南省	31.02	34.97	18.90	12.90	97.79
河南省	27.70	36.32	20.84	11.98	96.84
重庆市	31.43	26.18	25.54	11.92	95.07
江西省	28.39	29.85	20.91	14.35	93.51
海南省	27.76	26.74	23.88	14.07	92.45
陕西省	27.96	28.56	21.36	14.26	92.15
辽宁省	30.29	24.93	23.99	12.93	92.14
四川省	30.20	28.22	21.01	12.08	91.50
内蒙古自治区	27.72	26.02	22.52	12.59	88.85
山西省	27.28	27.49	19.21	12.92	86.89

省份	民生事业	社会事业	公共基础设施	社会治理	社会发展水平
	得分	得分	得分	得分	总分
西藏自治区	25.92	25.66	19.58	14.93	86.09
青海省	28.25	23.78	21.13	12.75	85.90
宁夏回族自治区	27.14	24.34	23.92	9.71	85.12
黑龙江省	29.67	23.68	20.68	10.44	84.47
甘肃省	24.92	27.53	18.84	12.64	83.93
吉林省	27.70	24.17	20.47	10.21	82.55
新疆维吾尔自治区	28.73	23.48	20.44	9.38	82.04
广西壮族自治区	27.67	23.92	17.95	8.34	77.89
云南省	25.64	23.64	18.19	9.05	76.53
贵州省	24.76	24.19	18.83	7.61	75.39

（一）整体情况

整体上看，我国社会发展水平在省级区域间呈现明显差异，具体表现如下。第一，社会发展呈现高水平的省级区域包括北京市、上海市、浙江省、江苏省、广东省，这 5 个省级区域的社会发展评价得分集中在 122.81 ~ 171.12 分，呈现高水平特征。值得注意的是，广东省与江苏省的 GDP 虽然高于浙江省，但是地区发展差距明显大于浙江省。因此，社会发展水平低于浙江省，这反映出其在共富、共建、共享方面还需要进一步加强。第二，社会发展水平较高的省级区域包括山东省、天津市、湖北省、福建省、安徽省、河北省、湖南省、河南省、重庆市、江西省、海南省、陕西省、辽宁省和四川省，这 14 个省级区域社会发展水平评价得分集中在 91.50 ~ 112.67 分，呈现较高水平特征。第三，社会发展处于中低水平的省级区域包括内蒙古自治区、山西省、西藏自治区、青海省、宁夏回族自治区、黑龙江省、甘肃省、吉林省、新疆维吾尔自治区、广西壮族自治区、云南省和贵州省，这 12 个省级区域社会发展水平评价得分靠后，均在 90 分以下，呈现中低水平特征。

（二）指标差异

从社会发展主要指标来看，各省级区域表现出的特征主要如下。

第一，在民生事业方面，上海市、北京市和浙江省的评价得分均在40分以上，相较居于第4位的江苏省拉开了较大差距；云南省、甘肃省和贵州省排在后3位，民生事业得分均在26分以下。具体来看，民生事业得分高的省级区域，主要受益于城乡居民人均可支配收入和消费支出整体较高，同时收入差距与消费支出差距又相对较小，另外，社会保险参保率高也是重要原因。例如，北京市、上海市在城镇养老保险参保率、失业保险参保率方面占据优势，浙江省在城乡居民可支配收入差距小方面占据优势。比较来看，贵州省民生事业评价得分靠后的主要原因是城乡居民人均可支配收入水平相对较低及其差距相对较大，此外，社会保障参保率也有待进一步提高。

第二，在社会事业方面，浙江省、湖北省、北京市评价得分优势明显，尤其是浙江省的评价得分优势更为明显，在普通高校生师比、科学技术支出占财政支出比重、艺术表演场馆观众人次、人均拥有公共图书馆藏量、公共图书馆总流通人次、文化体育与传媒支出占财政支出比重等方面具有优势。值得注意的是，湖北的社会发展水平相对居中，但其社会事业得分优势明显，主要是因为其在艺术表演团体国内演出观众人次、艺术表演场馆观众人次方面优势明显。新疆维吾尔自治区社会事业得分之所以最低，是因为其在社会事业部分的各项指标得分均处在较低水平，并且在小学生师比、普通高校生师比方面优势不明显。

第三，在公共基础设施方面，北京市、上海市、天津市优势明显，尤其是北京市的优势最为明显。这三个省级区域的城市化水平高，而公共基础设施的统计指标更加集中于城市，所以公共基础设施建设水平也与城镇化水平密切相关。北京在人均拥有轨道交通运营里程、人均乘坐公共汽电车次数、人均乘坐轨道交通次数、建成区绿化覆盖率、人均拥有市容环卫专用车辆设备数、城市燃气普及率、网页数方面的得分均处于优势位置，这也是北京在公共基础设施得分方面遥遥领先的关键原因。但不容忽视的是，北京市、上海市在人均城市道路面积，上海市、天津市在人均公园绿地面积方面均不占优势，反映出大城市人口稠密导致人均占有城市公共基础设施相对不足。广西壮族自治区公共基础设施得分靠后的主要原因是多项指标都处于较低水平，尤其是每万人拥有公共厕所数量和人均公园绿地面积均相对靠后。

第四，在社会治理方面，上海市、浙江省和江苏省得分优势明显。上海市城乡社区事务支出占财政支出的比值高，而交通事故发生数、农村生活困难人数占比均较低，浙江省每万人拥有社会组织数量高、城市生活困难人数占比低。贵州省得分靠后主要是因为其城乡社区事务支出占财政支出比值、每万人拥有社会组织数量、交通事故发生数、城市生活困难人数占比等各项指标排名靠后指标最多。

（三）空间差异

我国省级区域社会发展水平呈现明显的空间差异，其中社会发展高水平省级区域主要集中在长三角地区、珠三角地区和京津冀地区，这些地区也是我国经济发展水平最高的地区；而社会发展中低水平省级区域主要集中在西部地区和东北地区，其经济发展水平相对低，这反映出社会发展水平与经济发展水平密切相关，社会发展需要坚实的物质基础作为支撑。以下从东中西部地区考察我国省级区域社会发展水平的空间差异[①]。

第一，东部地区各省级区域的社会发展水平领先全国，其中 5 个社会发展高水平省级区域全部分布在东部地区。其他 6 个东部省级区域的社会发展水平也呈现较高水平。

第二，中部地区各省级区域的社会发展水平呈现明显的分化。湖北省、安徽省社会发展水平居全国中上水平，也是中西部地区中发展水平领先的省

---

① 根据国家统计局的划分，北京、天津、河北、辽宁、上海、江苏、浙江、福建、山东、广东、海南 11 个省级区域属于东部地区；山西、吉林、黑龙江、安徽、江西、河南、湖北、湖南 8 个省级区域属于中部地区；内蒙古、广西、重庆、四川、贵州、云南、西藏、陕西、甘肃、青海、宁夏、新疆 12 个省级区域属于西部地区。

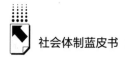

份。湖南省、河南省、江西省、山西省社会发展水平属于中等水平,黑龙江省、吉林省社会发展则处在较低水平。

第三,西部地区各省级区域的社会发展水平整体靠后。其中,重庆市、陕西省和四川省在西部地区社会发展水平处于领先的位置,但是从全国比较来看仅处于社会发展中间水平,其他9个西部省级区域的社会发展均属于中低水平。

(四)社会发展与经济发展协调性比较

从国际经验来看,一个国家或地区要实现现代化,一是经济要繁荣发展,二是社会要全面进步。就二者关系来看,经济发展为社会发展提供物质条件,社会发展为经济发展提供教育、科技、文化等方面支撑,二者需要协调发展。[①] 对此,本文以各省级区域人均 GDP 作为衡量经济发展水平的重要指标,将其与社会发展水平评价结果的一致性进行比较,比较各省级区域社会发展与经济发展水平在全国所处位置的一致性,以此分析各省域经济社会发展的协调性(见表3),主要发现如下。

第一,有16个省级区域的经济与社会发展水平呈现较强的协调性,分别是东部地区的北京市、上海市、天津市、浙江省、江苏省、广东省和辽宁省,中部地区的湖南省、江西省、湖北省和吉林省,西部地区的贵州省、青海省、广西壮族自治区、四川省和西藏自治区。整体来看,在 31 个省级区域中,超过一半省级区域经济与社会发展表现出较强的协调性,当然其中有些省份属于高水平发展的协调性,有些省份属于中低水平发展的协调性。

表3 各省级区域社会发展与经济发展协调性比较

经济社会发展协调性	地区
社会发展=经济发展	北京市、上海市、浙江省、江苏省、广东省、天津市、湖北省、湖南省、辽宁省、四川省、西藏自治区、青海省、吉林省、广西壮族自治区、贵州省、江西省

---

① 陆学艺:《经济和社会要协调发展》,《宏观经济研究》2003 年第 9 期。

续表

经济社会发展协调性	地区
社会发展>经济发展	河北省、河南省、山东省、海南省、安徽省、宁夏回族自治区、黑龙江省、甘肃省
社会发展<经济发展	新疆维吾尔自治区、福建省、重庆市、陕西省、内蒙古自治区、山西省、云南省

第二，有8个省级区域表现社会发展水平在全国所处位置高于经济发展水平所处位置，分别是山东省、安徽省、海南省、黑龙江省、甘肃省、宁夏回族自治区、河南省、河北省。在这些省级区域中，河北省和河南省人均GDP虽然相对靠后，但是社会发展水平得分相对较高，表现亮眼。从原因上看，河北省在社会治理得分、城乡社区事务支出占财政支出的比值、每万人拥有自治组织数量、交通事故发生数等方面表现较好；河南省在科学技术支出占财政支出比重、艺术表演团体国内演出观众人次、每万人医疗机构床位数等科技、卫生、文化领域呈现较好的发展水平。

第三，有7个省级区域的社会发展水平在全国各省份中所处位置滞后于经济发展水平所处位置，分别是内蒙古自治区、新疆维吾尔自治区、山西省、云南省、福建省、陕西省、重庆市。这7个省级区域社会发展水平评价得分明显低于人均GDP在各省份中所处的位置，主要原因是在民生事业、社会事业、基础公共设施和社会治理方面不同程度存在短板，与经济发展水平不相适应。对此，需要进一步提升社会发展水平，改变经济社会发展不平衡与不充分的状况，为满足人民群众的美好生活需要夯实基础。

参考文献

习近平：《高举中国特色社会主义伟大旗帜为全面建设社会主义现代化国家而团结奋斗——在中国共产党第二十次全国代表大会上的报告》，《人民日报》2022年10月26日，第1版。

袁卫、彭非主编《中国人民大学中国发展报告（2008）》，中国人民大学出版社，2009。

赵军利、姜澍：《如何对全面建成小康社会进程进行统计监测》，国家统计局网站，2023 年 1 月 1 日，https：//www. stats. gov. cn/zs/tjws/tjjc/202301/t20230101_ 1903718. html。

朱庆芳：《全面建设小康社会：2001 年目标实现程度的综合评价和分析》，《中国党政干部论坛》2002 年第 12 期。

陆学艺：《社会建设就是建设社会现代化》，《社会学研究》2011 年第 4 期。

〔俄〕柳德米拉·贝列耶娃：《俄罗斯社会现代化与生活质量测评》，《理论与现代化》2016 年第 6 期。

陆学艺：《经济和社会要协调发展》，《宏观经济研究》2003 年第 9 期。

社会组织篇 ⟨⟩

B.14
社会自下而上成长的脉络与条件
——江西省萍乡市安源区社会组织发展中心案例分析

陶传进[*]

摘　要： 本文通过对江西省萍乡市安源区推动社区治理工作的分析，总结出一条社会自下而上建构的系统化发展路径。其中包含政府与社会组织的建构性合作方式，包含社会领域几种运作机制的综合化表达，包括志愿者与社工体系相互结合的必要性探索，包含对于第三方评估中的负面约束行为的提醒。这是一个在当前阶段难得一见的成功案例，它集结了此前多年社会发展的综合性汇总，代表着社会体制改革的核心含义；同时，其中也包含对于风险和挑战的清醒意识。

关键词： 社会组织　政社合作　社区治理　社会创新

---

[*] 陶传进，北京师范大学社会学院教授，北京七悦社会公益服务中心理事长，主要研究方向为社会组织管理、社会治理、公益领域评估、社会服务等。

一 公共政策推动社会发展的整体趋势

（一）社会自下而上生长的视角

最近十余年间，乃至于更长的时间里，我国社会发展的核心方向便是让社会的重心下移，让公众更高程度地成为责任主体，让主要依靠行政力量自上而下推动的做法逐渐转化为依赖社区、社会组织、社会企业以及更广泛的公众参与进来的自下而上的成长形式。

这一系列做法被认为可以减轻政府负担，可以提高公共服务的提供效率，尤为重要的是让社会公众更高程度地获得民主和自由的空间。

从公共政策的角度看，发力点体现于不同的概念之中。一般意义上，我们的核心用语是社会治理，与社会治理相并行的另一个概念是社会组织的发育。而在更早的时期，还曾大力度推动过城乡社区自治体系的建设。

在实践领域则有着多条脉络。第一是社区治理，由此往深处走是社区社会组织，往高处走则是乡镇街道的社工站建设，后者又与国家成立中央社会工作部的思路相吻合。第二条脉络则强调社会企业的发展。社会企业的核心是通过创新，让市场机制与社会目标实现共融。最近几年，成都、北京等城市相继出台了支持社会企业发展的相关政策。第三条脉络的起点是早期就出现的志愿者团队，它们逐渐延伸到更为职业化、专业化的现代公益，而不只是纯粹地强调奉献和志愿精神。它正在以一种更有效的方式整合到现代社会治理的脉络之中。第四条脉络就是社工队伍与社工机构的发育。社工的特点是其从起点处就是本着专业化的路线而培养人才的，并且在关于人的定义上又代表着更前沿、更现代的理念，如平等、尊重、助人自助等概念中所体现出的价值观。

以上几个脉络结合到一起形成了一个完整有序的社会推动体系，且尤其典型地体现在社区治理的推动体系中，其中既有社会组织的进入，还有当地公众的自我组织，此外社工机构、社工站、社会企业、政府的推动力量等都可以深度卷入进来,其基础形式通常被称为"三社联动""五社联动",而更系统化的运作则是社会的发育与政府的职能转型相结合。本文所呈现的即综合化推动社会治理的整套做法。

(二)公共政策与社会发展之间的堕距

社会自下而上的成长是一件十分有挑战性的事情,它意味着社会公众既要有行动的空间,还要有素养与能力的提升。不仅如此,社会的成长还要与政府自上而下的职能转移与赋能行为形成相互搭配的结构。正因如此,政府在公共政策上所推动的诸多发力点,与社会实质性的成长步伐是明显不同步的,或者说社会的实践探索客观存在着一个明显的堕距。

本文所记录的案例,基于过往多年的公共政策背景之下,是公共政策一以贯之向前推动完整脉络下的产物。或许实践领域的到位才是我们更加看重的部分,因而本文重点记录的便是这类"实践里程碑"。但即便如此,近些年的公共政策热点也是我们考察的另一个重要部分。

(三)政策推动的脉络

本文的案例涉及诸多分支脉络,此处选择主干加以简要勾勒,即公共政策的重心在于社区治理,从社区治理到社区社会组织的建设再到社工站,构成一个完整的体系。其间涉及公众的参与,涉及为特定人群的服务,涉及政府职能向社会领域的转移。一些重要的里程碑包括:

2013 年,党的十八届三中全会社区治理思路的提出。

2017 年,中共中央、国务院《关于加强和完善城乡社区治理的意见》①明确要"探索加强基层党的建设引领社会治理的路径"。

2018 年 9 月,中共中央、国务院印发《乡村振兴战略规划(2018—

---

① 《中共中央 国务院关于加强和完善城乡社区治理的意见》,中国政府网,2017 年 6 月 12 日,https://www.gov.cn/gongbao/content/2017/content_5204888.htm。

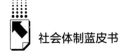

2022 年）》①，强调推动各地通过政府购买服务、设置基层公共管理和社会服务岗位、引入社会工作专业人才和志愿者等方式，为农村留守儿童和妇女、老年人以及困境儿童提供关爱服务。同时提出，大力培育服务性、公益性、互助性农村社会组织，积极发展农村社会工作和志愿服务。

2021 年 2 月，中共中央办公厅、国务院办公厅在《关于加快推进乡村人才振兴的意见》② 中指出，要加快推动乡镇社会工作服务站建设，大力培育社会工作服务类社会组织。

2021 年 7 月，中共中央、国务院《关于加强基层治理体系和治理能力现代化建设的意见》③ 指出，力争用 5 年左右时间，建立起党组织统一领导、政府依法履责、各类组织积极协同、群众广泛参与，自治、法治、德治相结合的基层治理体系……在此基础上力争再用 10 年时间，基本实现基层治理体系和治理能力现代化，中国特色基层治理制度优势充分展现。

2023 年 3 月，中共中央、国务院印发《党和国家机构改革方案》④，提出组建中央社会工作部，强调中央社会工作部划入原属民政部的指导城乡社区治理体系和治理能力建设职能。

2023 年 9 月，《民政部关于加强政府救助与慈善帮扶有效衔接的指导意见》⑤ 指出，各地民政部门要充分发挥乡镇（街道）民政服务站（原社工站）等在发现救助需求、链接慈善资源、促进供需对接中的积极作用，为公益慈善力量参与社会救助、精准高效帮扶困难群众提供有力支撑。

2024 年 3 月，中共中央办公厅、国务院办公厅印发《关于加强社区工

---

① 《中共中央　国务院印发〈乡村振兴战略规划（2018-2022 年）〉》，中国政府网，2018 年 9 月 26 日，https：//www.gov.cn/zhengce/2018-09/26/content_5325534.htm。
② 《中共中央办公厅　国务院办公厅印发〈关于加快推进乡村人才振兴的意见〉》，中国政府网，2021 年 2 月 23 日，https：//www.gov.cn/gongbao/content/2021/content_5591402.htm。
③ 《中共中央　国务院关于加强基层治理体系和治理能力现代化建设的意见》。
④ 《中共中央　国务院〈党和国家机构改革方案〉》，中国政府网，2023 年 3 月 16 日，https：//www.gov.cn/gongbao/content/2023/content_5748649.htm。
⑤ 《民政部关于加强政府救助与慈善帮扶有效衔接的指导意见》（民发〔2023〕46 号），中国政府网，2023 年 9 月 4 日，https：//www.gov.cn/zhengce/zhengceku/202309/content_6902442.htm。

作者队伍建设的意见》①，强调通过选配有制度、发展有空间、待遇有保障等规定，让社区工作者进得优、留得住、有奔头。

（四）核心思想

本文选择一个区县的案例进行深度剖析，即江西省萍乡市安源区社会组织发展中心的案例。该案例的特点是社会以飞快的速度自下而上成长，它将社会领域里可以拥有的机制几乎全部挖掘出来和运用起来，并且与政府自上而下的职能转移相互吻合，相当于体制内的广大公共服务空间面向社会组织开放。从中不仅能看到社会组织推动公共服务提高业绩和效率，还可以看到全新的政社合作模式，实现对其原理的解读、找到成功的条件，并指出其中存在的风险。

本案例中的第一治理主体是由义工团队转化而成的社会组织，其次是社区公众志愿者形式的参与、社工队伍的职业化参与，之后则有政府的深度卷入。该案例在整体上体现了治理共同体的特点。

二　案例的展开脉络与事件里程碑

以事件里程碑的方式来梳理治理共同体的形成，可更清晰地把握其发展脉络。

（一）由志愿服务队伍转型而来

本案例的第一主角是江西省萍乡市安源区社会组织发展中心（以下简称"发展中心"），该组织的创始人兼理事长饶君华是一位江西本地留守女童成长起来的负责人。对于来龙去脉的了解，首先需要回到这位创始人开始做志愿者的起点上。饶君华从 2008 年开始一直持续做志愿者，2016 年 2 月

---

① 《中共中央办公厅 国务院办公厅关于加强社区工作者队伍建设的意见》，中国政府网，https：//www.gov.cn/gongbao/2024/issue_11306/202404/content_6947726.html。

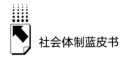

她发起成立安源志愿者协会，当时聚集了1000多名志愿者，协会发起的第一个公益项目是四点半课堂：请萍乡学院的学生来教孩子们画画，经费来自爱心人士的捐赠。之后，饶君华考取了社工证。

当时地方的外部环境是，由于存在较为严重的认知失调，社会组织几乎不与政府来往，"大家都不跟政府联系，也都不喜欢政府，因为政府也不喜欢我们"。

2018年，在社会力量参与脱贫攻坚的工作考核之中，安源区位居全省倒数第一，甚至区长都被点名批评。于是，安源区计划运作一个枢纽型组织来将社会组织统领起来，饶君华被选中成为新成立的社会组织发展中心的负责人。

至此，已经为后续脉络的展开奠定了良好的基础。各地类似于发展中心的组织是连通体制内外的枢纽点，一方面它是社会组织中的枢纽组织，另一方面它又与政府的关系密切，所以它既可能利用其优势成为社会自下而上奠基的良好起点，也可能退化为半官方的机构。本案例属于前者，并且通过一件件事情的运作充分展现出了自下而上成长的特点。

（二）关键的升级换代：运作孤独症儿童关爱中心

从表面上看，发展中心运作的孤独症儿童关爱中心与其他地方并无二致。同样是为大龄孤独症儿童提供一个专门的空间，再分别为7~16岁和16岁以上两个年龄段人员提供服务，前者进入中心接受康复训练以及生活方面的技能培训。16岁以上的孤独症儿童分为两种：一种是完全丧失能力者，被交由当地福利院进入常态化养老模式（计划阶段）；另一种则被培训学会洗车、卖二手车或者做蛋糕等技能，从而实现就业，尽管收入不高但能融入社会。

以下具体呈现其发展脉络，一个萌芽于社会又延展向社会的优秀公益项目如同花朵绽放的过程一般。

第一，发端于对留守儿童的关爱。安源志愿者协会于2016年成立以后，一直在做关爱留守儿童相关的事情，即在社会中发现遇到困难的留守儿童，为其筹集资金、帮助其改善生存状况。行动过程中遇到了一些比一般留守儿童更加困难的群体，比如智力低下者或孤独症儿童，志愿者们自然将帮助的眼光对准到他们。

第二，启动专门的孤独症儿童帮扶工作。起初，志愿者们也像对平常留守儿童那样来帮助孤独症儿童，结果发现直接给钱是不能解决问题的。这类儿童遇到的困难是生活能力方面的缺陷，比如一位智力低下的儿童独自走出家门后不幸溺水身亡。针对于此，志愿者队伍发起了专门的孤独症儿童关爱工作，选择一位熟悉孤独症儿童康复的专业志愿者到其家中帮助做精细的康复化训练，如此下来帮助可以覆盖三到五名孤独症儿童。

第三，设立专门的康复场所。随着服务面的扩大，志愿者们发现需要帮扶的人员快速增加。经向区残联查询数据了解到本地有 243 名孤独症儿童，而且问题还远不止于此，比如儿童的家庭照料者处于极度压抑的状态，有的患上了抑郁症，还有的跳楼自杀。于是志愿者协会就在办公场所腾出了一个专门的空间，让父母带着孩子来集中活动，孩子接受康复训练，父母则获得喘息的机会。

第四，进入专业化运作阶段。有了固定的场所以后，更多的问题显露出来。问题之一是越来越多的家长想要加入进来，而达到 12 个孩子时场所就已饱和，于是只能由不同的家庭轮换着来；问题二是为儿童康复训练的志愿者也经常更换，必然影响到服务效果；更为重要的是，每年仅仅一万多元的社会捐赠资金，无法聘请专业人士加入服务队伍。于是，自 2020 年开始发展中心便着手通过两条渠道努力：一条是搭载在一家公募基金会的平台上，借助于 99 公益日进行公众筹款；另一条是利用政府主管部门到机构参观考察的机会，带着他们到孤独症儿童之家，让其了解这项服务的必要性，争取获得资金与政策上的支持。

第五，与外部公益组织合作，追求项目化运作。2021 年 4 月，中国乡村发展基金会的活水计划关注到了发展中心，发展中心从此进入基金会支持的范围。在资助过程中，机构运作得到了活水计划的全程指导，从中学会了从项目设计到执行的完整流程，还学会了筹款与资源动员，发展中心因此有

了项目概念。进入活水计划后的第一年，孤独症儿童关爱项目便获得了300多万元的社会化筹资。

第六，专职人员培训。有了资金，发展中心通过区残联链接到省残联来进行康复人员培训，从幼师队伍和取得教师资格证的人员中选出二十多人接受培训，这些人在接受培训后进入关爱之家进行项目运作。

第七，激活了全社会的力量。首先是地方政府部门工作人员在关爱之家被打动，看到原来有人在如此认真有爱地做事，开始为发展中心发声、协助筹款、在政策空间中寻找提供帮助的可能方式。其次是企业家的卷入，帮助提供一些大龄孤独症儿童的就业岗位。孤独症儿童的就业为企业所带来的经济效益并不一定是正值，但企业从最开始出于维护政府关系加入到后来变成了主动。最后是公益项目在更多的社会公众中产生了积极的影响，公众以个体松散的方式提供志愿服务与捐赠小额资金。

第八，形成整体。在安源区的孤独症儿童服务领域，一个富有活力、高价值含量的服务体系如此奠基起来，这与此前自上而下事业单位的运作模式不同。

专业性蕴含于整个过程之中，并以三种方式发挥作用：第一是狭义的康复专业，即残联系统所提供的培训；第二是机构管理与项目运作的专业，让原本普通志愿者逐渐进入职业化与专业化的运作体系中；第三则是社会上公益热情的点燃、资源的筹集、更多社会群体的卷入，这正是社会化公益所独有的特征。

（三）人才培训

人才队伍的培训也是被"催逼"出来的，包括社工队伍的培训与志愿者队伍的培训。

第一，社工队伍的培训。社工队伍培训的含义与提升专业水平大致相当，具体做法是培育一些志愿者参加社工职业资格考试，学了专业的社会工作方法后他们比志愿者阶段有所成长。专业人才的成长非常重要，机构负责人也参加过社工知识的学习与考试，她知道其中的潜力空间，并且发现一些培训老师可以以公益形式来培训，于是在发展中心的牵头下启动了社工职业资格培训。而当时机构并没有专门的培训经费，是从其他项目中挤出来的费用。2019 年安源区考出了 45 位持证社工，成为当年县区级的第一。区政府看到了效果后，第二年、第三年专门拿出了一笔资金来支持培训，这明显改善了机构的生存状况。

第二，志愿者队伍的培训。政府购买服务的特点是资金量较少，但要求做的事情很多。如果全部由专职社工来做，项目完成的成本较高且参与者有限，"我们是有志愿者基因的，我觉得如果要做好一些公益项目，还需要持续培育志愿者队伍"。培训方式是找到经验丰富的资深志愿者，由其以言传身教的方式来带领新加入者，且定位与社工人才培训相配套，后者注重理论，前者注重实践。

志愿者培训以村为单元，每个村（社区）同步展开，最终培育了 1100 多名志愿者，分布于 118 个村（社区）。志愿者队伍培训的普遍开展，为日后社区内服务工作奠定了坚实的基础。

第三，两个层面培训的呼应。社工与志愿者，前者更具有理论色彩，后者更务实落地，二者是互补性的。其中志愿服务无论如何都难以脱离社会的地平面，而社工则会将其用更专业的术语、更标准的流程描述出来。从另一个角度看，志愿服务是基础性的，而社工相当于在基础之上通过更标准的语言、更规范的框架来更系统更有序地推动工作。

二者之间的呼应性，对当下志愿服务乃至于社会工作都具有启发意义。对志愿服务而言，要求人们不能停留在原初的扎根阶段，理念与理论两个方面均需要向上成长；对社工而言，则不能悬浮于套路化的甚至空泛的概念体系中。对于发展中心而言，则需要在已经具备的经验层面上的能力再上升到理论，而不是丢失前者，其核心在于不能丢失以解决真问题为导向的内心，但又会尝试着转换表达方式，进入更专业的逻辑体系之中。

第四，对错的最终判决者。在运作初期，探索者或许不知道做得对不对，需要慢慢摸索才会有感觉进而在做法上形成积淀，比如"时光和你都很美"关爱留守妇女项目或者"银龄生日趴"关爱老人项目，运作一段时

间后蛋糕店老板主动表达持续捐赠蛋糕的意愿。随着影响力越来越大，相关政府部门感受到机构务实做事的风格，从而愿意整合资源进来，比如妇联、工会、团委、民政、公检法等部门原本就有相关的职责，便主动联系发展中心一起合作一个个项目。

（四）着手运作社工站

社工站的建设是当下推动社区治理的一项重要举措，发展中心也借此契机进入发展的春天。

惊喜的到来。2021年9月社工站项目来了，一年118万元的费用，这看起来是一次难得的机遇。社工站项目与以前的项目不同，不再是2万~3万元的经费，请不了专职人员；而社工站则可以有条件雇佣一批专职人员。"记得最开始，省里文件还没出来，我们局长就说反正国家政策出来了，我们就开始做"。

差一点将机构做死。因为政策规定，社工站的社工需要35岁以下、大专毕业，这便将机构内好多有经验的人员排除在外。机构不得不专门招聘了一些大学生，35岁以下但缺乏经验。第一个月结束，饶君华感觉"完了，机构要倒闭了"，原因是这些年轻的社工进入实践现场后很多事情并不会做，比如社区调研时跟居民聊天融不进去，甚至会出现"社死"。倘若改换其他方法，比如招聘志愿者协会的副会长或策划部长、活动部长等有经验的志愿者，但他们年龄超标、条件不符合，局面陷入两难。

选择社区食堂自救。为了摆脱困境，发展中心将目光放到乡镇、街道，寄希望于对方出资购买服务来挽救"败局"。当时所有乡镇、街道都有一个令人头痛之处——社区食堂，原因在于食堂无法真正运营起来，但经常要被检查。"只能在遇到检查时，吆喝一些群众过来，请人在里面做顿饭，领导检查完就走了。谁都知道是假的"。终于，有一个乡镇被说服出资10万元（后来还被批评了），聘请发展中心来负责运转社区食堂，事情发生了转折。

（五）社区食堂的创造性运作

社区食堂申请下来了，获得了一个可灵活运用资金运营的机会，但同时还带来了一份艰巨的挑战，即在项目周期内将社区食堂真正运转起来，而这在当时当地诸多的社区食堂中没有一家成功的，其难度之大可以想象。最主要的两个问题是：其一，成本如何覆盖。当地社区下岗工人多，人们生活相对贫困，不能接受外边按照市场价收费；其二，如何运转起来，其中涉及雇佣厨师和食堂服务人员，涉及如何把食堂运转得有活力和有温度，它已经超出成本问题了。在这一背景下，社会力量介入后如何解决上述问题？

第一，以每月 3000 元的工资聘请本地另一家志愿者协会的会长肖莉，她是一名擅于与居民打交道、擅于沟通协调各方的关键人物，其协会开展的尘肺农民关爱项目获得了各种奖项。

第二，肖莉发挥了志愿者的能力特长。她深度融入社区居民中，从被大家赶出社区到逐渐与大家建立起信任关系，一起设计规划活动空间和生活，由此先建立了邻里之家，之后又借此推动社区食堂。至此，建立社区食堂的第一个质变点出现：一部分建立起信任关系的居民已经成为主体，事情的性质转化为是大家自己要做，而不是为他们去做。

第三，动员社区公众，为社区食堂提供了第一批志愿者。厨师是志愿者，食堂服务人员也是志愿者，食堂的运营成本降低下来。

第四，仍然有问题出现。社区食堂需要持续性运营，因而难以通过志愿者长久维系下去，一些志愿者会出于各种原因选择退出。而且这些志愿者本身也属于低收入群体，也需要获得收入来维系生计。基于这一状况便产生了志愿者的积分制，通过志愿服务时长来获得积分，再通过积分来兑换物品和服务。例如，厨师工作一个小时兑换 50 积分，相当于 50 块钱，可选择兑换相应的物品或者服务。

第五，用于兑换的物品与服务来自社会捐赠。因为公信力越来越高，发展中心吸引了社会捐赠，例如 2023 年收到了价值 200 多万元的捐赠物资，

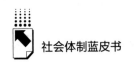

包括大商场里的品牌服饰、鞋子、生活用品等等。

还有一些老人有理疗保健的需求。当地中医院的艾灸理疗是一小时 75 元，发展中心发现医院本身也需要提供义务性的科普与志愿服务，双方沟通达成共识：每家医院每个月过来社区两次。

此外，发展中心开设了暑假托管班。除了散居孤儿和事实无人抚养儿童可以免费获得服务之外，其他人均可以用志愿服务工时来换服务。比如一天托管 6 个小时，一个暑假开 40 天，每个人就得拿出 200 多个志愿服务小时来兑换。

第六，建立积分兑换站。为了便于志愿者的服务积分兑换，安源区建立了一个积分兑换站。志愿者可以在线兑换所需要的物品，志愿服务计时与储蓄系统也因此建立起来。

至此，一个完整的资源整合体系形成了。从一个角度来看，它拥有依次递进式解决问题的逻辑线索；从另外一个角度来看，它又相当于各社会力量将自己能贡献的资源份额加总，一同用于社区食堂的运作，使其能够越过资源的门槛。其中，参与贡献者包括公益物品的捐赠人士，包括提供志愿服务的医院，包括志愿者，还包括提供各种支持的乡镇政府以及统领与协调的发展中心。

（六）更典型的社会企业成分萌芽

第一家社区食堂运行一个月后，核算成本收支时发现亏损了 600 元。志愿者和居民们为了避免食堂关停，自发地想办法来增加收入，比如制作包子、饺子、特色零食售卖，以此弥补财务亏损。于是，一个原汁原味的微型社区社会企业诞生了。当时，社区食堂的运营已经基本解决成本问题了，下一步的设想是如何让社区食堂在市场中更为成功。

社会企业的成分再向外扩展，发展中心就有了慈善超市这一模块。初始想法是：既然有这么多志愿者都要买东西，不妨开设一家平价超市，将所赚的钱再持续投入社区基金。政府相关部门也来慈善超市进行采购。慈善超市的购物小票上印有一行小字：感谢你为慈善事业贡献了 XX 钱。现在发展中心注册志愿者有 14 万人，所以小小的超市一年的营业额就有 1000 多万元，其中 200 多万元的利润全部被继续用于公益事业。

（七）复制推广与政府职能的普遍卷入

经过一年多的探索，第一家社区食堂运作成功。标志是以每位老人每餐 5~12 元的价格，实现了自负盈亏。区委书记、区长看到了它的可持续性，不再拨付资金了，因此后来购买服务的资金除了用于支付一个社区两名社工的工资外，其他资金都由发展中心自行解决。

当社区食堂的模式相对成熟，接下来的复制推广快速展开并沿着两个方向前行。第一个方向：在随后的 2~3 年，中心已经在 118 个村社区以及 49 个城镇社区开了 16 家社区食堂；第二个方向：借助于社区食堂建设过程中的公众动员基础以及社区邻里之家的建设，发展中心在每一个社区尝试推动微网格治理体系，将此前自上而下的微网格布局转化为自下而上式的激活。

由此，一个近乎"自认为做破产"的社工站项目，仅用两三年的时间，就成了一年能撬动多方资源的自下而上的社会治理体系。当这一平台搭建起来后，当地很多政府部门主动来寻求合作，比如医院党员活动、检察院防诈骗活动、残联的残疾人上门服务、妇联的关爱妇女儿童项目、民政部门的散居孤寡老人帮助项目和事实无人抚养儿童的监护能力评估项目等。

（八）社会+政府：综合化推进

由于自下而上治理开展得红红火火，省委书记、省委政法委的领导等纷纷来安源区视察，安源区相关领导的业绩也得到了上级领导的认可。

发展中心所有向外争取资源的机会，只要需要区委书记、区长支持的，他们都愿意加入进来；区委书记不喜欢接受采访，但事关发展中心的他一定会来，并且要求采访者多关注发展中心而不是自己。"各种跟公益这块相关的事情，以前难以找到人，而现在各级领导包括分管副区长、区长、区委书记经常亲自过问"。

目前，区有关领导定期与发展中心就民生、公益慈善、社区治理等问题进行研讨，且越发坚定地认为——只有发挥社会力量，才能提升全民素质，之后自治能力才会提升。

三　案例解读与分析

本案例呈现了社会自下而上成长的一个长链条的事件线索，它在极短的时间内完成（因而行动的手法与策略都还历历在目），并且带来全方位的社会机制的激活；行动者以"孤军深入"的态势，延伸到政府逐步开放的功能体系中，与后者形成了友好信任的合作关系，共同推进地方公共服务的供给。总体而言，其间蕴含的规律和能够总结出的原则具有很高的启发性。

（一）寻找社会本身的运作机制

同样是孤独症儿童关爱行动、社区食堂的运作以及邻里中心的建设，由社会组织来主导会产生与政府不一样的效果，显示出社会自下而上特有的机制优势。但本案例中，我们并不仅呈现社会组织具有的优势，而是要深入探讨优势是什么，而本案例足以支撑对问题的回答。

第一，人们要承担社会目标。在社会中，总有一部分人要以志愿者的身份率先站出来致力于社会问题的解决。传统上通常可能是被忽视的问题，时至今日则有人一定要将其挖掘出来并致力于解决它。由于行动可以实现自身的价值，因此行动力能够得到足够的保证。与本案例相关的一个因素是：从小具有留守儿童生活经历的人，如今已经长大成人，其内心渴望世界充满着爱，并愿意通过切身行动来提供这份爱。

第二，友好的点燃效应。当一些人以有温度的方式来对待他人时会产生一个微型的社会生态，不仅受助人会获得帮助、产生温暖感，而且更多的旁观者也会看在眼里。于是，只要爱的投入积累到一定程度，便会让社会温度升高，让更多人感受到温暖，可形象化地将之比喻为社会友好的点燃效应。在安源区，无论是政府、企业家还是一般的社会公众，他们被感染和加入公益行动，均是点燃效应的具体体现。

第三，公众主体性的激活。主体性激活即通过公众动员让人们参与进来，并成为治理的主体。目标的点燃比友好的点燃更具深度，它代表我们每一个人被归还了自己的主体地位，由此可让社区公众成为最大的行动动力源和责任承担者。

第四，需求被看作机会。在第一家社区食堂的建设过程中，为了越过门槛，需要将医院、乡镇政府、志愿者、公益捐赠人士等诸多资源整合到一起。其带给我们的第一印象是资源的链接，但更深层次的道理则是每一个加入资源整合的主体除了贡献特定的资源份额之外，其本身的需求也会在其中得到满足。解决问题的过程实际上也在为他人提供满足需求的机会，因此每一个资源投入者都既是贡献者，又是收获者。

这一情形不仅适于志愿者及各利益相关方，而且尤其适于本案例的主角。发展中心作为整体运营的统领者，一方面创造性地探索解决问题的方案，另一方面因为项目有了着落而打开未来的发展空间。而作为终极资源贡献方的物品捐赠人，看起来是一份纯粹的贡献，但将物品贡献至此会产生有效的社会价值撬动作用，以及获得当地社会的普遍认可，大家都是共赢方。

综上所述，该组织是创造性解决社会问题的典范，激活了更为灵活多样的供需对接机制。由此，不仅能够让资源以整合的形式跨过行动的门槛，而且还让行动的自发性与效率性都朝着市场机制中"看不见的手"的作用接近，社会企业的精髓在此中体现出来。

（二）遵循有机生长的准则

社会自下而上成长的根本性特点是需要从零基础开始，通过社会组织的不断探索逐渐形成解决问题的能力。这一过程有时被称作有机生长，本案例正是有机生长过程的又一个良好示范，其中充分显示出有机生长所包含的四个要件。

第一，追求对真问题的解决。即行动者要瞄准特定的社会问题，并探索解决问题的路径，最终形成一个从发现问题到解决问题的完整而严谨的逻辑体系。行动者自身可能没有意识到这一点，但将其核心品质体现得淋漓尽致：明确意识到要解决的问题是什么，抓住问题不放，直到彻底解决它为止。与此相对的则是完成动作指标，并且认为所有动作是在满足服务对象的各种需求，从而形成"热闹的动作→满足诸多的需求"的局面，其中的逻辑链条相对杂乱。

第二，解决问题的模式在探索中形成。在试图解决问题的过程中会遇到各种路径障碍，需要社会创业家的品质，需要通过创新和探索将路径走通。经过一段时间的积累，解决问题的方案会逐渐浮出水面，如社区食堂的运营模式就是团队创新探索的结果。与探索和积累相对的另一种做法是：认为解决问题的方案可以通过自上而下的设计而来，只要将相关的理论应用到位、将动作设计标准化，且使其瞄准社会需求即可。本案例告诉我们，这一做法容易陷入形式主义的套路化之中。

第三，有机生长同样是一个能力提升过程：上一步未解决，不进入下一步。在现实运作中，机构有很多机会让团队成员接受纯理论化、程式化的培训。通过培训直接上升到更高端的话术体系和更漂亮的项目设计外表中，但对于该机构而言，所有行动一定要以自己能够解决相应的社会问题为准，而不是抛开解决社会问题的真实，直接进入相关的空洞话术之中。

第四，它意味着有序地深入社会与社会问题之中。有机生长还意味着项目团队进入一个村庄或社区之中时要有序进入，而不能以陌生人的身份直接涉入核心问题。通常在最初，深入社区之中与人们建立友好和信任关系，是一个颇为有效的起点。

（三）社会与政府的合作模式

第一，政社关系从冷漠到亲和。从案例展开脉络中可以看出，政府和社会组织一直处于冷淡甚至相互抵触的状态。第一次破冰事件是在脱贫攻坚行动中，政府要求社会组织的加入；第二次破冰事件则是社工资格考试，安源区年度排名第一，得到上级政府部门的有力度的表彰。政府和社会组织之间密切合作关系由此启动。

第二，社会组织需要用事实打动政府。促使良好政社关系深化的两个关键事件包括：一是孤独症儿童关爱中心的运作，让政府官员感受到了社会温度的点燃效应；二是社区食堂的成功运作，让政府看到了社会组织成功解决社会问题的一个完整路径。

第三，政府的功能空间向社会组织积极开放。这一举措，同时实现了社会组织功能体系的拓展和政府职能的转移两个目标，自下而上的成长在瞬间加速。本案例显示出，政府和社会组织联手可以创造出巨大的潜力空间。

第四，政社联手，并非一个在做、一个在管。政府的功能空间向社会组织的开放是支持的第一步，同时资金也会到位。在正式支持之外，还有非正式的支持，如遇到难点时的共同面对，以及关键事件中政府勇于承担责任，从中显现出政府向社会开放的心态以及真切坚守社会目标的情怀。

（四）对评估与考评方式的思考

在政府出资购买社会组织服务的时代，对资金使用效果的把关主要是通过第三方评估来完成的。所以，案例的主角如何看待和应对评估，也是自下而上成长中的一个关键指标。当运作与评估协调一致时，可以让治理体系快速向上成长；反之，评估就会对运作产生抑制作用。

有趣的是，从理论上看，运作与评估之间内在地存在明显的张力。一方面，评估使用1000分的评估指标，非常细致地评价项目的规范运作状况，对该怎样运作，评估方似乎已经有一个标准答案；但另一方面，自下而上的有机生长，精髓点恰恰在于尚没有标准答案，需要的是创新探索的空间，需要依据自身的能力、起点处的社会条件、要解决的问题是什么等创造性地形成解决问题的方案。

张力的触发。例如，依据评估指标，社工站项目要求把社工放在乡镇办公室坐班。但发展中心发现，社工一放到乡镇就行政化了，变成了乡镇的临时工，于是就尝试把社工放在社区养老中心，且这已经成为必要一环。负责人犹记得"当时评估方批评式评价的内容是：你们做的是啥？不在乡镇上

班，还说是培育志愿者……大家都不敢应对，乡镇街领导在场也不敢说话"。

把社工放到社区养老中心却得到了区政府领导的鼓励。评估完后，发展中心负责人打电话给区里分管领导，充满挫败感地说："评估的分好低，自己做得不好"，领导的反馈是"区里给你钱，不用担心，我们认为做得好就可以了"。

评估结束后，机构的应对策略是指标还得完成。但既然自己真是做了很多的事情，不妨就把这些事情转化为指标就好了；实在不行的话，就看别人怎么做，自己"抄作业"。区长也鼓励说："只要不要对老百姓作假就可以了。"

允许探索过程中的"试错"。在安源区，实际上社会组织和政府一开始都不知道该怎样做。例如，一个社会组织孵化项目下来，结果发现还远未达到社会组织孵化的基础条件；反而是将志愿者骨干组织起来考上社工证，到城乡社区中动员公众参与才是最恰当的发展脉络。

又如，社工每天"都去居民家里玩"，连乡镇领导都埋怨说"你们社工每天都不务正业""每天都不知道你们在哪里"。而这恰恰是建构社工与居民信任关系的关键方式。而这一切下沉的服务都很难被分解为多少人次的活动，也很难记录留痕，甚至还会因为每次动作要拍照签字让居民感到形式主义的讨嫌。

最终结论是：自下而上成长是全然的创新过程，是社会自下而上的奠基，需要自主空间，需要承担创新的风险，它与自上而下的任务分解法和事前设置出来的标准答案遵循的是完全不同的逻辑。

四　当下存在的风险与挑战

表面上看，政府与社会力量叠加到一起已经形成无所不能的资源结合，但二者结合将自上而下的空间扩大到足够程度的同时，也让社会自下而上的探索拥有更大的不确定性，相关的风险与挑战也更高程度地叠加上来。

（一）风险分析

风险之一：既有的参与能否维系？在村庄与城市社区内，居民已经一定程度/一定比例地参与进来。在动员这种参与时花费了很大工夫，已经产生了质变的效果，但它的可持续运转同样需要维系的力量，至于能否做到暂且无法得到确定性的答案。

风险之二：参与能否深化？社区食堂以及邻里之家中，参与的只是最初的启动者，由此还需要深化并延伸到更多样化的公共事务方面。如将更多的公众卷入进来，已经卷入的公众还需要更加自治化或是进入议事协商之中，倘若不能继续发力向前推进，仍然存在整体体系退化的风险。

风险之三：政府是否会低估前行中的专业性困难？政府擅长的工作手法是找到对的，树立为典范，"一刀切"式快速推广，却忽略了推进过程中应有的专业与扎实。在安源区，政府+社会的模式已经让事情有不同的做法。但即便如此，在更后续的行动中行动者是否能继续保持优势、坚定地以真正解决问题为判断依据，仍然未知。

（二）应对策略及其挑战

本案例的行动者已经意识到上述风险的存在，并在寻求解决问题的办法。

实际上，风险的存在不足为奇，当下的改革不是简单地增加或改变公共服务的提供类型与方式，而是要让社会整体性地自下而上发育。这就需要一个长期而连续的向前推动过程，并且随着时间的推移，治理的深度也在不断增加，难度也在不断增大。

第一，社工人才队伍的培育。在安源区，解决问题的策略是进行有针对性的社工人员培育。"有针对性"的实质含义包括：（1）要选择出具有真实解决问题能力的人，在人选上也相对不看重学历或是否科班出身；（2）用于培训的知识体系拥有真实的落地有效性，而不是套路化。既有的社工知识体系尚且无法完全满足这一点，更多的知识就需要从本地的实践做法中加以

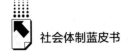

总结，以及将更多地方的实践经验总结出来，综合化地运用于此。

第二，孵化与吸纳更多的社会组织加入。当下安源区的模式可以概括为：政府+社会组织发展中心+各社区里的社区自组织。在这一体系中，顶部为政府以及单一的社会组织发展中心，底部则很快落到社区里的社区食堂、邻里中心等社区组织层面，而中间层——一般性社会组织的发育则很薄弱。早期，发展中心曾经接受孵化社会组织发展的政府购买项目，但当时的条件还不具备，自身的能力也还不足。而在当下，社会组织培育发展的条件已经改善，相应的行动可以被纳入议事日程中。

五 结论

本案例提供了一个自下而上快速、大规模成长的案例，它由志愿者团队的形式开始，以最终嵌入政府的功能体系、形成"社会组织+政府"的形式而达到高峰。表面上看，这是一次偶然，它与特定的行动者个人或地方官员的思路相关联，但在其背后则蕴含着可复制推广的经验。

案例中展示出了社会自下而上的机制可以包含怎样的内容，它们具有怎样的优势，以及以怎样的机理被政府认可。

但或许更为难能可贵的是，它揭示出政府可以以怎样的方式与社会力量形成整合体。其做法并不是管控社会力量以防范其添乱，而是主动帮助社会组织承担责任和提供资源。

本案例还以稍加含蓄的方式，触碰到了以自上而下面目出现的第三方评估机制。结论是，如果评估方不是以陪伴支持的面目出现，而是以规范把关者的"黑脸包公"形象出现，那么自下而上的社会发育仍然要遭遇发展中的最大障碍。

如果以上要点都能理顺，社会自下而上的发育可能进入更为顺畅的步调之中。

B.15
新时代我国社会组织参与
社会治理的现状和路径

毛佩瑾　程荃*

摘　要：　社会组织是重要的社会参与力量，社会组织治理现代化是创新社会治理体制、推动实现中国式现代化的必然要求。当前我国社会组织在制度环境、组织数量、活动领域、服务能力等方面取得显著成效，在参与社会治理中扮演了增进社会资本、聚合治理资源、提供公共服务、协商公共事务和促进社会和谐等积极作用。我国社会组织参与社会治理还面临质效提升的问题，包括在认知、制度、资源、结构、能力、关系等方面。新时代全方位系统提升社会组织参与社会治理的深度和实效，应从转变理念认知、优化制度环境、聚合治理资源、强化专业能力、织密互动关系等处着力。

关键词：　社会组织　社会治理　治理现代化

一　引言

社会组织作为重要的社会参与力量，在民生建设和社会治理中发挥日益显著的作用。一方面，社会组织治理能力现代化是实现中国式现代化的必然要求。党的二十大报告指出，"不断增强社会主义现代化建设的动力和活力，把我国制度优势更好转化为国家治理效能"。中国式现代化的活力与动

---

* 毛佩瑾，中共中央党校（国家行政学院）社会和生态文明教研部副教授，硕士生导师，主要研究方向为社会组织管理、城乡基层社会治理、社会组织协商等；程荃，中共中央党校（国家行政学院）国家治理教研部博士生。

力，要依靠国家治理赋能加力[①]，让多元治理主体发挥积极作用。社会组织系统是国家治理体系中的重要组成，是中国式现代化建设的重要力量。一是它具有专业能力。政府政策制定需要以专业知识为支撑，社会组织中的行业协会、科技类社团等能为国家产业结构和治理结构转型升级建言献策，同时协同多方治理主体形成治理合力，将专业性成果转化为新质生产力。二是它可发挥组织势能。社会组织凝聚不同群体，代表相关领域的社会力量，成为政府联系公众和社会的平台纽带，能够通过组织优势整合资源，是承接政府转移职能和完善国家治理体系的重要载体。我国社会组织发展带有明显的本土属性，构成了具有中国特色的现代社会组织体系。实现中国式现代化必须以提高社会组织治理能力为前提，发挥好社会组织在国家治理体系中的协同治理作用，在更大范围和领域推动中国式现代化建设。

另一方面，社会组织治理能力现代化是创新社会治理体制的必要环节。中办、国办印发的《关于改革社会组织管理制度促进社会组织健康有序发展的意见》先后提出"创新社会治理体制""激发社会组织活力"等社会治理发展目标[②]。社会组织作为公共服务的提供者，是社会治理体系的关键组成部分。其一，发展社会组织有助于优化社会治理格局。国家治理现代化需要多元主体参与，社会组织是极具活力和创新能力的代表性组织，提升其治理能力对推动其他主体发展有较强的辐射带动作用，从而推进社会层面的整体协同治理。同时社会组织积极参与公共治理和政策制定，逐步形成政府、市场和社会的良性互动关系和社会共治格局，有利于推动社会进步。其二，社会组织发展为创新社会治理体制提供人才支撑。提升社会组织治理能力现代化水平有助于培养更多专业化服务人才，不断促进科技、经济、文化、社会等领域深度融合发展。这种人才培养和交流机制能产生可持续性社会效益，在一定程度上减少政府对社会公共服务的成本投入，为推动社会团体高质量发展奠定基础，构建更加科学合理的社会治理体系。

[①] 许耀桐：《国家治理为中国式现代化赋能加力》，《北京日报》2023年5月22日。
[②] 《中共中央办公厅 国务院办公厅印发〈关于改革社会组织管理制度促进社会组织健康有序发展的意见〉》（中办发〔2016〕46号）。

二 我国社会组织参与社会治理的发展现状

在加强和创新社会治理的国家战略布局下，社会组织依据自身优势，在国家治理尤其是基层治理中的地位与作用日益凸显，已成为社会治理不可或缺的力量。梳理社会组织的发展现状和特点及其在社会治理中的独特作用，有助于了解新时代中国社会组织发展的不足之处与前进方向。

（一）我国社会组织发展现状及其主要特点

近年来，我国社会组织在数量和质量上均得到全方位提升，主要表现在制度环境、组织数量、活动领域、服务能力等四个方面。

1. 社会组织地位得到制度和政策支持

中央和地方在制度层面为社会组织参与社会治理提供了支撑，社会组织生存与发展的制度环境得到很大改善。

在国家层面，党的十八大以来，党中央从顶层设计的角度出台了一系列政策法规，为社会组织发展指明方向。党的十九大报告指出，"加强社区治理体系建设，推动社会治理重心向基层下移，发挥社会组织作用，实现政府治理和社会调节、居民自治良性互动"。2017 年 12 月，民政部出台《关于大力培育发展社区社会组织的意见》，从作用发挥、培育扶持、管理服务等方面对新时代社区社会组织发展提出要求。党的十九届四中全会通过的《中共中央关于坚持和完善中国特色社会主义制度 推进国家治理体系和治理能力现代化若干重大问题的决定》提出，要在构建基层社会治理新格局中发挥社会组织的作用。2020 年 12 月，民政部办公厅印发《培育发展社区社会组织专项行动方案（2021—2023 年）》，从全局性、系统性的角度提出未来一段时间内社区社会组织培育发展、能力提升、作用发挥以及规范管理的发展计划。2022 年 8 月，民政部、中央文明办印发《关于推动社区社会组织广泛参与新时代文明实践活动的通知》，针对性提出新时代各类社区社会组织参与社会治理的重点任务。党的二十大报告提出要"健全共建共治共享的社会治理制度""建设人人有责、人人尽责、人人享有的社会治理共同体""引导、支持有意愿有能力的企业、社会组织和个人积极参与公益慈善事业"。2024年4月,中共中央办公厅、国务院办公厅出台《关于健全新时代志愿服务体系的意见》,指出要"持续开展邻里守望、信访矛盾化解、普法宣传、流浪救助、心理疏导、平安建设等志愿服务,助力提升社会治理效能"。上述一系列政策设计为社会组织参与社会治理提供了坚实的制度保障。

在地方层面,各地也出台了相应的社会组织参与社会治理的规范性文件。特别是在《培育发展社区社会组织专项行动方案(2021—2023年)》和《关于推动社区社会组织广泛参与新时代文明实践活动的通知》发布之后,各地也根据地方实际相继出台了有关文件,推进社会组织发展。例如,2022年11月,广东省民政厅联合省精神文明建设委员会办公室印发了《关于推进社区社会组织广泛参与新时代文明实践工作的实施意见》,指出要以社区社会组织为平台,融合岭南文化精神,建设具有广东特色的社区文明。再如,2024年5月,浙江省民政厅发布了《关于广泛动员引导社会组织开展助力高质量发展专项行动的通知》,引导社会组织更紧密地融入社会治理。

2. 社会组织规模逐步增大

党的十八大以来,我国社会组织进入了全面发展阶段,逐渐规范化有序发展,呈现国家—社会共治的发展趋势①。据统计,截至2012年底,全国依法登记的社会组织达49.93万个,而1988年这一数字仅为4446个。2012年以后,我国社会组织发展取得了明显进步。至2022年底,全国共有社会组织89.1万个,其中民政部登记了社会团体370093个、基金会9319个、民办非企业单位511855个②。社会组织数量的增加充分说明其发展满足了社会治理各领域各层面的需要,是基于新时代社会治理现实需要这一时代背

---

① 韦克难、陈晶环:《新中国70年社会组织发展的历程、成就和经验——基于国家与社会关系视角下的社会学分析》,《学术研究》2019年第11期。

② 《2022年民政事业发展统计公报》,民政部官网。

景的产物。2005~2022 年，我国社会组织数量总体呈增长态势。其中，民办非企业数量由 2005 年的 14.76 万个发展到 2022 年的 51.19 万个，单位数翻了将近两番。

社会团体数量由 2005 年的 17.12 万个发展到 2022 年的 37.01 万个，但年增长率从 2005 年的 11.8% 下降至 2022 年的 -0.3%。2012 年之后社会团体的年增长率连续多年低于社会组织的年增长率。社会团体占社会组织的比重在 2011 年之后也呈连续下降的态势，甚至到 2015 年，所占比例已经低于 50%。

基金会从 2005 年的 975 家发展到 2022 年的 9319 个，增长了将近 8.56 倍，总体上呈逐年递增态势。虽然基金会的数量在三类社会组织中占比最小，但是总体上保持一种稳步小幅度提升的趋势（见图 1）。

从三类社会组织的发展趋势来看，我国民办非企业单位在 2011~2019 年发展速度较快，2015 年超越社会团体跃升至三类社会组织中数量的第一位，2019~2021 年增速逐渐放缓。社会团体在 2005~2022 年总体上呈平稳增长的态势。总体来看，2005~2022 年，我国基金会发展最快，民办非企业单位次之，社会团体发展速度较慢。这表明除了对政府依附性较强的社会团体（包括中华全国总工会、共青团、妇联等）之外，其他各类社会团体发展较为活跃。由于政策支持、社会治理理念的转变以及社会治理的需要，社会组织服务社会的功能逐渐增强，参与社会治理的公益性日益凸显（见图 2）。

3. 社会组织活动领域和范围呈扩大趋势

目前，社会组织活动横跨各个领域，业务范围主要包括教育、社会服务、文化、体育、工商服务业、农业及农村发展、卫生、科技与研究、职业及从业者组织、宗教、生态环境、法律、国际及涉外组织等领域，呈现多元化发展态势。从 2022 年我国不同行业社会组织的数量分布来看，教育领域和社会服务领域的社会组织数量较多。教育领域的社会组织共有 28.08 万个，占我国社会组织总量的 31.51%；社会组织服务领域社会组织有 13.9 万个，占我国社会组织总量的 15.60%。从 2021 年至 2022 年我国不同行业社会

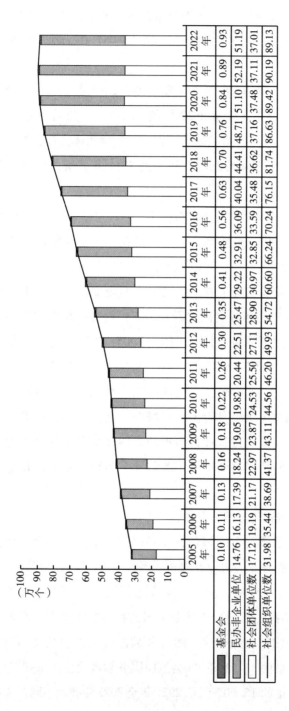

	2005年	2006年	2007年	2008年	2009年	2010年	2011年	2012年	2013年	2014年	2015年	2016年	2017年	2018年	2019年	2020年	2021年	2022年
基金会	0.10	0.11	0.13	0.16	0.18	0.22	0.26	0.30	0.35	0.41	0.48	0.56	0.63	0.70	0.76	0.84	0.89	0.93
民办非企业单位	14.76	16.13	17.39	18.24	19.05	19.82	20.44	22.51	25.47	29.22	32.91	36.09	40.04	44.41	48.71	51.10	52.19	51.19
社会团体单位数	17.12	19.19	21.17	22.97	23.87	24.53	25.50	27.11	28.90	30.97	32.85	33.59	35.48	36.62	37.16	37.48	37.11	37.01
社会组织单位数	31.98	35.44	38.69	41.37	43.11	44.56	46.20	49.93	54.72	60.60	66.24	70.24	76.15	81.74	86.63	89.42	90.19	89.13

图1 2005~2022年社会组织数量变化

资料来源：《中国统计年鉴2023》。

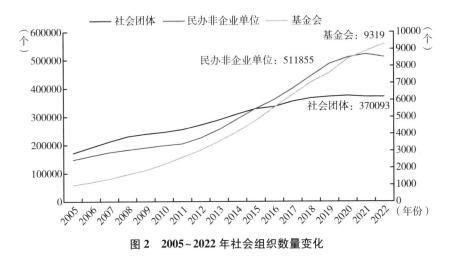

图2　2005~2022年社会组织数量变化

资料来源:《中国统计年鉴2023》。

组织的数量变化趋势来看,2022年,我国社会服务领域、体育领域、工商服务业领域、宗教领域、法律领域的社会组织数量有所增加;教育领域、文化领域、农业及农村发展领域、卫生领域、科技与研究领域、职业及从业者组织领域、生态环境领域、国际及涉外组织领域的社会组织数量有所减少(见图3)。

从区域分布来看,我国社会组织在东南沿海地区发展得较为迅速。从2022年我国社会组织的省域分布情况来看,江苏省的社会组织数量最多,共有79306个社会组织。其次是浙江省,共有72116个社会组织。广东省排名第三,共有71607个社会组织。排名前十的省份还包括山东省(66479个)、河南省(50700个)、四川省(44998个)、河北省(37924个)、湖南省(37738个)、安徽省(36900个)以及福建省(34628个)(见图4)。

从2022年我国东部地区、西部地区、中部地区和东北地区的社会组织总量来看,东部地区社会组织共计407428个,占全国社会组织总量的45.83%;中部地区社会组织共计204071个,占全国社会组织总量的22.96%;西部地区社会组织共计208812个,占全国社会组织总量的23.49%;东北地区社会组织共计68654个,占全国社会组织总量的7.72%

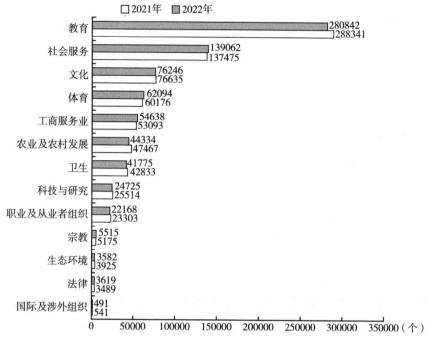

图3　2021~2022年中国社会组织各行业情况

资料来源：2022~2023年《中国民政统计年鉴》。

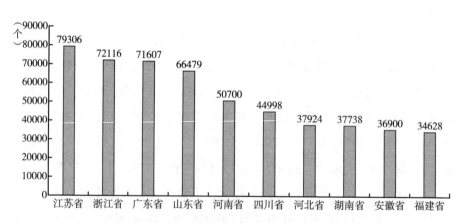

图4　2022年中国社会组织总量Top10省份

资料来源：2023年《中国民政统计年鉴》。

（见图5）。据统计，截至2022年底，全国共有社区综合服务机构和设施59.1万个，社区养老服务机构和设施34.7万个。城市社区综合服务设施覆盖率100%，农村社区综合服务设施覆盖率84.6%。[①]

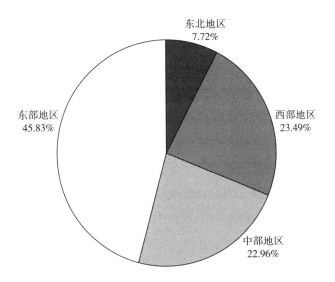

东北地区
7.72%

东部地区
45.83%

西部地区
23.49%

中部地区
22.96%

图5　2022年中国四大地理分区社会组织数量占比

资料来源：2023年《中国民政统计年鉴》。

4. 社会组织服务能力不断提升

近年来，社会组织参与公共事务治理的能力水平不断提升，参与方式趋于多样化。社会组织可以通过协同增效、服务替代、拾遗补阙三种模式参与公共服务[②]。随着政府购买服务逐渐普遍化、制度化，倒逼社会组织不断提升专业服务能力。2018～2022年，我国持证社会工作者数量逐年上升，这一定程度上反映出社会组织的专业水平不断提升，具备专业社工知识和工作技能的人才不断增多（见图6）。资源是社会组织生存和开展一系列活动的基础。2015～2021年，社会组织捐赠收入总体呈上升趋势，说明我国

---

① 《2022年民政事业发展统计公报》，民政部官网。
② 沈永东：《社会组织参与社会治理创新》，浙江大学出版社，2023，第13页。

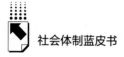
社会组织的资金来源日益丰富，为社会组织服务能力的提升提供了资源基础（见图7）。

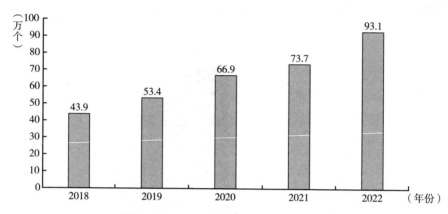

图6　2018~2022年持证社会工作者数量

资料来源：《2022年民政事业发展统计公报》。

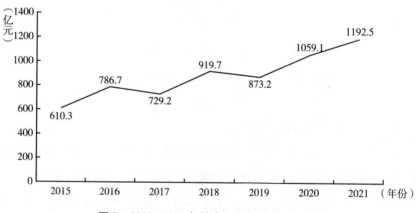

图7　2015~2021年社会组织捐赠收入情况

资料来源：《2022年民政事业发展统计公报》。

（二）我国社会组织参与社会治理的功能作用

从功能作用来看，社会组织在社会治理中不仅能够体现工具性价值，还可以发挥社会性价值。一方面，社会组织可以完成公共服务供给等工具价值性任务，协助政府发挥组织赋权作用①；另一方面，社会组织日益展现出自我组织、自我服务、自我管理的实际能力，能在国家治理中发挥更大的社会性价值，提升治理活力②。具体来说，社会组织参与社会治理的作用主要表现在促进社会资本提升、聚合社会治理资源、提高公共服务质效、提供议事协商平台和促进社会和谐稳定五个方面。

1.促进社会资本提升

社会资本是特定群体成员之间的信任普及程度③。社会组织增进社会资本的作用主要体现在：一方面，随着经济社会发展的加快，流动人口不断增多，高流动性成为我国社会的一个主要特征。在面对大量流动人口的情况下，社会组织能够通过提供多样的服务，建立一个帮助缓解负面情绪和协调不同利益诉求的交流平台。同时，由于城市社区居民的异质性较高，居民之间的沟通与联系相对较少，关系结构显得松散而复杂，形成了陌生人社会。在此背景下，社会组织作为促进居民积极互动的"黏合剂"，能够将兴趣相近的居民聚集在一起，重建彼此之间的关系纽带，增强相互信任，从而提升社会资本的积累水平，增强社会治理的韧性。另一方面，随着基层公共性的逐步发展，居民在参与社会组织活动的过程中，通过自我整合，形成了正式或非正式的社群，从而在宣传、引导、互动和博弈的过程中建立起被群体认可的行为规范与秩序④。基于共识规则的行为调整，有助于培养社区情感、友谊以及情境化的社群道德和认同⑤，从而提升居民的归属感和认同感，建立互信和互惠的关系。例如，山东威海市城区探索"积分养老"模式，老年

① 周俊、赵晓翠：《行业协会商会与政府共治的多元模式及其适用性》，《治理研究》2022 年第 4 期。
② 纪莺莺：《转型国家与行业协会多元关系研究——一种组织分析的视角》，《社会学研究》2016 年第 2 期。
③ 〔美〕弗朗西斯·福山：《信任：社会道德与繁荣的创造》，李宛蓉译，远方出版社，1998，第 35 页。
④ 沈永东、陈天慧：《多元主体参与基层社会治理的共治模式——以宁波市鄞州区为例》，《治理研究》2021 年第 4 期。
⑤ Sampson R. J. , Local Friendship Ties and Community Attachment in Mass Society : A Multilevel Systemic Model [J] . *American Sociological Review*, 1988, 53 (5): 766-779.

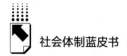

人通过参与社区治理、参加公益活动、上老年大学等方式获取积分,用积分可以兑换特价商品及康复理疗、理发、家政等服务,以此引导老年人积极走出家门、融入社区;在农村,试点睦邻互助养老模式,设立睦邻互助点,从村干部、网格员、村民代表中招募睦邻互助员,并配套建立信用积分奖惩、监管机制,为农村老人提供标准化的探视、问候、居家、应急等服务①。

2. 聚合社会治理资源

社会组织具有强大的社会资源动员能力,能够把零散的治理资源转化为治理力量。一方面,社会组织凭借自愿性、公益性和非营利性等特点,在聚合社会力量、动员社会资源、筹集社会资金等方面具有独特优势。社会组织通过与政府、市场等多元主体协同合作,撬动社会资源,进而达到预期的治理目标。社会组织通过资源链接为社区居民争取到社会上的优质服务资源,提供丰富多样的专业化服务。另一方面,社会组织以组织化的形式参与社会治理,能够为居民提供一个自我管理、自我服务、自我教育的社会治理平台。社会组织通过宣传公益慈善理念、招募会员、开展业务活动等方式吸引居民参与,调动社区居民参与热情,激发参与活力。例如,为促进社会组织参与乡村振兴,2023年,民政部、国家乡村振兴局发布了《全国性社会组织、东部省(直辖市)社会组织与160个国家乡村振兴重点帮扶县结对帮扶名单》,274家社会组织与160个国家乡村振兴重点帮扶县形成结对帮扶关系,有助于推动社会资源进一步向贫困地区聚集②。

3. 提高公共服务质效

政府作为公共利益的代表者和实现者,所提供的公共物品和公共服务面向所有社会成员,主要满足大多数人的"普遍性"需要,更强调公共服务提供的公平性和均等化。相对于公共部门,社会组织凭借组织架构灵活、服

---

① 《以三个转变推动城乡养老服务体系优质均衡发展》,中华人民共和国民政部网站,2024年2月19日,https://www.mca.gov.cn/n152/n166/c1620049999779997675/content.html。

② 《民政部 国家乡村振兴局关于印发〈全国性社会组织、东部省(直辖市)社会组织与160个国家乡村振兴重点帮扶县结对帮扶名单〉的通知》,中华人民共和国民政部网站,2023年6月8日,https://www.mca.gov.cn/n152/n165/c1620049999779993479/content.html。

务内容多样的优势，在提供公共服务方面更具广泛性、专业性和回应性，对居民需求的敏感性更强，更能捕捉居民日益多样化的需求，从而创新和丰富公共物品的供给，提高公共物品提供的质量与效率。尤其在面对弱势群体时，社会组织能够像毛细血管一样提供个性、多元和人性化的服务，更具关怀精神①。如从 2022 年起，在中国社会工作学会和阿里巴巴公益基金会的支持下，爱德基金会发起了"爱豆银龄关怀"五社为老服务创新项目，探索创新"五社联动"模式下的社区养老服务体系建设。目前该项目已组织起一支包括社区党员、居民、物业及企业员工等在内的 100 余人的社区助老志愿队伍，为社区空巢独居老人提供上门探访、生活照料、精神关怀等服务累计 2770 余人次②。

4. 提供议事协商平台

社会治理的本质是多元参与、理性协商的过程。社会组织通过促进协商与合作，实现多元共治，这是社区健康发展的重要动力。这个过程不仅具有工具性功能，还具备表达性价值。首先，工具性功能体现在国家可以借助社会组织这一桥梁，自上而下地将政策导向和行动空间有效落实到基层，而无须过度依赖行政权力。公民参与社会组织能够增强他们对公共事务的兴趣和对公共利益的关注，从而更积极地参与政治活动、获取政治信息，激发社会责任感，并提升政治社会化能力，最终在公共事务的决策过程中发挥影响。其次，表达性价值则体现在社会组织通过推动协商议事小组的成立、构建社区内部或地区间的协作网络、形成协商行动联盟等方式，逐层建立协商互动机制，为居民的组织参与和议事提供平台，这有助于表达和塑造社区的价值观与共识，激活多元要素之间的互动关系，有效应对社会治理中的公共问题。如杭州市拱墅区小河街道彩虹桥社会组织服务中心采用"红茶议事会"模式，以居民骨干带动居民共商共议。截至 2024 年 1 月，"红茶议事会"累计召开

---

① 赵小平、陶传进：《社会治理：模式转变中的困境与出路》，社会科学文献出版社，2012。
② 《为老服务有创新 银龄关怀暖人心 "爱豆银龄关怀"项目助力探索助老服务新模式》，中华人民共和国民政部网站，2023 年 11 月 21 日，https://www.mca.gov.cn/n152/n166/c1662004999979995742/content.html。

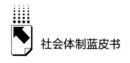

会议近 400 场，发展议事员 7164 人，参与协商 5650 余人次，提出建议 4600
余条，有效破解了"余杭塘河绿道建设提升改造""如何实现小区内外公共车
位的有序管理"等基层社会治理中的各类矛盾和热点问题 300 余个。

5.促进社会和谐稳定

社会稳定和谐是国家有序运行的重要基础。当前，我国经济社会正处于
加速转型期，社会结构和利益分配格局深刻调整，社会矛盾不断涌现，各种
可以预见和难以预见的风险因素明显增多，成为阻碍社会发展、破坏社会稳
定的重要隐患。社会组织在解决社会矛盾和纠纷、保障国家安全以及维护社
会的稳定与和谐方面的作用正日益凸显。具体而言，一是社会组织能够弥补
国家资源的不足。作为政府与公众之间的桥梁，社会组织一方面与政府建立
联系，另一方面代表广大民众。在"后单位时代"，社会组织以促进社会公
平为目标，能够在国家与社会之间构建崭新的"社会连接机制"，有效调和
国家与社会、公共权力与公民权利之间的关系，从而在国家对社会的有序引
导中发挥重要作用。二是社会组织已经成为化解社会矛盾和纠纷的重要治理
力量。在新时代，社会矛盾呈现多元主体、类型多样、诱因复杂、影响链条
化、"燃点"降低、后果极端以及风险耦合等一系列新变化与特点，使得社
会治理的难度加大。防范和解决社会矛盾的能力已经成为评估社会治理能力
和现代化水平的关键指标。社会组织紧密贴近民众，能够真实反映社会情绪
与民意、深入了解群众诉求，在缓解紧张情绪、协调利益关系和及时预警信
息等方面具备独特优势，有助于在矛盾纠纷萌芽阶段进行有效化解。如浙江
省诸暨市暨阳街道江新社区的"江大姐"调解队，成立十余年来一直致力
于帮助居民解决矛盾纠纷，坚持"小事不出楼（楼盘），大事不出区（社
区）"，成为践行新时代城市版"枫桥经验"、促进社区和谐稳定的重要
力量。

三 我国社会组织参与社会治理面临的困境

当前，在经济社会快速发展的时代背景下，各个社会阶层的社会需要逐

渐从满足温饱需求转向对生活质量全面提升的追求。虽然社会组织已成为社会治理的重要主体，有效激发了基层治理活力，但仍然表现出质量不高、总体弱小、区域发展不平衡和活动领域相对集中的特点①。社会组织的服务能力、服务内容和服务水平相对滞后于群众多层次、多样化的生活需求，导致社会组织服务供给与居民生活需求之间形成结构性张力，制约了治理效能的发挥。具体来说，我国社会组织参与社会治理面临的困境主要表现在认知、制度、资源、结构、能力、关系等六个方面。

（一）认知困境：对社会组织参与社会治理的重要性认识不足

当前，社会组织参与社会治理面临合法性缺失的挑战，组织声誉和社会认可度较低，存在认知困境，主要表现在政府和公众两方面。

其一，党和政府对社会组织的角色定位、功能等存在认知偏差，对社会组织的重视和培育工作还有待加强。首先，部分政府工作人员对社会组织参与社会治理的重视程度不足，并没有认识到社会组织在社会治理中的独特优势，仍然习惯于"单打独斗"，对于通过多元力量协同参与社会治理的认识不足。面对一些原本可以借助社会力量来处理的公共事务，由于政府部门只采取行政手段，既耗费了较高成本，而且事倍功半。其次，即便是有些在民政部门登记注册的社会组织拥有规则和程序上的合法性，但在实际运作过程中，其参与社会治理的准入合法性也遭受质疑。还有些社会组织在获得准入合法性之后，公共部门仍然对其参与能力持质疑态度，只有在取得一定社会治理效果之后，公共部门的态度和认知才有所改观。

其二，民众对社会组织参与社会治理的认知存在偏差，对社会组织的角色定位与功能作用的认同度低。当前我国各地社会组织的专业能力和发展水平参差不齐，国家对社会组织的正面宣传不足，加上存在一些对社会组织的

① 方佳琪、袁小平：《社会组织传播与公信力的关系：有调节的中介效应分析》，《社会工作》2022 年第 5 期。

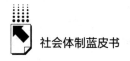

负面报道，导致一些民众对社会组织这一主体缺乏足够了解，对社会组织的独立性、公正性和专业性并不十分信任。

（二）制度困境：社会组织参与社会治理的法律制度体系不健全

制度是社会组织参与社会治理的保障和支撑。收集和梳理有关政策文本后发现，当前我国社会组织参与社会治理相关法律规范的体系化、制度化不足，缺乏合理统筹和系统性规划。主要表现在法律制度体系不够完善、制度之间衔接性不足、激励机制不健全三个方面。

其一，当前我国社会组织参与社会治理的法律制度体系不完善，条文的具体性和明确性不足。从国家层面来看，我国缺少一部核心的、纲领性的社会组织基本法，尚未从顶层设计层面对社会组织的地位、职能职责、权利义务、角色定位等进行统一明确的规定，只有分散的几部专门性法律法规，且法律法规层级较低，法律效力相对有限。长期以来，主要是《社会团体登记管理条例》、《民办非企业单位登记管理暂行条例》和《基金会管理条例》这三个登记管理条例在规范社会组织的成立与发展中发挥作用，这相对滞后于我国社会组织的快速发展以及对法律制度的现实需求。具体到社会组织参与社会治理的政策文件来看，当前国家层面出台的专门性政策文件数量较少，大多只是倡导性的政策建议，内容较为宽泛模糊，缺少可操作性的具体措施，并未就目标、规划和措施等提出明确具体的部署安排，难以为各地出台相应文件提供有效的指导意见。

从各地的政策文本来看，效果也不尽理想，有些地方的文件是"照搬照抄"中央政策文本，并未结合本地社会治理和社会组织发展的实际情况，难以对当地社会组织参与社会治理形成切实有效的政策引导。有些虽颁布了地方性文件，但相关政策分散在各行业、各领域，政策间关联性不强，未形成统一协调的政策体系。在制度较为模糊的情境下，社会组织参与社会治理会一定程度上存在服务供给的随意性。

其二，不同制度之间缺乏有效衔接，尤其是对于社会治理中社会组织与其他主体的协调缺乏明确规定。"制度打架""制度重复""制度隐藏"

等问题不同程度存在。由于各层级、各部门的制度出台时间不一致，内容和范围也千差万别，不同制度之间时而相互抵触，导致制度失灵。一些地区或行业在没有充分考虑自身特色和优势的前提下，在制度设计上追求全覆盖，致使服务职能和范围类似，造成重复设立、资源浪费的情况。有些市级政府将有关措施和办法"隐藏"在综合性政策中，其重要性难以被凸显。

其三，当前我国社会组织参与社会治理的激励约束机制不健全，难以有效激发参与积极性。首先，当前我国对社会组织的监管主要是由各地民政部门的社会组织管理局（社会组织执法监督局）来负责，来自社会第三方评估机构与公众的监管力量较为薄弱。其次，激励手段缺乏创新性。一个完善合理的激励机制可以调动社会组织参与社会治理的积极性，营造一个良好的参与氛围，进而促进社会组织参与社会治理的可持续发展。当前社会组织参与社会治理的激励形式较为单一、激励力度不足，政府激励社会组织参与社会治理主要是以荣誉激励为主，缺乏实质性激励措施，例如物质奖励、晋升发展机会等，这进一步限制了社会组织的参与动力。

（三）资源困境：社会组织参与社会治理过度依赖政府支持

资源是社会组织开展活动的基础条件。社会组织参与社会治理更多的是一种建立在志愿基础上的公益事业，需要从多方汲取资源并加以整合，才能持续性提供服务。但是从现实情况来看，社会组织参与社会治理存在多元资源获取不足的现实桎梏，主要表现为：资金来源渠道单一，对政府资金的依赖性较强，动员和链接社会资源的能力不足，自身"造血"功能较差。在实践中，社会组织在资源获取方面存在明显的两极分化情况。一种情况是，当前大部分社会组织的资金主要依靠政府的自主拨款和项目，通过社会渠道获得的资金数量很少。社会组织的办公场地、运作资金等所需资源大部分由政府部门垄断式提供，政府一旦不能持续供给，社会组织甚至面临解体风险。行政依赖性强会直接导致社会组织行政化。为获得政府资金支持，社会组织会逐渐形成致力于满足政府偏好的行为倾向，逐渐弱化服务居民的意识，减少对居民需求的关注和满足，直接影响居民对社会组织的价值认同，制约社会组织对居民的再组织过程。另一种情况是，很多初创期和没有登记注册的大量基层社会组织因缺少参与政府购买服务、公益创投等机会而限制了其资源汲取。

（四）结构困境：社会组织参与社会治理的结构失衡

社会组织参与社会治理存在结构失衡的困境，主要表现在区域间发展水平、种类分布以及服务类型等三个方面。

其一，社会组织参与社会治理水平在城乡间、区域间发展不平衡。由于我国经济社会发展存在差序格局，社会组织在数量、质量、模式、效果等方面的地区发展情况也不同。农村或欠发达地区由于资金资源有限，社会创新理念也较为滞后，社会组织在参与社会治理时存在一定的嵌入型困难。在经济发达地区，尤其是特大城市，社会组织在社会治理中发挥的作用更明显，社会治理理念也相对更超前。

其二，社会组织的种类分布不均衡。不同类型社会组织参与社会治理的结构占比不平衡；在目前登记在册的社会组织中，民办非企业单位和社会团体是主要力量，但是从实践来看，民办非企业单位和社会团体参与社会治理的项目总体较少，基金会参与的数量占比也不大。

其三，社会组织服务类型的结构不均衡。就目前来看，文体类社会组织占比较高，与社会治理紧密相关的、公益服务类社会组织占比相对较低。文体娱乐类社会组织由于与居民兴趣爱好关系密切，更容易吸引居民参与，而且运营成本一般较低，因此这类组织的参与效果较好。相比于文体娱乐类组织，公益服务类组织更侧重于提供公共服务和公共物品，公益性更强①。公共物品的提供需要耗费一定的人财物资源，具有外部性，成本和收益不对

---

① 李杏果：《社区社会组织参与社会治理共同体建设：内在逻辑与实现路径》，《河南社会科学》2023 年第 1 期。

等。有的居民只享受收益而不参与提供服务，由此导致搭便车的问题，因此公益服务类组织的发展相对不足。优化社会组织的服务功能与类型，提高公益服务类社会组织占比，激励居民参与公益服务类社会组织，是新时代社会组织参与社会治理的重要课题。

（五）能力困境：社会组织参与社会治理的专业性有待提升

专业人才较少、留不住人是当前社会组织参与社会治理普遍存在的问题。其一，社会组织的人员结构不合理。社会组织参与社会治理，尤其是养老服务、医疗卫生、矛盾调解等专业性较强的领域，需要具备社区治理及相关专业背景的复合型人才。但是从实践来看，社会组织在吸引人才和留住人才等方面都存在一定困难。从目前来看，社区社会组织成员大多为兼职或者志愿者，专职人员较少。这些人虽然具有乐于奉献、参与公共事务治理、服务居民的公益精神，但是年龄普遍较大，且不具备相关专业知识和技能。以调解类社会组织为例，当前参与基层矛盾调解的社会组织主要由"五老"人员（老党员、老干部、老劳模、老退伍军人、老教师）、属地贤人、退休法官、退休教师等构成，并不具备足够的心理疏导等相关专业知识基础。他们大多依靠道德伦理、个人威望、经验经历等来化解矛盾纠纷。由于专业人才匮乏，社会组织虽然能够满足居民的一般化需求，但较难满足更高水平、更深层次的多样化需求，这不仅制约了社会组织参与社会治理的规范化，导致参与模式的随意性较高，也形成了服务供给与居民需求之间的矛盾，一定程度上影响了社会组织参与效能。

其二，社会组织面临人才流失的问题。经济社会发展在提高居民生活质量的同时，也倒逼社会组织进行全方位能力提升，拔高了社会对社会组织工作者的能力要求。但是相较于其他发展较为成熟的行业领域，社会组织工作者存在薪资和福利待遇较低、社会地位不高、工作环境欠佳等现实瓶颈，难以吸引高校毕业生和专业人才，甚至还面临人才流失的问题。我国的社工数量一定程度上能够反映这一困境。据统计，截至2022年底，我国社会组织

从业人员达 1108.3 万人，而持证社会工作者仅有 93.1 万，其中助理社会工作师 72.5 万人，社会工作师 20.4 万人①。

（六）关系困境：社会组织与多元主体之间的关系亟待理顺

当前，社会组织与政府、居民、同类社会组织等多元主体之间的关系存在"堵点"，主要表现在自主性不足、社会组织之间互动不足等方面。

其一，社区行政化导致社会组织独立性缺失，自主运作空间有限。在体制与社会的双重赋权下，以社会组织名义参与社会治理在形式上虽然是社会第三方，但是由于政府孵化和培育的社会组织属于政府的"派生型"组织②，这类社会组织往往同时具有一定的行政属性，准确来说是一种准社会组织。这类社会组织是由属地内的党政机关直接参与创办，其成立初衷主要是满足政府的工作需要。因此，通过政府孵化机制培育的社会组织在体系内发展过程中不可避免地存在被行政机制吸纳的可能性，天然地具有较强的行政依赖性，从而逐渐失去社会组织发展的独立性和自主性，导致社会组织缺乏自生性社会基础，一定程度上制约着基层自治能力的发育，最终丧失其作为第三方力量参与社会治理的优势。近年来，一些地方的社会组织实际上是"一套人马、两块牌子"的运作模式，在技术治理逻辑的引导下，实际的社会性治理技术的作用发挥极其微弱，已逐渐演绎为行政吸纳社会的现实写照③。

其二，同类社会组织缺乏良性互动和学习交流机制。当各个小的治理节点彼此分割，不能连接成一条完善连贯的治理链条时，难以激发潜在的治理力量、提升整个行业的发展水平④。当前，社会组织内部沟通交流不

① 《2022年民政事业发展统计公报》，民政部官网。
② 史普原、李晨行：《派生型组织：对中国国家与社会关系形态的组织分析》，《社会学研究》2018年第4期。
③ 邓泉洋、费梅苹：《属地贤人：城市基层社会治理能力建设的主体发现——以上海市X区基层社会矛盾化解为例》，《华东理工大学学报》（社会科学版）2019年第3期。
④ 黄家亮、刘伟俊：《社会组织参与基层社会治理：理论视角与实践反思》，《杭州师范大学学报》（社会科学版）2022年第4期。

足，缺乏协同合作意识，不利于形成持续互动关系，限制了社会治理的协同性。

四　新时代我国社会组织参与社会治理的优化路径

在社会治理中充分发挥社会组织的作用，塑造社会治理网络，有助于增强治理的回应性，建设共建共治共享的社会治理共同体。当前社会组织参与社会治理的困境迫切需要我们深入研究其优化路径，全方位系统提升社会组织参与社会治理的深度和实效。具体来说，应从认知理念、制度环境、治理资源、专业能力、互动关系等方面着力。

（一）转变认知理念：社会层面更新社会组织参与社会治理的认知理念

全社会的重视、认可和支持是社会组织参与社会治理的重要外部环境因素，会直接影响其治理效能。因此，政府、居民、社会组织等多元主体需同步转变治理理念。具体应从以下方面努力。

其一，政府应充分认识社会组织参与社会治理的积极作用。一方面，政府应进一步明确社会组织作为重要的社会治理主体之一，可以帮助减轻国家力量治理社会的压力，同时具有国家力量不可替代的独特优势，政府和社会组织是平等的合作伙伴关系，而非高度依赖的"寄生"关系。另一方面，政府应将对社会组织的支持和重视的目光进一步聚焦于社会治理上，以一种更加积极开放包容的心态肯定社会组织在社会治理中的独有优势，逐步减少甚至消除既有偏见，增强有效的政社互动，提升对社会组织的认可度。

其二，政府应通过宣传政策精神、普及社会组织相关基础知识等方式改变公众对社会组织的认知偏差，引导公众树立对社会组织的正确认知，提升公众对社会组织参与社会治理的价值认同；政府还应积极宣传公共精神和志愿精神，塑造公益价值观，鼓励民众积极加入社会组织、参与社会治理。社区居民可以结合自身优势和兴趣，自发组建"公益服务队"等，在全社会

形成社会力量参与社会治理的良好氛围。

其三，社会组织应形成主动参与社会治理的意识，转变以往被动执行的做法，增强带动和示范引领作用。在社会组织扎根基层的同时，应强化社会组织成员的责任意识和服务意识，增强责任感、使命感和荣誉感，致力于解决某个社区乃至某区域的普遍难题，提升参与社会治理的程度和深度①。注重人性化管理，加强对社会组织成员的人文关怀，引导其有温情、有温度地参与社会治理。

（二）优化制度环境：健全社会组织参与社会治理的法律制度体系

社会治理就是要不断满足人民日益增长的美好生活需要，不断促进社会公平正义，形成有效的社会治理、良好的社会秩序②。对此，需要不断优化社会组织参与社会治理的制度环境。

其一，需要完善社会组织的相关制度体系。首先，应尽快制定并出台《社会组织法》。国家还应迅速制定与社会组织参与社会治理相关的法律法规或规范性政策文件，从整体设计的角度明确社会组织在社会治理中的权责、参与方式、监督管理及保障措施等，以立法形式为社会组织的参与提供规范化的指导。其次，制定社会组织参与社会治理的中长期发展规划至关重要。社会组织参与社会治理不仅关乎社会的稳定与和谐，还需要提前进行合理的规划。因此，应当制定一项中长期发展规划，以建立符合中国特色并符合时代要求的社会组织管理体系，提升各级政府在执行社会组织参与社会治理政策时的及时性、灵活性和有效性。此外，地方政府应积极推进政策试点，制定相应的工作规划并具体化实施方案，积极探索政策创新，发展政府购买服务和资源整合等社会治理的新模式。特别是在经济发达的地区及社会组织参与社会治理相对成熟的地区，可以率先进行试点，以发挥政策实验的积极作用。

---

① 沈永东：《社会组织参与社会治理创新》，浙江大学出版社，2023，第27页。
② 习近平：《习近平谈治国理政》（第三卷），外文出版社，2020，第35页。

其二，优化社会组织的激励和监管机制，做到激励和约束并重。首先，通过多样化的激励措施，增强社会组织参与社会治理的积极性。充分发挥政府对社会组织的积极激励作用，采取制度和物质的支持，强调"义利并重"，实现"事业留人"、"待遇留人"、"政策留人"和"感情留人"的有机结合。一方面，完善社会组织工作者的管理机制，具体包括入职与离职管理、标准化培训、继续教育、任职回避及职业禁忌等制度规范。根据市场竞争力的提升，适当提高社会组织工作者的薪资和福利，以增强其职业吸引力。同时，创新激励机制，通过"以奖补奖"或积分奖励等方式，激发社会组织的参与热情。另一方面，应当注重从精神层面激发社会组织的参与热情，这样不仅可以弥补利益驱动不足的短板，还能为社会组织在社会治理中的参与提供深层次的内在动力。通过对优秀组织的表彰和奖励等方式实施荣誉激励，从而充分认可社会组织在社会治理中的价值，鼓励社会组织培养从业者优先考虑社会整体利益、追求互利共赢、具备高度同理心和亲社会人格的特质，增强他们的内在价值感和自我认同感。其次，加强对社会组织的监督管理。社会组织对内应形成自我约束、自我发展、自我服务的管理机制，提高社会组织的自律能力；对外应建立完善信息公开机制，最大限度地接受社会监督，提高信息透明度和社会组织的公信力。完善社会第三方评估机制，积极引入专业评估机构、社会公众、专家学者等多元监管力量，定期召开听证会，推进评估体系科学化。

（三）聚合治理资源：为社会组织参与社会治理提供保障

社会组织参与社会治理需要稳定充足的治理资源作为基础。基层治理需要突破单一行政机制的不足，构建行政机制、市场机制与社会机制互嵌的社区治理新格局①。基层政府应突破传统的技术控制理念，以实质性支持和系统性激励手段引导和培育社会组织深度参与社会治理，激活社会组织发展的

---

① 郑石明、邹克、李红霞：《绿色发展促进共同富裕：理论阐释与实证研究》，《政治学研究》2022 年第 2 期。

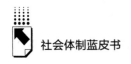
内生性动力。

其一，加大政府支持力度。政府应根据国家税收相关法律规定，加大对社会组织在财政补助、税收优惠、金融信贷、人才待遇等方面的优惠力度，增加社会组织的专项资金投入，重点扶持一批在基层发挥突出作用的社会组织，不断打造和挖掘一批有影响力的社会组织，提升社会组织自身品牌效应，为其在社区治理中发挥关键作用获取话语权。进一步强化扶持培育政策落地见效，减少或消除对社会组织的扶持限制，重点推动面向基层提供服务的各类社会组织同等享受中小微企业的优惠政策。

其二，提升组织的自我"造血"功能。社会组织应持续增强其专业技能，巩固自身的专业优势，扩展业务范围和服务领域。通过积极的宣传，增强与企业的合作互动，吸引更多社会资金的投入。创新筹资方式，拓宽资金来源，充分运用大数据等现代信息技术手段进行资金募集，不断提升社会组织的影响力，进一步激发其参与社会治理的活力。

其三，健全基层公益慈善的价值链。推动社区基金会的发展，增加社区社会组织的资金投入。社区基金会是扩大社区捐赠、吸引社会资金参与社会治理的重要平台，具备迅速响应居民需求的优势，能够为当地企业和居民提供便捷的捐赠渠道，整合社会资源。在国外，社区发展通常通过设立社区发展基金来持续支持社区社会组织的财务需求①。通过降低社区基金会的注册门槛，可以激发社区基金会的创建热情，进而提升基层慈善活动的活跃度。重点支持社区社会组织，利用公益创投和小额直接资助等方式，鼓励社会组织参与社会治理，并优化其在社会治理中的资源投入模式。

（四）强化专业能力：形成社会组织参与社会治理的内在活力

专业能力是提升社会组织参与社会治理效能的基础性要素。应强化业务

---

① Gerard H ., Community Development in Europe ［J］. *Community Development Journal*, 2005 (4)：385-398.

培训指导，提升社会组织的专业能力和水平。

其一，注重引进具备专业技能的复合型人才。拓展引进专业人才的途径，以专业能力为基础推动治理资源的整合；积极对接高校社会工作专业等资源，构建一个集推荐选拔、脱产学习、品牌孵化、成熟输送、跟踪指导等多种功能于一体的培训平台。与地方政府部门合作，共同创新"理论与实践相结合"的培训模式，开展跟班培训和结对学习等活动。这不仅为高校学生提供了实习锻炼的机会，也为社会组织注入了新的活力。在具备条件的高校开设社会组织管理相关专业，依据社会组织对人才的需求标准制定培养方案，科学合理地设置课程体系，从而形成社会组织后备人才储备的长效机制。

其二，加强对社会组织参与社会治理的专业培训。针对当前规模较小、能力相对不足的社会组织，特别是社区社会组织，为其提供全面提升能力的机会，通过多样化的实务培训，帮助这些组织实现规模扩展和能力增强，系统性地提高其专业水平。定期举办社会组织负责人的培训，特别强调提升项目管理能力，培训参与式治理技术和开放空间会议技术等社会工作专业方法，提升治理人才的专业素养。社会组织内部应建立完善的晋升机制和激励措施，鼓励员工持续学习、增强自身专业技能，并对通过继续教育获得相关专业学位或资格证书的社会组织成员提供一定的资金支持和物质奖励，旨在丰富其专业知识。

其三，提供针对性的社会组织孵化服务。根据不同类型和发展阶段的社会组织，采用机构孵化、项目孵化以及特色孵化等多样化的孵化模式，以促进其持续发展。在区一级，可以设立社会组织孵化中心，由本地社会组织负责支持和运营，重点扶持公益服务类社会组织。中心将为社会组织提供规划、政策引导、资金支持和监督管理等方面的指导，并开展多样化的培训，传授专业服务的知识与技能，提升社会组织的专业能力，增强其在社会治理中的可持续发展能力，真正实现"社会服务社区化，社区服务社会化"的目标。

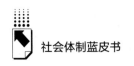

（五）织密互动关系：构筑多元主体参与社会治理的共治格局

提高社会组织参与效能不仅依赖于完善的制度保障，潜在的互动关系同样对社会组织的生存与发展产生重要影响。社会组织应积极投身于各种志愿活动和服务，与居民、企业及其他社会组织建立紧密的互动关系，形成良好的社区机制，从而增强社会资本的积累。

其一，在同类社会组织之间建立常态化的合作机制，以构建良好的组织关系网络是十分重要的。这些组织应当增强彼此的协作，尤其是在需要整体解决方案的社会治理事务中，往往需要不同的社会组织联合起来行动，以提高治理的效率。通过形成联盟、联合会等形式，同类社会组织可以共同开展多项活动，从而建立起常态化的沟通、交流与学习分享合作机制，定期或不定期地进行经验分享和专业交流，利用竞争模仿与关联合作机制增强竞争与合作意识，实现持续的良性互动与合作。发展较为成熟的社会组织应积极向新成立的社会组织传授专业经验，以提升社会治理的协同性。

其二，社会组织应主动与市场主体建立合作关系，以拓展其业务渠道和活动领域。首先，社会组织需要与企业建立紧密的合作关系，通过提供多样化的服务，如为企业及其员工和家属提供服务、为企业的经济活动提供免费的咨询和知识普及等，来丰富其业务来源。其次，社会组织应积极引导以企业商会为核心的社会组织，吸引企业资源参与社会治理。例如，可以通过整合不同地区的商会力量，及时有效地解决乡亲之间的矛盾与纠纷，维护社会的稳定；同时，还可以探索"公益与商业结合"的模式，创新社会企业的转型机制。在这一过程中，社会组织应始终将实现社会利益作为首要目标和根本出发点，利用商业手段提供公益产品或服务，创新公共服务的供给方式，提升治理的效率。

（六）探索数智赋能：创新社会组织参与社会治理的方式

随着大数据、云计算、物联网、人工智能等现代信息技术手段的迅速发展，智慧治理已经成为社会组织参与社会治理的重要手段。数字技术可以通过资源链接、凝聚共识以及形成规范等功能属性针对性赋能社会组织，进而提升社会治理水平①。

其一，利用智能手段，优化公共服务的信息开发与交流渠道。通过信息技术构建社会治理的共享空间，消除信息孤岛，实现资源的整合，为各类治理资源在社会治理中的参与提供新的平台。创新线上线下、现场与远程服务的融合方式，推动社会治理更加人性化和便利化。社会组织可以灵活运用市场机制，鼓励互联网企业和公民等主体积极参与社会治理。政府应在确保安全的前提下，适度赋予社会组织设计和构建信息系统、实现信息共享等治理权限，从而促进政府、企业与社会组织之间的资源互补与责任共担。

其二，以满足治理需求为出发点，运用信息技术及时调整服务模式和内容。社会组织应当引入熟悉数字治理的专业人才，建立符合当地治理实际情况的信息系统。在不同的治理场景中，社会组织需针对性地对信息系统的服务对象、功能配置和操作界面进行适应性调整。基于后台数据，精准识别社会组织的目标群体，实时监控服务过程并及时反馈服务效果。同时，居民可以通过平台随时提交服务需求，社会组织可据此及时调整服务内容，提高服务的精细化水平。

其三，最大限度地保护公民隐私，确保信息安全。通过信息技术可采集大量组织和公民信息，政府和社会组织应切实承担起保护公民隐私权的社会责任，防止信息泄露。此外，在数字赋能的过程中，还要特别关注老年人士、残障人士等弱势群体均等化享有数字技术发展的红利。打通和优化社会组织线下和线上服务的交互空间，实现服务群体的全覆盖。

参考文献

邓泉洋、费梅苹：《属地贤人：城市基层社会治理能力建设的主体发现——以上海市 X 区基层社会矛盾化解为例》，《华东理工大学学报》（社会科学版）2019 年第 3 期。

---

① 沈永东、赖艺轩：《撬动资源、凝聚共识与形成规范：数字赋能社会组织提升社区治理的机制研究》，《中国行政管理》2023 年第 4 期。

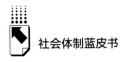

黄家亮、刘伟俊：《社会组织参与基层社会治理：理论视角与实践反思》，《杭州师范大学学报》（社会科学版）2022 年第 4 期。

沈永东、赖艺轩：《撬动资源、凝聚共识与形成规范：数字赋能社会组织提升社区治理的机制研究》，《中国行政管理》2023 年第 4 期。

沈永东：《社会组织参与社会治理创新》，浙江大学出版社，2023。

史普原、李晨行：《派生型组织：对中国国家与社会关系形态的组织分析》，《社会学研究》2018 年第 4 期。

郑石明、邹克、李红霞：《绿色发展促进共同富裕：理论阐释与实证研究》，《政治学研究》2022 年第 2 期。

习近平：《习近平谈治国理政》（第三卷），外文出版社，2020。

B.16
中国行业协会商会发展报告

赵小平　郭彤华　王少鹏*

摘　要：　当前我国经济社会发展中，海内外的特殊形势要求行业协会商会尽快入场履职。虽然行业协会商会与行政脱钩改革的成效显著，但面对新时代海内外经济社会高质量发展的需求，行业协会商会依然没有发挥出应有作用。究其原因，"脱钩"改革只是提升行业协会商会履职能力的基础，要真正实现其社会化、市场化运行，还须通过深化改革解决来自内部治理、政社协同和市场服务能力提升三方面的问题。

关键词：　行业协会　商会　深化改革　内部治理　政社协同　市场服务能力

一　当前经济社会发展形势亟待行业协会商会尽职履责

目前，我国经济社会发展在海内外面临特殊的形势，亟待行业协会商会作为重要主体在治理层面发挥积极作用。

（一）经济增速放缓压力下，国内市场亟待行业协会商会参与治理

在国内，由于经济增速放缓压力大，一些市场主体为减少成本而失德违规违法的现象明显增多。比如，有的工程企业偷工减料，造成极大安全隐

＊　赵小平，北京市社会科学院科研处副处长、副研究员，主要研究方向为社会组织管理、公益慈善、社区治理等；郭彤华，北京七悦社会公益服务中心研究人员；王少鹏，中国矿业大学（北京）硕士生。

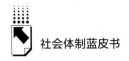

患，又如一些企业以恶性价格竞争扰乱市场秩序。对此，单靠政府监管，已面临"专业性不够、人手不足、信息不充分和法律擦边球难处罚"等难题，亟待行业协会商会通过行业自治来协同政府解决问题。

（二）我国巨量海外资产和大量中资企业面临各类风险，亟待行业协会商会在保安全和促发展上发挥作用

2022 年，中国对外直接投资 1631.2 亿美元，为全球第二；中国境内投资者设立 4.7 万家境外企业，在共建"一带一路"国家就有 1.6 万家。多年来，因不熟悉海外法律财税政策、不了解当地政治势力格局、不掌握本土社情民俗、不重视当地社会组织巨大能量等原因，中资企业面临的风险和损失较大。比如，我国对缅甸密松大坝 36 亿美元投资项目中止，便是国际和当地社会组织煽动民众阻挠所致。从国际经验看，行业协会商会可帮助本国企业和政府收集情报、开拓市场、维护权益、行业自律和协调关系，对海外资产和企业起到保安全和促发展的作用，值得我国借鉴。

（三）面对经济社会转型过程中各类矛盾风险，亟待行业协会商会在保社会稳定、促安全发展方面发挥作用

当前和今后一个时期是我国各类矛盾和风险易发期，各种可以预见和难以预见的风险因素明显增多。行业协会商会可凭借信息灵、反应快、专业性强等特点，尽早发现安全生产风险、及时化解矛盾纠纷、提前防范行业动荡，协助应对劳动力失业，对确保安全生产和社会稳定至关重要①。

二 行业协会商会改革成效显著但作用发挥仍不明显

（一）行业协会商会脱钩改革成效显著

目前，我国已基本实现行业协会商会与行政脱钩的改革目标。

---

① 沈永东、应新安：《行业协会商会参与社会治理的多元路径分析》，《治理研究》2020 年第 1 期。

第一，完成了行业协会商会与行政脱钩改革。绝大多数全国性行业协会商会和地方行业协会商会均按照"五分离、五规范"的要求完成了脱钩改革[①]。截至 2021 年底，共有 729 家全国性行业协会商会和 69699 家地方行业协会商会按照要求基本完成脱钩改革，完成率分别为 92% 和 99%。

第二，全面推进了行业协会商会党建。一是行业协会商会实现了党建全覆盖。要求每家协会商会建立党支部，党员不足 3 人的则由多家协会商会组建联合党支部，有的地方还建立了行业协会商会的综合党委。二是理顺了行业协会商会党建工作的管理体系，形成了党建引领行业协会商会发展的新机制。通过政治引领，保证行业协会商会活动符合正确的政治方向；通过"交叉任职，双向进入"，不仅让党员代表在决策中发挥重要作用，也积极吸纳优秀非党员领导申请入党；通过党建资金支持党建活动，增强了基层党组织的内部凝聚力和外部公信力。于是，行业协会商会的党建工作从"有形覆盖"不断向"有效覆盖"推进。

第三，行业协会商会的独特优势和功能作用开始呈现。近十年来，行业协会商会在助力脱贫攻坚、服务高质量发展、对外合作等经济社会发展的多方面，发挥了政府助手、行业抓手、企业帮手的作用[②]。在脱贫攻坚方面，积极参与贫困地区产业、教育、健康、就业等方面帮扶工作，推动受援地区经济增长与社会发展；在疫情防控方面，聚合行业资源助力一线防疫、发挥行业自律作用维护市场秩序和社会稳定；在为企业减负方面，主动减免受疫情影响企业的会费、规范经营服务性收费、降低涉企收费、提升服务技能；在稳住经济大盘方面，发挥专业优势提供精准服务、重点支持特殊困难企业、助力企业复工复产。

随着 2023 年中央社会工作部的组建和各级社会工作部成立，行业协会

[①] 马长俊：《解构与重构：行业协会商会脱钩改革的政会关系变迁研究》，《行政管理改革》2020 年第 2 期。

[②] 郁建兴、吴昊岱、沈永东等：《脱钩改革如何影响行业协会商会政策参与？——基于 795 家全国性商协会的实证研究》，《管理世界》2022 年第 9 期。

商会中党的工作得到进一步加强，行业协会商会深化改革和转型发展进一步扎实推进，并在服务经济社会发展方面更加充分发挥作用。

（二）行业协会商会还难以承担服务经济社会高质量发展的职能

服务海内外经济高质量发展的成效有限。一是面对国内市场部分乱象，行业协会商会难以协同政府发挥监管作用；在当前产业转型的关键时期，大多数行业协会商会只能提供简单的流程化服务，专业技术和创新引领服务供给不足。二是对国外法规政策不了解、对市场信息不掌握、对当地人文社会环境不重视，难以为海外中资企业排忧解难。比如，中海油185亿美元全资收购优尼科失败案例、中信泰富在澳洲收购20亿吨磁铁矿资源开采权后遭遇巨大亏损案例都是典型例证。

维护社会稳定和安全发展方面的作用有限。一是行业协会商会缺乏依法授权的行业治理权限，对部分行业转型升级可能引发的社会风险（如智能制造业可能引发的失业问题），缺乏清晰有效的治理抓手。二是在企业生产经营一线，行业协会商会尚未被作为重要主体纳入安全生产风险的日常评估和应对之中。

三　三方面发展不足制约着行业协会商会作用发挥

虽然十年"脱钩"改革取得的成效明显，但"脱钩"本身只是行业协会商会完成社会化市场化转型的基础性条件之一。如要让行业协会商会真正担负起服务我国海内外经济社会高质量发展的重任，还须通过深化改革解决以下三个方面的问题。

（一）内部民主治理机制尚不健全

根据社会组织的生命周期理论，对于初创期和发展期的组织而言，有一个强势且能干的领导人是机构发展的关键，这就是"能人型组织"。不过，随着机构不断发展，最开始参与创业的伙伴也成为机构元老，其见识、贡献和自信程度也不断提升，于是不再满足于一味服从强人领导的指挥，而希望表达自己的意见和行动①。此外，机构发展中，还可能邀请一些管理或技术上都较强的人才加入，他们也希望在机构的决策过程中拥有一定的话语权。此时，机构的领导人就不得不考虑改变以前的"一言堂"模式，而逐渐走上民主协商的道路。

但是，部分组织虽然顺利渡过了"生存"这一关，却没能跨过"发展"这道坎。于是，团队里面开始出现拉帮结派的"江湖化"现象，逐渐产生难以调和的矛盾冲突。最后的结果，要么是人才流失，要么是创始人被孤立，要么就是机构裂变，或者成为少数会员的垄断组织。这也是部分已经脱钩转型成功的行业协会商会依然陷入发展困境的原因之一。

案例：因内部争斗影响协会商会发展的案例

北京某艺术类行业协会内部秘书长与会长因运营思路、经济问题等发生纠纷。协会 2011 年换届，选举产生 21 名理事。但协会内部管理不规范，未依法、依章程开展换届工作，也未记录理事变更过程。秘书长、会长对理事名单情况不能达成一致，导致难以形成双方认可的理事会决议，协会无法自行定分止争。因协会长期未换届，面临被撤销登记的风险。

北京某外地企业家商会，推选的会长（法定代表人）要求秘书长将公章交给会长个人持有，秘书长为表达对会长的信任，就同意了会长的要求。之后，会长在协会中"一言堂"现象明显，商会成员对会长工作表现并不满意。临近换届时，会长绕开秘书处、理事会大部分成员，也没有提前到监管部门备案，直接使用公章自己异地举行"换届大会"，选任了自己的亲信作为新任会长。但因为换届大会没有按照相应的程序进行，没有接受监管部门的指导和监督，民政部门没有认可换届大会的结果。这次"换届大会"，还严重影响了协会的年检等工作。

---

① 陶传进、张欢欢：《分类支持：社会组织管理的一个新视角》，《新视野》2020 年第 2 期。

（二）政府支持行业协会商会发展的新机制体制尚未形成

1. 改革不够彻底，权责明确和依法自治方针尚未落实

（1）中央关于行业协会商会改革的方针是明确的

2012 年，党的十八大报告中明确提出，要"加快形成政社分开、权责明确、依法自治的现代社会组织体制"，行业协会商会也不例外。2015 年，中央办公厅印发的《行业协会商会与行政机关脱钩总体方案》更是进一步明确：要贯彻落实党的十八大和十八届二中、三中、四中全会精神，加快形成政社分开、权责明确、依法自治的现代社会组织体制，厘清政府、市场、社会关系，积极稳妥地推进行业协会商会与行政机关脱钩，厘清行政机关与行业协会商会的职能边界，加强综合监管和党建工作，促进行业协会商会成为依法设立、自主办会、服务为本、治理规范、行为自律的社会组织。创新行业协会商会管理体制和运行机制，激发其内在活力和发展动力，提升行业服务功能，充分发挥行业协会商会在经济发展新常态中的独特优势和应有作用。

除了上述两个文件外，中央还出台了其他文件，进一步明确赋予了行业协会商会各项职能（尤其是行业治理），比如：

★支持社会组织尤其是行业协会商会在服务企业发展、规范市场秩序、开展行业自律、制定团体标准、维护会员权益、调解贸易纠纷等方面发挥作用，使之成为推动经济发展的重要力量。[①]

★加快转移适合由行业协会商会承担的职能。行政机关对适合由行业协会商会承担的职能，制定清单目录，按程序移交行业协会商会承担，并制定监管措施、履行监管责任……鼓励行业协会商会参与制定相关立法、政府规划、公共政策、行业标准和行业数据统计等事务。[②]

★支持行业协会商会：形成一批高质量的调研报告和政策建议、推动一

---

① 《中共中央办公厅 国务院办公厅关于改革社会组织管理制度促进社会组织健康有序发展的意见》。
② 《行业协会商会与行政机关脱钩总体方案》。

批行业发展支持性政策落地见效、壮大一批行业发展必需的人才人力队伍、发布一批科学准确有效的经济发展指数、建设一批推动行业产业发展的服务平台、推出一批引领行业产业发展的先进标准、培育一批服务行业产业发展的品牌项目、完善一批维护行业发展秩序的自律规约、服务一批促进经济布局优化的产业集群、谋划一批服务高水平对外开放的新举措。①

（2）具体业务部门对"权责明确、依法自治"的贯彻落实不到位

自"脱钩"改革实施以来，"政社分开"的改革精神得到了很好的贯彻，截至 2021 年底，729 家全国性行业协会商会、69699 家地方性行业协会商会基本完成脱钩改革，在机构、职能、资产财务、人员管理、党建外事等方面与行政机关分离。

不过，具体业务部门在实际工作中，并没有在重要领域（尤其是行业治理）给予行业协会商会明确的权责空间，造成政府"管得多但管不好"，而行业协会商会"想参与但没有权限"的困局②。于是，一个"两头热中间凉"的格局就形成了：中央政府希望行业协会商会在服务经济高质量发展中发挥积极作用，行业协会商会也希望能尽快尽职履责，但中间的具体业务部门却迟迟不让行业协会商会入场。

（3）具体业务部门不放权给协会商会的根源在于"权责不明"

第一，政府相关部门担心"一放就乱"和"承担责任"

虽然中央有明确的"放权"政策，但"放权"后是否会陷入混乱、混乱是否会给业务部门带来追责的风险，这是业务部门担忧的地方，所以不敢真放权给协会商会。

"政府的政策影响范围是很广的。政策一旦放开，可能有部分协会能够很好地用好权力，促进相关行业的发展，但是也有可能有部分协会会滥用这

---

① 《民政部办公厅关于开展行业协会商会服务高质量发展专项行动的通知》（民办函〔2023〕57 号）。
② 罗文恩、王利君：《从内嵌到共生：后脱钩时代政府与行业协会关系新框架》，《治理研究》2020 年第 1 期。

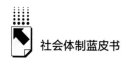

些权力，结果把行业给搞乱了。如果出问题了，还是需要我们来承担责任。"①

第二，既得权力和利益也导致部分职能部门不愿轻易放权

权力和利益是一对孪生姐妹。一些职能部门之所以不愿意落实"放权"政策，除了"多一事不如少一事"的心态和找不到"一抓就死，一放就乱"的原因外，不愿意权力旁落造成既有利益损失也是重要原因。

"权力可以带来资源，屁股可以决定脑袋。那些处长们把权力攥在自己手中，其实就是把企业攥在手中，别人就会顺着他们、求着他们，给他们送礼、帮他们办事，对其中的利益好处哪里舍得轻易放弃?"②

因此，针对业务部门的改革，不能完全靠行动自觉，需要自上而下进行强力推进，逼着具体业务部门落实梳理各类职能和权责清单，然后督查其依法办事、依法履职的情况。

（4）当前职能部门与协会商会尴尬的互动关系也是"权责不明"的后果

当前，行业协会商会和政府具体职能部门的互动关系，总体呈现一种尴尬的局面。

第一种是"脱钩即脱管"的状态。脱钩后，原业务主管部门本着多一事不如少一事的原则不愿与协会商会有过多联系，脱钩后很少参加由行业协会商会举办的会议或活动，很多应有的信息沟通和联系服务也都切断了，这种完全"一刀切"的脱离做法并不符合改革初衷。

第二种是"廉价劳动力"的关系。一些职能部门将行业协会商会当作"廉价或免费劳动力"来用，一些被访组织对此既不满却又无可奈何。比如，某建筑行业的行业协会商会秘书长说："住建委＊＊处经常抓我们去干活，但是给我们的钱很少，我们还需要倒贴进去。从他们的角度看，工作太多太累，需要有人分担，于是就想到找我们协会的人去帮忙，也能理解。但

是，从我们的角度讲，经费确实养不起人，但我们又必须和他们保持一定的良好关系，不能轻易得罪。"

事实上，这两种不健康关系的产生，追根溯源也是业务主管部门没有严格贯彻中央"权责明确、依法自治"的改革要求所致。正是因为没有明确给行业协会商会赋权，也没有让行业协会商会依法自治，所以才会造成"该干的工作想干没法干，不该干的工作不想干却不敢不干"的困局。

2. 支持不充分：政府承诺的系列支持政策尚未有效落地

正所谓"扶上马后还需送一程"，政府支持对大多数行业协会商会的有效转型十分重要。根据《行业协会商会与行政机关脱钩总体方案》，"脱钩不脱扶持""脱钩不脱服务"是政府对脱钩改革的基本要求。在脱钩改革前期，更应该出台相关扶持政策帮助行业协会商会平稳过渡。

脱钩改革后，由于相关配套政策没跟上，行业协会从政府获取资源非常困难。虽然我国从中央到地方在推进行业协会发展方面也颁布了很多政策，发挥了一定的作用，但还未形成完善的政策体系，政策落地难，无法满足行业协会发展的需要。2012年时民政部、财政部就下发了指导意见，对政府购买社会服务做出指导，但与之配套的细化政策，如政府购买服务机制，细化政府职能转移目录，明确可委托转移给行业协会执行的事务性、技术性工作和公共服务事项清单等迟迟未出台。比如，某建筑行业的行业协会会长说："在政府购买服务这一块，我的印象当中，当时是有一个文件的，说要优先向社会组织购买服务。我不知道社会组织到底能得到多少政府购买服务。曾经有一个项目，我们本身承接没有一点问题，但是他（政府部门）要把这个项目拿给企业，我们作为社会组织被剔除门外了，这是我亲自遇到的。"

同时，对脱钩改革后行业协会发展提供扶持的税收扶持政策、财政减免政策、人才扶持政策等方面的细化政策也没有明确，给脱钩后行业协会的发展带来很多困扰。某建筑行业的行业协会会长说："疫情期间，政府有很多对企业的优惠，比如减租还租补贴之类的东西，但是我们社会组织没有得到这个优惠，其实我们应该得到这个优惠的。从税务上讲，我们都是中小微企业的纳税人，但是疫情期间针对中小微企业的政府支持却没有将我们纳入。"

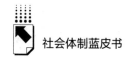
（三）帮助企业升级产业和拓展市场的专业能力有限

正所谓"有为才有位"。离开了政府的资源庇护，行业协会商会就需要靠提供服务产品来拓展生存发展空间。服务产品是指行业协会商会为会员、行业和政府提供的各类专业服务，可帮助其实现产业升级和市场拓展等目标。从当前行业协会商会提供服务产品的技术含量来看，可以从低到高分为四个层级，依次为"流程性事务辅助"、"专业技术服务"、"行业治理"和"创新引领"（见图1）。

第一层级："流程性事务辅助"是指行业协会商会承接的一些简单的流程化、事务性服务。一是通过政府购买获得政府的部分行政管理辅助工作，或者是应要求派遣一些工作人员去借调帮忙。二是承担一些帮助企业"跑腿"的中介服务，比如登记注册、办证等。这类工作属于勤杂类的事务性、流程性工作，并不需要太高的专业技术含量即可完成。

第二层级："专业技术服务"是指行业协会商会利用自己掌握的专业技术资源，为会员、行业或政府提供的专业技术服务，比如专业技能培训、市场信息分析、行业经验总结、组织专业评估、会员法律咨询等。

第三层级："行业治理"是行业协会商会组织会员达成行业自律、矛盾化解、利益调节、抱团出海等集体行动的治理性服务，对行业的健康发展和市场的不断拓展具有重要意义。这个层级不仅需要行业协会商会具备对应行业的专业技术知识，而且对其民主协商能力有较高要求。

第四层级："创新引领"是行业协会商会的高阶功能，主要是指通过促进行业内的技术创新、产品创新、方法创新或政策创新等方式，创造性地解决或应对行业内一些难度较大的问题或议题，进而实现行业升级、生态优化的作用。比如，当前的半导体行业的"卡脖子"问题。

调研发现，一些行业协会商会之所以在发展中缺乏资源，就是缺乏高阶的、能产生更多经济附加值的服务产品。当它们将自己的服务产品定位到第一层级（流程性事务辅助）时，就会面临可替代性很强（市场中不少中介服务企业也在做）、谈判能力差（在与政府的博弈中处于明显下风）等问

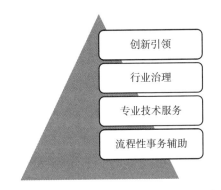

图1　行业协会商会的金字塔阶梯式功能模型

题，于是虽然很劳累，却依然感到很艰难——不仅收入很低，而且没有尊严感，而这又会导致人员流失，形成恶性循环。

　　而相反，对那些转型成功的机构来讲，它们更多提供的是更高质量、更高层次的服务，所以不可替代性很强，政府对其也尤其敬重，不仅主动联系合作，而且项目经费也较为充足。这就是"有为才有位"的典型代表。

四　政策建议

　　（一）加强高位推动，优化顶层设计，以更加明确信号支持行业协会商会服务经济社会高质量发展

　　中央层面出台文件，进一步明确支持行业协会商会服务我国海内外经济社会高质量发展，明确提出行业协会商会是中国特色社会主义市场经济体系重要组成部分，要求各级政府部门重视行业协会商会在服务经济社会发展中的活力激发、能力提升和作用发挥。中央社会工作部扎实谋划推进行业协会商会深化改革和转型发展工作，充分支持行业协会商会在服务经济社会高质量发展中发挥作用。

　　（二）加强党建引领，构建层次分明的行业协会商会党建体系

　　在夯实党的组织建设基础上，建立完善党组织参与决策重大事项制度机

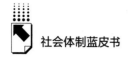

制，在确保正确政治方向的同时，切实提升基层党组织在会员和群众中的影响力、凝聚力和战斗力。此外，要支持党建引领治理创新。可借鉴北京党建联席会等经验，针对行业治理和社会创新领域的重点、难点问题，形成党建引领下的跨界联动机制，切实解决多元主体协调无力、跨界资源整合不足的难题。

（三）优化内部治理，着力提升行业协会商会民主协商的意识和能力

推动行业协会商会优化内部治理，着力提升民主协商的意识和能力。一是指导行业协会商会健全完善议事决策程序及规则，健全完善以理事会为核心的法人治理结构，夯实民主治理的机制保障①。二是通过专业第三方机构支持、同伴分享等方式，着力提升行业协会商会的民主协商能力。三是在等级评估和日常检查中，要优化评估指标和方法，对行业协会商会民主治理的实质而非表面形式进行把握。

（四）落实支持政策，重点瞄准行业协会商会服务企业产业升级和市场拓展的专业能力

一是要明确以能力建设为重点的扶持指向。提升服务层级，重点提升专业技术服务、行业治理服务和创新引领服务的产品供给能力。加强人才培养，重点加强对行业协会带头人、专业技术人才的培养。提升资源整合能力，尤其是跨界整合资源的能力。

二是建立分类精准扶持的政策体系。首先，按领域分类扶持。优先重点扶持关乎国家安全、国民经济命脉和重大民生等重点行业的协会商会发展，如与新质生产力相关的数字经济、人工智能、芯片制造等，又如传统行业中的能源、建筑、机械装备、汽车等。其次，要按发展阶段分类扶持。对尚在

---

① 卢向东：《"控制-功能"关系视角下行业协会商会脱钩改革》，《国家行政学院学报》2017年第 5 期。

谋生阶段的机构，应重点培育专业服务能力，优先培育领导人能力较强的组织；针对发展阶段的机构，应赋予其更多行业治理的空间，重点提升其民主治理能力。

参考文献

马长俊：《解构与重构：行业协会商会脱钩改革的政会关系变迁研究》，《行政管理改革》2020 年第 2 期。

卢向东：《"控制–功能"关系视角下行业协会商会脱钩改革》，《国家行政学院学报》2017 年第 5 期。

罗文恩、王利君：《从内嵌到共生：后脱钩时代政府与行业协会关系新框架》，《治理研究》2020 年第 1 期。

沈永东、应新安：《行业协会商会参与社会治理的多元路径分析》，《治理研究》2020 年第 1 期。

陶传进、张欢欢：《分类支持：社会组织管理的一个新视角》，《新视野》2020 年第 2 期。

郁建兴、吴昊岱、沈永东、刘晓贵：《脱钩改革如何影响行业协会商会政策参与？——基于 795 家全国性商协会的实证研究》，《管理世界》2022 年第 9 期。

B.17
地方政府社会工作人才
政策结构及其逻辑变化
——基于福建省 27 份政策文本的量化分析

杨 丽 李泽宇*

摘 要: 在我国推进中国式现代化的大背景下,培养高质量的社会工作人才是推动社会发展的重要任务。基于政策工作视角,以福建省为例,通过构建"政策过程—政策工具—政策逻辑"三维分析框架,以27份省级层面的社会工作政策文本为分析样本,借助 Nvivo 质性分析软件进行文本编码与频数统计以分析政策演进规律、政策结构和政策逻辑,发现福建省:一是纵向发力下形塑了政策阶段"高峰";二是横向发力的政策结构特征明显,向均衡化转变;三是环向发力中呈现发展型政策逻辑。

关键词: 社会工作 地方政府 政策文本分析 社会工作国际化和本土化

一 引言

社会工作是"秉持利他主义价值观,以科学知识为基础,运用科学的专业方法,帮助有需要的困难群体,解决其生活困境问题,协助个人与其社

---

* 杨丽,北京师范大学国际 NGO 与基金会研究中心主任、副教授,主要研究方向为社会组织管理、社会企业、社会治理与社会创新等;李泽宇,北京师范大学社会学院研究生。

会环境更好适应的职业活动。"① "社会工作人才"概念，出自《中共中央关于构建社会主义和谐社会若干重大问题的决定》。《国家中长期人才发展规划纲要（2010—2020年）》沿用这一概念，随后颁布的《中华人民共和国乡村振兴促进法》中也使用"社会工作人才"。2021年是我国进入新发展阶段的开局之年，新发展阶段的中心任务是全面建设社会主义现代化国家，基本实现中国式现代化。而中国式现代化对以改善民生特别是以改善困弱群体民生、促进社会和谐为目标的社会工作提出了新的要求②。根据2024年1月发布的《研究生教育学科专业简介及其学位基本要求》，社会工作专业人才"是掌握社会工作专业知识和技能，在社区建设、社会福利、社会救助、扶弱济困、慈善事业、乡村振兴、婚姻家庭、精神卫生、残障康复、教育辅导、就业援助、职工帮扶、犯罪预防、禁毒戒毒、矫治帮扶、卫生健康、突发事件应对、群众文化等领域从事专业服务、管理、教育和科研的专门人员，是全面建设社会主义现代化国家、加强和创新社会治理不可或缺的重要力量"。中国社会工作自恢复重建以来快速发展的两大核心动力在于政府制度赋能与社会工作的专业自我建构，即：一方面，社会工作在专业使命驱使下以回应社会问题、完善社会治理为目标进行专业探索；另一方面，国家以制度赋能的方式提升社会工作专业合法性，助推社会工作专业效能发挥③。

纵观我国政策文本，尽管从国家到地方都表现出鼓励的特点，但由于宏观制度中存在较多的原则性概述，制度的针对性和可操作性有所欠缺，执行效果很大程度上取决于位于制度执行链中端的地方政府④。因此，特殊的地方性政策体系，构成社会工作人才队伍发展最直接的制度环境。由此，本文基于内容分析法与扎根理论的方法思路，借助Nvivo质性分析软件，对福建

---

① 《研究生教育学科专业简介及其学位基本要求》，中国学位与研究生教育学会网站，2024年1月，https://www.acge.org.cn/encyclopediaFront/enterEncyclopediaIndex。
② 王思斌：《中国式现代化新进程与社会工作的新本土化》，《社会工作》2023年第1期。
③ 徐选国、秦莲：《制度赋能与专业建构：中国式现代化进程中社会工作发展的双重动力》，《学习与实践》2023年第5期。
④ 方亚琴：《社会组织领域中地方政府的治理逻辑与制度生产——基于A、B两省省级制度文本的比较分析》，《社会建设》2023年第3期。

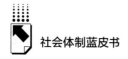

省 27 份社会工作人才培养相关的政策文本进行量化分析，深入探讨现有社会工作人才培养政策的结构特点及逻辑变化。通过回答以上问题，研究者以期进一步优化省级政府社会工作政策工具体系，从而为有效提升省级社会工作人才政策执行效果提供经验借鉴和理论参考。

二 文献综述与分析框架

基于公共政策工具视角分析政策文本、评析公共政策，已逐渐成为学术界的选择。当前国内外政策研究工具相关成果丰富，学者们从不同视角提出差异化政策工具分析维度，分析和评价诸如乡村振兴、医疗建设、数字化服务、产教融合等各类公共政策①。但上述研究中聚焦人才队伍建设，特别是聚焦地方政府特定领域人才队伍建设的研究相对较少且缺乏多维的政策挖掘和量化评价。由此，本研究构建了基于政策过程、政策工具、政策逻辑三个维度的研究框架，对 2011~2023 年福建省的 27 份社会工作人才相关政策文本进行梳理、归纳和分析。

（一）文献综述

社会工作专业自在我国恢复重建以来得到较快发展：一方面，社会工作技能人才在扶危济困、脱贫攻坚、乡村振兴、公益慈善、社会治理、公共卫生以及增进民生福祉等方面发挥着重要作用，并逐渐成为党和政府日益重视的社会力量，尤其是 2023 年 3 月中共中央、国务院印发的《党和国家机构改革方案》明确提出组建中央社会工作部，指导社会工作人才队伍建设，统筹推进党和国家发展的各项重大事业，进一步彰显了社会工作在党和国家发展战略中的结构性位置②。在这一专业发展趋势下，国内外学术界也长期

---

① 潘琳、徐鸣：《我国社区治理领域政策分析与评价研究——基于"过程—工具—内容"三维分析框架》，《理论学刊》2022 年第 6 期。
② 吴佳峻、徐选国：《迈向技能为本：社会工作者职业技能的形成过程与生产转向》，《华东理工大学学报》（社会科学版）2023 年第 5 期。

关注社会工作的政策建构，在政策边界层面，有学者研究第三部门的政策实施差距以为其制定合理的自由裁量权①②，分析社会工作者参与社会政策决策的行动可能和过程争议③；在政策影响层面，有学者就社会工作者职业在地方政府层面没有被明确规定会导致社会工作者与雇主矛盾的立场，以及对社会工作职业独立发展的负面影响等做了详细梳理④；在政策解读层面，有学者结合官方政策分析了新时代社会工作人才队伍建设的问题与挑战、基本原则和主要任务⑤；在政策量化层面，有学者运用内容分析法、社会网络分析法等方法，以二维度的分析框架对涉及社会工作的政策本文进行量化分析，研究社会工作人才政策发展的重点及其配套政策的缺位困境⑥、政策工具类型和政策选择逻辑⑦，以三维度的分析框架分析我国社会工作政策变迁历程和演化逻辑⑧。已有研究针对地方政府在社会工作领域的分析框架数量相对较少，分析维度多集中在政策历程、政策工具、政策目的、政策内容等，较少将政策逻辑直接纳入分析框架内，且多聚焦于国家层面的文本分析，因此本文以"政策过程—政策工具—政策逻辑"为分析框架，以福建省为案例进行省级层面地方政府的文本量化分析。

---

① Ciarán Murphy, "Rising Demand and Decreasing Resources": Theorising the "Cost of Austerity" as a Barrier to Social Worker Discretion, Cambridge University Press, 2023, 52 (1), pp. 197 – 214.

② Ed Carson, Donna Chung, Tony Evans, Complexities of Discretion in Social Services in the Third Sector, *European Journal of Social Work*, 2015, 18 (2), pp. 167 – 184.

③ Pia Nykänen, Ulla-Karin Schön, Alexander Björk, Shared Decision Making in Social Services-Some Remaining Questions, *Nordic Social Work Research*, 2023, 13 (1), pp. 107 – 118.

④ Vaike Raudava, The Impacts for Developing the Profession of Social Work in the Postcommunist Context, *European Scientific Journal*, 2023, 9 (20), pp. 12 – 30.

⑤ 徐道稳：《新发展阶段社会工作人才队伍建设基本原则和主要任务》，《社会治理》2023 年第 3 期。

⑥ 仝秋含：《人才队伍建设：政策发展的重点及其配套政策的缺位——基于 2009—2018 年社会工作政策的内容分析》，《社会工作与管理》2019 年第 6 期。

⑦ 曹曦文：《社会工作人才队伍建设的政策工具类型及其选择逻辑研究——基于政策文本的内容分析 (2006—2019)》，重庆大学硕士学位论文，2020。

⑧ 叶托、余莉、陈丽丽：《我国社会工作政策的变迁历程和演化逻辑——基于 1987—2020 年 118 份国家级政策文本的量化分析》，《长白学刊》2022 年第 6 期。

（二）分析框架

在对政策文本分析的过程中，根据研究问题合理分类政策工具并据此设计分析框架，是研究者面临的重要基础性问题。政策工具被视为反映决策者政策价值和理念的基本单元，因而政策工具分析可成为构建本文政策分析框架的立足点[①]。由于涉及社会工作人才培养的政策体系的历程长、领域广、内容多，单独使用政策工具这一维度分析政策文本不够全面，为了对其进行更为深入的分析，呈现更为综合的政策量化图像，本文还将引入政策文本分析的另两个维度——政策发展过程与政策主题，尝试性构建"X维度（政策过程）—Y维度（政策工具）—Z维度（政策逻辑）"的三维分析框架，对2011年以来福建省级层面颁布的主要社会工作人才政策文本进行梳理、编码和量化分析，以把握社会工作人才培养的政策导向，揭示各项政策之间的结构特征，借助政策工具剖析政策内部逻辑，探讨未来我国社会工作人才发展的政策优化方向。具体分析框架如图1所示。

1. X维度：政策过程

学术界已有部分研究将注意力聚焦在社会工作政策发展的阶段划分和阶段特征描述上。陈锋、陈涛将改革开放以来我国社会工作政策发展过程划分为专业教育的规划（1987～1998年）、职业建设的政策（2004～2010年）、人才队伍建设的政策和规划（2006～2012年）与社会工作服务的政策规划（2012年至今）四个阶段[②]；冯元、彭华民认为，这一过程应该划分为重建（1979～1987年）、初步发展（1988～2005年）、加速发展（2006年至今）三个阶段[③]；学者叶托、余莉、陈丽丽将我国社会工作政策变迁过程划分为

---

① 潘琳、徐鸣：《我国社区治理领域政策分析与评价研究——基于"过程—工具—内容"三维分析框架》，《理论学刊》2022年第6期。

② 陈锋、陈涛：《中国社会工作政策与规划之分析：内容、特点与前瞻》，《社会工作与管理》2014年第4期。

③ 冯元、彭华民：《中国社会工作政策发展的背景、动力与价值》，《中州学刊》2016年第1期。

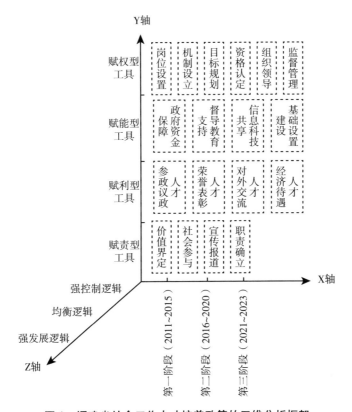

图1 福建省社会工作人才培养政策的三维分析框架

三个阶段,即缓慢恢复阶段(1987~2005年)、初步发展阶段(2006~2010年)和迅猛发展阶段(2011~2020年)[1]等。2021年是我国进入新发展阶段的开局之年,也是《社会工作专业人才队伍建设中长期规划(2011—2020年)》结束后的第一年[2],上述分类方法在政策的时间范围、政策内容的集中度等方面存在一定局限。由此,研究者在上述学者分类成果基础上,以福建省"十二五"民政事业发展专项规划和"十三五"民政事业发展专项规划的发布时间为节点,将社会工作人才培养的政策发展过程分为三

---

① 叶托、余莉、陈丽丽:《我国社会工作政策的变迁历程和演化逻辑——基于1987—2020年118份国家级政策文本的量化分析》,《长白学刊》2022年第6期。

② 徐道稳:《新发展阶段社会工作人才队伍建设基本原则和主要任务》,《社会治理》2023年第3期。

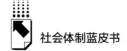

个阶段，即第一阶段（2011~2015 年）、第二阶段（2016~2020 年）和第三阶段（2021~2023 年），并以政策发展过程三阶段为 X 维度，探究社会工作人才培养的政策工具与政策逻辑的演进历程。

2. Y 维度：政策工具

当前国内外政策研究工具相关成果丰富，学者们从不同视角提出差异化政策工具分析维度，既有根据政策工具自身特性所作的区分，也有综合考量工具属性和政策应用环境而进行的划分①。其中最为常见的分析维度为罗伊·罗斯维尔（Roy Rothwell）和沃尔特·泽哥菲尔德（Walter Zegveld）提出的分类方式，即将政策工具分为供给型、环境型和需求型，认为三种类型的政策工具共同作用将产生最优政策效应②。此外，还有克里斯托夫·胡德（Christopher Hood）根据政策工具使用的资源不同将其划分为组织型、权威型、财政型和信息型③。迈克尔·豪利特（Michael Howlett）等根据政府介入公共物品与服务提供的程度把政策工具分为自愿型工具、混合型工具和强制型工具④，冉连等依据治理的层次划分，将政策工具分为操作层面政策工具、战术层面政策工具以及战略层面政策工具三大类政策工具⑤等。本文拟借鉴克里斯托夫·胡德、曹曦文等学者的研究成果，根据政策工具使用的资源类型将工具分为赋权型、赋能型、赋利型及赋责型四类。赋权型政策工具指政府通过授权赋予社会工作者参与基层治理的合法性，并禁止或要求社会工作者采取某种行动，反映了政府对社会工作人才的管控程度；赋能型政策工具指为社会工作专业人

① 潘琳、徐鸣：《我国社区治理领域政策分析与评价研究——基于"过程—工具—内容"三维分析框架》，《理论学刊》2022 年第 6 期。

② Roy Rothwell, Walter Zegveld, An Assessment of Government Innovation Policies, *Review of Policy Researach*, 1984（3）：19-35.

③ C. Hood, *The Tools of Government*, London：Macmillan, 1983：137.

④ 〔美〕迈克尔·豪利特等：《公共政策研究：政策循环与政策子系统》，庞诗等译，生活·读书·新知三联书店，2006，第 144 页。

⑤ 冉连、马银超：《政策工具视角下省级政府绿色治理政策文本量化研究——基于2012—2022 年省级政府环保政策文本》，《中国石油大学学报》（社会科学版）2023 年第 4 期。

才发展提供资金支持、专业支持、基础设施建设支持、科技信息支持和研究支持等资源，反映了政府对社会工作人才的支持力度；赋利型政策工具指通过奖励引导社会工作者、社会工作服务机构及相关部门行为，反映了政府对社会工作人才的认可程度；赋责型政策工具指解释并宣传社会工作人才队伍建设的价值与意义等，反映了政府对社会工作人才的推广程度。

3.Z 维度：政策逻辑

稳定与发展是我国在渐进式改革过程中同时追求的两个治理目标，国家的双重治理目标也会转化为地方政府的双重治理逻辑，支配着地方政府在社会组织领域中的治理行为[①]。该双重逻辑既被一些学者总结为行政逻辑和专业逻辑[②]，也被一些学者界定为控制逻辑和发展逻辑[③]、横向自发和纵向推动[④]等。本文拟借鉴方亚琴、黄晓春等学者的研究成果，将地方政府在社会工作人才队伍培育过程中双重逻辑界定为控制逻辑和发展逻辑。控制逻辑下的地方政府将社会工作作为一种对政治秩序与社会稳定产生挑战的风险来源，为了规避社会工作发展可能产生的风险，通过一定的方式对社会工作者队伍的数量、行动、增长速度等加以限制。发展逻辑更关注社会工作在提高地方政府治理绩效中的积极作用，从而在制度、资金、人才等方面支持社会工作者的发展。当控制逻辑和发展逻辑达到平衡状态时还会呈现一种介于控制逻辑和发展逻辑二者间的均衡逻辑，即既对社会工作者人才加以约束，又给予其各项激励。

---

① 黄晓春：《当代中国社会组织的制度环境与发展》，《中国社会科学》2015 年第 9 期。

② 刘丽娟、王恩见：《双重治理逻辑下政府购买社会工作服务项目的运作困境及对策》，《社会建设》2021 年第 3 期。

③ 方亚琴：《社会组织领域中地方政府的治理逻辑与制度生产——基于 A、B 两省省级制度文本的比较分析》，《社会建设》2023 年第 3 期。

④ 靳亮、陈世香：《横向自发与纵向推动：我国政策扩散的双重逻辑——以地方文化体制改革为例》，《广西社会科学》2017 年第 11 期。

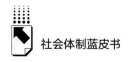

三 政策文本选取与研究方法

（一）文本选取

我国社会工作发展程度存在明显的地域差异，从社会工作岗位看，到"十三五"末全国社会工作岗位约44万个，其中8个省市均超过2万个，多数省份只有几千个，有的甚至只有几百个。这8个省市分别是北京、广东、上海、江苏、浙江、河北、福建、天津①。本研究从中选取了福建这一非直辖市但仍然在行政机构改革中保留了"社会工作处"的省份为政策文本来源地。目前福建省的社会工作专业人才超过10万人，其中持证社工5.6万人，每万人拥有持证社工13.4人，该比例居全国前列；省内高级社工师32名，绝对数量也位居全国前列；共计90名社工成为"两代表一委员"参政议政，并累计开发300余个面向台湾社工的专门岗位；2023年，该省的社会工作者职业水平考试报考人数从2012年的3000人增长到2023年的6.7万人，实现近年来持续增长（见图2）；推动设立县级社会工作指导中心（总站）72个，运营社会工作孵化园（基地）41个，并累计整合购买服务资金5.3亿元，支持25个省级、61个市级、139个县级示范项目建设，推进1100余个乡镇（街道）社工站点全覆盖，建成城乡社区社会工作室2280个②。这个数据在很大程度上得益于福建省持续性的政策驱动，由此研究者首先以"社会工作""社会工作者"为关键词，以2011～2020年为时间条件，从其省人民政府官网、省民政厅官网等网站上检索政策本文，结合前期调研的成果，共收集到124份在内容里明确提到社会工作者的省级政策文件，再根据政策时间跨度、政策主题相关度、政

---

① 徐道稳：《新发展阶段社会工作人才队伍建设基本原则和主要任务》，《社会治理》2023年第3期。

② 谢美葵、陈炜：《福建 人才为轴，"三向发力"推动社会工作高质量发展》，《中国社会工作》2022年第28期；其余数据来源于福建省民政厅社会工作处历年工作总结。

策内容综合性等指标二次筛选出 27 份政策文本（见表 1），进行更为详细的编码分析。

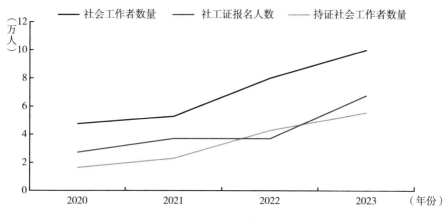

图 2　福建省 2020~2023 年社会工作人才数据

表 1　福建涉及社会工作人才培养的政策汇总

序号	年份	发文单位	政策名称	政策类型
T1	2011	福建省人民政府	《福建省人民政府关于印发福建省"十二五"民政事业发展专项规划的通知》	综合政策
T2	2016	福建省人民政府	《福建省人民政府关于印发福建省"十三五"民政事业发展专项规划的通知》	
T3	2021	福建省人民政府	《福建省人民政府关于印发福建省"十四五"民政事业发展专项规划的通知》	
T4	2012	福建省民政厅	《福建省民政厅关于推荐社会工作专业人才队伍建设专家委员会(专家库)成员的通知》	专项政策
T5	2012	中共福建省委办公厅福建省人民政府办公厅	《关于加强社会工作专业人才队伍建设的实施意见》	
T6	2012	中共福建省委福建省人民政府	《福建省民政厅关于做好省级社会工作专业人才队伍建设试点的通知》	
T7	2013	福建省民政厅	《福建省民政厅关于对社会工作专业人才队伍建设试点进行总结评估的通知》	
T8	2013	福建省民政厅	《福建省民政厅关于鼓励社区工作者参加社会工作者职业水平考试工作的通知》	

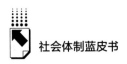

续表

序号	年份	发文单位	政策名称	政策类型
T9	2013	福建省民政厅	《福建省优秀社会工作专业人才遴选办法》	专项政策
T10	2019	福建省民政厅	《福建省民政厅关于开展首批省级社会工作专业人才基地建设的通知》	
T11	2020	福建省民政厅	《福建省民政厅关于推选社会工作服务优秀案例的通知》	
T12	2021	中共福建省委组织部等17个部门	《关于进一步加强社会工作专业人才队伍建设 提升基层服务能力的若干措施》	
T13	2021	福建省民政厅 福建省人力资源和社会保障厅 福建省人民政府台港澳事务办公室	《直接采认台湾地区社会工作师证书有关事项的通知》	
T14	2022	福建省民政厅	《福建省民政厅关于开展第三批省级社会工作专业人才基地建设的通知》	
T15	2012	福建省质量技术监督局	《福建省社区社会工作通用要求》	领域政策
T16	2014	共青团福建省委等7个部门	《关于加强青少年事务社会工作专业人才队伍建设的实施意见》	
T17	2014	福建省民政厅 福建省财政厅	《关于加快推进社区社会工作服务的实施意见》	
T18	2014	福建省民政厅 福建省总工会	《关于加强企业社会工作的意见》	
T19	2015	福建省禁毒委员会办公室等4个部门	《关于印发〈福建省禁毒专职社工管理办法〉的通知》	
T20	2017	福建省民政厅 福建省社区建设联席会议办公室	《关于实施社区、社会组织、社会工作"三社联动"的意见》	
T21	2017	福建省民政厅	《福建省民政厅关于开展省级第二批农村社会工作试点的通知》	
T22	2018	福建省民政厅	《2018年推进城乡社区"三社联动"行动计划》	
T23	2018	福建省禁毒委员会办公室等5个部门	《关于开展政府购买禁毒社会工作服务的指导意见》	
T24	2020	福建省民政厅	《福建省乡镇（街道）社会工作服务站购买服务项目实施方案（试行）》	

序号	年份	发文单位	政策名称	政策类型
T25	2022	福建省民政厅	《福建省乡镇（街道）社会工作服务站规范化建设评估指引（试行）》	领域政策
T26	2022	福建省民政厅	《关于推进福建省社区社会组织高质量发展的实施意见》	
T27	2022	福建省市场监督管理局	《关于做好社区矫正职业技能培训和就业指导工作的通知》	

资料来源：福建省地方政府官网。

（二）研究方法

本文将政策文本的一级政策工具分为赋权型、赋能型、赋利型和赋责型四种类别进行编码，对技术实现过程使用 Nvivo12plus 软件进行分析。Nvivo12plus 具有强大的编码、查询和分类功能，为研究者分析政策文本、访谈记录等提供了较强便利性，为学术界所广泛认可和使用。一般而言，编码有两种方式，一种是自下而上型的自由编码方式（提前不预设理论）；另一种是自上而下型的编码方式（基于研究主题的相关理论）①。由于本文的编码主体为政策文本，内含一定固定结构和内在逻辑，本文采用自上而下型编码方式，基于政策工具理论构建编码框架、展开编码。本文将政策文本导入 Nvivo12plus 软件，以政策工具为节点，将社会工作人才培养政策的相关条款作为内容分析单位，先对 27 份文件按照"（政策编号）政策工具类型-第几节点"的形式进行编码，例如"（T1）A-1"表示第一份文件里出现的一级赋权型政策工具的第一个节点，后对四类政策工具的编码结果进行词频分析，确定四类政策工具类型的次级政策工具类型，再次按照"（政策编号）政策工具类型-次级政策工具序号-第几节点"的形式进行编码，例如"（T1）A-2-1"表示第一份文件里出现的赋权型政策工具第二项次级政策

① 唐瑶、陈天然：《政策工具视角下我国长期护理保险政策研究——基于 2012—2022 年试点地区政策文本的量化分析》，《社会保障研究》2023 年第 4 期。

工具类型"机制设立"中的第一个节点，编码过程完成后最终形成 17 个节点、305 个参考点，编码示例如表 2 所示。

表 2　福建省社会工作人才相关政策文本编码示例（受篇幅所限仅展现部分内容）

工具类型（节点）		具体文本内容（主要参考点）
赋权型 （A）	岗位招募 （A-1）	(T12)A-1-1:鼓励各级党政机关、群团组织、事业单位招录招聘社会服务相关职位工作人员时,优先录(聘)用具有丰富实践经验、善于做群众工作的社会工作专业人才;(T12)A-1-2:推动基层社会工作岗位开发……
	……	……
	资格认定 （A-4）	(T12)A-4-1:组建高级社会工作师评审委员会,开展高级社会工作师评审工作;(T13)A-4-2:推动采认台湾社会工作者职业资格,引导台湾高校社会工作专业学生来闽实习实训,支持台湾社工赴闽就业创业……
	……	……
赋能型 （B）	政府资金 保障(B-1)	(T12)B-1-1:加大资金支持力度。各地要将应由政府承担的社会工作人才队伍建设经费纳入财政预算,扩大政府购买社会工作服务范围和规模,加大支持符合条件的社会工作服务力度。提高资金使用效率,积极拓宽社会筹资渠道,鼓励引导社会力量以服务项目和设立专项基金等方式支持社会工作发展……
	督导教育 支持(B-2)	(T12)B-2-1:将社会工作纳入专业技术人才知识更新工程的重点领域,针对基层民生服务社会工作从业人员,有计划、分领域、系统化开展社会工作理论和方法培训,建立社会工作督导队伍的培养和使用机制,提升专业水平和实务能力。(T20)B-2-2:提升专业素质。健全社会工作专业人才培养、评价、使用、激励等政策措施,不断改善社会工作专业人才发展环境。建立社会工作专业督导制度,大力开展社会工作专业培训……
	……	……
赋利型 （C）	人才参政 议政(C-1)	(T12)C-1-1:支持有突出贡献的社区社会工作专业人才进入地方基层人大、政协参政议政;(T17)C-1-3:注重把社会工作专业人才吸纳进基层党员干部队伍,选拔进基层党组织领导班子……
	人才荣誉 表彰(C-2)	(T22)C-2-1:完善社会工作者激励机制,对表现优秀、功能发挥突出的社会工作者、社工机构加大宣传和表彰奖励力度,充分调动其参与社区建设的积极性、主动性和创造性;(T9)C-2-2:对遴选产生的省优秀社会工作专业人才,由省委人才工作领导小组授予"福建省优秀社会工作专业人才"称号,并给予资金支持……
	……	……

工具类型(节点)		具体文本内容(主要参考点)
赋责型 (D)	价值界定 (D-1)	(T8)D-1-1:社区工作者是社会工作者的重要组成部分,社区工作者参加社会工作者职业水平考试,对于进一步提高社区工作者服务群众、依法办事和执行政策水平,健全和完善社区服务体系,协调社会关系、促进社会公正,推动社区建设深入开展,具有重要意义;(T5)D-1-2:社会工作专业人才是具有一定社会工作知识和技能,在社会福利、社会救助、扶贫济困、慈善事业、社区建设、婚姻家庭、精神卫生、残障康复、教育辅导、就业援助、职工帮扶、犯罪预防、禁毒戒毒、矫治帮扶、人口计生、纠纷调解、应急处置、群众文化等领域直接提供社会服务的专门人员……
	社会参与 (D-2)	(T1)D-2-1:充分发挥社会工作人才的专业优势,大力推行社会工作者引导开展志愿服务的模式,规范志愿者招募注册,加强培训管理,不断壮大志愿者队伍。建立社会工作人才和相关志愿者队伍联动服务机制,以社工带领义工,提高志愿服务专业化水平……
	……	……

四　政策文本分析结果

在对政策文本进行选择和编码的基础上,研究者从 X、Y、Z 三个维度深入探讨福建省社会工作人才培养相关政策的发展历程以及其中赋权型、赋能型、赋利型和赋责型这四种政策工具的使用情况及其背后的双重逻辑转变,发现福建省政府分别从以上三个维度呈现"纵向发力"、"横向发力"和"环向发力"的行动路径和特点。

(一)X 维度的分析:纵向发力,以红领专

"红"与"专"的问题是国家与专业人员关系的核心问题,关乎国家治理模式与专业化进程。"党管人才""以红领专"一直是中华人民共和国成立以来国家对专业人员的互动路径。"红"意味着坚持党的领导,确保专业人员的政治方向与主导的意识形态保持高度一致;"专"则不仅指专业人员

具备专业知识和技能，也指专业人员在工作中能发挥专业自主性①。福建是习近平新时代中国特色社会主义思想的重要孕育地和实践地②。2021 年 9月，习近平同志在中央人才工作会议上强调，做好人才工作必须坚持正确政治方向，鼓励人才深怀爱国之心、砥砺报国之志，主动担负起时代赋予的使命责任③。具体到社会工作领域则主要从以下两方面着力，一是牵头制定新发展阶段社会工作人才发展规划，为未来社会工作发展明确方向，为社会工作专业和行业凝聚力量、树立信心。二是破除社会工作人才培养、评价、使用、激励、服务、支持等方面的体制机制障碍，为普及社会工作服务提供政策支持，为社会工作更好地服务民生保障、参与社会治理营造良好环境④。

研究者前期在福建省政府官网收集的结果显示，124 篇（剔除提案、活动通报等）在文本内容中直接提及"社会工作者"一词的省级文件中，有31 篇于第一阶段发布，有 60 篇于第二阶段发布，还有 33 篇于第三阶段发布，这说明福建省的社会工作发文内容和增速与我国从倡导社会管理向社会治理转变的趋势基本吻合，但研究者在根据政策时间跨度、政策主题相关度、政策内容综合性等指标进行二次筛选后发现，福建省第一阶段的政策文本为 12 份、第二阶段的政策文本为 8 份、第三阶段的政策文本为 9 份，结果显示聚焦于社会工作人才培养的政策文件数量，第一阶段和第三阶段略高于第二阶段，其原因可追溯至 2012 年，中共福建省委、福建省政府办公厅出台《关于加强社会工作专业人才队伍建设的实施意见》，2021 年中共福建省委组织部等 17 个部门《关于进一步加强社会工作专业人才队伍建设 提升基层服务能力的若干措施》等，为其他部门后续配套政策的出台提供了更

① 郑广怀、王畴安、马铭子：《"以红领专"社会工作者的专业自主性与国家的领导权建构》，《社会学研究》2021 年第 6 期。
② 尹力：《学思践悟习近平新时代中国特色社会主义思想 扎扎实实把福建的事情做好——学习〈习近平谈治国理政〉第四卷》，《求是》2022 年第 8 期。
③ 习近平：《深入实施新时代人才强国战略 加快建设世界重要人才中心和创新高地》，《求是》2021 年第 24 期。
④ 徐道稳：《新发展阶段社会工作人才队伍建设基本原则和主要任务》，《社会治理》2023 年第 3 期。

加坚实的纵向顶层设计基础。例如在《关于加强社会工作专业人才队伍建设的实施意见》发布后，福建省随即印发社会工作岗位绩效考核、社区社会工作等实施意见，制定《社区社会工作通用要求》《社区矫正社会工作服务规范》等地方标准，会同有关单位出台企业、青少年事务、禁毒、社区矫正等领域多个社会工作文件等，让第一阶段较第二阶段和第三阶段出现了政策主题直接涉及"社会工作者"的发文高峰。而在第三阶段，福建省继续将社工专业人才队伍建设纳入省对设区市人才工作目标责任制考核予以推进，将基层社工站建设纳入全省"十四五"规划和人才发展规划，列入加强基层治理体系和治理能力现代化建设的实施方案与乡村振兴战略十大行动重点任务等，从而再次强化顶层支持，促使第三阶段的各项政策工具数量仅用 3 年时间就逼近第一阶段。

（二）Y 维度的分析：横向发力，以资促专

社会工作人才在实务过程中的反应性行动不是以个体自我为中心的行动，而是存在于社会网络中，社会网络指社会个体间因为互动而形成的相对稳定的关系体系，社会互动会影响人们的社会行为，而网络中最经典的资源分类理论为布迪厄的资本分类理论，后也有学者将资本进一步细分为经济型资源、权威型资源、技术型资源、人力型资源、空间型资源、信息型资源与政策型资源等。具体到社会工作领域，由于社会工作者服务过程具有复杂性和持续性，其专业践行同时依赖于专业的整体价值和政社交互下形成的行动网络和所持的资本份额。鉴于我国的政社结构，地方场域内发布政策的政府部门在诸多主体中的作用尤为突出，能够直接影响整个网络的辐射范围和网络中其余主体的相对位置，其引导下横向构成的网络结构和资本结构（特别是政治资本）在地方政府这一场域范围内对社会工作者更为重要。

政府使用的资本类型是本文政策工具的重要分类依据，在进行交叉分析的编码结果中（见表3），在四类政策工具的总量结构上，三个阶段的赋权型政策工具都是政府使用的重点，且三个阶段一级政策工具总量所占的比例超过了50%，赋利型政策工具则占比最低，这表明在我国特殊的社会环境下政

治资本仍旧是社会工作人才队伍实现持续发展、获得实质发展的首要条件；在四类政策工具的阶段结构上，从第一阶段到第三阶段的过程中，四类政策工具的使用愈发均衡，特别是赋利型政策工具和赋责性政策工具在同一阶段占比出现了明显增长，表明政府在重视社会工作人才所持的政治资本的同时，对社会工作人才所持有的经济资本和文化资本的关注也开始逐渐增加；在四类政策工具的内部结构上，赋权型政策工具类型内占比最高的次级政策工具类型由机制设立变为第二阶段的组织领导再变为第三阶段的组织领导和监督管理并列，表明福建省在社会工作人才培养过程中不断强化"党管人才"原则。而赋能型政策工具结构中政府资金保障，赋利型政策工具结构中人才经济待遇，在不同阶段始终占据同类政策工具结构中的主要地位，这表明政府对社会工作人才培养的赋能保障以资金等经济资本作为中心。赋责型政策工具中，占比最高的次级政策工具类型则由职责确立逐渐转变为价值界定，表明福建省开始更为强化社会工作人才培养意义和社会工作个体价值的顶层设计，逐渐由侧重关注政治资本向均衡性赋予资本的政社互动方向进行转变。

表 3　福建省不同阶段的政策工具结构变化

单位：个，%

工具类型		第一阶段 2011~2015 年	第二阶段 2016~2020 年	第三阶段 2021~2023 年	合计 （占比）
赋权型	岗位招募	9	6	5	20(6.6)
	机制设立	18	10	11	39(12.8)
	目标规划	11	8	4	23(7.6)
	资格认定	2	2	6	10(3.3)
	组织领导	11	16	12	39(12.8)
	监督管理	10	6	12	28(9.2)
合计（占比）		61(20)	48(15.8)	50(16.4)	159(52.1)
赋能型	政府资金保障	7	12	6	25(8.2)
	督导教育支持	9	5	2	16(5.2)
	信息科技共享	0	1	1	2(0.7)
	基础设施建设	3	7	3	13(4.3)
合计（占比）		19(6.2)	25(8.2)	12(3.9)	56(18.4)

工具类型		第一阶段 2011~2015 年	第二阶段 2016~2020 年	第三阶段 2021~2023 年	合计 （占比）
赋利型	人才参政议政	1	3	1	5（1.6）
	人才荣誉表彰	3	1	2	6（2）
	人才经济待遇	7	1	4	12（4）
	人才对外交流	1	0	1	2（0.7）
合计（占比）		12（4）	5（1.6）	8（2.7）	25（8.3）
赋责型	价值界定	5	1	10	16（5.2）
	社会参与	4	5	5	14（4.6）
	宣传报道	5	3	5	13（4.3）
	职责确立	14	2	6	22（7.2）
合计（占比）		28（9.2）	11（3.6）	26（8.6）	65（21.3）

（三）Z 维度的分析：环向发力，以容弘专

国家对社会工作的领导权建构不仅关乎社会工作的价值立场，也必然会在具体专业活动、实际取得的服务效果中得到充分展现[1]。改革开放后，我国的地方发展呈现单一体制下的多元化特征，地方政府管理社会经济生活的方式与具体政策呈现多样化趋势，即面临着相同的宏观顶层设计的地方政府所需要回应的社会需求与绩效压力有着明显的差别，从而形塑出不同的治理逻辑。根据控制逻辑与发展逻辑之间的力量对比，地方政府在社会组织领域的治理逻辑可以被分为三种理想类型：强发展逻辑、强控制逻辑和均衡逻辑[2]。对某一领域的定位及治理目标的不同，构成了政府在该领域治理行动呈现不同治理逻辑的根本区别，进而影响社会工作人才发展所面临的社会环境。结合上文的编码结果，研究者决定从"赋权性政策工具类型在全

---

[1] 郑广怀、王晔安、马铭子：《"以红领专"社会工作者的专业自主性与国家的领导权建构》，《社会学研究》2021 年第 6 期。

[2] 方亚琴：《社会组织领域中地方政府的治理逻辑与制度生产——基于 A、B 两省省级制度文本的比较分析》，《社会建设》2023 年第 3 期。

部政策工具类型中的占比"（见图3）以及"'监督管理'、'组织领导'
这两项次级政策工具在赋权性政策工具类型中比例"（见图4）两项指标
来推断三个阶段中福建省针对"社会工作人才培养"这一领域的政策双重
逻辑变化。

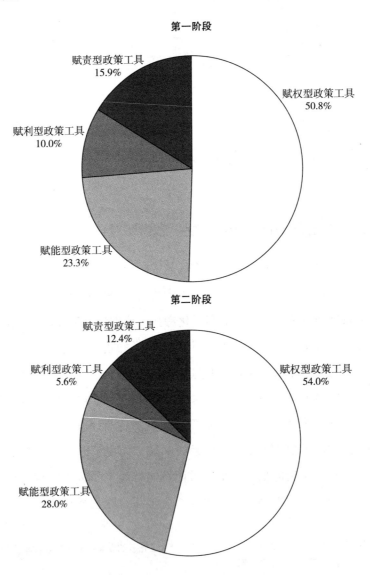

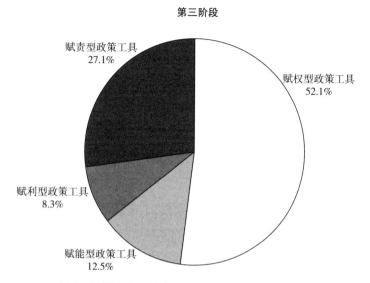

图 3　四类政策工具类型的不同阶段节点数量比例

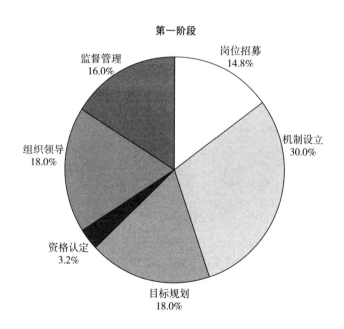

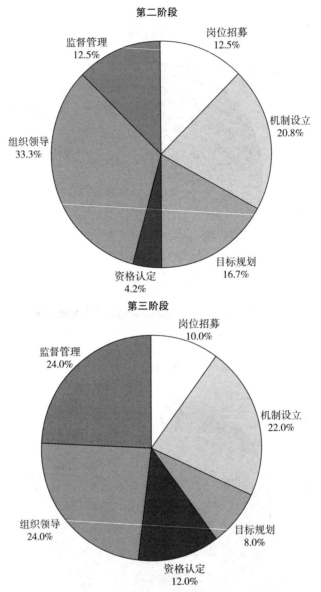

图 4　赋权型政策工具中不同次级政策工具的节点数量比例

　　结合不同政策类型工具的主要参考点，除赋权型政策工具中的"监督管理""组织领导"这两项次级政策工具针对社会工作的人才培养过程存在较为明显的约束性文本内容表述，从而反映出政府的控制逻辑外，其余的赋权型政策工具的次级政策工具、赋能型政策工具的次级政策工具、赋利型政策工具的次级政策工具和赋责型政策工具的次级政策工具，对社会工作人才的表述基本为正向，反映出地方政府对社会工作的正向支持和发展逻辑。三个阶段的赋权型政策工具的节点比例均与其余三项一级政策工具相加的节点总额比例基本持平，从这一层面可以看出福建省政府在对待社会工作人才发展的治理逻辑上，基本呈现一种控制逻辑和发展逻辑兼具的均衡逻辑。根据赋权型政策工具中不同次级政策工具的节点数量比例可知，"监督管理"和"组织领导"两项次级政策工具在不同阶段都占据赋权型政策工具的主要位置，但其在一级政策工具的结构中，比例都未超过50%，因此综合两项指标可知，福建省政府针对社会工作人才培养的治理行动总体偏向于发展型逻辑，对社会工作发展的宽容度和引导力呈现提升态势。

五　小结和建议

在中国式现代化进程中，社会变迁所带来的多重社会问题已经成为国家和社会力量共同关注的焦点。这种现代化不仅仅是经济和技术的转型，更是社会结构、价值观和治理模式的全面变革。在这一背景下，社会工作人才队伍持续迈向专业化，社会工作行业发展最终实现"新本土化"，也在很大程度上取决于地方政府所提供的制度性激励约束和机会结构。结合福建省案例的编码结果，研究者看到地方政府针对社会工作人才培养发展领域的纵向政策历程、横向政策结构和环向的政策逻辑的规律性演变和综合性构建，形成以下研究结论。

一是纵向发力下形塑政策阶段"高峰"。福建省的"社会工作"涉及政策文本数量与我国由社会管理向社会治理转变的趋势相符，但不同阶段针对社会工作人才培养的顶层设计强化程度不同，促使第一阶段主题直接涉及"社会工作人才"的发文量超越第二阶段，而第三阶段仅用第一阶段一半的时间就在涉及"社会工作人才"的发文量上逼近第一阶段；二是横向发力的政策结构特征明显，向均衡化转变。福建省政府四类政策工具的总量结构差距和四类政策工具的阶段性特征变化较小，但四类政策工具的内部结构开始向均衡化方向转变；三是环向发力中呈现发展型政策逻辑。结合"赋权性政策工具类型在全部政策工具类型中的占比"以及"'监督管理'、'组织领导'这两项次级政策工具在赋权性政策工具类型中比例"可以看出福建省在社会工作人才培养这一领域的治理逻辑基本偏向发展型逻辑。结合闽城案例的编码分析结果，研究者认为地方政府在市域治理的过程中可对社会工作人才队伍的培育过程采取以下优化路径。

（一）政策先行，明确社会工作人才参与渠道和职业定位

1. 贯彻中共中央战略，再塑社会工作人才专业使命价值

2021 年是我国进入新发展阶段的开局之年，也是《社会工作专业人才队伍建设中长期规划（2011—2020 年）》结束后的第一年。社会工作发展的"后规划时期"与新发展阶段恰好重合预示着社会工作的新发展空间。与国民经济和社会发展既有"十四五"规划远景目标不同，社会工作在后规划时期似乎缺乏明确的权威性的政策指引①。该情境下地方政府在统筹社会工作发展时实际面临着双重任务：一是坚决贯彻执行中央制度，二是因地制宜进行制度再生产②，前者是后者的根本指引，后者则直接影响前者的实际效应。目前，中国社会主义仍然处于并将长期处于社会主义初级阶段的基本国情没有变，发展仍然是我党执政兴国的第一要务。地方政府首先要进行"筑巢迎凤"，完善新征程社会工作发展的顶层设计，在社会工作的人才界定、人才引进、人才培养等多维度进行详细界定，配合中央引导社会工作者投身乡村振兴、共同富裕等国家发展战略，迈向发展型社会工作；引导民办的"社工服务机构"开始与官办的"社区社工站"等不同行动主体共同迈

---

① 徐道稳：《新发展阶段社会工作人才队伍建设基本原则和主要任务》，《社会治理》2023 年第 3 期。
② 方亚琴：《社会组织领域中地方政府的治理逻辑与制度生产——基于 A、B 两省省级制度文本的比较分析》，《社会建设》2023 年第 3 期。

向了兼具"专业化"、"行政化"及"在地化"的复合型技术实践[①]；引导社会工作服务从特定领域的专精社会工作服务持续向综合性扩展式服务进行延伸等。

2.转变市域治理逻辑，拓展社会工作人才队伍发展空间

政府的制度赋能与社会工作的专业自我建构，成为推动社会工作发展的双重核心动力。但目前我国各地区受到地方区位条件、经济发展水平、领导注意力分配、部门间协作机制等诸多要素的影响，其奖惩并存的政策驱动背后还蕴含着强控制逻辑，对社会工作者参与国家甚至国际性战略任务的引导不足、放权不够。在中央社会工作部成立、社会工作学科理论自觉不断增强的当下，地方政府的治理逻辑更应该偏向强发展而非强控制。强发展治理逻辑在制度类型上更偏好激励型的制度、相对于资源扶持更注重对政策涉及者的制度性赋权、在监管方式上更注重引导式监管，而在制度生产的策略上尤其是激励型制度的生产以制度创新作为主导策略[②]。这些逻辑下的制度设计和政策执行，既能贯彻中央对社会工作参与社会救助和增进民生福祉、共同富裕、乡村振兴、城镇化中的社会适应与社会融合等领域的战略指路，也能为社会工作者人才队伍结合地域条件采取因地制宜的服务策略预留空间，赋予社会工作者一定的专业裁量权，从而体现出地方政府在制度生产中的主动性、创新性与回应性。

（二）跨域联动，探索国际社工融合发展模式和创新方向

1.以"五社联动"为主线，构造社会工作人才服务网络

2021年，《中共中央 国务院关于加强基层治理体系和治理能力现代化建设的意见》提出完善社会力量参与基层治理的激励政策，创新"五社联动"机制。由此，社会工作者在以"五社联动"为主线构筑的行动框架和

---

① 杨宝、肖鹿俊：《技术治理与制度匹配：社会工作本土化路径"双向趋同"现象研究》，《学习与实践》2021年第10期。

② 徐选国、秦莲：《制度赋能与专业建构：中国式现代化进程中社会工作发展的双重动力》，《学习与实践》2023年第5期。

社会网络中开展服务已成必然趋势。但现有"五社联动"模式下许多社会工作者"手段变目的",以硬性的指标完成代替软性的人文关怀;社区主体"只联难动",并未构建起能够充分支撑自身治理策略的网络结构;"社"嵌入"政"让社会工作者逐渐变为政府的一种延伸。这些问题的背后是地方政府对不同地域社会工作者的核心资源性角色认知不足,从而导致由政策牵头构建的服务网络不足以支撑社会工作者开展服务。地方政府首先应意识到在本土资本丰富、社会网络成熟的地域,社会工作者主要供应专业性资源,而在地域偏远、本土化资本匮乏的地域,社会工作者将会成为多种资源的供应者①。地方政府应根据社会工作者的角色差异决定项目配套资金、考核指标和服务阵地等涉及实务开展的经济、政治和文化资本的分配;另外,应该以政策驱动地方党委牵头、以社会工作为主力来盘活本土化社会资本,进行人才队伍的多领域开源,在地域内形成人人有责、人人尽责、人人享有的社会治理共同体,实现真正的高质量发展。

2. 以"区位优势"为借力,组建社会工作跨域交流平台

"一带一路"倡议、"两岸融合发展"、"运河沿岸交流"等历史和战略背景为社会工作提供了独特的发展机会,借力区位优势不仅是发展经济的主要抓手,更是改善社会民生、挖掘社会工作服务新领域的突破口。以福建省、云南省、深圳市等为典型的部分地方政府已经在"社会工作融入国内跨域交流"甚至"社会工作融入国际跨域交流"等层面,产出了展现中华文明包容性和开放胸怀的本土化智慧,但这些智慧很多尚未全方位、系统性地被纳入我国的社会工作教育系统和社会工作政策体系,以致不同地域的地方政府在面临相似的行政任务时,不会用以及不选择用社会工作者。由此,地方政府应以跨域交流平台的建立为抓手,让智库建设和人才引进双向并进,让"教育先行"与"制度先行"相辅相成,实现社会工作跨域合作的育用结合和研究、实务层面的经验互鉴,创新社会工作模式,让社会工作国际化和本土化相结合。

---

① 任敏、齐力:《"五社联动"框架下"五社"要素的城乡比较》,《中国社会工作》2021年第7期。

（三）激励促行，提升社会工作人才待遇水平和专业地位

1. 加大职业宣传力度，提升社会工作人才的社会认同度

当前，社会工作人才的社会认同度尚未达到理想状态。由于我国社会工作发展较晚及"社会工作"一词在社会使用中的不断泛化，养老、医疗、儿童等不同领域社会工作者角色边界模糊，常被公众与社区工作者、护工、志愿者等熟知度更高的角色混淆。也正是对这一职业的了解和重视程度有限，导致社会工作人才面临职业发展瓶颈、待遇不高、工作压力大等问题。这不仅影响了社会工作人才的积极性和工作效率，也制约了社会工作领域的健康发展。为了解决上述问题，地方政府需要提高市域层面的社会工作专业熟知度和社会认同度，通过各种媒体平台，如电视、广播、报纸、社交媒体等，大力宣传社会工作的重要性和价值，展示社会工作人才在各个领域的杰出贡献；定期组织以社会工作为主题的线下活动，邀请公众参观、互动，让他们亲身体验社会工作的日常，了解社会工作人才的工作内容和挑战；并与高校、培训机构合作，开设社会工作相关课程和培训班，提高社会工作人才的专业水平，使其更加适应社会的需求；同时建立社会工作人才的职业认证机制，对从业人员进行定期评估和认证，确保其专业水平和职业道德得到保障。通过上述措施的实施，我们才能有效地提高社会工作人才的社会认同度，为其创造一个更好的工作环境和发展空间，同时也为社会的和谐发展做出更大的贡献。

2. 提升专业待遇水平，保障社会工作人才基本就业权益

当前，社会工作行业薪酬结构失衡、缺少晋升与发展的机会等，严重制约社会工作从业人员和行业外人员对社会工作职业的认同，社会工作人才流失率高，人员流动频繁，出现了"行业引不来""机构留不住""社会工作做不好"的尴尬局面，这些问题实质上都是对社会工作职业社会认同度低的直接或间接反映[①]。地方政府需要在市域内对社会工作者的专业地位、职

---

① 张丽芬：《社会工作职业的社会认同度：测量指标及其政策意义》，《山东社会科学》2018年第7期。

业地位等进行合理的制度安排，因地制宜地设计好社会工作职业的专业技术职务晋升制度、政府指导标准价位下的社工协议薪酬制度等，保障好人才队伍合理的薪酬、福利和职业发展机会；同时引导社会工作行业的用人单位依据《中国社会工作者协会社会工作者守则》等业内文件和地方政策要求，一方面建立合理的奖惩机制，根据社会工作服务的评级标准，通过开展社会工作完成情况评估、评测和调查来考核和评价社会工作者，另一方面建立健全业内同行互助以及服务转接程序，为社会工作者提供服务建立民间支撑，才能真正提升社会工作者的自我职业认同以及降低社会工作者在持续性的基层服务过程中产生的职业倦怠感。此外，政府还应该加强对社会工作人才的培训和指导，提供更多的学习和交流机会，帮助他们更好地适应社会变迁和现代化进程。

参考文献

王思斌：《中国式现代化新进程与社会工作的新本土化》，《社会工作》2023 年第 1 期。

徐选国、秦莲：《制度赋能与专业建构：中国式现代化进程中社会工作发展的双重动力》，《学习与实践》2023 年第 5 期。

方亚琴：《社会组织领域中地方政府的治理逻辑与制度生产——基于 A、B 两省省级制度文本的比较分析》，《社会建设》2023 年第 3 期。

潘琳、徐鸣：《我国社区治理领域政策分析与评价研究——基于"过程—工具—内容"三维分析框架》，《理论学刊》2022 年第 6 期。

徐道稳：《新发展阶段社会工作人才队伍建设基本原则和主要任务》，《社会治理》2023 年第 3 期。

仝秋含：《人才队伍建设：政策发展的重点及其配套政策的缺位——基于 2009—2018 年社会工作政策的内容分析》，《社会工作与管理》2019 年第 6 期。

曹曦文：《社会工作人才队伍建设的政策工具类型及其选择逻辑研究——基于政策文本的内容分析（2006-2019）》，重庆大学硕士学位论文，2020。

叶托、余莉、陈丽丽：《我国社会工作政策的变迁历程和演化逻辑——基于 1987—2020 年 118 份国家级政策文本的量化分析》，《长白学刊》2022 年第 6 期。

陈锋、陈涛：《中国社会工作政策与规划之分析：内容、特点与前瞻》，《社会工作与管理》2014 年第 4 期。

冯元、彭华民：《中国社会工作政策发展的背景、动力与价值》，《中州学刊》2016 年第 1 期。

吴佳峻、徐选国：《迈向技能为本：社会工作者职业技能的形成过程与生产转向》，《华东理工大学学报》（社会科学版）2023 年第 5 期。

B.18
2023年志愿服务政策发展与展望

朱晓红*

摘　要： 2023年是中国志愿服务事业的转型之年，志愿服务顶层设计进入新阶段。全国志愿服务统筹规划、协调指导、督促检查等职责划归中央社会工作部，提升了志愿服务在国家发展战略中的定位；2023年新出台的志愿服务相关政策主要采用了自愿性政策工具，同时也使用了混合性和强制性政策工具；地方探索志愿服务激励模式创新，推动社会工作与志愿服务结合，强调专业志愿服务的发展与促进。2024年在党委的重视与高位推动下，将建立志愿服务领导统筹机制，构建以社会工作部为领导，精神文明办、共青团、民政部、教育部、卫健委等各有关部门，及不同类型的社会组织和社会各界之间有效分工协作、日常联络沟通的协同机制；各地将制定落实《关于健全新时代志愿服务体系的意见》的政策与方案，探索志愿服务体系建设的地方模式；同时，各部门也将针对特定领域接续出台专项政策，激发志愿服务参与热情，进一步提升志愿服务专业化水平。

关键词： 志愿服务政策　机构改革　志愿服务体系

一　2023年志愿服务政策综述

2023年是中国志愿服务事业的转型之年。党和国家高度重视志愿服务，把志愿服务提升到社会治理的高度，指出志愿服务是为"全面建设社会主

＊ 朱晓红，华北电力大学人文学院教授，社会企业研究中心主任，主要研究方向为社会组织与社会治理、社会企业、志愿服务等。

义现代化国家、全面推进中华民族伟大复兴凝聚强大力量"①。2023 年 2 月习近平对深入开展学雷锋活动作出重要指示,强调要深刻把握雷锋精神的时代内涵,让雷锋精神在新时代绽放更加璀璨的光芒②。2023 年 5 月 21 日,习近平给上海市虹口区嘉兴路街道垃圾分类志愿者的回信中说"垃圾分类和资源化利用是个系统工程,需要各方协同发力、精准施策、久久为功,需要广大城乡居民积极参与、主动作为。希望你们继续发挥志愿者在基层治理中的独特作用,用心用情做好宣传引导工作,带动更多居民养成分类投放的好习惯,推动垃圾分类成为低碳生活新时尚,为推进生态文明建设、提高全社会文明程度积极贡献力量"③。2023 年,志愿服务顶层设计进入新阶段,各部门各地方纷纷出台相应的政策,探索制度创新,推动志愿服务制度化、规范化、专业化、社会化,促进志愿服务事业高质量发展。

第一,志愿服务顶层设计进入新阶段。2023 年 3 月,党和国家机构改革方案公布,全国志愿服务统筹规划、协调指导、督促检查等职责划归中央社会工作部,由党中央管理,提升了志愿服务在国家发展战略中的定位,为志愿服务发展带来新导向。《志愿服务法》被列入十四届全国人大第一类立法项目。2023 年《慈善法》修订版新增"应急慈善"部分,明确提出在发生重大突发事件时,鼓励志愿者"在有关人民政府的协调引导下依法开展或者参与慈善活动",志愿服务在风险治理体系中的角色和功能得到重视。2024 年 4 月,中共中央办公厅和国务院办公厅出台《关于健全新时代志愿服务体系的意见》,这是系统部署健全新时代志愿服务体系的第一份中央文件,充分体现了党中央对志愿服务的高度重视,对完善志愿服务制度和工作体系、促进志愿服务事业长远发展具有重要意义。④

第二,政策出台数量较多,政策工具丰富。根据北大法宝网站数据,

---

① 中国政府网,2023 年 2 月 23 日,https：//www.gov.cn/xinwen/2023-02/23/content_5742915.htm。

② 中国政府网,2023 年 2 月 23 日,https：//www.gov.cn/xinwen/2023-02/23/content_5742915.htm。

③ 中国政府网,2023 年 5 月 22 日,https：//www.gov.cn/yaowen/liebiao/202305/content_6875490.htm。

④ 《中央社会工作部有关负责人就〈关于健全新时代志愿服务体系的意见〉答记者问》,中国政府网,2024 年 4 月 22 日,https：//www.gov.cn/zhengce/202404/content_6946910.htm。

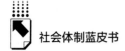
2023 年新出台的志愿服务相关政策共有 25 个，其中中央部门工作文件 8 个，地方性法规和规章 6 个，地方性规范性文件 11 个。从政策的主题内容来说，一般通用类志愿服务政策 6 个，广州、沈阳、廊坊等均对本地志愿服务条例、规定等进行了修订；围绕文化、科技、养老、环保、司法等的志愿服务领域类政策 14 个，如国家体育总局开展的全民健身志愿服务、文化和旅游部开展的"春雨工程"等，而地方层面多样化地围绕各个领域推进规范建设，如北京关注养老服务、杭州关注司法援助、广州关注健康科普等；围绕志愿服务流程的管理规范类政策 3 个，重点关注了志愿服务记录与证明环节；政府评价类政策 2 个，主要围绕志愿服务信用信息管理等内容，并对志愿服务建设情况进行抽查评价。

上述政策中，使用了自愿性、混合性和强制性政策工具。主要是使用了自愿性政策工具，各个政策文本中都通过倡导志愿精神鼓励个人、家庭、社会各界等自愿参与志愿服务活动，并提供信息和宣传优秀案例、鼓励志愿服务。政策文本中融合了强制性政策工具，强调了促进志愿服务的规范化、制度化、专业化、社会化的政策目标，对志愿者、志愿服务组织、志愿服务项目、志愿服务行为等提出了规范性的要求，其中针对志愿服务记录和证明容易出现的违规行为，《青海省志愿服务记录与证明出具办法实施细则》在民政部出台办法基础上细化了志愿服务记录与证明出具办法；浙江省聚焦垃圾分类志愿服务提出了"有管理、有场所、有队伍、有形象、有培训、有品牌"的垃圾分类志愿服务组织建设标准①。

此外，各个政策中通过混合性政策工具，即通过信息劝导、补贴、税收优惠等方式来推动政策目标的实现。《中华人民共和国第二届职业技能大赛志愿服务工作方案》和《2023—2024 年度大学生志愿服务西部计划实施方案》中均规定了志愿者工作生活补贴事宜；《沈阳市志愿服务条例》第三十六条明确提出"自然人、法人和其他组织捐赠财产用于志愿服务活动的，

---

① 《省文明办 省分类办关于印发〈关于建立和完善垃圾分类志愿服务工作体系的实施意见〉的通知》，浙江省住房和城乡建设厅网站，2023 年 7 月 11 日，https：//jst.zj.gov.cn/art/2023/7/11/art_1229159343_58933151.html，最后访问日期：2024 年 7 月 5 日。

依法享受税收优惠",廊坊和白城也做了类似规定。《南宁市志愿服务条例（2023修订）》提出建立志愿服务信用信息归集机制，北京出台了《北京市志愿服务信用信息管理办法》，完善了志愿服务信用信息管理，丰富了混合性工具包。

表1　2023年出台政策一览

序号	文件名称	制定机关	发文字号
1	中华人民共和国第二届职业技能大赛志愿服务工作方案	第二届全国技能大赛执委会	国赛执发〔2023〕31号
2	"春雨工程"——文化和旅游志愿服务边疆行计划实施方案	文化和旅游部	文旅公共发〔2023〕48号
3	体育总局社体中心关于组织开展2023年"全民健身志愿服务——全国柔力球大篷车公益惠民推广万里行活动"的函	国家体育总局	社体字〔2023〕98号
4	民政部关于学习贯彻习近平总书记重要指示精神深入开展学雷锋志愿服务活动的通知	民政部	民函〔2023〕31号
5	体育总局社体中心关于开展"向雷锋同志学习"题词60周年社会体育指导员全民健身志愿服务主题活动的通知	国家体育总局	社体字〔2023〕35号
6	文化和旅游部办公厅、中央文明办秘书局关于公布2022年文化和旅游志愿服务典型案例的通知	文化和旅游部	办公共发〔2023〕6号
7	中国科协　教育部　共青团中央关于2023年大学生科技志愿服务工作安排的通知	中国科协 教育部 共青团中央	
8	2023~2024年度大学生志愿服务西部计划实施方案	共青团中央 教育部 财政部 人力资源和社会保障部	中青联发〔2023〕6号
9	沈阳市志愿服务条例	沈阳市人大（含常委会）	沈阳市人民代表大会常务委员会公告第16号

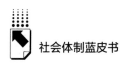

续表

序号	文件名称	制定机关	发文字号
10	南宁市志愿服务条例（2023 修订）	南宁市人大（含常委会）	南宁市人民代表大会常务委员会公告 15 届第 19 号
11	廊坊市志愿服务促进条例	廊坊市人大（含常委会）	廊坊市第八届人民代表大会常务委员会公告第 11 号
12	白城市志愿服务条例	白城市人大（含常委会）	白城市第七届人民代表大会常务委员会公告第 5 号
13	广州市志愿服务规定	广州市人大（含常委会）	广州市第十六届人民代表大会常务委员会公告第 10 号
14	哈密市志愿服务管理办法	哈密市人民政府	哈密市人民政府令第 5 号
15	杭州市法律援助志愿服务实施办法	杭州市司法局 杭州市精神文明建设委员会办公室 杭州市退役军人事务局 杭州市总工会 共青团杭州市委员会 杭州市妇女联合会 杭州市残疾人联合会 杭州市老龄工作委员会	
16	北京市志愿服务信用信息管理办法	北京市民政局 北京市经济和信息化局	京民社工发〔2023〕276 号
17	广州市进一步推进健康科普志愿服务工作方案	广州市卫生健康委员会 共青团广州市委员会	穗卫宣传〔2023〕3 号
18	宁夏回族自治区志愿服务记录与证明出具办法（试行）	宁夏回族自治区民政厅	

序号	文件名称	制定机关	发文字号
19	关于深化我市"寸草心""手足情"助老志愿服务工作的实施意见	天津市民政局 天津市文明办 天津市教育委员会 天津市财政局 天津市卫生健康委员会 中国共产主义青年团天津市委员会 天津市老龄办 天津市少工委	津民发〔2023〕30号
20	关于进一步加强志愿服务若干事项规范管理工作的通知	湖南省民政厅 湖南省文明办 湖南省教育厅 中国共产主义青年团湖南省委员会 湖南省妇女联合会 湖南省残疾人联合会	湘民发〔2023〕29号
21	北京市养老志愿服务"京彩时光"工作规范（试行）	北京市民政局 北京市财政局 共青团北京市委员会	京民养老发〔2023〕183号
22	宁夏回族自治区退役军人志愿服务工作实施细则（试行）	宁夏回族自治区退役军人事务厅 宁夏回族自治区文明办 宁夏回族自治区民政厅 共青团宁夏回族自治区委员会	宁退役军人规发〔2023〕3号
23	关于建立和完善垃圾分类志愿服务工作体系的实施意见	浙江省精神文明建设委员会办公室 浙江省生活垃圾分类工作领导小组	浙分类办〔2023〕10号
24	青海省志愿服务记录与证明出具办法实施细则	青海省民政厅	青民发〔2023〕36号
25	关于加强本市志愿服务行政管理有关事项的通知	上海市民政局	沪民社工发〔2023〕1号

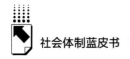
第三，地方重视志愿服务高质量发展，积极探索政策创新。各地也基于建设基础和发展需要，依托志愿服务政策涌现创新风潮。

一方面，探索志愿服务激励模式创新。北京市打造"京彩时光"互助养老服务模式，依托信息平台进行服务时间的记录和储存，基于"今天存时间，明天换服务"的精神，创新性实现养老志愿服务信息共享交换和合理使用①。广州市基于大湾区地缘优势，推动志愿服务的港澳互认与国际化发展，提出"支持和推进建立粤港澳大湾区志愿服务联动和常态化交流合作机制，推动志愿者身份互认、资讯互通、记录互认、激励共享，促进志愿服务事业融合发展"②。

另一方面，重视通过社会工作专业服务提升志愿服务效果，促进志愿服务与社会工作深度融合。广州充分发挥五社联动建设优势，提出"推动慈善、社会工作和志愿服务协同发展，支持志愿者和社会工作者共同开展志愿服务活动。社会工作服务机构和社会工作者可以发挥专业优势，在需求对接、项目设计、活动实施、队伍培育等方面支持志愿服务活动"③。南宁同样关注社工力量，提出："鼓励村（社区）引进社会工作者、志愿服务组织招募社会工作者，发挥社会工作者的专业优势，推动志愿服务规范发展④。"

此外，强调专业志愿服务的发展。沈阳市志愿服务条例第二十七条提出"鼓励志愿者利用自己的专业知识和技能在教育、科技、文化旅游、体育、医疗、法律、心理、环境保护、应急救援等领域提供专业志愿服务。鼓励志愿服务组织加强协作交流，开展区域性、专业性合作，加强志愿服务联动，

① 《北京市民政局等3部门关于印发〈北京市养老志愿服务"京彩时光"工作规范（试行）〉的通知》，北京市人民政府网站，https://www.beijing.gov.cn/zhengce/gfxwj/sj/202310/t20231023_3284547.html，最后访问时间：2024年7月5日。
② 《广州市志愿服务规定》，广州人大网，2023年3月5日，https://www.rd.gz.cn/zlk/flfgwjk/gzrdflfg/dfxfg/jk/content/post_239174.html，最后访问日期：2024年7月5日。
③ 《广州市志愿服务规定》，广州人大网，2023年3月5日，https://www.rd.gz.cn/zlk/flfgwjk/gzrdflfg/dfxfg/jk/content/post_239174.html，最后访问日期：2024年7月5日。
④ 《南宁市志愿服务条例》，广西南宁市人民政府门户网站，2023年8月17日，https://www.nanning.gov.cn/zwgk/fdzdgknr/zcwj/flfg/t5681529.html，最后访问日期：2024年7月5日。

提高志愿服务专业化水平",凸显了专业志愿服务在各领域发展中的重要作用;第三十一条"鼓励和支持国家机关、企业事业单位、人民团体、社会组织等成立志愿服务队伍,开展专业志愿服务活动"[①],引导志愿服务通过跨界协作参与社会治理,创新性解决社会问题。

二 2024年志愿服务政策展望

2024年志愿服务政策,在机构改革深化的背景下,将更加注重系统性、协同性和创新性,推动志愿服务与社会治理、经济发展、文化繁荣等深度融合,成为新时代中国特色社会主义事业的重要组成部分。

第一,党委重视与高位推动。在党委的高位推动下,志愿服务在社会治理、社会参与和公共服务供给方面的重要价值将得到更多重视。各级党委将把志愿服务作为加强和创新社会治理的重要抓手,纳入经济社会发展总体规划和年度工作计划中统筹考虑和安排。

第二,建立志愿服务领导统筹机制。随着机构改革的深化,作为志愿服务的统筹协调部门,2023年3月组建的中央社会工作部开始全面履职。2024年,各地各级社会工作部在定岗定编定职责过程中,把原先散落在各部门各单位的志愿服务管理职能进行梳理和整合,构建以社会工作部为领导,精神文明办、共青团、民政部、教育部、卫健委等各有关部门,以及志愿服务联合会等不同类型的社会组织之间有效分工协作、日常联络沟通的协同机制,将志愿服务纳入社会治理大局中统一规划、集中部署、协同推进。尽管打破"九龙治水"治水格局之后要切实实现统一领导、多元协同、信息互通、资源共享会面临巨大挑战,但是相信各地立足本地传统、发挥自身优势进行的创新与探索,将为志愿服务体制机制完善提供有价值的地方样本。

第三,志愿服务体系的进一步完善与创新。2024年将是《中共中央办

---

① 《沈阳市志愿服务条例》,中共沈阳市委、沈阳市人民政府,https://www.shenyang. gov. cn/zwgk/zcwj/fggz/sdfxfgzl/202311/t20231114_4556274. html,最后访问日期:2024年7月5日。

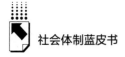

公厅、国务院办公厅关于健全新时代志愿服务体系的意见》在各地深入落实的关键一年。各地将结合本地实际，制定实施意见，探索志愿服务体系建设的新路径、新模式。

第四，针对特定领域接续出台专项政策，激发志愿服务参与热情。2024年各有关部门将接续出台一系列专项政策，推动各领域积极参与志愿服务。如2024年4月，退役军人事务部和司法部已经出台《关于加强退役军人法律服务志愿工作的意见》，各个领导的志愿服务政策将针对特定领域（如乡村振兴、教育、医疗、养老等）的志愿服务需求，为强化党建引领、壮大志愿者队伍、提升志愿者素质、推进志愿服务供需对接、加快数字化建设等方面提供政策支持与保障，以激发社会各界参与志愿服务的积极性和创造性。

B.19
我国志愿服务专业化的挑战与发展趋势

——以醴陵市阳光志愿者协会为例

戴　影*

摘　要： 本文通过对一家志愿服务组织以及一个志愿服务体系的系统分析，揭示出在帮助困境儿童的过程中直面"传统帮助方式解决不了问题"的挑战，不断深化服务行动的探索过程，从而由点及面地展示出我国志愿服务的发展趋势、生长景观与面临的挑战。当下时代志愿服务向社工发展变化，三个重要的生长点为：一是志愿服务的专业化与职业化，即从传统性的善与物质性帮助转轨为平等接纳尊重的社工式理念与对待方式；二是志愿服务功能转变所带来的对志愿服务理解上的变化；三是志愿服务资金来源的变化，即通过互联网筹款打开资金通道，以稳定持续的资金支持专业化的服务展开。

关键词： 志愿服务　专业化　职业化

一　典型案例：醴陵市阳光志愿者协会

湖南省醴陵市阳光志愿者协会（以下简称"阳光"）是一家位于县域的志愿服务组织，该组织于2016年开始助学行动，于2018年6月正式注册成立。自2021年成为湖南省大爱无疆青少年公益发展中心（以下简称"大

---

* 戴影，清华大学公共管理学院博士后，北京师范大学公共管理博士，主要研究方向为社会组织管理、社会服务、社会治理等。

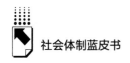

爱无疆")在地支持的伙伴之一,合作开展"逆风飞翔·事实孤儿同行计划",为事实孤儿及其他困境儿童提供服务。

近年来,该组织在儿童服务的专业性、对志愿服务内涵的理解、运作资金来源等方面均产生了明显的变化,既体现出志愿服务广泛动员社会参与的优势,又反映了志愿服务直面"传统帮助方式解决不了问题"的挑战时是如何突破障碍的。该组织在全国范围内并非个例,所折射的是我国志愿服务正在朝向专业化、职业化发展的趋势和规律。本部分首先通过勾勒该组织的具体面貌,以近观志愿服务演进生长的景观。

(一)低门槛:人人皆可参与

2016 年,受到陈自绪老人①个人助学行动的影响,醴陵市来自不同职业的 7 人共同发起了阳光志愿者协会,为孤儿等困境儿童提供助学金,通过助学行动来传承陈老的精神,此时是松散化、非正式的志愿者行动。2018 年 6 月注册以后,阳光的服务行动依然是基础助学,即动员社会公众加入志愿者队伍、为当地困境儿童送去助学金或生活物资②。一方面,困境儿童的生活境遇充满困苦与艰辛,容易触发人们内心的善意,使人们想要贡献自己的力量为其纾解困难,另一方面,受陈老的精神感召、为 7 位创始成员身体力行的热情所感染,越来越多的志愿者加入阳光的助学行动之中,活动规模不断扩大。

阳光开展公益活动的起点和门槛较低,主要是帮助贫困学生、事实孤儿及其他困境儿童,从提供助学金入手,且没有更多的专业性要求或说辞,这让志愿者感觉到自己是有能力助人的,能够将更多平凡普通的社会公众吸引

---

① 陈自绪,今年已 90 岁高龄,人们亲切地称之为"陈老",于 1999 年便以个人行动为醴陵市的受困学生提供助学金支持,资助对象筛选、实地走访与助学金的发放都是自己亲力亲为,截至目前陈老共资助了 1000 多名孩子,帮助其走进高中或大学校园,其中 300 多名学生已大学毕业并踏上工作岗位。陈老几十年如一日的助学行动日益为人们所知,其志愿精神感动了许许多多醴陵市民,已成为醴陵市的一面精神旗帜。

② 截至 2021 年,阳光共走访了 342 个行政村、56 所社区居委会、238 所学校、800 余户家庭,资助大、中、小学生 769 位,发放奖学金 200 余万元。

进来成为志愿者，简言之，只要想做点好事便能加入，人人皆可参与。

与此同时，即便助学金的门槛足够低，最初加入的也只有小部分人，因而还存在着一个不断"点燃"的趋势。以少数先加的人作为先导，真正务实地投入志愿服务行动之中，具有足够高的激情和热度，慢慢感染更多的人加入进来。

（二）服务行动：深度不断增加

正是在实地走访和发放助学金的务实行动中，阳光的志愿者们逐渐发现绝大部分受助儿童的心理、行为、社会关系乃至整个人格发展深陷困境之中，有的表现为自卑、脆弱、胆怯和封闭；有的则表现为反叛、愤怒或对外界充满敌意；而且有一部分儿童即使获得了助学金依然选择辍学，这让阳光团队意识到帮助这类儿童仅仅依靠善意和同情是远远不够的，仅仅投入时间、资金或物资是无法回应儿童成长发展中的诸多需求和问题的。于是，追随着现实中暴露的问题和儿童应该获得更好成长的目标，阳光不再停留于简单地发放助学金，开始不断尝试探索更具有深度的帮助内容和方式。

1. 关注儿童的增能与发展

第一，深度陪伴服务的探索。2018年4月，阳光从助学项目中分离出专门的"阳光宝贝陪伴"项目，招募志愿者成为阳光爸妈，与有需要的困境儿童一对一结对后提供深度陪伴。阳光爸妈用心地陪伴儿童，定期互动交流，同时协会组织开展夏令营、农耕营等活动促进双方之间感情的建立。通过陪伴和支持，绝大多数阳光宝贝的状况有所改善，比如自卑的儿童在阳光爸妈的持续关爱中打开心扉、学会表达；想要放弃读书的初中生经过志愿者的照顾和精神引领，最终圆梦大学；等等。

第二，创设实践活动让儿童在参与中增能。观察到儿童"拉帮结派、孤立同学、打架、自我中心"等现象，阳光于2019年5月启动了"少年公益小记者"活动，为儿童提供社会参与的平台。活动面向城市中7~16岁的儿童招募，自愿报名之后接受上岗培训、参加庄重的宣誓仪式，感受小记者这一角色的职责。每一次采访活动阳光并不给予固定的框架和硬性要求，而

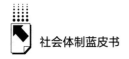

是让其顺着自己的兴趣点提问，给予儿童自主创造的空间，同时志愿者在一旁给予关注，观察每个小记者的状态并在必要时给予支持。活动结束后，阳光组织小记者们集体分享感受、增加同伴间的友好交往。

通过这一社会实践，儿童的视野从个人、家庭、学校扩展至社会，对社会的责任感有了最初的萌芽，且在家长们眼中，儿童表达和写作能力得到了提高，一些个人行为也发生了改变，比如体会到环卫工人的不易而主动爱护环境、回家主动做家务、懂得感恩、学会和同伴相处等等。家长们的口碑吸引更多的人参与阳光志愿服务行动。

2023 年，阳光共服务事实孤儿 108 名，服务一般家庭青少年 110 名，服务特殊困境儿童 22 名。

2. 平等接纳理念的内生

深度陪伴儿童对于内心的触动，加之合作后大爱无疆的影响和示范，阳光逐渐内生出以儿童为中心、平等接纳的价值理念，并据此调整了以往在助学中的诸多行动方式，包括在相处时理解儿童的感受，避免触碰对方心里的敏感问题，更多地站在儿童的视角考虑问题；注重并保护儿童的尊严和隐私，不再为了宣传或信息公开而拍摄正面照片；陪伴志愿者不给儿童施加压力、不认为儿童是不正常的、不处于"我来拯救你"的高姿态，逐渐学会真正地接纳儿童，使其卸去压力和负担，以平等、尊重的方式陪伴结对的阳光宝贝。

此外，阳光团队正在构思下一阶段的服务目标和计划——待时机成熟时，将公益小记者与事实孤儿、失亲儿等困境儿童对接起来，让来自不同境遇、不同生长环境的儿童聚集到一起平等相处和互动，在交往中形成友好的伙伴关系，从而感受和学习到对他人的尊重与接纳。目前尚未启动的原因在于阳光顾虑自身专业能力不到位而出现被嫌弃、被排斥等情形，仍需一段时间的能力积累和充分准备。

3. 志愿服务功能的变化

上述过程反映出志愿服务功能的变化——基于助人方式的质变，对于困境儿童的帮助和需求回应不断增加。最初是向事实孤儿或困境儿童简单提供助学金，满足其基本物质层面的需求；其次是跃迁至软性的陪伴服务与拓展活动，以促进儿童增能和人格发展；最后是初步内生出平等接纳的社工式理念，正在以理念为指引探索相应的服务手法。

服务深度的增加也让一部分志愿者们越来越深地卷入助人的过程中，对于人应该被怎样对待、人的发展的本质以及生命的价值有了更加充分且深刻的认识，进而让自己从陪伴儿童到日常生活工作乃至与家人的互动方式产生了不同程度的变化。

（三）资金来源：互联网筹款的助力

另一变化趋势体现在阳光的服务资金方面，包括资金的性质、来源渠道与数量，且这一变化与志愿服务的项目化、专业化相辅相成，帮助儿童的志愿服务以项目的形式上线筹款，筹款又反过来支持服务行动的深化，突破了一线志愿服务组织长期缺乏资金支持、经费极度短缺、无法满足发展需求的困局[1]。

互联网筹款平台是阳光实现资金来源突破的重要助力。以扎实的助学服务为内核，在大爱无疆的整体筹款策略和支持之下，阳光逐渐掌握了筹款的技术和运作规则，顺利进入互联网筹款通道，形成了服务与筹款相互促进的局面。以腾讯公益平台的99公益日为例，从2021年到2023年，阳光连续三年的筹款情况较好，2021年为22万元、2022年为53万元、2023年为42万元，共计117万元。

志愿服务与互联网筹款的力量汇合释放了新的潜力，2023年共有30多家企业、6000多人次参与。阳光将公众个体、家族、企业、政府部门、受助对象等诸多社会主体卷入，促使更多的人知晓和加入。部分捐赠人随后参与到实地探访、发放助学金、建设宝贝小屋、陪伴儿童等行动之中，既是捐赠人又是志愿者。值得一提的是，其中诸多社会主体是基于帮助服务本身的

---

① 龚维斌主编《社会体制蓝皮书：中国社会体制改革报告 No.11（2023）》，社会科学文献出版社，2024，第189页。

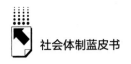

价值而主动捐赠或担任爱心大使动员捐款的，而不是依托于传统的人情关系和面子。

2023年，更多的资金来源渠道被打开，包括地方企业和家族投入资金、资源的益企行动，包括当地政府以168万元购买服务的资金、青山慈善基金会支持阳光在当地建设儿童成长营地等。

（四）服务团队：从松散到职业化

随着服务行动的深入，志愿者数量增加且卷入程度不断加深，松散化的志愿者队伍形式已然满足不了提供专业服务的现实需求。对此，阳光在团队治理、人员招募等方面在向职业化的方向迈进，开始带有专门社工服务机构的特征。一些明显的标志性事件主要为：一是阳光创始团队成员在原有工作退休后全职加入协会，并且尝试报考社会工作职业资格考试；二是专门聘用了全职人员，自2021年聘用第一位全职人员以来，2023年共聘用了3名全职人员，他们都具有社工的工作经验或学习背景；三是2023年承接了醴陵市24个镇（街道）的社会工作服务站项目，阳光总站配备一名专职社工，负责全市24名社工的督导工作；四是承接了醴陵市社会组织孵化培育基地项目。

在团队架构和内部治理上，则体现出正式组织化、规范化的趋势。目前，阳光协会理事会成员共有9人，顾问3人，管理团队成员36人，成立了党支部和妇联。在治理方式上，阳光尊重每位理事会和管理团队成员的意见或想法，涉及决策时均需要共同讨论后通过投票来形成决议，遵循少数服从多数原则，在讨论中允许充分表达观点。在管理层与志愿者之间，阳光践行平等原则，强调服务而非管理，从志愿者到管理层提升则基于投入的精力和时间，机会面向所有志愿者开放。

从松散到职业化的进程中新的挑战显现出来，阳光遇到了传统思维方式的阻碍，主要是关于志愿者奉献精神与职业化发展之间的认知分歧，分歧之一是相当于全职投入的志愿者是否应该领取物质报酬，是否聘用全职人员，志愿者为何需要人力成本；分歧之二是协会是否应该承接政府购买服务项目。尽管管理层在充分讨论后做出了决策，但也显示出伴随实践而来的对志愿服务理解的变化。

二　由点及面：一个志愿服务体系的生长

醴陵市阳光志愿者协会是大爱无疆事实孤儿服务体系的伙伴机构之一，上文所勾勒的发展历程反映了一个志愿服务生态体系形成、运作与生长的普遍趋势。下文由点及面，呈现该体系的整体格局与生长点。

（一）1+N 志愿服务体系

2011 年，大爱无疆①的一群志愿者开始关注到事实孤儿并为其提供帮助，经过七年的探索基本形成了综合化的事实孤儿服务模式，包括基础的助学金、深度陪伴成长、环境支持、组织集体活动、增加公共参与、开设麓山少年成长营等。2018 年，随着相关政策的出台以及地方政府的支持②，鉴于事实孤儿散居分布的现状，大爱无疆逐渐在湖南省内其他地级市或区县，通过培育赋能当地公益组织，再由其负责当地事实孤儿的服务；诸多位于县域的志愿服务组织与社工机构原本就已在开展助学助困、困境儿童帮扶等活动。双方经过自主选择达成合作意向，阳光便是其中之一。自 2022 年以来，大爱无疆又将服务项目进一步推广至河南省、云南省和江西省。

至此，以大爱无疆为源头发起、多家伙伴机构参与、聚焦事实孤儿服务的微型生态体系基本形成，即 1+N 志愿服务体系。2023 年，该体系在湖南、

---

① 长沙市岳麓区大爱无疆公益文化促进会自 2012 年正式启动实施事实孤儿救助计划，在省级注册为湖南省大爱无疆青少年公益发展中心，项目更名为"逆风飞翔·事实孤儿同行计划"。

② 民政部、最高法、最高检等 12 部门：《关于进一步加强事实无人抚养儿童保障工作的意见》（民发〔2019〕62 号），2019 年 6 月 18 日；共青团湖南省委、湖南省文明办、湖南省教育厅、湖南省民政厅、湖南省青年志愿者协会：《关于开展 2021 年湖南省"逆风飞翔·关爱事实无人抚养儿童"志愿服务项目的通知》〔湘团联 2021（4）号〕，2021 年 3 月 17 日。

江西、云南、河南四省与 102 个伙伴机构共同为 3429 名事实孤儿提供资助和长期的成长陪伴服务，且伙伴机构中半数以上为志愿服务组织，湖南省内志愿服务组织的占比则达到 70% 以上。

该体系的具体形态是指基层有 N 家组织在一线运作，在顶部有一家组织为其在资源、理念、目标定位、资金筹集、专业能力等多方面提供支持，内在蕴含着珍贵的相互促进力量和组合优势：第一，让更多的事实孤儿及困境儿童获得持续的服务；第二，以项目运作为连接，通过针对性、实质性的赋能支持提升志愿服务组织的发展水平；第三，将互联网筹款通道与专业服务引入志愿服务组织之中。

（二）从志愿者到社工的转轨

大爱无疆的整个服务队伍起源于志愿者，最初只提供资金帮助，避免困境儿童因经济压力而辍学，在帮助的过程中发现仅仅提供资金和贡献时间远不足以解决问题，于是越思考"如何有效帮助"的方式，逐渐将重点从提供资金转向心理性、人格性、家庭与社会关系梳理支持的服务。相应地，志愿服务的目标从"稳定上学、不违法犯罪"提升为"自我人格的发展与融入社会"。在围绕这一目标展开的运作中，志愿者们因在与儿童的互动中遭遇各种难题而必须找到有效的方法，在实践中反复摸索、尝试和积累经验，从而逐渐内生出平等、接纳、尊重、以人为本的社工式理念与服务手法。

在 1 的引领下，如同大爱无疆和阳光的发展轨迹一样，1+N 志愿服务体系现已普遍进入从志愿者贡献时间和资金的帮助到社工化服务的转轨过程之中，一部分儿童也因此产生了积极转变。其转轨的实质内涵是后者关于"人的发展"的定位和追求的目标更为高远，服务所需要的专业技术含量相应提高。

（三）筹款模式的打造与成果

互联网筹款平台兴起后，在基金会资助、政府购买服务这两大资金来源之外新增了一条不受地域限制、面向所有组织开放、社会公众广泛参与、快速便捷的筹款通道。对县域中的志愿服务组织而言，这是一个难得的机遇，但要抓住机遇却面临挑战，包括是否具备筹款的技术和运作能力、项目是否是有效运作以及如何基于项目运作进行筹款。

针对于此，1+N 志愿服务体系的优势便显现出来。大爱无疆带领体系内的伙伴机构一起探索尝试，为伙伴机构的互联网筹款提供全方位的帮助与支持，基础却至关重要的第一步是 1 与 N 的合作是从公益项目开始，而不是直奔单一筹款目标、为了筹款而筹款的联动。在 2021 年进行互联网筹款之前，大爱无疆和伙伴机构已就项目运作展开了近三年的合作，伙伴机构边学习边运作项目，不再如以往单次性、随机性提供志愿服务；逐渐建构起来的核心链条是以项目现场感深度卷入公众参与，以深度参与的实现来反哺筹款。服务设计和实际运作中包含着多个环节和机会可供爱心人士或社会公众选择参与，而且这份参与不是走马观花似的走过场，而是真正投入进去、付出时间精力和实实在在的行动，甚至还会感受到自己的无能为力等；最后是大爱无疆制定整体筹款策略，在该过程中提供全流程的支持服务，链接资源为组织配套激励政策，同时严格明确筹款的底线规则，遵守自律公约。

经过几年的摸索，大爱无疆与伙伴机构共同打造出一套互联网筹款模式，取得了丰硕的成果。大爱无疆从 2019 年开始参加"腾讯 99 公益日"，线上筹款金额从最初的 174.57 万元，到 2022 年的 844.8 万元，实现了跨越式的突破，虽然 2023 年相较于上一年度的筹款量有所下降，但实现了 800 万元的筹款目标，累积 412552 人次参与捐款[1]。2021 年大爱无疆联合湖南省内 45 家伙伴机构邀请 1500 余名爱心人士通过"一起捐"和"组队"的方式为事实孤儿筹集善款 700 多万元，捐款累计 117373 人次，近 50 家爱心企业参与捐款与主动劝募[2]；2023 年，湖南、江西、云南和河南四省参与筹款的 99 家伙伴机构共筹得 805.82 万元，其中志愿服务组织筹款超过 10 万元的有 16 家，占此区间伙伴机构总数的 55.17%，其筹款能力相对较强，尤

---

[1] 数据来源：《大爱无疆公益 2021 年度工作报告》。
[2] 数据来源：《2023 年"逆风飞翔·事实孤儿同行计划"项目"99 公益日"筹款经验总结报告》。

其是湖南省内的志愿服务组织，5 家筹款总额在 20 万元以上，且排在筹款总额前三位的均为志愿服务组织。

（四）差异化现状

无论是志愿服务行动的深化、从志愿者到社工的转轨，还是借助于互联网筹款的助力实现资金来源的多元化，包括大爱无疆、阳光在内的一部分志愿服务组织已经基本实现了质变性的突破，从专业性到运作资金来源均有所提高，但 1+N 志愿服务体系内更多组织处于不同的发展点位，从开始进入新型发展脉络，到基本转型成功，仍有一段不小的距离，这构成了志愿服务体系差异化发展的整体景观。

在志愿服务的功能方面，其核心在于关于"人的发展"的理念内生于心中以及理念在服务中落地为对待儿童的方式，真正通过服务来实现人的发展，这与中国传统文化中将志愿约等于奉献的观念不同。志愿者从最初的物质帮助转型为社工含义下的服务，其转变过程大体上需要经历三个阶段：最初基于善意的帮助→平等接纳尊重的社工化理念→掌握实现这一理念的专业服务技术。当前，各个组织的理念转轨、专业性水平和成熟程度不一，志愿服务组织中有的已经达到普遍意义的组织文化层面；有的自觉不自觉地产生了一些理念和做法；有的组织中个别志愿者已经实现转型，但仍然需要影响更多的人；有的则在组织内部、在理事会层面产生了严重的观念分歧，纠结于是停留在原有的服务方式还是转入社工化的轨道之中。

在资金来源方面，尽管大爱无疆对于伙伴机构的帮助内容和方式是一样的，但并非所有伙伴机构都积极参与进来并取得良好的筹款效果。即使在同一筹款策略下，各伙伴机构的筹款也存在明显的差异，在理念的纯粹度、团队的凝聚力和温度、项目的可信度、项目团队和服务专业性等方面存在不同程度的短板，这就影响了社会公众的参与数量、爱心人士的参与深度、项目现场的感染力度，筹款还未进入与项目的深度互动中，也影响了部分组织在99 公益日筹款的效果，从侧面反映出筹款最为关键的并不是传播与筹款的技术、技巧或工具方法。

综上所述，1+N志愿服务体系是以公益项目的实质内容为主干自下而上生长出来的，且正在转入新的发展轨道中实现质的提升和突破，在该体系具备雏形之后，又与互联网筹款平台进行对接，更是打开了新的资源通道和潜力空间，其发展水平和运作活力令人印象深刻。1+N体系具有引领性和组合优势，但越是进入前沿地带、越往前行，所遇到的挑战就越复杂、越艰巨。经过长久的坚持和努力，一部分伙伴机构已进入专业化、职业化的发展轨道，但仍有相当多的难题和制约点有待解决突破。

三 总结：志愿服务的变化趋势

通过上文对一家典型组织和一个志愿服务体系生长过程的描述分析，可以看到志愿服务由朴素的善良出发，从基础层面入手帮助处于各种困境中的儿童，基于低门槛、人人皆可参与的特性，将许许多多想要做好事的社会公众广泛动员卷入进来，却在持续行动的过程中遭遇到了严峻的挑战，发现既有的帮助方式已经无法解决儿童成长中的各类问题，因而在实践中不断解决问题进而深化服务，其以生动的生长历程充分诠释当下志愿服务向社工发展变化的趋势，这一趋势意味着专业化和职业化的趋势，同时意味着获得稳定的资金来源从而将服务提供得更专业、更稳定和可持续。具体而言，变化体现在志愿服务的功能、理解和资金三个方面。

第一，志愿服务功能的改变。这是最为核心的变化内容，志愿者从一开始为处于困境中的儿童提供助学金，转变为在提供物质帮助的基础上增加了软性的成长陪伴服务，对于困境儿童的帮助和需求回应的深度不断增加，致力于理顺其心理、行为、社会关系以及促进人格发展。功能伴随着目标的升级相应产生了改变，这便对志愿服务的投入和能力提出了新的要求——不再是捐赠时间、资金或者物品即可，更要在心中看到对方作为人本身的价值，平等地看待对方生命的独立与珍贵，同时以接纳、参与增能等专业的服务手法回应并引领儿童的成长。更为可贵的是，其理念和手法的转轨内生于点滴的实际行动之中，只要生长出来便是真实且富有生命力的，体现在与儿童的

相处之中、融入对待儿童的方式之中，不固守于外在的形式或框架。

第二，对志愿服务理解的变化。当志愿服务的功能改变，对于志愿服务的理解必然有所调整。对志愿服务的传统认知是强调无私的奉献、不求回报以及对于受助者的同情，在专业化、职业化的趋势下对志愿服务的内涵有了新的诠释，包括解决问题、拥有社工式的助人理念和特定的服务手法、专业的人做专业的事情。当下处于转轨的进程之中，上述两种观点并存交织在一起，因而在组织内外时常会出现分歧，包括是否需要报酬、是否需要人力成本、是否需要以项目的方式来运作等。

第三，志愿服务资金的变化。相较于最初的助学金提供，要实现儿童的增能发展、要以平等接纳的方式对待儿童，需要具备一套关于儿童如何发展的理念、专业技术手法和服务能力。新的帮助内容和方式，呼唤志愿者服务能力的提升，并且对于志愿者投入程度和持续性的要求也大幅提高，不再停留在单次性提供助学款或节假日慰问等浅层的行动，还需要有人更加用心地投入、专业地投入、职业地投入，这显然比之前需要更高的人工成本。互联网筹款通道的开设带来了机遇，在相关平台和枢纽组织的支持下，一部分志愿服务组织进入项目运作与资金来源相互促进的轨道，基于项目的运作上线筹款、扩大资金来源，并以此来支持志愿服务的专业化与职业化发展。

公共安全篇

B.20

2023年中国风险治理回顾和展望

詹承豫　刘锴*

摘　要： 2023年，中国风险治理取得积极进展。制度层面，围绕社会主义市场经济、粮食安全、生态安全、国家安全等领域制定和修改了相关法律法规；实践层面，第一次全国自然灾害综合风险普查成果进入应用阶段、安全生产治本攻坚三年行动方案稳步推进、新时代"枫桥经验"助推更高水平的平安中国建设、城市风险治理体系现代化进一步推进；理论层面，聚焦风险治理框架、模型、技术及城市风险与韧性治理、协同治理等理论研究主题。未来，要准确把握国家安全形势变化新特点、新趋势，切实贯彻落实国家安全战略。充分发挥人工智能的潜力，妥善应对其带来的风险和挑战，引领人工智能走向善治。在更高层面统筹发展和安全，从劳动者、劳动资料和劳动对象等维度系统提升安全治理能力，以高水平安全

---

* 詹承豫，北京航空航天大学公共管理学院副院长、教授、博士，主要研究方向为应急管理、风险治理、统筹发展和安全等；刘锴，北京航空航天大学公共管理学院博士研究生，主要研究方向为应急管理、统筹发展和安全。

保障新质生产力发展。

关键词: 风险治理 统筹发展和安全 中国式现代化

2023 年,中国风险治理工作坚持稳中求进,在制度建设、实践探索、理论创新等方面都取得显著进展和突破。一是风险治理制度建设成果显著,陆续修订或制定了相关法律法规和政策规划。二是风险治理实践成绩斐然,全国自然灾害综合风险普查成果进入应用阶段、安全生产治本攻坚三年行动方案稳步推进、坚持和发展新时代"枫桥经验"、城市风险治理体系现代化进一步推进。三是理论创新取得积极进展。面向未来,需要以总体国家安全观为引领,推进国家安全体系和能力现代化,进一步完善风险治理体系,在更高层面统筹发展和安全,科学有效地应对各类极端风险挑战。

一 风险治理制度建设取得新进展

2023 年,我国高度重视风险治理相关制度建设,并取得诸多新进展。以"风险治理""国家安全""突发事件""应急管理"为关键词,在北大法宝数据库中对政策文件进行检索,阅读并筛选后共得到 11 项法律、25 项行政法规、491 项部门规章。通过内容统计,可以看到"安全生产"仍是重点,此外"自然灾害""金融风险"等领域文件也较多,涉及领域如图 1 所示。

1. 压实责任:制定和修改系列法律法规

2023 年,我国风险治理相关法律法规体系建设进展显著,围绕粮食安全、市场经济秩序、社会秩序、生态安全、国家安全等重点领域制定和修订法律法规,详见表 1。

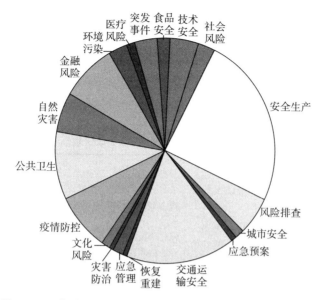

图1　2023年中国风险治理相关文件涉及领域统计（笔者自制）

表1　2023年中国风险治理相关法律法规

时间	名称	主要内容
2023年12月	中华人民共和国粮食安全保障法	保障粮食有效供给,确保国家粮食安全,提高防范和抵御粮食安全风险能力,维护国家安全和经济社会稳定
2023年12月	中华人民共和国公司法(2023年修订)	完善中国特色现代企业制度,维护社会经济秩序,促进社会主义市场经济的发展
2023年12月	中华人民共和国刑法(2023年修正)	保卫国家安全,保卫人民民主专政的政权和社会主义制度,维护社会秩序、经济秩序
2023年10月	中华人民共和国爱国主义教育法	加强新时代爱国主义教育,传承和弘扬爱国主义精神
2023年10月	中华人民共和国海洋环境保护法(2023年修订)	保障生态安全和公众健康,维护国家海洋权益,促进经济社会可持续发展,实现人与自然和谐共生
2023年9月	中华人民共和国民事诉讼法(2023年修正)	制裁民事违法行为,保护当事人的合法权益,教育公民自觉遵守法律,维护社会秩序、经济秩序
2023年6月	中华人民共和国无障碍环境建设法	保障残疾人、老年人平等、充分、便捷地参与和融入社会生活,促进社会全体人员共享经济社会发展成果
2023年4月	中华人民共和国反间谍法(2023年修订)	加强反间谍工作,防范、制止和惩治间谍行为,维护国家安全,保护人民利益

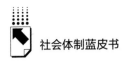

2. 顶层设计: 编制和出台相关政策规划

2023 年, 我国风险治理相关政策规划进展显著, 围绕生成式人工智能、跨部门综合监管、防范和化解项目风险等领域制定相关政策规划, 详见表 2。

表 2　2023 年中国风险治理相关政策规划

时间	名称	主要内容
2023 年 7 月	生成式人工智能服务管理暂行办法	采取有效措施鼓励生成式人工智能创新发展,对生成式人工智能服务实行包容审慎和分类分级监管
2023 年 1 月	国务院办公厅关于深入推进跨部门综合监管的指导意见	强化条块结合、区域联动,完善协同监管机制,提升监管的精准性和有效性
2023 年 3~12 月	系列"基层编制指南"	进一步规范生产和生产安全事故调查报告、基层单位应急预案、应急避难场所专项规划的编制工作
2023 年 3 月	投资项目可行性研究报告编写大纲及说明	针对性地提出项目主要风险的防范和化解措施。要求进行调查分析,提出防范和化解风险的方案措施,提出采取相关措施后的社会稳定风险等级划分建议

二　风险治理创新实践成效显著

2023 年, 我国风险治理开展一系列创新实践, 集中体现在自然灾害、安全生产、社会安全、城市综合风险等四个领域。

1. 自然灾害: 自然灾害综合风险普查成果应用

第一次全国自然灾害综合风险普查是我国国情国力调查的重要组成部分, 是提升自然灾害防治水平的关键举措。此次普查不仅是一次数据收集, 更是对我国自然灾害形势的全面了解和系统分析, 为未来的防灾减灾工作提供了重要依据。

本次普查收集了水旱、地震、气象、地质、森林草原、海洋等 23 种灾害致灾要素的调查数据, 涵盖了人口、经济、房屋、基础设施、公共服务系统、三次产业、资源和环境等 27 种承灾体空间位置和属性数据，以及 6 种综合减灾能力数据。同时，根据年度历史灾情数据建立了重点隐患数据库，包括 1978~2020 年度历史灾害灾情数据和 1949~2020 年 91 场重大历史灾害事件灾情数据。基于过往数据，建成了分区域、分灾种的国家自然灾害综合风险基础数据库。各地区各部门根据自身实际情况，广泛开展普查数据的应用工作。重点关注灾害评估、灾后恢复重建、重大规划、韧性安全城乡建设等脉络，将普查数据应用于地质灾害"点面双控"防治、海洋灾害风险预警、全国自建房安全专项整治、灾害综合监测预警和指挥、重大地震灾害风险评估、森林火源和设施管理、气象灾害危险性评估、交通灾害防治工程、七大流域防洪规划修编等工作中。第一次全国自然灾害综合风险普查成果应用有效提升了相关业务的科学性和精准化、精细化水平，为我国自然灾害防治工作的进一步改善提供了重要支撑（见图 2）。

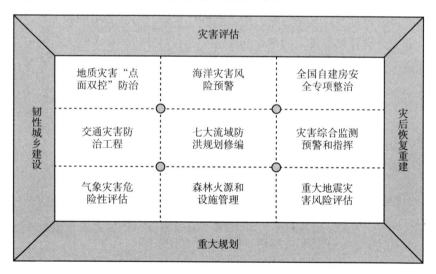

图 2　第一次全国自然灾害综合风险普查成果相关业务应用

资料来源：笔者自制。

2. 安全生产：安全生产治本攻坚三年行动方案

持续推进安全生产治本攻坚三年行动方案，继续采取"中央党校主课堂+各地区分课堂"的模式，以企业主要负责人安全教育培训为重点，不断

扩大培训覆盖面。

一方面，加强对企业主要负责人的安全培训，增强其责任意识，提升其安全管理水平，确保安全生产措施得到有效贯彻。重视完善重大事故隐患判定标准体系，深刻总结以往事故经验教训，着眼于新问题新风险，加强对各类事故隐患的检查和整改。同时，推动出台和修订系列重大事故隐患判定标准，形成覆盖各行业领域较为完备的标准体系。注重动态清零重大事故隐患，推动建立完善各类发展规划安全风险评估会商机制，促进企业自查自改常态化，强化事故隐患数据库管理，建立责任倒查机制。另一方面，加强安全科技支撑和工程治理，加强对重点行业领域安全风险监测预警系统的建设和应用，推进高危行业的机械化换人、自动化减人，加强重大安全工程建设。

坚持人民至上的价值理念，重视从业人员安全素质提升，加强对高危行业企业主要负责人、安全管理人员、特种作业人员的安全培训和考核，推动各行业安全教育培训规定的细化和完善。加强对外包外租单位人员的安全管理和培训，定期组织演练。强化安全管理体系建设，引导推动各类企业单位创建安全生产标准化管理体系，确保安全管理工作规范有序。加强执法和帮扶工作，综合运用各种方式开展专业执法检查，加大对事故隐患的调查和挂牌督办力度，形成有力震慑。同时，加强对重点地区的专项督导和专家指导服务，确保安全管理工作有序推进。注重全民安全素质提升，持续开展安全宣传活动，加快建设安全科普宣教和体验基地，提升全民的安全意识和自救能力。

3. 社会安全：坚持和发展新时代"枫桥经验"

进入新时代，各地区不断加强党的领导，用实际行动践行以人民为中心的发展思想，坚持和发展新时代"枫桥经验"，提升矛盾纠纷预防化解法治化水平，开展了一系列内容丰富和实践推进的措施。首先，筑牢善治之基，不断加强基层治理和社区建设。各地积极推进社区治理体系建设，通过成立居民自治组织、开展社区服务活动等方式，提升社区自治水平。例如，各地政府加大了对社区治理的支持和指导力度，便利社区居民参与决策和社区管理,促进社区内部的和谐和稳定。其次,丰富治理方式,持续加大数智技术应用力度。2023年,中国在城市管理和公共服务中普遍推广数字化技术,例如智慧社区建设、电子政务平台等,提升治理效率和服务质量。通过数字化手段,能够实现更加精准的社会服务和资源配置。此外,坚持惠民便民,继续优化基层法治环境。加强法治宣传教育,推动全民法治意识的提升。2023年全国各地法律服务中心的设立和法律援助的覆盖面进一步扩大,为民众提供更加便捷的法律服务。最后,践行群众路线,深化乡村振兴战略。2023年,中国继续推进乡村振兴战略,通过农村土地制度改革、农产品供给侧结构性改革等措施,促进农村经济的发展和农民收入的增加。基于此,地方实施了一系列激励政策,鼓励农村创业创新,推动农村产业结构调整和优化发展。

综合来看,中国在2023年继续积极探索创新,坚持好、发展好新时代"枫桥经验",通过各项具体措施,不断优化治理模式,为提升基层治理体系和治理能力现代化作出积极贡献。

4. 城市综合风险:城市风险治理体系现代化

2023年,中国在城市风险治理体系现代化建设方面取得了显著进展。通过强化技术创新、优化制度设计、提升协同管理和推进公众参与,多个层面和领域的风险治理能力得到了全面提升。

首先,技术创新在城市风险治理中发挥了重要作用。中国城市广泛采用大数据、人工智能和物联网等前沿技术,构建起智能化的风险预警和应急响应系统。例如,通过大数据分析,城市管理部门可以实时监测和预测自然灾害、公共卫生事件等风险,提高了风险识别和预警的准确性和及时性。人工智能技术被广泛应用于应急决策支持系统中,有利于快速辅助制定科学合理的应对方案,提升了应急响应的效率和效果。其次,优化制度设计是城市风险治理体系现代化建设的重要保障。2023年,各地不断完善风险治理的法律法规和标准体系,确保各项治理措施有法可依、有章可循。例如,上海、广州等城市出台了针对自然灾害、公共安全和环境风险的专项应急预案和管理条例,明确了各级政府和相关部门的职责分工和工作流程。同时,健全的风险评估和监测机制，使得城市管理者能够及时发现潜在风险并采取预防措施，有效降低了风险发生的概率和影响。再次，提升协同管理是城市风险治理体系现代化建设的关键。中国在 2023 年大力推进跨部门、跨区域的协同治理，加强了各级政府、社会组织和企业之间的合作。通过建立联合指挥中心和共享信息平台，不同部门和地区可以实时共享风险信息和资源，协同开展风险评估、预警和应急处置工作。例如，在应对突发公共卫生事件时，卫生、交通、公安等多个部门能够快速联动，形成合力，提高了整体应对能力。最后，推进公众参与是城市风险治理体系现代化建设的重要环节。注重提高公众的风险应对能力，积极推动公众参与到风险治理中来，通过社区培训和应急演练，普及防灾避险知识，提高居民的自救互救能力。政府还通过多种渠道向公众发布风险预警信息和应对指导，增强了公众的风险防范意识和应对能力。同时，公众参与到风险治理决策和监督中，有助于提高治理措施的科学性和有效性。

总体而言，2023 年中国城市风险治理体系现代化建设取得了显著成效。通过技术创新、制度优化、协同管理和公众参与，城市风险治理能力得到了全面提升，为城市的安全和可持续发展提供了坚实保障。未来，随着技术的进一步发展和治理体系的不断完善，中国城市风险治理能力将持续提升，进一步保障城市的发展和安全。

三　风险治理理论创新进展与讨论

2023 年，在中央政治局集体学习会议、全国两会、中央经济工作会议等重要会议和场合，习近平同志针对防范化解重大风险、切实维护国家安全、发展新质生产力、构建新安全格局等方面提出了新论断新要求。学术界围绕风险治理领域展开深入研究，形成了丰富成果。

1. 风险治理研究的相关热点主题

以"风险"为主题词在中国知网进行检索，2023 年相关文献的数量高达 11.75 万篇，数量在近年来相关研究中处于高位（见图 3）。

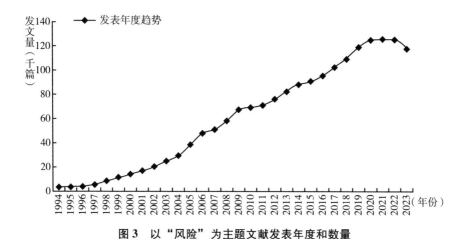

图3　以"风险"为主题文献发表年度和数量

资料来源：中国知网。

以 CSSCI 中文社会科学引文索引为来源的文章共 1296 篇。删除会议通知、传记资料、报告、书评后得到文献文本 1290 篇。鉴于相关文献文本组成的大型文本数据集，笔者基于 LDA 主题建模方法，对不同主题下的一系列关键词进行归纳总结，由该结果概括出相关主题名称，由此形成 2023 年风险治理领域的关键词表（表3）。

表3　LDA 主题建模结果

主题	主题名称	关键词(前 10 个)	主题强度
1	理论研究	风险 模型 评估 控制 理论框架 识别 分析 机制 基础 研究 体系	0.212
2	人工智能	Chatgpt AI 算法 机器学习 数据 挖掘 自然语言处理 深度学习 智能 决策 分析	0.185
3	治理能力	数字化转型 优化 技术信任 数字政府 债务 视角 结构 公众 公开 范式	0.152
4	统筹发展和安全	安全 可持续 平衡 发展规划 评估 协调 策略 战略 调控 统筹	0.130
5	治理路径	制度设计 政策实施 预警 流程 战略 模式 创新 缓释 优化 危机管理	0.096

主题	主题名称	关键词(前10个)	主题强度
6	风险沟通	沟通 网络 信息 感知 风险参量 公共关系 媒体 信任 意愿 效应	0.082
7	协同治理	合作 机制 共享 联合 协同 协作网络 效应 伙伴 联盟 行动	0.060
8	韧性治理	韧性 恢复 风险抵御 灾后重建 抗风险 能力 规划 自我修复 稳定 风险适应	0.037
9	公司治理	董事会 内部 控制 文化 利益相关者 法律 结构 审计 管理 透明	0.027
10	数字化转型	数字技术 智能 数据 数字平台 信息 创新 数字化管理 基础 系统 安全	0.020

注：表3是主题名称和关键词分布，其中主题强度的大小反映该主题在文本语料中的重要程度。

从表3可以看出，理论研究、人工智能、治理能力、统筹发展和安全、治理路径是热门主题，其中理论研究主题强度最高，占比21.2%，说明理论研究在当前的风险治理研究中占据主导。具体而言，其一，学术界在风险理论和治理模型方面进行了深入研究，发展了新的风险评估和控制方法。通过系统的风险识别和预测模型，研究人员能够更准确地分析潜在风险，并提出有效的风险分担策略。这些理论研究为实际风险治理提供了坚实的理论基础和创新思路。其二，在风险治理中，人工智能技术的应用显著提高了风险管理的效率和精度。通过机器学习和数据挖掘技术，可以实时监控大量数据，识别潜在风险。自然语言处理技术帮助分析文本数据，从中提取风险信息。智能监控系统利用深度学习算法进行异常检测和风险预测，实现了自动化决策和智能风控，提升了整体风险管理水平。其三，从治理能力主题中的主题词来看，学术界围绕如何不断增强治理能力，探讨了相关完善风险识别和防控的机制。通过提升决策能力和应急能力，各级政府和企业能够快速响应突发风险事件。协同治理机制的建立，促进了多部门资源整合和协同管理，提升了治理绩效和执行能力，确保了风险治理的高效开展。

2. 风险治理研究的主要理论成果

2023 年，风险治理领域在风险治理框架、多层次风险治理模型、技术风险治理、城市风险与韧性治理、全球风险协同治理等方面取得一系列进展。

综合风险治理框架强调多层次协同治理①，提出政府、企业、社区和个人应共同应对风险。系统性风险管理方法强调系统性思维②，关注风险间的相互关联③，以避免单一策略的局限。危机回应机制强调快速反应和灵活应对，建议建立高效应急机制以提升信息传递速度和决策效率④。事件驱动的风险规制理论则通过总结重大事件⑤，提出优化风险规制体系的建议。

风险感知理论进一步探讨了公众面对不同风险时的感知差异，研究发现，媒体报道、政府信息透明度和社会信任水平等因素影响着公众的风险感知。优化公众参与机制被认为是提升风险治理效果的重要手段，研究建议通过信息发布、增强风险教育和提高公众在决策过程中的话语权来提升公众参与度和信任度。技术风险治理成为研究热点，研究者提出了技术风险评估和管理框架，特别是在人工智能、大数据和基因编辑等领域，强调建立严格的评估机制和伦理审查制度。伦理风险管理概念指出技术发展带来的伦理挑战需要多方利益相关者共同应对，通过建立伦理委员会和法律法规等措施实现社会伦理和技术发展的平衡。

城市风险治理和城市韧性建设也是重要研究方向。研究提出通过构建智慧城市系统，利用物联网和大数据技术，提高城市应对自然灾害和公共卫生事件的能力。基于韧性思维的城市规划方法强调提升基础设施的适应性和恢

---

① 林鸿潮、刘辉：《国家安全体系和能力现代化的三重逻辑》，《新疆师范大学学报》（哲学社会科学版）2023 年第 2 期。

② 钟开斌：《新安全理念的逻辑架构阐释》，《社会科学辑刊》2023 年第 4 期。

③ 钟开斌：《增强防范化解风险本领》，《理论导报》2023 年第 10 期。

④ 赵艺绚、林鸿潮：《迈向第三方风险规制：安全生产责任保险的功能转型与制度完善》，《行政管理改革》2023 年第 11 期。

⑤ 朱俊明、赵旭、薛澜：《危机回应的非预期效应：基于太湖蓝藻事件的分析》，《公共管理学报》2023 年第 2 期。

复力，具体措施包括加强基础设施建设、完善应急管理机制和推进社区自组织能力建设①。基层治理创新强调社区自组织和居民自治在基层风险管理中的有效性②，逻辑框架方法则通过系统化设计和评估，提高风险治理项目的透明度和可操作性③，促进各级治理主体协同工作④。

信息传播和风险沟通在风险治理中的作用不可忽视。研究建议建立高效的信息传播机制，利用多渠道、多媒体确保风险信息及时传递到位⑤。政府应加强与媒体合作，利用社交媒体平台扩大信息覆盖面，提升传播的准确性和时效性。风险沟通策略建议采用透明、开放的方式，与公众建立信任关系，通过定期发布风险排查信息、回应公众关切和举办风险防范教育活动，提升公众的风险认知和应对能力⑥。此外，风险规制相关研究指出，在追求经济社会高质量发展的过程中，应同步加强风险规制，制定发展规划时充分考虑潜在风险，建立相应规制措施，实现综合发展。

四　中国特色的风险治理路径探索

1. 应急管理标准化建设迈上新台阶

进入新发展阶段，我国公共安全和应急管理标准化工作迎来重要发展机遇。随着我国经济社会的快速发展和城市化进程的不断推进，公共安全和应急管理的复杂性和重要性日益凸显。在此背景下，我国公共安全和应急管理标准化工作进入了一个新的发展阶段，迎来了重要的发展机遇。标准化建设不仅是提升应急管理水平的重要手段，也是保障人民生命财产安全的基础。

---

① 詹承豫：《切实提升城市风险治理能力》，《新型城镇化》2023年第7期。
② 龚维斌：《全面推进乡村振兴中的基层治理》，《中国国情国力》2023年第4期。
③ 刘鹏、郭戈英：《走向适应性监管：理解中国金融监管机构改革的治理逻辑》，《学海》2023年第3期。
④ 龚维斌：《民政工作高质量发展的根本遵循》，《中国民政》2023年第22期。
⑤ 詹承豫、徐明婧：《风险沟通中数字赋能的不对称放大效应——基于"两微一抖"平台的疫情信息传播图谱分析》，《北京航空航天大学学报》（社会科学版）2023年第1期。
⑥ 易芳馨、张强、李瑶等：《基于数字驱动的低碳社区治理体系与治理能力提升路径》，《城市发展研究》2023年第6期。

近年来，国家出台了一系列政策和法规，推动公共安全和应急管理标准化体系的建立和完善。国家应急管理体系建设规划明确提出，要建立健全应急管理标准体系，涵盖防灾减灾、应急救援、恢复重建等各个环节。这些政策措施的出台，为我国公共安全和应急管理标准化工作提供了有力的政策支持和发展方向，推动了相关标准的制定和实施。同时，信息技术和大数据的快速发展，也为标准化工作的推进提供了新的技术支撑。通过标准化工作，我国公共安全和应急管理能力将得到全面提升，进入一个更加科学、高效的发展阶段。

在全面建设社会主义现代化国家的新征程中，我国面临的公共安全挑战日益复杂和多样化，涵盖了自然灾害、公共卫生事件、环境污染、安全生产等多个领域，对国家治理体系和治理能力提出了新的要求。为应对这些挑战，我国不断加强公共安全和应急管理体系的建设，推动治理能力的现代化。标准化作为公共安全体系的关键组成部分，起着重要的引导和支撑作用。标准化建设能够提供统一的技术规范和操作流程，确保各项应急管理措施的科学性和可操作性。例如，在自然灾害应急管理中，通过制定统一的灾害监测预警标准和应急响应流程，可以提高灾害预警的准确性和响应的及时性，减少灾害带来的损失和影响。同时，标准化建设还促进不同部门和地区之间的协同合作。通过建立统一的应急管理标准体系，各级政府和相关部门可以在突发事件发生时迅速协调行动，形成合力，提高应急处置的整体效率。此外，标准化还为应急管理的培训和演练提供了科学依据，有助于提升应急管理人员的专业素质和实战能力。我国将继续发挥应急管理标准在整合信息资源、装备资源和响应力量方面的关键作用，加大标准化建设的力度并推动标准体系的不断完善和优化，以应对日益复杂的公共安全挑战，为全面建设社会主义现代化国家提供坚实的保障。

2. 安全应急产业进入新发展阶段

安全应急产业进入新发展阶段，首先体现为其在贯彻落实习近平总书记指示精神和党中央、国务院决策部署中具有重要地位。习近平同志多次强调，要加强国家应急管理体系和能力建设，以保障人民生命财产安全为根本

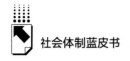

目标。党中央和国务院也出台了一系列政策和规划,明确了安全应急产业发展的方向和目标。

安全应急产业的核心在于加强安全源头治理,提升应急管理及救援保障能力,这也是提升我国安全保障水平的关键。安全源头治理强调预防为主,通过技术创新和管理优化,从源头上减少安全隐患。例如,应用先进的监测预警技术可以提前发现潜在风险,实施有效的预防措施。与此同时,提升应急管理和救援保障能力,意味着在突发事件发生后能够迅速组织高效救援,减少人员伤亡和财产损失。这需要完善应急预案、加强应急物资储备、提升救援队伍的专业素养和协同作战能力。应急产业通过提供先进的装备、技术和服务,显著提高了我国在面对各类突发事件时的应对能力和保障水平。

在实践层面,我国安全应急产业已经取得显著进展,具体表现在示范基地创建和产业布局优化等方面。各省市积极响应国家政策,创建应急产业示范基地,形成一批具有示范效应的应急产业集群。这些示范基地通过聚集应急装备制造、应急技术研发、应急培训和服务等多个领域的龙头企业和研究机构,推动了产业的集聚发展和技术创新。此外,我国应急产业的布局也日趋完善,通过科学规划和政策引导,形成了东中西部协调发展的格局。

3. 社会应急力量高质量发展方向

自助互救是中华民族的传统美德,也是现代社会治理的准则。社会应急在现代化应急管理中占据关键位置。

首先,在统筹规划和发展方面,应将社会应急力量纳入本地区应急力量体系建设的总体规划,明确发展目标、类型、规模和能力指标等关键要素。根据地方特点和实际需求,科学制定长期、系统的发展规划,明确社会应急力量的角色定位、任务分工和发展目标,确保其与政府应急力量和专业救援力量协调配合,形成合力应对各类突发事件的能力体系。为了满足时代对应急志愿服务的需求,应探索建立城乡社区的应急志愿者网络体系,按照专业划分和常态化管理,建设志愿者骨干队伍,努力打造能够满足多领域需求的应急志愿者队伍。其次,在政策扶持方面,应积极推动地方性法规和标准的制定与修订,出台具有强适用性和针对性的政策措施,逐步建立完善社会应急力量制度体系。制定健全相关政策措施，包括财政支持、税收优惠、市场准入等，为社会应急组织提供更加良好的发展环境和政策支持。此外，加强政策的宣传和解读工作，提高社会应急力量参与应急管理的积极性和主动性，推动其在应急救援、灾后重建等方面发挥更大作用。最后，在能力建设方面，应急管理部门应与相关部门合作，包括加强应急知识普及和技能培训，提升应急组织的应对能力和应急响应速度。通过开展模拟演练、专业培训和实战练习，不断提高社会应急力量的快速反应和应变能力，确保在突发事件发生时能够有效、有序地参与救援和灾后重建工作，为地区稳定和经济发展提供坚实的保障。加强应急救援员的国家职业资格管理，支持社会应急力量参与国际交流与合作。

五 全球视角下中国风险治理展望

2024 年全球风险治理新趋势主要体现在政治、经济、军事等方面。2024 年被视为史无前例的"超级选举年"，估计有 78 个国家和地区举行 83 场大规模选举，选举涉及人口总数达 42 亿，占全球人口的 60%。[①] 短时间内出现如此密集的政治变动，在一定程度上提高了国际政治的不确定性。2024 年全球经济大致延续复苏趋势，但与此同时，一些发达国家将"再全球化"视为地缘竞争的工具，试图通过建立排他性的供应链和产业链，形成平行体系。这些措施不仅进一步破坏全球生产和贸易体系，增强全球供应链的不稳定性，也提高了国际经贸合作的复杂性和不确定性，对全球经济效率产生负面影响。2024 年全球范围内的地缘冲突对抗事件依然居高不下，同时，亚太地区的阵营对抗风险也在增加。

1. 应对全球风险新趋势：国家安全体系和能力现代化

面对国际政治的不确定性等全球风险新趋势，当前我国国家安全内涵和

---

① 《〈Y 型路口上的世界——2024 年人大重阳宏观形势年度报告〉在京发布》，中国社会科学网，2024 年 1 月 19 日，https：//cssn.cn/glx/glx_xsszx/202401/t20240119_5729843.shtml。

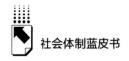

外延比历史上任何时候都要丰富，时空领域比历史上任何时候都要宽广，内外因素比历史上任何时候都要复杂，必须坚持总体国家安全观，构建国家安全体系，以更加系统化和综合化的方式应对多样化的全球风险，这包括强化国家安全法律法规体系等，以提升国家安全战略的前瞻性和灵活性。

中国正加速推进国家安全能力现代化，以科技赋能国家安全体系和能力现代化，特别是在信息技术和人工智能等新兴技术的应用上。这些技术的引入不仅提升了国家安全的监测、预警和预测能力，还加强了对各类安全事件的快速响应和精确处置能力。与此同时，中国积极参与全球风险治理的多边合作机制，推动构建开放、包容、合作、共赢的全球安全治理体系。作为联合国安理会常任理事国和主要发展中国家，中国在国际事务中发挥着越来越重要的作用。通过支持多边主义、推动全球治理体系改革和完善，中国积极为应对全球性挑战提供方案和倡议，促进提升全球治理体系的公正性和有效性。

2024年，需要进一步准确把握国家安全形势变化新特点新趋势，根据变化的世情、国情不断地丰富发展国家安全理论，强化国家安全工作协调机制，切实贯彻落实国家安全战略，持续加强国家安全法治保障，不断提高公共安全治理水平，形成维护国家安全和社会稳定的强大合力。

2. 赋能中国式现代化：引领人工智能风险善治

人工智能在推动中国式现代化进程中发挥着关键作用，通过赋能多个领域，加速经济和社会的全面发展。首先，人工智能在经济领域的应用极为广泛。通过智能制造、自动化和优化供应链，人工智能可以显著提高生产效率和产品质量。大数据和机器学习技术还可以协助进行精准营销、优化库存管理和提高客户服务水平，进一步增强市场竞争力。其次，在社会治理方面，人工智能同样具有重要的应用价值。通过智能安防系统和大数据分析，人工智能可以提升社会治安水平和应急响应能力。

然而，随着人工智能技术的快速发展，其带来的风险和挑战也不容忽视。因此，引领人工智能风险善治成为一项重要任务。我国在人工智能安全治理方面积极作为，强调技术应用的合法合规、保护用户的数据隐私、安全监管的包容审慎、潜在风险的预防管控。首先，需要建立健全的法律法规和标准体系，确保人工智能技术的开发和应用符合伦理规范和法律要求。当前我国《人工智能法》已被列入国务院立法工作计划。其次，推动人工智能技术透明和可解释，增强公众对人工智能系统的信任。通过技术手段和制度设计，确保人工智能决策过程的透明性和可追溯性，防止算法歧视和隐私侵害。另外，促进国际合作和经验分享也是应对人工智能风险的重要策略，即积极参与国际人工智能治理框架的制定，与其他国家和国际组织分享技术经验和治理模式，共同应对人工智能带来的全球性挑战。同时，加强公众教育和培训，提高全社会对人工智能技术的理解和应对能力，形成全社会共同参与的人工智能风险治理体系。

3. 统筹发展和安全：以高水平安全保障新质生产力发展

高质量发展是新时代的硬道理，需要新的生产力理论来指导。习近平同志在中共中央政治局第十一次集体学习时强调："发展新质生产力是推动高质量发展的内在要求和重要着力点""新质生产力是创新起主导作用，摆脱传统经济增长方式、生产力发展路径，具有高科技、高效能、高质量特征，符合新发展理念的先进生产力质态"。① 安全是新质生产力发展的必要环境和重要保障。新质生产力的发展涉及新制造、新服务和新业态，这些新的元素往往伴随着更为复杂、防控难度更大的重大风险源，需要具有相应的、更高水平的安全治理能力。

保障新质生产力发展的高水平安全，需要从三个方面进行系统性提升，以确保各要素的协同与高效运作。首先，更高素质的劳动者是新质生产力的核心要素。其次，更高技术含量的劳动资料是新质生产力的重要动力源泉。再次，更广范围的劳动对象是新质生产力的物质基础。最后，统筹发展和安全，保障更高质量的生产力要素协同匹配是新质生产力发展的重要策略。在更高水平的安全治理下，各要素得以形成综合效应并实现生产力的最大化，

① 习近平：《发展新质生产力是推动高质量发展的内在要求和重要着力点》，《求是》2024年第11期。

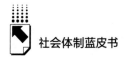

确保生产系统的稳定性和高效性，确保新质生产力在低风险的环境中持续激发创新活力、实现稳定增长。

参考文献

习近平：《发展新质生产力是推动高质量发展的内在要求和重要着力点》，《求是》2024 年第 11 期。

《〈Y 型路口上的世界——2024 年人大重阳宏观形势年度报告〉在京发布》，中国社会科学网，2024 年 1 月 19 日，https：//cssn. cn/glx/glx _ xszx/202401/t20240119 _ 5729843. shtml。

詹承豫：《切实提升城市风险治理能力》，《新型城镇化》2023 年第 7 期。

龚维斌：《全面推进乡村振兴中的基层治理》，《中国国情国力》2023 年第 4 期。

刘鹏、郭戈英：《走向适应性监管：理解中国金融监管机构改革的治理逻辑》，《学海》2023 年第 3 期。

龚维斌：《民政工作高质量发展的根本遵循》，《中国民政》2023 年第 22 期。

詹承豫、徐明婧：《风险沟通中数字赋能的不对称放大效应——基于"两微一抖"平台的疫情信息传播图谱分析》，《北京航空航天大学学报》（社会科学版）2023 年第 1 期。

易芳馨、张强、李瑶等：《基于数字驱动的低碳社区治理体系与治理能力提升路径》，《城市发展研究》2023 年第 6 期。

B.21
2023年信访工作回顾和展望

胡颖廉　宫宇彤*

摘　要：　2023年，我国信访工作全面贯彻落实党的二十大精神，坚持党的领导，坚持以人民为中心，基于"一条主线，三项活动，五项重点任务"的信访工作路线，多措并举深化信访工作改革，全方位保障信访工作行稳致远。各地持续推进信访体制改革、源头治理、机制创新，取得了各具特色的工作成效。展望2024年，根据国家信访局制定的新工作路线，信访工作将继续发扬"四下基层"的优良传统，在构建信访工作大格局、信访工作法治化建设、信访干部队伍建设等重点工作上再有突破，为新时代信访工作高质量发展、服务党和国家工作大局、维护群众合法权益、促进社会和谐稳定有效赋能。

关键词：　信访工作路线　法治化　社会治理　"四下基层"

2023年是全面学习贯彻党的二十大精神开局之年。随着党和国家机构改革不断深化，全国信访系统在中央社会工作部的统筹领导下，紧紧围绕党和国家工作大局，深入贯彻落实《信访工作条例》（以下简称《条例》）和"十四五"时期关于信访工作的发展规划，牢记为民解难和为党分忧的政治责任，持续深入发挥信访工作服务经济发展、国家安全和社会稳定的重要作用，在中国式现代化进程中开启信访工作新篇章。

---

* 胡颖廉，博士，中央党校（国家行政学院）社会和生态文明教研部教授，主要研究方向为基层治理、政府监管；宫宇彤，中央党校（国家行政学院）社会和生态文明教研部博士生。

一　2023年信访工作回顾

2023年，国家信访局在研判信访工作形势和面临的突出问题的基础上，规划践行"135"信访工作路线图，即沿着"贯彻二十大、落实新条例、开创新局面"一条主线，开展"《条例》落实年、信访工作示范县创建、大督查大接访大调研"三项活动，推进"信访机关政治建设、信访问题源头治理、化解信访积案常态化、信访工作体制机制改革、信访干部队伍建设"五项重点任务，取得了诸多新成效。在此基础上，归纳出多种信访工作经验，全国信访工作水平进一步提升，整体工作形势持续向好。

（一）一条主线：奠定年度信访工作新基调

2023年，全国信访系统将加强和改进人民信访工作，向以中国式现代化推进中华民族伟大复兴的使命任务对标，立足全面学习贯彻党的二十大精神开局年、《条例》颁布施行一周年的历史定位，沿着一条主线统筹全年信访工作，奠定了年度信访工作的基调，在学习探索党对信访工作的全面领导、党的二十大报告关于信访工作的部署、《条例》体制机制规划等方面开创新格局。

（二）三项活动：多措并举深化信访工作改革

1.《条例》落实年

为进一步推动《条例》落地落实，有效提升以法治思维和法治方式预防和化解信访问题的能力水平，突出《条例》统筹协作、程序规范、职责明晰的特点，实现信访工作高质量发展，中央信访工作联席会议办公室、国家信访局部署开展了《条例》落实年活动。在活动中，全国信访系统以《条例》为统领，开展巡回宣讲并基本建成信访工作法规制度体系，制定了配套的制度措施和工作衔接机制，在专项督查、重点督查、联合督查等方面不断加大督导检查力度，有效提升了信访工作的法治化水平。这其中，特别是厘清信访部门职责边界，构建了系统完备、运行有效的信访工作制度体系，如明确信访事项受理办理时的具体流程、所负法律责任和问题化解时限。与此同时，各级信访部门开展教育培训和指导信访业务，大力推动信访渠道规范畅通，引导群众依法有序走访，使网上信访优势充分发挥，及时就地化解问题，实现高效回复和长期跟踪督办。此外，《条例》的落实也离不开各地区各部门的协同配合。各地区各部门通过细致梳理所在系统涉及信访工作的有关制度和规定，推进了相关配套制度的立、改、废。《条例》施行一年来，这项工作省级平均完成率超过 70%，20 个省份超过 80%。[①]

2. 信访工作示范县创建

全国信访工作示范县（市、区、旗）创建活动，是信访工作抓基层强基础的鲜明体现。各地构建防源头、梳排查、化纠纷、解急情的信访矛盾综合治理机制，在创建信访工作示范县中有效发挥信访工作联席会议机制，实现了全国省、市两级全覆盖，县级覆盖率达九成。[②] 根据 2023 年 2 月公布的《中央信访工作联席会议办公室 国家信访局关于 2022 年度全国信访工作示范县（市、区、旗）创建情况的通报》，北京市西城区等 265 个县（市、区、旗）和新疆生产建设兵团的 8 个团场被评为 2022 年度全国信访工作示范县（市、区、旗）。通过创建，信访矛盾在基层得到有效化解，党领导信访工作的体制机制进一步完善，信访问题减存量、控增量、防变量取得更大成效。同时，信访工作示范县创建活动也带动了社会力量的广泛参与，信访工作渠道得以拓宽，信访工作的基层基础也进一步夯实，解决了一些地方基层矛盾发现难、问题解决程度低、风险防控疏漏等突出问题。

3. 大督查大接访大调研

调查研究是我党的传家宝，是做好各项工作的基本功。[③] 近年来，各地信访部门持续开展"大督查大接访大调研"活动，信访干部弯下腰、沉到

---

① 《充分发挥规范引领作用 全力推动规定落地见效——〈信访工作条例〉施行一年来成效明显》，新华社，2023 年 5 月 5 日。

② 《信访工作联席会议机制实现省、市两级全覆盖》，新华社，2023 年 6 月 9 日。

③ 李文章：《加快构建信访工作高质量发展新格局》，《学习时报》2023 年 5 月 1 日。

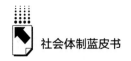

一线、接触群众，把握"信访是送上门的群众工作"这一重要论断，主动到情况复杂和矛盾突出的地方听民生、办实事，推动党中央关于信访工作的决策部署在基层落地生根。这些活动提升了源头治理、积案化解等各项服务群众工作质量。一些地方通过开展对策性调研、解剖式调研、督察式调研，创造性总结出一系列经验，逐步弥补过去困扰基层工作的短板，逐步归纳出信访工作发展的科学思路和务实办法。

（三）五项重点任务：全方位保障信访工作行稳致远

1. 信访机关政治建设

全国信访系统深入贯彻落实习近平总书记关于加强和改进人民信访工作的重要思想，坚持和加强党对信访工作的全面领导，深入推进政治机关建设，深刻领悟"两个确立"的决定性意义，增强"四个意识"、坚定"四个自信"、做到"两个维护"，深挖党的创新理论以指导工作实际，将"人民信访为人民"的工作理念贯彻始终，想群众之所想、急群众之所急，在依法及时就地化解和维护公众合理诉求和合法权益等方面取得成效。

2. 推进信访问题源头治理

各级信访部门充分认识到信访问题源头治理的重要性和紧迫性，并将其作为信访工作的常态化重点任务。在科学周密的部署下，信访问题源头治理三年攻坚行动有力开展，不断完善基层信访工作的组织领导体制、乡镇（街道）信访工作联席会议机制，推动社会力量参与和县域及以下矛盾解决。

3. 化解信访积案常态化

一些地方归纳常态长效治理重复信访和化解信访积案专项工作中的经验做法，实现信访问题"案结"和信访群众的"人和"。在信访工作联席会议机制的统筹协调下，各项工作有序推进，在重点信访领域构建"问题解决系统"，进一步实现"系统解决问题"。特别是首接首办责任制度的实施，可以做到在问题发生的初始阶段就以最快的速度实施最优方案。显著提升一次性化解率和群众满意率。

4. 信访工作体制机制改革

各地制度化和常态化推进《条例》的普法宣传工作，在实际工作中落实"党政同责、一岗双责，属地管理、分级负责，谁主管、谁负责"的要求，在业务办理工作中厘清职能，畅通渠道，加快推动信访工作信息化、智能化，构建便民、完备、有效的信访工作制度体系，稳步探索实体化的信访工作联席会议运作机制。通过这些工作，信访工作体制机制得以健全完备，进一步深化改革。

5. 信访干部队伍建设

信访干部队伍是信访事业发展的坚强组织保障。各级信访部门在各环节加强教育培训和实践锻炼，大兴"提高效率、转变作风、服务基层和群众"之风。信访干部综合素质有所提高，始终保持了信访干部队伍的生机活力，展现出新时代为党和人民履职尽责的信访干部的良好形象。

二 2023年信访工作亮点及各地实践

2023年，各地在整体工作路线的基础上积极探索信访工作新路子，大力推动体制改革、问题溯源、机制创新，积累了一批信访工作的好经验、好做法。

（一）体制改革：各地陆续将信访工作融入社会工作大格局

2023年颁布的《党和国家机构改革方案》提出由新组建的中央社会工作部统一领导国家信访局，统筹人民信访工作。之后，各省份积极组建党委社会工作部门，开始全面履行职责。多位省级信访局局长已出任当地社会工作部副部长，在加强党对社会工作的全面领导、促进社会工作高效统筹协调、有效整合社会工作力量、提高社会工作整体效能、推动社会工作高质量发展上全面发力。

信访工作联席会议机制实现了省、市两级全覆盖，县级覆盖率达到九成，27个省份实现了乡（镇、街道）全覆盖，各地在思想认识、工作运行、

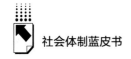

治理格局上均有新突破。一是牢固树立了"一盘棋"的思想,将信访工作定位于党的社会工作大局的高度,坚持党对信访工作的全过程各方面领导。二是认真落实中央社会工作部对国家信访局统一领导的要求,在完成好常态工作的基础上,在创新领导方式和挖掘研究方法上下功夫,更加紧密地同中央社会工作部内设厅局加强业务联系,保障各项工作机制运作顺畅高效。三是找准信访工作融入党的社会工作的切口,在基层社会治理和"两企三新"党建等重点工作中汇聚各方优势和资源、同向施策,实现合作共赢。

例如云南省罗平县全面贯彻落实"大信访"工作格局,整合资源力量,集中有效化解了一大批信访积案。该县成立以县主要领导为组长,有关县领导为副组长,县直有关部门主要负责人为成员的"大信访"工作领导小组,构建全县信访工作责任体系,压紧压实领导责任、属地责任、行业主管责任,建立初信初访、信息分析预警、研判调度、积案化解、打击处置五大工作体系。该县还充分发挥县委信访工作联席会议"统筹协调、整体推进、督促落实"的职能作用,健全"周分析、月调度、季通报、年考核"的制度机制,召开"大信访"工作领导小组会议 2 次;召开县委常委会和政府常务会议 8 次,专题研究解决信访突出问题,组织全县各级各部门合力开展矛盾纠纷排查;召开县委信访工作联席会议 6 次,分析研究解决信访突出问题,推动"县乡村网"四级联动,形成信访联治、矛盾联调、工作联动的"大信访"工作格局。

江苏省灌南县在全县范围内构建"信访+"工作格局。通过"信访+网格",利用网格化管理优势,充分排查各类社会矛盾,保证底数清。通过"信访+12345",把信息联动、问题预警和督导联治有力整合,在信访源头问题上不断提高预防质效。通过"信访+矛调"、党建引领、"一站式"平台和政务服务的有机配合,基层治理实现"增力提温"。

（二）问题溯源：全国信访系统开启信访问题源头治理三年攻坚行动

基层是问题发生的源头,是解决信访问题的关键。过去治理重复信访和化解积案等专项工作取得诸多成效，包括化解大批"骨头案"、解决钉子案等。在此基础上，各级信访部门于2023年起开展信访问题源头治理三年攻坚行动，保持过去三年开展的专项工作的力度，推进信访问题源头治理。具体是在未来三年推动信访工作联席会议机制在乡（镇、街道）一级实现全覆盖，建强并充分发挥综治中心和矛盾调解中心的平台优势，推动各地区信访力量和重心向下，以最快速度在问题萌芽阶段化解各类问题。

内蒙古自治区推行的"信访代办制"成为当地开展源头化解信访矛盾的有力之策。"信访代办制"是指党员、干部定期摸排群众信访诉求，以一对一或一对二的形式，代替群众反映和办理信访事项，并及时反馈办理进度和结果。这种代办制在基层已有不同创新。有高位推动和上下联动的信访代办新形式。如呼和浩特市托克托县的三级书记抓代办机制是通过村、乡、县三级书记各自履行职责并充分协调，使问题反映通道更畅通。也有多元代办和一体化解的信访代办新模式。各地在苏木乡（镇、街道）、嘎查村（社区）依托党群服务中心，建立了以乡、村两级干部为主体，村干部和网格员等群体共同参与的信访代办员队伍。如巴彦淖尔市临河区将"五老"人员纳入信访代办员队伍。他们熟悉政策法规，也在群众中有较强的议事优势，他们的加入有效提高了初信初访的化解率。①

新疆昌吉回族自治州坚持和发展新时代"枫桥经验"，压紧压实各级主体责任，推动州、县、乡三级信访工作联席会议实体化运行。特别是信访工作联席会议办公室统筹"12345政务热线"和"石榴云问政"等群众问题表达平台，在甄别诉求的基础上，精准确定转办交办管辖范围并开展严格督办。此外，昌吉州的党政主要领导每天都会收到群众困难诉求专报，信访工作联席会议办公室每天也会研判专报信息，筛选出群众生产生活中出现的难题和困扰，相关意见在当天会推至各责任单位，并在后期持续跟踪了解问题解决状态。另外，该州还在创建全国信访工作示范县的基础上开展创建

---

① 《上访变下访　信访变信任——信访代办制在内蒙古各地见行见效》，《人民日报》2023年9月1日。

"信访工作示范乡（镇、街道）""无访、无诉村（社区）"活动，最大限度地发挥基层党组织的重要作用。

（三）机制创新：保障信访工作法治化

"法者，治之端也。"保障信访工作法治化，是贯彻习近平法治思想和习近平总书记关于信访工作重要指示批示精神、落实好《条例》、破解信访工作难题和提高信访工作质效、改革信访工作制度机制、推动信访工作高质量发展的必然要求。[①] 经过多年努力，我国信访工作法治化大有进步，形成了以《条例》为统领、以配套政策为支撑的信访工作法规制度体系以及信访工作责任体系，明显提升了信访事项依法及时受理率和按期办结率，大幅缩短了信访事项办理时长，有效化解了积案难案，妥善维护了群众合法权益。总体而言，我国信访行为依法有序，基本形成了办事依法、遇事找法、解决问题用法、化解矛盾靠法的良好氛围。

2023 年，福建省出台了《关于推进信访工作法治化的意见》，有诸多亮点。一方面，让法律工作者参与信访问题化解。如针对莆田市某居民反映对拆迁房质量和安置款发放不满意问题，当地第一时间组建了由法官、检察官、警察和律师组成的专业团队，迅速协调各关联方解决问题。另一方面，福建各地积极探索出台规章制度，回应信访工作法治化要求。如龙岩市确定信访复查复核工作的办理机构，并制定相应办理流程；连江县建立了周沟通月会商、单案指导、征求和奖励的工作机制。福建省信访局有关负责人也表示，下一步将聚焦首席法律咨询专家参与调处信访积案工作，不断提升信访工作法治化水平。

浙江省是全国信访工作法治化试点的 7 个省份之一，2023 年制定出台了《浙江省推进信访工作法治化试点方案》。该方案以"五个法治化"为核心（预防法治化、受理法治化、办理法治化、监督追责法治化、维

---

① 李文章：《深入推进信访工作法治化 依法按政策解决人民群众信访问题》，《学习时报》2023 年 12 月 18 日。

护秩序法治化），以"权责明、底数清、依法办、秩序好、群众满意"为目标，构建起"1311"体系，旨在打造横向到边、纵向到底、有机贯通的信访工作法治化体系，运用法治思维和法治方式重塑信访工作的预防、化解、追责"三端"。此外，信访工作法治化县域实践也在浙江省取得显著进展，具体表现在解决涉企矛盾、信访数智赋能、问题清单管理等方面。[①]

三　2024年信访工作展望

2024 年是中华人民共和国成立 75 周年，是实现"十四五"规划目标任务的关键一年，是贯彻落实《信访工作条例》、深入推进信访问题源头治理的重要一年，是全面推进信访工作法治化的开局之年。在全国信访形势总体平稳和信访秩序良好的背景下，各级信访部门要进一步深化对习近平总书记关于加强和改进人民信访工作的重要论述的认识，落实党中央关于信访工作的重大决策部署，以信访工作新路线为遵循，全面推动新时代信访工作高质量发展。

（一）2024年信访工作新路线

2024 年，全国信访系统将以"落实新条例、推进法治化、构建大格局"为主线，深入开展"信访业务规范化建设评查、大督查大接访大调研、寻找最美信访干部"三项活动，着力推进"信访部门政治机关建设、信访工作法治化、信访问题源头治理和积案化解、信访工作体制机制改革、信访干部队伍建设"五项重点工作。可以看到，相较 2023 年的信访工作路线，有几个重要变化。

一是主线中的"构建大格局"积极回应了我国信访工作全面贯彻落实党和国家机构改革的各项要求，体现出持续探索"如何将信访工作更好融

[①]　李攀：《我省出台推进信访工作法治化试点方案》，《浙江日报》2023 年 8 月 25 日。

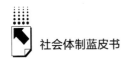

入社会治理大格局”命题的决心。在各级社会工作部门统筹指导构建社会治理大格局步伐中,我们会看到党对信访工作全面领导的巩固和加强,也会看到各部门联动施策、社会力量不断聚集、人民建议征集工作作用不断发挥等工作新貌。

二是信访业务规范化建设评查。这是保障信访工作依规依法运行以及信访问题依法按政策高效解决的根本所在,其目的是推动信访工作法治化往深走、往实落。通过自评自查、交叉评查、随机抽查、明察暗访等方法,及时发现和解决信访业务规范化建设中存在的突出问题,全面覆盖信访事项受理、转送交办、办理、督查督办各环节,补齐工作短板,保障信访业务各环节规范化、标准化。评查也能够推动各地交流信访创新机制,从而提升业务能力。

三是寻找最美信访干部。习近平同志强调,“善于抓典型,让典型引路和发挥示范作用,历来是我们党重要的工作方法。实践证明,抓什么样的典型,就能体现什么样的导向,就会收到什么样的效果”。[①] 近年来,各地涌现出大批对党忠诚、心系群众、敢于担当、无私奉献、扎根基层、深受群众认可的信访干部模范典型,展现了新时代信访干部的品质和精神。寻找最美信访干部,宣传他们的优秀事迹,对于大力弘扬“四下基层”优良作风,努力锻造一支让党中央放心、让人民群众满意的模范机关和高标准信访干部队伍的意义重大。

（二）全面推进信访工作法治化

根据国家信访局的部署,2024 年将全面推进信访工作法治化,大力推动受理部门负责程序推进、办理部门负责实质解决,全面依法依规处理信访问题。《条例》已经在信访工作主体和受理事项及工作机制和履行责任等方面做出明确规定,全面推进信访工作法治化是在此基础上的进一步规范化和具体化。这不仅是一项系统工程和一次深刻变革,也考验有关职能部门的履

---

① 习近平:《之江新语》,浙江人民出版社,2007,第 212 页。

职尽责能力和自我革命的精神。这就要求有关部门和机关必须坚持问题导向，深挖越级走访和重复信访等突出问题成因和解决方式。稳步推进信访法治化改革，要以制度和机制层面改革为基础，以工作流程及具体环节为切入点，确保信访工作法治化见到实效，达到预期目的。

根据工作部署，2024年全国信访工作将严格落实《条例》和年度新工作路线，按照"五个法治化"和"四个到位"的要求，精准规范转送交办督办的信访事项，在应受理不受理、未按规定办理、处理意见不落实等重点难点问题上强化监督追责。此外，要进一步聚焦信访信息化建设，充分发挥信访工作联席会议机制作用，把握群众所思所想所忧所盼，形成权责明、底数清、依法办、秩序好、群众满意的信访法治化格局。

（三）大力弘扬"四下基层"优良传统

"过去的一切运动都是少数人的，或者为少数人谋利益的运动。无产阶级的运动是绝大多数人的，为绝大多数人谋利益的独立的运动"。[1] 中国共产党的立党之本是依靠群众、走群众路线，习近平同志在福建宁德首创的"四下基层"制度，为信访工作提供了实践指引。一是要深入群众，将党的路线、方针、政策落在基层，让人民群众真心拥护践行党的正确主张，推动群众自觉参与社会治理。二是要进一步听民声、访民意、察民情，大兴调查研究之风。干部要尽可能深入历史遗留问题多、矛盾尖锐的地方，收集好群众呼声强的问题并将其转化为调研成果，为科学决策部署提供有效支撑。三是要变群众"上访"为干部"问访"，问情于民、问政于民、问需于民、问计于民、问效于民，尽可能获取不容易听到、看到和想到的群众实际信息。四是要坚持现场办公，把问题、矛盾发现、化解在一线，遇到当下可解决问题时倡导"马上就办"，对需要长期关注才能解决的难题要坚持"一分部署、九分落实"。

---

① 中共中央马克思恩格斯列宁斯大林著作编译局编译《马克思恩格斯文集》（第二卷），人民出版社，2009，第42页。

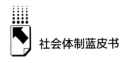

参考文献

《充分发挥规范引领作用 全力推动规定落地见效——〈信访工作条例〉施行一年来成效明显》，新华社，2023 年 5 月 5 日。

《信访工作联席会议机制实现省、市两级全覆盖》，新华社，2023 年 6 月 9 日。

李文章：《加快构建信访工作高质量发展新格局》，《学习时报》2023 年 5 月 1 日。

李文章：《深入推进信访工作法治化 依法按政策解决人民群众信访问题》，《学习时报》2023 年 12 月 18 日。

《曲靖罗平：聚焦源头治理 着力构建"大信访"工作格局》，中共云南省委政法委员会网站，2023 年 12 月 22 日，http：//www. yncaw. gov. cn/html/2023/pajs＿1222/115914. html。

《灌南："信访+"推动信访工作融入社会工作大格局》，江苏省信访局官方网站，2024 年 3 月 27 日，http：//jssxfj. jiangsu. gov. cn/art/2024/3/27/art＿87828＿11201579. html。

《上访变下访 信访变信任——信访代办制在内蒙古各地见行见效》，《人民日报》2023 年 9 月 1 日。

《昌吉州坚持和发展新时代"枫桥经验"推进信访工作——抓源头 化解矛盾纠纷路子找对了》，《新疆日报》2023 年 9 月 4 日。

《福建：不断提升信访工作法治化水平》，《人民日报》2024 年 4 月 1 日。

李攀：《我省出台推进信访工作法治化试点方案》，《浙江日报》2023 年 8 月 25 日。

习近平：《之江新语》，浙江人民出版社，2007。

中共中央马克思恩格斯列宁斯大林著作编译局编译《马克思恩格斯文集》（第二卷），人民出版社，2009。

B.22

2023年社会治安综合治理回顾和展望

张 超 周筠婷*

摘 要： 2023年经济回升趋势明显，但社会治安综合治理仍面临疫情防控政策调整和大型活动安全需求增加对稳定和安全提出更高要求的挑战。不断加强社会治安综合治理，建设更高水平的平安中国，是中国式现代化行稳致远与国家长治久安的前提。2023年社会治安综合治理在法治建设、重点领域治理、多元主体参与合作、队伍建设与能力提升、信息化建设等方面取得了令人瞩目的成就，"中国之治"优势更加彰显，人民群众获得感、幸福感、安全感更加充实。2024年将一如既往地坚持党的绝对领导，创新社会治安综合治理方式，持续关注和破解民生难题，坚持统筹发展国家安全，以新安全格局保障新发展格局，为中国式现代化提供有力的安全保障。

关键词： 社会治安综合治理 平安中国 社会治理现代化

2023年是全面贯彻落实党的二十大精神的开局之年，也是实施"十四五"规划承前启后、继往开来的关键一年。这一年不仅是全面建设社会主义现代化国家新征程的起点，更是我国站在新的历史高度，迈向更高水平发展阶段的重要时刻。2023年1月，习近平总书记在中央政法工作会议上发表重要讲话，强调要"全力履行维护国家政治安全、确保社会大局稳定、

* 张超，博士，中共安徽省委党校（安徽行政学院）社会和生态文明教研部主任、教授，主要研究方向为社会治理；周筠婷，硕士，中共安徽省委党校（安徽行政学院）社会和生态文明教研部讲师，主要研究方向为社会治理。

促进社会公平正义、保障人民安居乐业的职责使命。"① 这一重要指示为新时期平安中国建设提供了明确指引。

总体而言，2023年社会治安防控体系建设不断推进，社会治安能力进一步提升，社会治安综合治理取得了显著成效，为经济社会大局持续稳定提供了有力保障，为人民群众提供了安业、安居、安康、安心的良好社会环境。数据表明，人民群众安全感由2012年的87.55%上升至2023年的98.2%，这标志着我国已成为世界上公认的最安全的国家之一。② 在2023年"中国现代平安发展指数"调查中，社会治安指数以90.5分的高分位列榜首，较上一年度提升了0.6分。同时，超过八成的受访者对我国当前的社会治安状况表示满意，进一步印证了群众对社会治安的积极评价。③

一　2023年社会治安综合治理改革进展

2023年，疫情防控政策调整，成都大运会、杭州亚运会举办，都对社会稳定提出了更高要求。一年中，社会治安综合治理工作紧紧围绕安全稳定的社会环境、公平公正的法治环境、优质高效的服务环境，以高水平平安建设为高质量发展保驾护航。

（一）法治建设助推社会治安水平全面提升

1. 完善法律法规和加强执法监督

一是设计顶层制度。中央政法委员会首次分专题规划和部署了科学立法、严格执法、公正司法，首次制定政法领域五年立法规划，并开展

① 《习近平对政法工作作出重要指示强调 坚持改革创新发扬斗争精神 奋力推进政法工作现代化》，最高检察院官网，2023年1月8日，https://www.spp.gov.cn/spp/2023zyzfgzhy/index.shtml。
② 《奋力推进公安工作现代化》，《人民日报》2024年5月30日。
③ 刘彦华：《2023中国现代平安发展指数77.6 食品安全依然是难题》，《小康》2023年第19期。

执法司法专项检查。二是调整刑事司法政策。为积极应对我国犯罪结构的重大变化、贯彻宽严相济的刑事原则，有关部门明确提出构建治罪与治理并重的轻罪治理体系，相继出台了《2023-2027年检察改革工作规划》《最高人民法院 最高人民检察院 公安部 司法部关于办理醉酒危险驾驶刑事案件的意见》等政策。三是完善治安法规。2023年8月，全国人大常委会修订《中华人民共和国治安管理处罚法》，新增加了一系列对社会治安管理构成挑战的社会行为，拓宽了治安管理处罚的适用范围，更好地适应了社会发展和治安需求的变化，提供了更加全面的依法治理手段，目的是更加有效地维护社会秩序和公民权益。四是颁布专项法律法规。为有效应对新情况、新问题和新挑战，2023年，我国新颁布多项法律法规，确保了法律体系与社会发展的同步性。5月，我国无人驾驶航空器管理的首部专门行政法规《无人驾驶航空器飞行管理暂行条例》颁布，及时填补了无人驾驶航空器管理领域的空白。10月，为进一步保护未成年人在网络环境中的权益，我国出台了首部专门针对未成年人网络保护的综合性法律——《未成年人网络保护条例》。12月，《中华人民共和国粮食安全保障法》公布，为国家的长治久安和人民生活水平的提高提供了有力保障。五是加强执法监督。加大涉企行政执法监督的力度，营造公平透明、可预期的法治化营商环境。司法部在2023年依法推进执法规范化，重点整顿了包括消极懈怠、越权执法、暴力执法以及程序瑕疵在内的各类问题。

此外，一些省份颁布平安建设条例，将平安建设的目标、原则、措施等以法律形式固定下来，为平安建设工作提供了坚实的法治保障。这些地方法规明确了地方各级政府和有关部门在平安建设中的职责和任务，规范了工作流程，确保工作有序进行。例如继广东省之后，浙江省于2023年7月颁布并施行了《浙江省平安建设条例》，其做法和经验将为构建"更高水平的平安中国"提供宝贵借鉴。

2. 建立健全社会治安防控体系

一是体系构建见成效。2023年，我国社会治安防控体系建设取得了显著进展，共有 59 个城市荣获首批"全国社会治安防控体系建设示范城市"称号，① 彰显了我国在提升社会治安水平方面所取得的积极成果。通过创建"示范城市"，一个多层次、信息化、智能化的社会治安防控体系得以构建，为群众提供坚实的安全保障。二是活动安保无疏漏。面对 2023 年大型活动的大量增长，公安机关聚焦风险预警与防范，强化安检维序和应急处突措施，成功完成了 3.7 万场、2.3 亿人次参与的大型活动安保工作。同时在节假日旅游高峰期间，公安机关启动等级巡逻勤务，多部门联合排查隐患 3.5 万余处，确保了旅游市场的治安稳定。② 三是新兴业态强管理。对于重点行业领域和新业态，特别是密室逃脱、私人影吧等新兴行业，治安管理得到了持续加强。同时电竞酒店也实施严格规定，禁止接待未成年人，这些措施已经取得显著成效。

（二）重点领域治理成效显著

1.政治安全领域：护国安、反恐裂、强治理

一是护国安。2023 年，政法部门尤其是国家安全部门坚决捍卫国家政治安全，积极采取预防措施，主动打击敌对势力的渗透、颠覆活动，确保国家政权、制度和意识形态的稳固，展现了对国家安全的坚定维护。二是反恐裂。有关部门深入实施严打暴恐活动等专项行动，有效应对恐怖主义和分裂势力的潜在威胁。三是强治理。推动矛盾纠纷的源头预防和多元化解，不仅有效减少了社会矛盾的累积，构建了和谐稳定的社会环境，也降低了敌对势力企图利用这些矛盾进行渗透和破坏的风险。

2.经济安全领域：惩犯罪、建机制、强教育

一是惩犯罪。有关部门对经济犯罪仍然保持高压态势，严厉打击金融诈

---

① 《社会治安防控体系建设提档升级　59 个城市被命名为全国社会治安防控体系建设示范城市》，公安部官网，2024 年 2 月 7 日，https://www.mps.gov.cn/n2254098/n4904352/c9437108/content.html。
② 《忠实守护人民的幸福和安宁》，中国警察网，2024 年 4 月 27 日，https://news.cpd.com.cn/n3553/424/t_1132972.html。

骗、非法集资、操纵市场等违法犯罪活动。通过加大侦查力度、提高审判效率,一系列大案要案被成功破获,有效震慑了潜在的经济犯罪分子,保护了人民群众的财产安全。例如2023年全国检察机关共批准逮捕破坏金融管理秩序和金融诈骗犯罪嫌疑人11060人,提起公诉22529人,全年破获经济犯罪案件8.4万起,挽回经济损失248亿元。①

二是建机制。政法部门与经济、金融监管部门密切配合,建立了一套高效的风险监测与预警机制。各部门通过定期召开联席会议、共享风险信息等方式,及时发现并解决问题,共同维护市场秩序和金融稳定;通过对市场动态、企业经营状况、资金流向等关键数据的实时监控,及时发现异常波动和潜在风险点,为防范化解风险提供有力支撑。

三是强教育。积极开展投资者教育活动,提高投资者的风险意识和自我保护能力,各地金融监管部门和金融机构在2023年举办了多次投资者教育周活动,强化投资者对投资风险的认知与防范。同时,通过设立专门的投诉渠道和法律援助中心,为投资者提供及时有效的法律帮助,完善了投资者保护机制。

3. 社会安全领域: 稳治安、护民生、净环境

一是稳治安。2023年,全国社会治安持续稳定,主要得益于公安机关的积极行动。超过1900个涉黑恶犯罪组织被成功捣毁,2.9万起刑事案件得以破获②,彰显出社会治安防控工作成绩斐然。

二是护民生。公安机关针对涉网黑恶犯罪、食品药品安全等民生领域安全问题展开专项行动。795个涉网黑恶组织被摧毁,黑恶犯罪向网络蔓延的趋势得到了有效遏制;③ "昆仑2023" 行动破获1.9万起食品药品安全犯罪

---

① 《最高检通报2023年检察机关惩治和预防金融犯罪工作情况》,最高检察院官网,2023年12月29日,www. spp. gov. cn/spp/zdgz/202312/t20231229_638715. shtml。

② 《公安部:2023年打掉涉黑恶犯罪组织1900余个破获各类刑事案件2.9万起》,央广网,2024年1月9日,https://news. cnr. cn/dj/20240109/t20240109_526551714. shtml。

③ 《全国公安机关持续深入推进常态化扫黑除恶斗争 打掉涉黑恶犯罪组织1900余个 抓获犯罪嫌疑人2.7万名》,北京市信访办官网,2024年2月20日,https://xfb. beijing. gov. cn/ztzl/shce/202402/t20240220_3566008. html。

案件，守护了民众"舌尖上的安全"。①

三是净环境。全国公安机关在 2023 年夏季治安打击整治行动中破获 56.6 万起刑事案件，有力净化了夏季社会治安环境，保障了人民群众生命财产安全。与此同时，破获黄赌刑事案件 5.57 万起，扫黄禁赌行动取得积极成效，农村赌博警情大幅下降。② 进一步加强高风险行业和地区的监管，确保了行业安全，如重庆警方成功侦破电镀厂重大污染环境案。

4. 网络安全领域：守民意、护民财、筑网安

一是守民意。公安部坚决贯彻以人民为中心的发展思想，高度重视并密切关注群众极为关切且可能对社会稳定造成影响的网络谣言，对网络谣言始终保持高压态势。通过专项打击行动，严惩编造、传播谣言者，2023 年侦办相关案件高达 19.2 万起③，网络环境得到显著净化。

二是护民财。全国公安机关全面加强执法，形成了对电信网络诈骗犯罪的严厉打击态势，坚决、高效地应对此类犯罪，使发案数持续下降。2023 年成功破获 43.7 万起诈骗案件，从缅北引渡 4.1 万名嫌疑人，展示了跨国打击的坚定决心。同时强化资金预警和劝阻，紧急拦截涉案资金 3288 亿元。④

三是筑网安。2023 年网络安全政策的发布呈现高密度特征，网络安全政策体系已覆盖数据安全、个人信息保护、人工智能、网络安全专用产品、商用密码等多个领域，为构建安全、稳定、可信的网络环境提供了有力保障。我国的网络空间生态环境日趋清朗，网络综合治理体系已基本建成。⑤

---

① 《2023 年，我国破获食品药品安全犯罪案件 1.9 万起》，人民日报健康客户端，2024 年 1 月 10 日，https://www.hubpd.com/hubpd/rss/yidianzixun/index.html? contentId = 6341068275340259049。

② 《公安部"夏季行动"重拳打击犯罪 破获刑事案件 56.6 万起》，新华网，2023 年 10 月 10 日，http://www.xinhuanet.com/legal/2023-10/10/c_1129908279.htm。

③ 张若楠：《公安机关 2023 年全力维护国家政治安全社会稳定》，《民主与法制日报》2024 年 1 月 12 日。

④ 张若楠：《公安机关 2023 年全力维护国家政治安全社会稳定》，《民主与法制日报》2024 年 1 月 12 日。

⑤ 《2023 年中国网络文明大会发布〈中国网络文明发展报告 2023〉》，国家信息办官网，2023 年 7 月 18 日，https://www.cac.gov.cn/2023-07/18/c_1691416697008863.htm。

（三）多元主体参与合作

1.党组织引领作用：压实主体责任，统筹协调资源

党建引领已经成为当代中国社会治理实践的一种重要工作模式。党组织的领导力和组织力是有效提升社会治理效能和水平的关键，为社会的和谐稳定作出了积极贡献。党建引领不仅为社会治安综合治理指明了方向，更解决了实际问题。例如吉林省长春市通过党建引领，整合政府、社区、企业和社会组织等资源，共同打造"幸福小区"。[①]甘肃省平凉市探索实施"一核三心四联五治"的社会治理机制，[②]进一步强化党建在社会治理中的核心引领作用。南京市六合区构建了"1+9"矛盾纠纷多元化解体系，以人民调解为基础，融合了行政调解、司法调解等多种调解方式，实现党建引领下的资源统筹协调，推动社会治理水平提升。[③]

2.群众参与机制：拓宽群众参与和监督渠道，推进全过程人民民主

一是通过拓宽群众参与和监督渠道，综治工作更加贴近民心、顺应民意。各地继续深入探索群众参与的多种实践方式，如安徽省宁国市的"阳光议事平台"、福建省福清市的"党建引领、乡贤补位"治理架构、上海市普陀区的掌上"社区云"、新疆维吾尔自治区乌鲁木齐市米东区的公开听证会等，为群众提供了直接表达诉求的平台，确保群众的知情权、参与权，增强了决策的科学性和民主性。随着群众的参与度和满意度得到显著提升，综治工作的效能也得到加强。

二是数字赋能持续推进群众实时监督综治工作。通过数字化平台和技术，群众能够更加方便地参与综治工作监督，提升了综治工作的透明度和效率，也有助于问题的发现和工作的改进。如海南省海口市开展镇街政务服务

---

① 《2023创新社会治理典型案例名单发布》，人民网，2023年6月27日，http：//jl. people. com. cn/n2/2023/0627/c349771-40472570. html。

② 赵志锋、周文馨：《党建引领激发市域治理向心力 平凉探索实践"一核三心四联五治"社会治理机制》，《法治日报》2024年4月30日。

③ 《2023创新社会治理典型案例名单发布》，人民网，2023年6月27日，http：//jl. people. com. cn/n2/2023/0627/c349771-40472570. html。

规范化建设,将业委会成立等政务服务事项纳入全城通办范围,群众可以通过海口市一体化平台,随时查看相关政务服务的办理进度和结果,实现实时监督。① 江苏省如皋市市域治理现代化指挥平台以"数据中台"为支撑,整合了多个部门的数据和资源,实现了数据共享、智能搜索、统一监管等多项功能,提供了公开透明的数据展示,方便群众据此监督食品安全监管、监测环境等。② 广东省佛山市禅城区"智慧社会治理改革"项目通过智慧社会治理改革,既可以随时跟进办事进度,又可以实时监督政务服务,同时也为问题反馈提供了渠道。③

3. 社会力量协同:发挥群团组织、企业、志愿者等多元主体作用

一是群团联动显身手。例如在广东省,广州市妇联打造"妇女+"社会治理创新工作品牌"她"公益,整合资源、吸纳人才、完善培育机制,挖掘优质妇女儿童公益项目,推动了妇儿事业高质量发展。④ 澄江团市委聚焦县域共青团改革,提升资源筹措能力,巧借党政资源,争取社会支持,组织大学生"返家乡"实践,为青年打造参与社会治理、展示风采的舞台,凝聚青春力量,共促社会发展。⑤

二是社会协同促共赢。上海市普陀区真如副中心的天汇综合体党建联盟围绕党建引领基层治理要求,创新治理模式,通过"夜跑团"吸引多元主体参与,在吸引民众健身的同时促进社区治理,增强社区凝聚力。⑥ 广东省横琴粤澳深度合作区的七家单位被授予"基层社会治理工作实践基地"荣

---

① 《十个案例入选"2023 数字政府建设实践领航案例"》,《新京报》2023 年 12 月 12 日。

② 《如皋:"一网统管"打造"数治东皋"新范式》,如皋市人民政府官网,2023 年 1 月 13 日,http://www.rugao.gov.cn/rgsrmzf/xxbs/content/929d8760 - 0846 - 45f0 - a2aa - 6e1bb22f4d65.html。

③ 《2023 社区治理创新案例展示,来为这些社区点赞》,极目新闻,2023 年 12 月 18 日,https://www.ctdsb.net/c1747_202312/1993564.html(2023-12-28)。

④ 《为奋力推进中国式现代化建设广州实践贡献"她"力量》,《羊城晚报》2024 年 2 月 28 日。

⑤ 《突出"三个聚焦"为城乡基层治理凝聚青年力量》,澄江市长安网,2023 年 4 月 3 日,http://www.yxzf.gov.cn/cj/pacj/2010139.shtml(2023-04-03)。

⑥ 《城市综合体,基层治理如何精准"把脉"?》,上海市普陀区人民政府官网,2023 年 8 月 17 日,https://www.shpt.gov.cn/jzdt-zhenru/20230817/909424.html。

誉称号。通过联动企业和社会组织的基层服务经验和优质资源,探索共商、共建、共管、共享的治理新机制,以期在合作区内实现更为高效、和谐的社会治理,为粤澳居民提供便捷、多元、优质的社会服务与生活环境。①

三是志愿服务增动能。截至2023年,我国实名注册志愿者总人数已达2.36亿人。② 江苏省扬州市的蜀秀社区探索"时间银行"实践模式,通过打造"时光阁"志愿服务平台,将志愿者参与社区公益服务的时间进行积分积累和转化,志愿者可在积分商城兑换等值物品或服务,极大地促进了正向管理和激励。天津市的朝阳里社区志愿服务蓬勃发展,如今已有志愿者超11万人,③ 志愿服务品牌如雨后春笋,项目不断创新且成效显著,邻里互助成风,志愿者深入基层,成为基层治理的"关键一环"。

(四)队伍建设与能力提升

1. 队伍建设与科技兴警:加强政法队伍建设,提升职业素养和执法能力

全国公安机关始终致力于打造过硬队伍,坚持严的主基调,全面落实"两个责任",完善常态化监督管理机制,推进全警实战练兵常态化,凝聚了警心、激励了斗志。以"科技兴警三年行动计划"为重要抓手,不断推动公安工作迈上新台阶。深入实施"科技兴警521人才计划"④,通过有效结合内部潜力挖掘与外部资源整合、自主培养与引进优秀人才等策略,持续推动公安人才队伍在质量与专业度上实现双重提升,确保公安工作的高效运转和持续创新。

2. 专业化与实战化训练:提升各类能力,提高队伍应对复杂局面的能力

一是推进全警实战练兵常态化。2023年,全国各级公安机关认真贯彻、

---

① 《奋力探索社会治理的"横琴路径"》,广东省人民政府横琴粤澳深度合作区工作办公室官网,2023年10月19日,https://hengqin.gd.gov.cn/ywgz/zfgz/shzl/content/post_4304968.html。

② 《我国注册志愿者已达2.36亿人志愿服务有了首个中央文件》,《半月谈》2024年第9期。

③ 《让志愿服务深度融入基层社会治理——探访全国首个社区志愿者组织发祥地天津市和平区新兴街朝阳里社区》,《民主与法制时报》2023年7月7日。

④ 邬春阳:《公安部科技部联合印发通知部署推进科技兴警三年行动计划》,《人民公安报》2023年2月15日。

扎实推进公安部关于全警实战练兵常态化的部署要求，自年初开始迅速掀起实战训练强大声势，磨砺战斗意志，锤炼专业本领，大力提高风险防范的精准性、化解的实效性、管控的科学性和处置的及时性。二是开展各类专业能力提升训练。甘肃省临夏回族自治州公安局成立训练基地，举办多期培训、轮训及实战演练，提升全州公安机关的合成作战能力，强化教官队伍建设。① 甘肃省政法系统还制定落实政治轮训计划，确保政法干警全员参与，进一步完善了教、学、练、战相结合的一体化教育培训体系，全面提升了政法综治干部政治素质和业务水平。

（五）信息化建设持续发力

一是综治信息化建设。建立健全社会治安信息收集和分析体系，完善治安信息数据库，及时发现和预警社会治安问题。2023 年，综治信息化建设取得了重要进展，一些地方建成高效、安全、智能的综治信息系统。这些系统实现了各级综治部门之间的信息共享与交流，使得综治工作人员能够及时获知社情民意，并有效管理与精准分析犯罪数据，从而为维护社会稳定提供了坚实后盾。

二是推进智慧警务。一些地方深入推进智慧警务建设，充分利用大数据、人工智能等前沿技术，显著提升信息化与智能化水平。智慧警务建设为社会治安综合治理提供了强有力的支撑，实现了对社会治安问题的精准预警和快速处置。如新疆生产建设兵团公安机关依托大数据构建了"矛盾纠纷风险隐患"预警模型，结合实际探索"铁脚板+大数据"警务模式，以大数据赋能基层警务，探索社会治安综合治理"金点子"，加快形成和提升新质公安战斗力。②

---

① 《向人民报告 | 临夏公安"五强化"扎实推进全警实战大练兵工作》，临夏州公安局官网，2024 年 1 月 16 日，https：//gaj.linxia.gov.cn/gaj/gaxw/ztbd/art/2024/art_6664a8e451f942e19eb3e01222c16fc2.html。
② 《"铁脚板+大数据"激发现代警务新动能》，兵团长安网，2024 年 6 月 7 日，http：//zfw.xjbt.gov.cn/c/2024-06-07/8341613.shtml。

三是政务服务优化。各地紧紧把握互联网发展脉搏，不断丰富政务服务内容，并持续优化公众的政务服务体验。2023年，公安部审核并发布了各地提交的5.89万个业务办理事项，其中近38%的业务实现全程在线办理。①同时，公安部鼓励各地依托应急管理部平台，创新性地推出了52项便民应用，使群众和企业能够足不出户办成事。为了满足公众日益增长的移动端办事需求，公安机关持续优化"公安一网通办"应用软件及其手机小程序的服务体验。此外，通过构建"事前咨询—事中办理—事后评价"的服务闭环，进一步提高了服务的标准化水平、服务的集成化程度，提升了服务的便捷性，为公众带来了更加高效的服务体验。

二 2024年社会治安综合治理改革展望

2024年1月，习近平总书记对政法工作作出重要指示，要求"坚持党的绝对领导，忠诚履职、担当作为，以政法工作现代化支撑和服务中国式现代化，为全面推进强国建设、民族复兴伟业提供坚强安全保障。"② 展望未来，社会治安综合治理工作必须坚持党的绝对领导，紧紧围绕进一步全面深化改革和推进中国式现代化，在维护国家安全和社会稳定、推进社会公平正义以及服务高质量发展等方面全力以赴，以期取得更显著的成效。

（一）坚持党的绝对领导

一是深入学习和贯彻新修订的党的纪律处分条例，构建纪律严明、作风优良的政法队伍，确保每位综治领域工作人员都明确纪律红线，严守职业道德；通过组织定期的学习和培训，让党的纪律深入人心，引导党员干部在日常工作中自觉守纪、严于律己；加大对违纪行为的监督与惩处力度，以建立

---

① 《2023年"公安一网通办"移动端用户超1400万人》，《科技日报》2024年1月16日。
② 《以政法工作现代化支撑和服务中国式现代化——习近平总书记重要指示为政法战线接续奋进指明方向》，中国长安网，2024年1月14日，www.chinapeace.gov.cn/chinapeace/c100007/2024-01/14/content_12706714.shtml。

起强大的威慑机制，确保纪律的严格执行，维护其不可动摇的严肃性与权威性。二是持续推进国家机构改革，聚焦加强党对社会工作的全面领导。2023年《党和国家机构改革方案》要求，力争在2024年底前完成地方层面的社会工作部组建任务。截至2023年底，省级层面已基本完成改革任务，市、县级机构改革已按下加速键。2024年，加快市、县级机构改革，促进社会工作高效统筹协调，有效整合社会工作力量，不断提高社会工作整体效能，努力推动社会工作高质量发展是强化党对社会治安综合治理工作全面领导的重要内容。

（二）创新社会治安综合治理方式

一是精细管理，提升信息化水平。要进一步推动社会治安综合治理工作向精细化转型，重视风险防控，并着力提升信息化水平。需加强大数据、云计算、人工智能等现代信息技术在社会治安领域的应用，构建智能化、精准化的社会治安防控体系。通过整合各类社会资源，实现信息共享与联动，提升对社会治安态势的感知、预测、预警和应急处置能力。同时，推动社区网格化管理，将社会治理触角延伸至基层末梢，实现"人在格中走，事在格中办"，确保问题早发现、早报告、早处置。此外，还应注重培养专业化、技术化的社会治理人才，提升工作人员运用信息化手段进行社会管理和服务的能力，为精细化管理和信息化水平的提升提供坚实的人才支撑，从而构建起适应新时代要求的社会治安综合治理新模式。

二是优化服务，回应民众新需求。随着经济社会发展，人民群众对安全的需求不断提升，对生活质量和城市环境有了更高的要求，要继续积极回应民众关切的安全问题，有效预防潜在安全风险，进一步保障群众安全和社会稳定。要优化公共服务流程，提高服务效率，公安机关要继续纵深推进行政管理服务改革，如推动各地进一步降低落户门槛，完善并优化积分落户制度，为人民群众提供更加便捷、高效、贴心的服务。

三是优化社区治理，创新模式增效能。在国家治理体系和治理能力现代化的大背景下，探索社区治理的创新路径对于提升基层治理水平至关重要。

要继续完善利益表达和协调机制，优化公共服务，培育社区自治力量，提升社区统筹、创新、服务、群众工作和破解难题的能力；继续完善城乡社区治理体系，鼓励探索"党建+物业""物业+社工""网格+"等多种社区治理模式，通过"组织、人员、要素、功能"进网格，吸引多方资源共同参与社区治理，引导和促进各主体在社区治理中充分发挥其作用。

（三）持续关注和破解民生难题

要将解决群众的"急难愁盼"问题和处理好百姓的"关键小事"作为重中之重。一是守护蓝天碧水，严防环境污染。以环境污染问题为切入点，持续推进"昆仑"① 等专项打击行动，并联合相关部门，针对各个领域进行深入打击、推动有效治理，以此形成强大的声势，以更高标准和水平来保护好蓝天、碧水和净土。二是监管新兴业态，保障劳动权益。针对涉及食品安全问题的新业态如社区团购、网络营销、直播带货等，要采取有针对性的监管手段；要加强对劳动者尤其是灵活就业和新业态从业者的权益保护，对恶意欠薪等犯罪行为绝不姑息。三是办好民生"小案"，确保民众安居乐业。要全心全意处理好与民生紧密相连的"小案"，切实办理好涉及群众切身利益的教育、就业、医疗、住房、养老、婚姻家庭以及食品药品安全等领域的案件，确保百姓工作、生活和谐幸福。

（四）坚持统筹发展、维护国家安全

一是要稳风险，护秩序。地方各级党委和政府要承担起主体责任，构建一套高效、有力的维护社会稳定的工作机制。要加强矛盾纠纷的排查工作，完善信息报告制度，并提升应急处突能力，以确保社会稳定。同时，各行业主管部门也应承担起监管职责，加强行业风险评估，促进行业自律，并强化

---

① "昆仑 2023"专项行动聚焦食品安全、药品安全、知识产权保护、污染防治、野生动物保护、生态安全和生物安全六大打击重点。"昆仑 2024"专项行动聚焦环境保护领域突出问题和重要战略资源安全、生态安全、食品药品安全、产业发展安全及生产生活安全等，开展专项打击和集中破案攻坚。

跨部门之间的沟通与协作，共同维护行业稳定。此外，还应完善社会监督机制，拓宽公众参与的渠道，加强法治保障，并加大普法宣传教育力度，以提升公众的法律意识和法治观念。

二是要惩犯罪，防隐患。社会治安问题直接关系到人民群众的获得感、幸福感和安全感，要牢牢抓住社会治安综合治理工作的要点，以前瞻性思考惩防并举。在"惩"的方面，要依法严厉打击各类突出违法犯罪行为，深入推进电信网络诈骗犯罪打击整治、扫黑除恶常态化以及打击和治理跨境赌博等突出问题。在"防"的方面，要加强社会治安整体防控体系的建设，推进体系与能力的现代化，完善轻罪治理体系，以铲除违法犯罪滋生的土壤。

三是要调纷争，促和谐。继续秉承和发扬新时代"枫桥经验"，提升矛盾纠纷预防化解的法治化水平。在城乡基层，应重视矛盾纠纷预防工作，优先采用调解手段，依法就地解决矛盾，并充分依靠群众的力量来化解纷争。同时，通过加强社会治安综合治理，全面提高信访工作法治化水平。

（五）以高水平安全保障高质量发展

一是依法维护社会主义市场经济秩序。深入探讨新型经济犯罪现象，对扰乱金融管理秩序、实施金融诈骗、破坏税费征收管理以及侵犯知识产权等违法行为，必须依法予以严惩，确保有案必立、有罪必罚。此外，要建立和完善跨部门的违法犯罪案件线索通报机制，加强行政执法与刑事司法之间的有效连接，以提高司法效率，确保法律的统一执行和对犯罪行为的及时制止。

二是全面提升法治化营商环境建设水平。全面优化法治化营商环境对促进经济的持续健康发展意义重大。要确保市场主体间的平等权利；要维护有序的市场竞争环境，防止出现垄断和不公平竞争行为；要提升市场在资源配置中的决定性作用，有效发挥市场机制的作用；要加强政府监管职能，确保市场运行的透明性和规范性；要保障市场交易的公正性，为市场主体提供法律救济途径。

三是着力加强涉外法治工作与国际司法合作。在涉外法律领域，要着力构建一个全面而系统化的法律法规体系，以强化立法工作。此外，为了提升涉外司法的权威性和信誉，要不断完善法治工作机制，并推动司法改革的深入发展。同时，加强司法领域的国际合作，优化"一带一路"框架下的国际商事司法协助机制，并注重培育涉外法治人才，提升整体涉外法治水平。

参考文献

《以政法工作现代化支撑和服务中国式现代化——习近平总书记重要指示为政法战线接续奋进指明方向》，中国长安网，2024 年 1 月 14 日，www. chinapeace. gov. cn/chinapeace/c100007/2024-01/14/content_12706714. shtml。

《让志愿服务深度融入基层社会治理——探访全国首个社区志愿者组织发祥地天津市和平区新兴街朝阳里社区》，《民主与法制时报》2023 年 7 月 7 日。

邬春阳：《公安部科技部联合印发通知部署推进科技兴警三年行动计划》，《人民公安报》2023 年 2 月 15 日。

《2023 创新社会治理典型案例名单发布》，人民网，2023 年 6 月 27 日，http：//jl. people. com. cn/n2/2023/0627/c349771-40472570. html。

赵志锋、周文馨：《党建引领激发市域治理向心力　平凉探索实践"一核三心四联五治"社会治理机制》，《法治日报》2024 年 4 月 30 日。

B.23
2023年中国防灾减灾救灾体制改革：
进展和前瞻

吴涛 孙金阳[*]

摘　要： 抵御和抗击自然灾害，一直是人类谋求自身生存发展的必答题。从时间维度上看，我国防灾减灾救灾工作形成了前期准备预警、中期协调救援、后期评估重建以及总结经验的完整体系，并在此基础上开始新一轮的防灾工作。2023年是《“十四五”国家综合防灾减灾规划》实施的第一个完整自然年度，我国防灾减灾救灾工作在基础设施建设、灾前灾中研判处置等方面亮点纷呈，同时取得了防灾减灾救灾体制改革的新进展，也构建起“一带一路”自然灾害防治和应急管理国际合作等机制。展望未来，防灾减灾救灾体制机制改革需要在制度建设、能力保障、技术创新和基层组织等方面继续探索，充分发挥党的集中统一领导的政治优势和组织优势。

关键词： 防灾减灾救灾　社会治理现代化　体制改革

2023年是《“十四五”国家综合防灾减灾规划》实施的第一个完整自然年度。这一年，我国既有基础设施建设、灾前灾中研判处置等新亮点，更是不断拓展优化各类协作和联动，从体制机制的高度持续推进2025年建成“统筹高效、职责明确、防治结合、社会参与、与经济社会高质量发展相协调”的自然灾害防治体系，全面提高了防灾减灾救灾现代化的能力和水平。

---

* 吴涛，北京开放大学科研外事处干部、助理研究员、硕士，主要研究方向为国际战略、应急管理；孙金阳，中共中央党校（国家行政学院）组织部干部监督处处长、助理研究员、博士，主要研究方向为社会治理、应急管理。

一 2023年我国自然灾害总体情况

根据应急管理部发布的统计数据，2023年我国自然灾害仍然集中在气象水文灾害和地质地震灾害，即"以洪涝、台风、地震和地质灾害为主，干旱、风雹、低温冷冻和雪灾、沙尘暴和森林草原火灾等也有不同程度发生"。[①] 全年共有9544.4万人次不同程度受灾，相较2022年下降14.79%；因灾死亡失踪691人，紧急转移安置334.4万人次；直接经济损失3454.5亿元，相较2022年上升44.75%。与近5年均值相比，受灾人次、因灾死亡失踪人数和农作物受灾面积分别下降24.4%、2.8%和37.2%，直接经济损失则上升12.6%。[②]

总体而言，时空分布不均依然是我国自然灾害的基本规律。突发灾情主要集中在夏秋季并呈现"北重南轻"的态势。根据应急管理部发布的2023年全国十大自然灾害统计，气象水文灾害约占50%，暴雪、暴雨引发的雪崩、山洪、泥石流等导致的损失远超台风导致的损失，具体如表1所示。

表1 2023年全国十大自然灾害统计（以时间为序）[③]

序号	灾害名称	灾害类型	发生时间	受灾范围	受灾人数（万人）	经济损失（亿元）
1	西藏林芝派墨公路雪崩	地质灾害	1月17日	2个县	28人死亡	—
2	重庆暴雨洪涝和地质灾害	气象地质	6月底至7月初	27个县（区）	35.8	13.1

[①] 《国家防灾减灾救灾委员会办公室 应急管理部发布2023年全国自然灾害基本情况》，中国政府网，2024年1月21日，https://www.gov.cn/lianbo/bumen/202401/content_6927328.htm，最后检索时间：2024年6月2日。

[②] 《国家防灾减灾救灾委员会办公室 应急管理部发布2023年全国自然灾害基本情况》，中国政府网，2024年1月21日，https://www.gov.cn/lianbo/bumen/202401/content_6927328.htm，最后检索时间：2024年6月2日。

[③] 笔者自行整理，资料来源于《国家防灾减灾救灾委员会办公室应急管理部发布2023年全国十大自然灾害》，中华人民共和国应急管理部网站，2024年1月20日，https://www.mem.gov.cn/xw/yjglbgzdt/202401/t20240120_475696.shtml，最后检索时间：2024年6月2日。

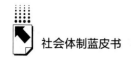

续表

序号	灾害名称	灾害类型	发生时间	受灾范围	受灾人数 （万人）	经济损失 （亿元）
3	第5号台风"杜苏芮"	气象水文	7月底	5个省份	295	149.5
4	京津冀地区暴雨洪涝灾害	气象水文	7月底8月初	3省（直辖市）	551.2	1657.9
5	东北地区暴雨洪涝灾害	气象水文	8月初	2个省份	119.4	215.2
6	陕西西安长安区"8·11"山洪泥石流灾害	地质灾害	8月11日	1村	27人死亡失踪	—
7	四川金阳"8·21"山洪灾害	地质灾害	8月21日	1县	52人死亡失踪	—
8	第11号台风"海葵"	气象水文	9月上旬	3个省份	312	166.6
9	江苏盐城等地风雹灾害	气象水文	9月中旬	1省	2	4.8
10	甘肃积石山6.2级地震	地质地震	12月中旬	2个省份	77.2	146.12

气象水文灾害方面，2023年全国平均降水量较往年偏少，但区域极端暴雨更加频繁，其剧烈程度导致台风登陆的多个地区降水量突破历史最高纪录。例如，台风"杜苏芮"不但直接引发京津冀地区的重大人员伤亡和财产损失，还导致邻近流域也发生严重汛情和山洪等地质灾害。这其中，位于门头沟区妙峰山镇永定河畔的水峪嘴村，村域面积2.13平方公里，全村常住人口410户860人，在该次汛情期间，村内通信、水电气全部中断；村内道路损毁约2千米；京西古道风景区受损严重，景区道路尽毁，全村直接经济损失3200余万元①，另外，全年还发生了9次强龙卷风，显著高于多年平均次数，造成至少14人死亡。

地质地震灾害方面，2023年我国内地中强震较往年明显偏少，共发生

---

① 《习近平北京行 ｜ 风雨过后 重建家园——走进妙峰山镇水峪嘴村》，人民网，2023年11月10日，http://politics.people.com.cn/n1/2023/1110/c1001-40115763.html，最后检索时间：2024年6月2日。

5.0 级以上地震 11 次。然而，年初西藏林芝派墨公路发生雪崩，遭遇雪崩的车辆被厚雪覆盖，导致车内人员受伤、缺氧、失温，死亡人数高达近 30 人，是近年此类灾害中遇难人数之最。此外，森林火灾、草原火灾起数较近 5 年均值分别下降 77.5%、46.8%，起数处于历史低位，形势总体平稳。[1]

二　2023年防灾减灾救灾工作亮点

2023 年我国自然灾害频度相较往年有所降低，平均降水量和台风登陆次数也明显少于往年，但区域性暴雨和极端天气带来的人员伤亡和财产损失则高于往年。这种集中度高、短时强度大的灾害，尤其考验受灾地区的基础设施建设、工作预案以及减灾救灾体制机制运行情况。具体而言，2023 年防灾减灾救灾工作呈现如下亮点。

（一）注重风险研判，完善监测预报预警和相关应急预案

一是有关部门重视综合会商工作，预测并及时研判不同时间节点以及特殊时期的灾害风险。例如，为应对在福建和广东两省登陆的台风"海葵"，国家防总办公室、应急管理部与中国气象局、水利部、自然资源部联合进行会商研判，对重点地区的降雨时长、累积雨量等作出具体预测和相应预案，切实发挥各级防指牵头抓总作用和成员单位的专业优势，加强监测预报预警，最大限度地降低灾害损失。[2] 又如，为准确了解冬季森林草原火险情况，国家森防指办公室、应急管理部组织公安部、国家林草局、中国气象局、国家消防救援局等成员单位、重点省份以及相关专家组织综合会商，根

---

[1] 《国家防灾减灾救灾委员会办公室 应急管理部发布 2023 年全国自然灾害基本情况》，中国政府网，2024 年 1 月 21 日，https://www.gov.cn/lianbo/bumen/202401/content_6927328.htm，最后检索时间：2024 年 6 月 2 日。

[2] 《国家防总办公室 应急管理部滚动调度部署重点地区防汛防台风工作》，中国政府网，2023 年 9 月 5 日，https://www.gov.cn/lianbo/bumen/202309/content_6902287.htm，最后检索时间：2024 年 6 月 2 日。

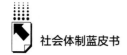

据与常年同期相比的气温变化、降雨量等关键因素，量化各个地区、时间阶段的火险等级，并据此开展相关的预防宣传工作等。[1]

二是在地方层面广泛预警已有预测或者已经出现灾害的情况，并做好组织救援等预警预案工作。另外，加强应对准备、防患于未然。例如，一些省份关注基础性工作，深入研究第一次全国自然灾害综合风险普查等数据信息情况，基于区域划分形成风险评估报告，分析区域内可能遭遇的不同种类自然灾害，根据本地致灾风险、承灾体实际以及次生灾害发生特点等情况进行预警预案。也有一些省份在突发灾害应对上加大工作力度。如湖北省在应对首轮低温雨雪冰冻天气时，及时加固存在严重安全隐患的社区墙体，及时控制现场并警示人群绕行，通过积极协商方案、及时开展工作，最大限度地避免了可能发生的人员伤亡和财产损失。[2]

（二）及时绘制并发布灾害烈度图，提升救援工作精准度

一是有关部门在灾害发生后第一时间组成工作组，依据预先制定的规范和程度衡量标准，对灾害情况开展调查并及时向社会发布相关信息。如某县发生地震灾害后，应急管理部工作人员及时赶到现场，依照此前形成的地震灾害相关工作程序和量级标准迅速开展工作。通过实地调研近700个调查点，分析涉及地区的地质结构和仪器遥感监测结果，编制发布地震烈度图。

烈度图清晰展示了此次地震涉及的2省、3市、9县的具体地震强度，并与应急管理部95707救援救助热线（该热线仅在启动重特大自然灾害应急响应时面向社会开放，平时不对外提供服务）配套。[3] 这样既有助于前线救

---

① 《国家森林草原防灭火指挥部办公室发布2023年冬季全国森林草原火险形势预测》，中国森林草原防灭火网，2023年11月24日，https：//slcyfh. mem. gov. cn/Item/36323. aspx，最后检索时间：2024年6月2日。
② 邓莉、商木林、程敏：《破冰除雪，综合减灾示范单位在行动》，《湖北应急管理》2024年第3期。
③ 《应急管理部救援救助热线"95707"为甘肃积石山6.2级地震救援救助提供有力支撑》，中华人民共和国应急管理部，2023年12月22日，https：//www. mem. gov. cn/xw/yjglbgzdt/202312/t20231222_472850. shtml，最后检索时间：2024年6月2日。

援救助人员更精准地了解受灾受困情况和群众需求，也可以为社会救援力量提供重要参考。

（三）创新方式方法，继续推动防灾减灾救灾的宣传教育工作

"防灾减灾救灾最后，也是最重要的防线之一，就是人民防线。"① 因我国一直处于各类复合型突发事件频发的状态，防灾减灾救灾工作不仅需要国家顶层设计和各部门有效协同，也要求公众全面增强风险防范意识和自救互救能力。尤其在关键时刻，防灾减灾救灾的教育动员工作需要被高度重视。

一是应急宣传科普工作需要系统性考量和链条式推进。以 2023 年 5 月 12 日全国防灾减灾日"防范灾害风险 护航高质量发展"主题活动为例，许多地方结合本地区灾害风险特点，创新宣传形式，精心筹划开展了一系列特色活动。这其中包括区域抗洪抢险应急处置实战化演练、组织学生赴应急安全教育实践基地沉浸式体验、支持引导社区居民开展风险隐患排查工作、在社区举办防灾减灾救灾和应急救援技能专题讲座、无人机侦查和物资投送实战化演练等诸多形式。② 通过这种针对不同人群、行业、灾种并贴合具体场景的宣传教育体系，加强相关公共服务并在社交平台有力宣传，使公众的防灾减灾避灾意识和素养进一步提升。

三　2023年防灾减灾救灾体制改革新进展

"防灾减灾是一项对风险进行社会规制的集体性行动。"③ 一方面，由于

---

① 《全国政协委员马宝成：筑牢人民防线 以"链条"思维推进防灾减灾宣传科普》，中国气象网，2024 年 3 月 10 日，https://www.cma.gov.cn/2011xwzx/2011xqxxw/2011xqxyw/202403/t20240310_6115300.html，最后检索时间：2024 年 6 月 2 日。

② 《各地精心筹划开展防灾减灾宣传周主题活动》，中华人民共和国应急管理部，2023 年 5 月 7 日，https://www.mem.gov.cn/xw/yjglbgzdt/202305/t20230507_449734.shtml，最后检索时间：2024 年 6 月 2 日。

③ 冯林玉：《社会力量参与防灾减灾救灾的现实困境与规范进路》，《重庆大学学报》（社会科学版），知网，2020 年 6 月 20 日，https://kns.cnki.net/kcms/detail/50.1023.C.20200619.1816.006.html。

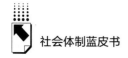

预防工作的投入与产出之间不存在直接正相关关系，这意味着社会性的预防预警工作必须由国家主导；另一方面，自然灾害的形式并非单一出现，具有群发性、次生性等特征，因而需要考量多种情况和因素，防止灾害蔓延和连锁式反应。这种特点要求国家持续强化防灾减灾救灾体制的系统性、联动性和有效性。2023 年，我国的防灾减灾救灾体制改革进展显著，主要体现在以下几个方面。

（一）加强协调联动，充分发挥各成员单位功能作用

重大灾害发生后需要考虑的因素往往不局限于某一域的救援工作，还包括对相邻地区和次生灾害的预防和预警，以及对受灾地区其他连锁反应的处置。此时，防灾减灾救灾工作需要起到减缓器、稳定器和阻断器的作用。因此，防灾减灾救灾体制改革不能满足于各类功能的物理叠加，还要实现有效规划和资源功能组合，即以"大应急"理念赋能高效能灾害治理。例如，在"甘肃积石山 6.2 级地震"的抗震救灾工作中，各成员单位迅速响应、各司其职，在定级响应、总体调度、物资能源、专项保障、救援、灾后重建以及预防次生灾害等方面展开协作，如图 1 所示。

图 1 仅简要介绍了主要成员单位发挥的功能作用，实际参与单位和救援救灾工作的复杂程度难以用一张图表达。但该图可以基本展现出中央统筹指导、地方作为主体、灾区群众和社会力量广泛参与的防灾减灾救灾体系，并内含了体制机制创新的方向。这种体系是防灾减灾救灾工作的重要保障，直接关乎灾害治理工作的科学、务实和高效。

（二）优化区域协作，完善防汛抗旱联合指挥体系

"一方有难，八方支援"，这是中华民族面对灾难困难时团结一心、众志成城的精神和意志。实际上这也是综合减灾区域协作模式的古老实践，能够有效统筹相关救援资源，从而增强防灾减灾救灾的整体能力。2023 年，国家防总印发《关于将辽河流域防汛抗旱协调领导小组调整为辽河防汛抗旱总指挥部的批复》。以此为标志，我国长江、黄河、淮河、海河、珠江、

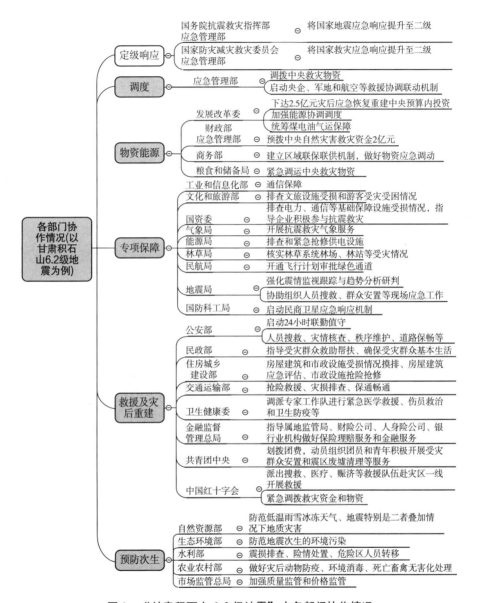

图1 "甘肃积石山6.2级地震"中各部门协作情况

资料来源：《国务院抗震救灾指挥部各成员单位全力做好甘肃积石山6.2级地震抗震救灾工作》，中华人民共和国应急管理部网站，2023年12月21日，http：//www.mem.gov.cn/xw/yjglbgzdt/202312/t20231221_472723.shtml，最后检索时间：2024年6月2日。

辽河、松花江等七大江河以及太湖均成立了流域防汛抗旱指挥机构。如辽河防总的总指挥由辽宁省人民政府省长担任，常务副总指挥由水利部松辽水利委员会主任担任，副总指挥由内蒙古自治区、辽宁省、吉林省人民政府副省长或副主席及中国人民解放军北部战区副参谋长担任，成员则包括三省（自治区）水利厅厅长、应急管理厅厅长等。① 通过全方位统筹政府、军队、部门的指挥角色，各方应急管理责任得以明晰。这种"多层次、网络状"综合减灾区域协作体系不仅有利于高效应对区域内洪水、旱灾等自然灾害，还能全面共享相关信息数据，助力区域内常见灾害的特征规律研究，从而形成救援救灾合力。

（三）搭建合作平台，推进"一带一路"自然灾害防治和应急管理国际合作机制建设

2023 年 10 月，国家主席习近平在第三届"一带一路"国际合作高峰论坛开幕式上发表主旨演讲，宣布中国支持高质量共建八项行动，提出加强减灾等领域的多边合作平台，完善共建"一带一路"国际合作机制。② 同年11 月，我国协同共建"一带一路"相关国家宣布成立自然灾害防治和应急管理国际合作机制，编制了《"一带一路"国家灾害评估报告》，推出应急技能提升、救援实战、科普宣传、交流互鉴等四大类共 14 项合作举措，组建 6 个支撑机构，初步形成以政府间合作为牵引、以合作网络和支撑机构为补充的平台体系。③ 这一合作平台体系的建立，一方面有利于从国际合作角度更大范围地共享灾害信息数据和研究成果，从而更为全面综合地溯源灾害

---

① 《国家防总批复设立辽河防汛抗旱总指挥部 七大江河全部成立流域防汛抗旱指挥机构》，中华人民共和国应急管理部网站，2023 年 12 月 13 日，http：//www.mem.gov.cn/xw/yjglbgzdt/202312/t20231213_471872.shtml，最后检索时间：2024 年 6 月 2 日。
② 《建设开放包容、互联互通、共同发展的世界——在第三届"一带一路"国际合作高峰论坛开幕式上的主旨演讲》，中国政府网，2023 年 10 月 18 日，https：//www.gov.cn/yaowen/liebiao/202310/content_6909882.htm，最后检索时间：2024 年 6 月 2 日。
③ 《"一带一路"自然灾害防治和应急管理国际合作机制成立》，中华人民共和国应急管理部网站，2023 年 11 月 17 日，https：//www.mem.gov.cn/xw/yjjyw/202311/t20231117_468910.shtml，最后检索时间：2024 年 6 月 2 日。

的产生、变化趋势和形成发展特征；另一方面有利于共同加强防灾减灾救灾领域务实合作，通过举办联合搜救演练和人道主义救援行动，不断增进共建"一带一路"国家的互信合作，增强我国在国际救援领域的影响力。

四 2024年防灾减灾救灾体制改革前瞻

习近平同志强调："人民至上，生命至上，保护人民生命安全和身体健康可以不惜一切代价。"[1] 在防灾减灾救灾工作中，这一价值追求被提炼为"两个坚持、三个转变"原则。基于上述原则并对照《"十四五"国家综合防灾减灾规划》，2024年我国防灾减灾救灾体制将继续发挥党的集中统一领导的政治优势和组织优势，持续改革制度建设、保障能力、技术创新和运行机制。

（一）强化制度建设，进一步推动形成灾害治理整体合力

制度建设是将制度规则系统显化的过程，在制度制定和实践过程中完成公共目标、利益、观念与个人的联结，既增加公众对社会行为的预见性，也从制度层面研判和认定现实问题。这就要通过持续完善、系统修订灾害治理相关法律法规和标准规范，进一步优化整合各级减灾委和各成员单位作用，不断强化地方主体作用，层层压紧压实防灾减灾救灾责任，建立起更加清晰的责任体系。坚持分级负责、属地为主，地方各级党委、政府切实承担属地责任，发挥主体作用，中央则统筹指导并给予支持，形成上下协同、齐抓共管的整体合力。此外，还要重视引入社会力量参与防灾减灾救灾工作，研究出台相关的工作准则、行为标准和激励政策，进一步构建多方参与、规范有序的多元化救援救灾格局。

（二）科学规划布局，增强救灾物资保障和调配能力

"减灾救灾工作是实现我国经济社会发展的一个关键环节，是实现人民

---

[1] 习近平：《坚持人民至上》，《求是》2022年第20期。

生活安定的根本保障，也是我国社会建设所要解决的一个重大战略问题。"①
目前我国已经基本建成中央、省、市、县、乡五级救灾物资储备体系。各地
基于相关信息数据，编写制定每一年的物资储备计划，做好基本物资的存储
更新、特殊应急物品及时采买以及在救灾时的紧急调拨运输。接下来，可以
进一步强化区域协作，统筹基本物资储备，将调度指挥纳入应急指挥信息系
统，通过数量对接、距离核实、运力计算等内部运算标准，实现科学化、中
远距离对应急救援物资的调动调配，在保障重大灾害受灾人员基本生活的同
时，降低救灾物资储备成本，科学提高救灾质效。

（三）重视新技术应用，提高防灾减灾科技支撑能力

做好防灾减灾救灾工作，需要强有力的科技支撑。特别是由于灾害的不
确定性和救灾工作的高难度，呼唤先进科技的实时转化。具体而言，一方面
要通过新技术提高信息化水平，将第一次全国自然灾害综合风险普查的信息
数据有效转化为风险管理、监测预警、应急指挥等决策和实战参考，并辅以
精准查询、动态模拟等技术手段，迅速计算灾害点、救援队伍、物资储备点
和避灾场地等调度，为救灾减灾提供科学精准分析支持，提高决策处置质效。
另一方面要通过新装备提高救援救灾能力。接下来各地要按一定比例配备无
人机、智能监控、预警喇叭等设备，提高前端灾害事故现场处置、通信保障
和信息采集能力，提高复杂条件、特殊区域、极端环境下的救援攻坚能力，
进一步提升防灾减灾救灾工作的科学化、专业化、智能化、精细化水平。

（四）打通"最后一公里"，夯实防灾减灾救灾的基层组织体系

经过多年积极探索，我国已创建万余个综合减灾示范社区，显著提高了
社区综合减灾能力，但也存在诸多问题。② 近年来极端天气多点频发，不仅

---

① 陈琼、王光伟：《防灾减灾应急指挥系统信息化建设的路径探索》，《水上安全》2023 年第
3 期。
② 孔雅萌、袁庆禄：《基层社区综合减灾能力提升的方法与途径》，《劳动保护》2023 年第
10 期。

深度考验城乡基层应急管理组织体系，更是检验基层防灾避险和自救互救的能力。这就要求未来一是要做到预防在先，整合资源并统筹力量，确保基础设施有规划、做到位、关键时刻能用好用。同时要努力营造"人人讲安全、个个会应急"的良好氛围，宣传基本应急自救知识，切实提高群众对灾害的认知和自救能力。二是要注重风险识别和隐患排查，加强边远山区、脱贫地区和人员密集区的灾害预警信息传播和接收能力，结合区域灾害事故特点，衔接好"防"和"救"的责任链条，及时发出监测预警，化解处治风险隐患，有效组织救援，建立直达基层的临灾预警"叫应"机制，实现既要"叫醒"还要"答应"。[1] 三是要充分发挥中国特色应急救援力量体系的作用，以国家综合性消防救援队伍为主力、军队应急力量为突击、专业应急力量为协同、社会应急力量为辅助，同时加强地方专业队伍和志愿者队伍救援演练，开展常态化技能培训和应急疏散演练，尽最大力量减少人员伤亡和财产损失。

参考文献

陈琼、王光伟：《防灾减灾应急指挥系统信息化建设的路径探索》，《水上安全》2023年第3期。

《国家森林草原防灭火指挥部办公室发布2023年冬季全国森林草原火险形势预测》，中国森林草原防灭火网，2023年11月24日，https：//slcyfh. mem. gov. cn/Item/36323. aspx，最后检索时间：2024年6月2日。

《全国政协委员马宝成：筑牢人民防线 以"链条"思维推进防灾减灾宣传科普》，中国气象网，2024年3月10日，https：//www. cma. gov. cn/2011xwzx/2011xqxxw/2011xqxyw/202403/t20240310_6115300. html，最后检索时间：2024年6月2日。

孔雅萌、袁庆禄：《基层社区综合减灾能力提升的方法与途径》，《劳动保护》2023年第10期。

《2023应急管理高频词》，《中国应急管理报》2024年1月1日。

习近平：《坚持人民至上》，《求是》2022年第20期。

---

[1] 《2023应急管理高频词》，《中国应急管理报》2024年1月1日，第2版。

B.24
2023年中国食品药品监管体制
改革进展和展望

张　昊*

摘　要： 食品药品监管体制改革，不仅是保障公众健康和安全的需要，也是促进经济发展和社会进步的重要内容。2023年，我国市场监管部门、药品监管部门在健全食品安全工作机制、深化药品审评审批改革、构建中药监管制度体系、完善疫苗监管机制等方面取得了重要进展，有效推动了食品安全"两个责任"落地落实，支持区域性医药产业高质量发展，加快了市县药品监管能力标准化建设。展望未来，食品药品监管应坚持稳中求进的工作总基调，积极探索特殊食品全链条监管机制，健全数字化监管机制，提升食品安全监管效能；加快建立中药监管制度体系，探索先行先试机制，助力培育医药产业新质生产力。

关键词： 食品药品安全　监管体制机制　新质生产力

2023年，我国食品药品监管坚持统筹发展和安全、统筹监管和服务、统筹秩序和效率等原则，在健全食品安全工作机制、深化药品审评审批改革、构建中药监管制度体系、筑牢全链条疫苗监管体系等方面取得了新成绩。

---

* 张昊，北京中医药大学东方学院副教授、博士，主要研究方向为食品药品监管法规与政策。

一 2023年食品药品监管体制改革总体趋势

新时代以来，我国食品药品监管体制朝着现代化市场监管体系发展，更加关注监管效能的提升、食品药品质量的保障以及营商环境的优化。2023年，国家市场监督管理总局、国家药品监督管理局通过创新食品药品监管工具、完善基础制度、优化监管体系等，提升食品药品监管现代化水平。

（一）强化责任，健全食品安全保障机制

2023年，各地市场监管部门压紧压实食品安全责任，建立并完善以下工作机制。一是深化落实食品安全"两个责任"工作机制。食品安全"两个责任"包括食品安全属地管理责任和企业主体责任。[①] 食品安全"两个责任"的提出，推动了地方各级党委政府、监管部门和食品生产经营企业三方贯通协同，责任一体落实，形成工作闭环，完善了食品安全责任分担落实机制。食品安全"两个责任"也是建立在法律法规基础上的食品安全保障机制，通过明确各方责任，强化其食品安全意识和责任感，为确保食品安全提供了重要保障。

二是完善食品安全工作评议考核机制。2023年国务院办公厅印发新修订的《食品安全工作评议考核办法》[②]（以下简称《考核办法》）。相较以往版本，《考核办法》有诸多变化。例如在考核内容方面设立了加分项和减分项，其中减分项集中于发生食品安全事件、上年度考核发现问题未整改到位等情形。在考核结果方面设定基础分值、四个等级和具体情形，并提出国务院食安办向有关单位通报整改措施及时限。在结果运用方面提出奖励和惩罚相结合，明确了予以通报表扬的情形和进行约谈的情形，并明确考核结果作为干部奖惩、使用、调整的重要参考依据，还强调了考核纪律要求。

---

① 国家市场监督管理总局令：《企业落实食品安全主体责任监督管理规定》，2022年9月。

② 《国务院办公厅关于印发食品安全工作评议考核办法的通知》，中国政府网，2016年8月17日，https://www.gov.cn/gongbao/content/2016/content_5109315.htm。

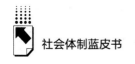

三是强化部门协同，加强集中用餐单位食品安全监管。为有效遏制集中用餐单位食品安全事件频发势头，切实保障集中用餐群众饮食安全，市场监管总局制定工作方案，开展了集中用餐单位食品安全问题专项治理行动。此次专项治理行动工作方案由市场监管总局、教育部等多部门共同印发，是食品安全治理部门联动的重要体现。工作方案建立了部门联动、舆情处理等机制，还创建了集中用餐安全管理的长效机制。

（二）科学监管，建立保健食品新功能评价机制

保健食品属于特殊食品，国家对保健食品等特殊食品实行严格监督管理。在推进机制改革和创新方面，我国市场监管部门加快建设保健食品新功能审评专家库，创新保健食品新原料、新功能、新产品安全质量标准评价工作机制，持续完善保健食品功能声称管理。

早在 2005 年，国家食品药品监督管理局保健食品审评专家库正式成立，该专家库在保健食品技术审评工作中发挥了重要作用。当前，保健食品朝着多元化、功能化方向发展，行业进入创新发展新周期。保健食品新功能审评专家库的筹建，既满足了市场监管部门在新功能技术评价中对咨询专家的需要，也是产品研发和上市的需要。2023 年，国家市场监管总局发布《保健食品新功能及产品技术评价实施细则》，进一步规范了保健食品新功能及产品的技术评价工作。上述实施细则提出，对保健食品新功能产品实行上市前审评和上市后评价相结合，新功能评价方法原则上必须包括人体试食试验，这是保健食品新功能评价的新机制，也是保健食品监管制度的重大变革。

对保健食品功能实行科学动态管理。上述实施细则提出探索开展新功能保健食品功能声称分级动态管理，实行保健功能分类评价、分级标注。对于生产经营主体而言，后续需要落实企业功能声称的主体责任，促进行业健康发展。

（三）激发活力，深化药品审评审批改革

药品审评审批改革有助于优化管理和提升效率，还能推动药物创新、保障药品质量、提升企业市场竞争力，对医药行业和公众健康影响深远。2023

年药品审评审批改革，一是加强药品审评工作的沟通交流。沟通交流是指在药物研发和注册申请过程中，申请人与药品审评机构之间针对研发产品进行的不同形式的讨论，这也是药品审评机构为申请人服务的重要制度。2023年，国家药监局药审中心共接收沟通交流会议申请5912件，同比增加20.06%；为1607家企业的3710个品种提供了沟通交流服务，办理沟通交流会议申请5549件，同比增加27.59%；其中召开面对面会议/电话会议612次，同比增加24.29%。[①]

二是完善审评标准体系。2023年国家药监局药审中心累计发布药品技术指导原则482个。[②] 指导原则主要聚焦国际前沿技术、国际共识和监管实践、"三结合"注册审评证据体系以及常见病药物研发评价等。例如为推动人用药品注册技术要求国际协调会（ICH）Q13指导原则在我国落地实施、加快完善放射性治疗药物评价体系、加快儿童用药研发进程，药审中心制定发布了多项技术指导原则。

三是深入参与国际药品注册技术工作。截至2023年12月，ICH活跃的协调议题共32个，我国药品监管部门参与了ICH全部活跃议题的技术讨论和指导原则起草工作，并在国际协调过程中积极分享交流国内监管经验，了解借鉴其他监管机构的良好监管实践。例如在参与ICH M13口服速释制剂生物等效性系列指导原则的协调过程中，我国药品监管部门结合中国丰富的仿制药审评和监管经验，及时为协调议题提供了案例支持。

（四）守正创新，构建中药监管制度框架

我国中药监管工作正面临前所未有的战略机遇，中药监管朝着中国特色、符合中药特点和全球领先的方向迈进，总体发展趋势包括以下几个方面。一是深化中药审评审批制度改革。药品监管部门持续推进中药审评审批

---

① 《2023年度药品审评报告》，国家药品监督管理局网站，2024年2月4日，https://www.nmpa.gov.cn/xxgk/fgwj/gzwj/gzwjyp/20240204154334141.html。

② 《2023年度药品审评报告》，国家药品监督管理局网站，2024年2月4日，https://www.nmpa.gov.cn/xxgk/fgwj/gzwj/gzwjyp/20240204154334141.html。

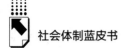

改革，建章立制、综合施策，重点建设符合中药特点的疗效评价审评标准体系。尤其是专门规定并充分重视"人用经验"对中药安全性、有效性的支撑，促进了中药评价方法和体系的科学性。分析中药注册申请受理和审结情况可知，2023年受理中药注册申请1163件。按照审评序列统计，新药临床研究申报（IND）75件，同比增加31.58%；注册上市申报（NDA）26件，同比增加85.71%；补充申请1054件，同比增加206.40%。审结中药注册申请878件，同比增加131.05%。[①] 统计数据结果表明，相关规章制度的优化和制定在一定程度上促进了中药研发与上市。

二是强化中医药标准管理。中医药标准管理是一项基础性、战略性、全局性的工作。2023年10月，国家中医药管理局发布《中医药标准管理办法》，同时组建中医药标准咨询专家库。该专家库为中医药标准的战略规划、审核制定提供咨询服务。《中医药标准管理办法》一方面明确中医药标准应符合事业发展和技术进步的需要，体现了中医药标准的科技成果属性和实际应用属性；另一方面，上述办法健全了中医药标准管理的组织机构，包括明确标准化工作办公室、技术委员会等部门职责，同时鼓励公民、法人和其他组织参与中医药标准化工作。

三是组建中药材生产质量管理规范（GAP）专家工作组，促进中药材规范发展。为提升中药质量和发挥行业内技术专家指导作用，2023年国家药监局设立了中药材GAP专家工作组。[②] 专家工作组将在中药材GAP实施的技术指南起草、中药材发展研究等方面提供技术咨询，同时参与中药材GAP检查工作。专家工作组聚集了我国从事中药材种子种苗研究、种植/养殖、采收加工、质量控制及品质评价等领域的专业人员，为我国《中药材生产质量管理规范》的有序实施提供了支撑。

---

① 《2023年度药品审评报告》，国家药品监督管理局网站，2024年2月4日，https：//www.nmpa.gov.cn/xxgk/fgwj/gzwj/gzwjyp/20240204154334141.html。

② 《国家药监局综合司关于组建中药材GAP专家工作组的通知》，国家药品监督管理局网站，2023年5月5日，https：//www.nmpa.gov.cn/xxgk/fgwj/gzwj/gzwjyp/202305051629131157.html？type＝pc。

（五）优化体系，推进疫苗监管基础设施建设

完善的质量体系和先进的技术支撑是推动疫苗安全监管的重要因素。首先，国家药监局强化批签发实验室建设，全面推进疫苗质量管理体系建设。2023年8月，住房和城乡建设部办公厅发布了由国家药品监督管理局组织编制的《生物制品（疫苗）批签发实验室建设标准》（征求意见稿），提出生物制品（疫苗）批签发实验室建设应遵守国家有关法律法规，统筹经济社会发展与生物制品批签发和检验检测发展的需要。按照立足当前、兼顾长远、因地制宜、经济适用的原则，实验室建设应符合所在地城乡建设规划，并合理确定建设规模和水平。《"十四五"国家药品安全及促进高质量发展规划》提出，加强技术支撑能力建设，推动将疫苗生产企业所在省份及部分疫苗使用大省的省级药品检验机构建成为国家疫苗批签发机构。应当说，生物制品（疫苗）批签发实验室建设标准的研究和制定，对我国疫苗检验检测能力的提升具有重要意义。

其次，疫苗监管质量管理体系的有效运行对于疫苗监管尤为重要。该体系建设涉及考核评估、人才培养、业务流程规范等多方面内容。特别是在体系运行方面，质量管理与监管工作要结合得更加紧密，从而提升体系运行效能。

此外，在人才队伍建设方面，药品监管部门注重培养补充疫苗监管质量管理体系内审员，通过强化培训提高人员管理素养，提高药品监管工作规范化水平。监管部门还提出将积极引导各级质量管理体系从建设标准逐步向操作规范一致迈进，以质量管理协同推进与监管工作有序衔接。

二 2023年食品药品监管体制改革亮点

2023年食品药品监管体制改革有诸多亮点及创新点，包括建立并落实食品安全"两个责任"机制、高效响应地方需求，凝聚区域监管合力以及推动市县药品监管能力标准化建设。

（一）推动实现食品安全末端发力、终端见效

确保食品安全是民生工程、民心工程，是各级党委政府义不容辞之责。食品安全"两个责任"是对习近平总书记关于食品安全重要论述的再落实，是对食品安全风险防范能力的再增强，是对食品安全责任体系的再完善。为推动落实食品安全"两个责任"工作机制，各地结合实际，努力探索创新。例如，福建省福州市组织开展包保督查，在教育领域推行食品安全"双总监"机制，在校园推出经营者准入退出评价机制，目的是推动重点行业领域主体责任落实。[①] 北京市朝阳区推动机制走深走实，区食药安办会同区市场监管局、区教委、区卫健委、公安朝阳分局加强协调联动，对辖区 29 所高校的 86 家食堂落实企业主体责任及 43 个街道（地区）落实属地管理责任开展专项培训，形成部门协作、上下协调、左右联动、合力整治的工作格局，共同推进食品安全"两个责任"工作机制双融双促。[②] 湖南省率先对不同规模、类型主体落实责任要求进行细化，制定实施了全国首个《乡镇（街道）食安办工作规范》，并组织建设湖南省食品安全综合服务平台，同时将"两个责任"工作纳入对市（州）政府食品安全考核评价中。[③]

（二）建立长效机制提升餐饮食品安全

餐饮食品安全直接影响公众健康和企业信誉。2023 年，市场监管部门重点加强集中用餐单位食品安全监管和网络餐饮服务平台监管，创新监管机制。在集中用餐安全监管方面，国家市场监管总局会同相关部门研究加强集中用餐单位食堂承包经营管理的指导意见，明确行业主管部门责任、食品安全监管责任以及集中用餐单位主体责任等，完善部门协同联动工作机制。国

---

① 《福建：落实食品安全"两个责任"分层防控保障民众舌尖上的安全》，人民网，2023 年 12 月 28 日，http：//fj. people. com. cn/n2/2023/1228/c181466-40695589. html。

② 《北京朝阳区以"四个实"深入落实食品安全"两个责任"工作机制》，中国食品安全网，2024 年 1 月 12 日，https：//www3. cfsn. cn/2024/01/12/99393389. html。

③ 《湖南高位推动食品安全"两个责任"落实落地》，中国食品安全报电子报，2023 年 12 月 28 日，http：//paper. cfsn. cn/content/2023-12/28/content_151072. htm。

家市场监管总局还提出督查考核和问责机制，要求将集中用餐单位食品安全工作落实和督查整改情况纳入对各省（自治区、直辖市）人民政府和新疆生产建设兵团年度考核、全国食品安全示范城市创建。在网络餐饮服务平台监管方面，市场监管部门提出进一步压实外卖餐品配送环节安全主体责任，履行食品安全法律法规规定的义务。要求推广食品安全封签，保障配送容器安全卫生，减少食品在配送过程中被污染、损毁等。

（三）建立跨区域药品监管协同合作机制

药品长三角分中心、大湾区分中心的设立，是国家药监局审评审批改革新的成果，为地方医药产业发展注入了新的活力，助力区域医药创新发展。随着分中心业务的开展，管理制度不断完善，长三角分中心、大湾区分中心的医药企业迎来了新发展机遇。2023年分中心建设进一步加速，两个中心增设对外受理服务窗口，开始向区域内药品注册申请人提供受理服务，目的是更加有力地促进区域医药产业高质量发展。两个分中心按照"一体运行、融合发展"的工作思路，优化工作机制，加强事前事中指导服务。例如，药品大湾区分中心协同发挥区域监管作用，与广东省药监局、广东省检验所、深圳市市场监管局、深圳市药检院等13家单位紧密开展人员交流合作，深化与港澳地区的交流合作，服务港澳团队30余次。[①] 又如药品长三角分中心充分发挥其在长三角三省一市药监局和国家药监局之间的桥梁和纽带作用，组织召开了长三角区域内药品监管部门和企业研讨会，探讨率先建立区域内药品上市后变更分类管理协调机制，优化长三角一体化监管合作。

京津冀三地药监部门完善监管机制，推进医药产业高质量发展。一方面是为了适应新形势，三地药监部门开展联合检查，推动医疗器械产业融合发展。北京市、天津市、河北省药监部门对跨区域委托生产的注册人及其受托

---

① 《立足湾区，面向世界，为医药产业高质量发展注入澎湃动力》，《医药经济报》2024年第1期。

生产企业开展全项目联合检查,确保委托生产合规进行。在联合检查中,三地药监部门围绕监管职责、人员配备、检查互认、监管策略等进行充分沟通和深入交流。联合检查模式的创立促进了三地监管协同,实现了监管资源和监管信息跨区域互通,提升了监管效能。为进一步明确跨区域检查流程、规范协同监管工作,2023年7月28日,京津冀三地药监部门共同制定印发了《京津冀医疗器械生产跨区域协同监管办法(试行)》。该办法的出台将有力推动京津冀医疗器械生产监管向更高水平迈进。另一方面,京津冀组织召开药品安全区域协作联席会议。联席会议议定京津冀药品安全区域联动合作2023年工作方案,目标是推进药品安全协同监管。联席会议上建立了药品、医疗器械、化妆品一体联动监管机制,实现了检查资源共享、监管力量互补、监管结果互认。

(四)建立健全县级药品安全管理体制

提升市县药品监管能力不仅是保障公众健康和维护市场秩序的需要,也是促进经济高质量发展、提升基层治理效能的重要内容。2023年,一些省级药品监管部门根据《国家药监局关于推进市县药品监管能力标准化建设的意见》,陆续发布市县药品监管能力标准化建设的实施意见或实施方案,取得了积极成效。例如浙江省绍兴市将县(市、区)药品监管能力标准化建设列入考核清单,强化主体责任意识,确保标准化建设工作有效可行和运行顺畅。河南省汝南县市场监管局不断创新药品监管模式,建立网格化管理体系,在全县每个乡(镇、街道)设立1名药品协管员,在每个行政村(社区)设立1名药品安全信息员,有力强化了药品安全协同治理,药品监管能力得到极大提升。[1] 浙江省德清县将药品安全成绩纳入镇(街道)年度考核,层层压实责任。同时德清县还创新"政企衔接"机制,创新推出企业收集线索、投诉举报、调查取证、立案查处相衔接的新处置机

---

[1] 《汝南县市场监督管理局大力加强药品监管能力标准化建设》,汝南县人民政府网站,2024年1月12日,https://www.runan.gov.cn/web/front/news/detail.php?newsid=49202。

制。监管部门还开展与公安、医保、卫健等部门的联合检查，建立常态化信息通报机制。①

（五）推动构建药品智慧监管模式

数字技术为药品智慧监管提供了强大支撑，它能够提升监管效率并增强公众信任，是推动药品监管现代化和智能化的重要手段。2023年，药品全生命周期数字化管理取得突破性进展。一是部署上线国家药品安全信用档案。国家药品安全信用档案系统基本实现药品安全信用信息"一站式"管理。截至2023年底，10个试点省（直辖市）药监局已全部建成本行政区域内药品安全信用档案系统，与国家药品安全信用档案系统对接。

二是启动建设全国医疗器械品种档案和信用档案，为医疗器械全生命周期数字化管理打下坚实基础。截至2023年底，国家医疗器械品种档案覆盖国家药监局审批备案的约4.2万个有效医疗器械注册备案证号，信用档案已汇集生产许可、质量抽检等上市后监管信息580余万条。②

三是进行药品说明书适老化及无障碍改革，制定《电子药品说明书（完整版）格式要求》，明确提出要鼓励持有人提供药品电子说明书。电子说明书是药品使用监管的有力工具，能够为适宜人群提供更好的用药安全保障。

四是大力开展人工智能、智能制造等课题研究。2023年中国药品监督管理研究会组织开展了多项有关智慧监管、信息化建设的课题研究，具体有药品不良反应报告人工智能辅助评价工具研究、生物制品制药企业数字化转型技术指南研究、中药饮片追溯码编码标准研究以及中药饮片追溯系统应用研究等。这些研究成果为我国药品监管信息化工作提供了重要参考。

---

① 《德清县食品药品安全委员会发布关于2023年德清县食品药品安全工作要点的通告》，德清县人民政府网站，2023年7月26日，http://www.deqing.gov.cn/art/2023/7/26/art_1229212768_59063892.html。

② 《我国药械化"两个档案"基本建成，监管"数字底座"更加夯实》，国家药品监督管理局信息中心网站，2024年1月17日，https://www.nmpaic.org.cn/zhzx/202401/t20240118_423825.html。

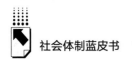

三 食品药品安全监管体制改革展望与建议

应当承认，我国食品药品监管效能和水平有待提升。根据《"十四五"市场监管现代化规划》和《"十四五"国家药品安全及促进高质量发展规划》，未来食品药品安全监管体制改革的方向是构建科学、高效、公正和权威的监管体系，确保食品药品安全和公众健康。这需要政府、行业和社会各界的共同努力，实现监管体制的持续优化和升级。食品安全监管应以风险防控为主线，覆盖全链条，重视数字技术和人工智能在食品安全监管的应用。药品监管应推进构建中药监管制度体系，重视监管科学研究，开展地方先行先试，培育医药产业新质生产力。

（一）探索特殊食品全链条监管机制

中国特殊食品产业已经迈入新的发展阶段。当前，市场对保健食品、特殊医学配方食品等的需求增加。与此同时，特殊食品研发热情高涨。2023年，国家市场监管总局批准保健食品注册 875 个，发放保健食品备案凭证 3423 个，比 2022 年增长 2.5%；截至 2023 年底，我国已批准保健食品注册 1.21 万个、发放保健食品备案凭证 1.62 万个。2023 年特殊医学用途配方食品共批准产品注册 70 个，年度注册数量创历史新高。[①] 然而，中国特殊食品的新业态、新技术、新管理模式仍有待积极探索，监管机制、法规标准仍不完善。尤其是需要不断地探索与实践保健食品功能声称、儿童膳食补充剂等监管。对于特殊食品安全监管，需要强化全链条风险防控，根据技术审评需要和风险等级，串联上市前和上市后监管。要进一步细化婴幼儿配方乳粉产品配方注册要求、强化保健食品新原料与产品技术评价关联审查，要严把生产经营许可及备案环节，开展常态化风险排查，严防各类突发风险隐患。

---

① 《2023 年特殊食品抽检总体合格率为 99.85%　安全监管形势稳中向好》，国家市场监督管理总局网站，2024 年 6 月 25 日，https：//www.samr.gov.cn/xw/mtjj/art/2024/art_53849553c 3894b269af999082e5a8b6c. html。

（二）健全数字化监管机制，提升食品安全监管效能

提升食品安全监管效能，是确保公众健康和公共卫生安全的重要举措。食品安全监管面临着供应链复杂、技术更新快、经营主体多、违规成本低、监管资源不足等挑战。例如，餐饮服务行业因业态规模各异、从业人员复杂、加工方式多样等因素，监管盲点多且管理难度大。"十四五"时期，我国餐饮经营主体持续增长，2021～2023 年的平均增长率为 22.34%。① 在餐饮主体快速增长的同时，出现了监管资源不足、企业落实主体责任不到位的问题。根据四川、重庆两地市场监督管理局联合发布的《川渝两地12315 投诉举报分析报告》，2023 年，川渝两地 12315 热线和平台共登记处理投诉举报 84.59 万件，其中食品和餐饮服务居投诉排名首位。针对以上食品安全监管难题，一些地方市场监管部门以数字化赋能食品安全监管，提升了监管效率。例如，甘肃省庆阳市西峰区构建了一套集远程抓拍、远程喊话、可视化监管等功能于一体的智慧监管指挥系统，实现 24小时不间断监控，有效突破了传统监管的时空局限性。河南省驻马店市市场监督管理局应用"河南食品安全动态监管系统"，实现精准高效选择执法重点和对象，开展监督检查。推进食品安全智慧监管还需要发挥食品安全委员会的协调作用，建立部门协调机制、整合平台和数据资源。一是制定统一的食品生产、流通、餐饮等数据格式和标准，确保信息的一致性和可操作性。二是构建集中式信息平台，加强宣传动员，经营主体能够积极配合监管部门，上传并共享数据。三是确保消费者和企业的数据隐私和安全，防止数据泄露和滥用。

（三）系统构建中药监管制度体系

进入新时代，我国步入基于监管科学的中药监管模式新阶段。新形势

---

① 《我国餐饮业经营主体增长势头良好》，人民政协网，2024 年 5 月 20 日，https：//www. rmzxb. com. cn/c/2024-05-22/3549484. shtml。

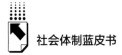

下，需要建立具有中国特色的中药监管体系，① 促进中药研制、流通和使用监管效能提升。一是进一步完善中药审评审批机制。我国药品监管部门颁布了多部涉及中药人用经验和真实世界研究相关的法规和指导原则，初步建立了中药"三结合"注册审评证据体系，需要加快推进"三结合"审评证据体系建设，尤其是指导企业利用证据体系开发中药新药。二是提升中药标准管理水平。从研究角度而言，中药标准管理工作应坚持传承中医药理论和传统炮制技术，坚持标准科学严谨实用规范，坚持临床安全性和有效性相关联，坚持整体质量控制等原则，加强各类标准之间的协调。针对中药标准管理的共性问题、难点问题，从政策和技术层面分别予以解决。三是创新中药质量监管模式。探索构建"网格化"监管模式，完善中药生产监管制度建设，建立健全中药生产区域化风险研判机制。研究建立中药材风险预警与质量风险分级研判工具，优化中药质量公告发布工作机制。

（四）探索先行先试机制以培育生物医药新质生产力

药品监管体制机制改革能够驱动新质生产力加快发展，推动产业技术进步和创新能力的提升，可以从如下方面入手。一是充分发挥国家药监局重点实验室的创新引领作用。目前，国家药监局重点实验室已达到117家，在京津冀、长三角、粤港澳大湾区等医药产业集中区域均有布局。国家药监局重点实验室具有先进的实验条件和较强的科研能力，其设立、运行和研究工作都经过严格的筛选和考评。很多重点实验室以药物创新为研究目的，部分成果已完成转化和应用。国家药监局重点实验室应充分发挥科技人才、资源和设备优势，开展监管科学重点大项目研究，积极与企业对接合作，帮助企业解决产品创新的难题。

二是释放大湾区、长三角审评检查分中心服务企业动能。分中心应继续完善药品、医疗器械审评检查工作机制，提高企业注册申报效率，积极服务

---

① 赵军宁：《中药卓越监管体系的构建策略与前景展望》，《中国食品药品监管》2024年第2期。

产业重点项目，探索建立医药行业重点项目清单工作机制，围绕目标，互相支撑，协同创新。要深入了解区域生物医药行业发展现状和创新研发面临的问题，助力解决"卡脖子"问题，加快培育区域医药产业新质生产力。

三是加大生物医药科技投入，促进产业链协同发展。政府和医药企业应增加医药科技研发方面的投资，促进生物医药基础研究和应用研究的结合，推进新技术的出现和应用。与此同时，鼓励医药产业链上下游企业之间的合作与协同，推动整个产业链发展和优化，提高供应链的稳定性和效率。

后　记

本书是中国行政体制改革研究会行政改革研究基金自 2013 年以来连续资助的第 12 本社会体制蓝皮书。从 2020 年起，本蓝皮书被纳入中共中央党校（国家行政学院）国家高端智库皮书，也被纳入北京师范大学社会治理智库丛书。中国行政体制改革研究会首任会长、学术委员会主任，北京师范大学中国社会管理研究院/社会学院创始院长魏礼群教授一直关心和支持本书的编写与出版。中共中央党校（国家行政学院）科研部对本书的编写和出版给予了指导和支持。

本书是集体合作的成果。主编龚维斌教授设计全书框架，并统修全部书稿。副主编赵秋雁教授协助设计框架和统校书稿。李志明教授负责公共服务篇的组织工作，陈鹏副教授负责社会治理篇的组织工作，陶传进教授负责社会组织篇的组织工作，胡颖廉教授负责公共安全篇的组织工作。每一位专题负责人都高度负责，与作者主动沟通联系，负责文稿的初审和前期编校工作；每一位作者都认真写作、积极配合、精益求精。陈鹏等同志配合做了大量的沟通协调和服务保障工作。本着文责自负的原则，编委会尊重每一位作者的研究成果，只是对文字和篇章结构进行一些必要的校订。因此，全书中有些方面的观点和数据可能在不同的报告中不尽一致。

社会科学文献出版社陈颖女士、桂芳女士一如既往地对本书的编辑出版倾注了大量心血。

编委会
2024 年 9 月

Abstract

In 2023, China's social undertakings witnessed further development. The education reform has achieved positive results , and the supporting role of education in economic and social development was further strengthened. The strategy of giving priority to employment was implemented to ensure the stable growth of employment. Residents' incomes continued to grow, and the effects of the reform of the income distribution system became evident. The efforts in strengthening the reform of the social security system were continuously made to enhance the level of social security. The reform of the medical and health system was continuously deepened to strengthen the construction of institutional guarantees for people's health. The world's largest medical and health service system was established, and people's health levels were significantly improved. Social governance was strengthened and innovated, and the construction of peace and emergency management were enhanced. The social governance at the city level and in the grassroots was strengthened and innovated to promote innovation in social governance. In March 2023, The Central Committee of the Communist Party of China and The State Council issued the "Plan for the Reform of Party and State Institutions", driving a new round of reforms of Party and State institutions. The Central Social Work Department was established, and the working system for the elderly was improved.

In the period to come, it is necessary to place the comprehensive deepening of reform in a more prominent position. Guided by the reform of the economic system, we should properly handle major relationships such as those between the economy and society, the government and the market, efficiency and fairness, dynamic and order, and development and security. We should continuously

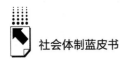

strengthen institutional building and institutional innovation to open up broad prospects for Chinese modernization in the course of reform and opening up.

Firstly, improve and perfect the social policy system with Chinese characteristics. Strengthen the supply of social investment－oriented and social development－oriented policies. Accelerate the filling of the shortfalls in family policies and speed up the establishment of a universal family policy system for all citizens. Continuously strengthen the coordination and synergy of social policies, attach greater importance to systematic integration, and strengthen top－level design to promote organizational linkages.

Secondly, explore and build an economic－social policy linkage mechanism that is compatible with the new stage of development. Establish and improve the institutional framework of public policies guided by the reform of the economic system. Conduct evaluations on the consistency of policy orientations before the introduction of macro policies. Strengthen the research and reserve of major economic－social policies.

Thirdly, continuously improve the precision of the systems for ensuring and improving people's livelihoods. Break the segmentation between education policies and employment policies, and generally establish cooperation and linkage mechanisms between schools and enterprises as well between schools and society. Comprehensively establish the systems of collective labor contracts and collective wage negotiations, steadily expand the middle－income group, and gradually improve the level of people's livelihood guarantees within the limits of financial resources.

Fourthly, accelerate the process of integrated urban－rural development. Promote the integration of urban and rural industries under the guidance of the concepts of "big agriculture" and "big countryside". Promote the integration of urban and rural populations under the guidance of the concept of "equivalent urban and rural living". Promote the integration of urban and rural spaces under the guidance of the concept of "spatial integration". Promote the circulation and integration of urban and rural resources under the guidance of the concept of "value－added and shared resources". Promote the integration of urban and rural governance with the goal of modernizing the governance system and governance capacity.

Fifthly, adhere to the people–centered approach to comprehensively deepen reform and further stimulate social vitality. Properly handle the relationship between the government and the market to fully stimulate the vitality of micro–market entities. Properly handle the relationship between the government and society to fully stimulate the vitality of civil society. Accelerate the improvement of the systems and mechanisms of social work and effectively reduce the burden on the grassroots. Build systems and mechanisms that support innovation, encourage dedication, and tolerate mistakes to mobilize the subjective initiative of every social member.

Contents

I General Report

Abstract: In 2023, new progress has been made in social construction, and fruitful achievements have been made in the reform of the social sector. Preliminary establishment of a new social work system, ensuring and improving people's livelihoods and continuously improving their quality of life during development, continuously strengthening and innovating social governance, enhancing safety construction, and emergency management. The key tasks of social system reform in the coming period are: first, to improve and perfect the social policy system with Chinese characteristics; second, to explore and construct an economic social policy linkage mechanism that is suitable for the new development stage; third, to continuously improve the precision of safeguarding and improving people's livelihood systems; fourth, to accelerate the process of urban-rural integration development.

Keywords: Economic System Reform; Social System Reform; Coordinated Development between Social and Economic

Ⅱ   Basic Public Services

B．2   Progress and Prospects of China's Education System

Reform in 2023   *Zhu Guoren* / 016

Abstract：Looking back at 2023, under the strong leadership of the Party
Central Committee with Comrade Xi Jinping as the core, China's education
industry has achieved new achievements, and a series of major education policies
have been introduced and implemented, promoting new progress in the reform of
the education system. Mainly reflected in: the continuous and steady progress of the
"double reduction" work; Building a high-quality and balanced basic public
education service system, comprehensively promoting the expansion and
improvement of basic education; The structure of higher education continues to be
optimized, and its ability to serve national and regional economic and social
development is constantly enhanced; Further improve the mechanism of school
family social collaborative education; General Secretary Xi Jinping delivered an
important speech, providing systematic and scientific guidance for the construction
of a strong education country. Looking ahead to 2024, China will enter a new
stage of further comprehensive deepening of reforms. Under the guidance of Xi
Jinping Thought on Socialism with Chinese Characteristics for a New Era,
especially the important discourse on education, the reform of the education system
will be further comprehensively deepened with the construction of an educational
powerhouse as the leading factor. The focus of the reform will be reflected in
further improving the system and mechanism of the Party's comprehensive
leadership over the education cause; Focusing on cultivating top-notch innovative
talents, deepening the reform of the talent cultivation system and mechanism; To
enhance the ability of education to serve economic and social development, further
optimize the layout and structure of education; Further promote the rule of law in
education comprehensively, providing legal guarantees for building a strong
education country; Adapt to the development of digital transformation in

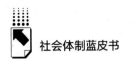

education, accelerate the construction of education digital governance system and governance capacity; With the goal of enhancing the international influence of education in our country, we will further improve the strategic strategy of opening up education to the outside world.

Keywords: Institutional Reform; Strong Country of Education; Rule of Law; Digital Governance

B.3　Progress and Prospects of China's Employment
　　　System Reform in 2023

Lai Desheng, Guan Qiyue / 034

Abstract: In 2023, China actively implemented the employment priority policy, continuously improved the public service system for employment, continuously optimized the employment market environment, and ensured the overall stability and positive improvement of employment work. However, in the context of the complex and ever-changing international situation and domestic economic transformation, the employment sector still faces challenges: firstly, the "destructive effects" of the decline of traditional industries on employment in the process of economic transformation from old to new driving forces need to be paid attention to; Secondly, the problem of "difficult employment" for key groups remains severe and requires effective intervention; Thirdly, there is an urgent need to address issues such as unstable employment and insufficient protection of rights and interests for flexible employment workers. Looking towards the future, we must fully leverage the driving force of high-quality economic development on employment, and promote a virtuous cycle between high-quality development and the improvement and expansion of employment; Develop and implement precise and effective employment policies to promote multi-channel employment growth; Improve the quality of labor supply and adapt to the diverse demands of the market; Strengthen the protection of the rights and interests of workers in new forms of employment; Establish a sound employment public service system, etc.

Keywords: High-Quality Development; High-quality Full Employment; Priority for Employment

B . 4　Progress and Prospects of China's Social Security Reform in 2023

Li Zhiming, Bi Linfeng / 045

Abstract: In 2023, under the guidance of the "14th Five Year Plan" for the development of social security, China has made positive progress in many fields such as basic public services and related social services, social insurance handling services and supervision and management mechanisms, social assistance, public welfare and charity undertakings, and barrier free environment construction. Looking ahead to 2024, China will accelerate the improvement of various social insurance systems, promote the construction of a sound population service system, advance the reform of the housing system that combines renting and purchasing, and continue to provide social security for key groups in accordance with the requirements of the Third Plenary Session of the 20th Central Committee of the Communist Party of China.

Keywords: Social Security; Institutional Construction; Reform Measures; Population Service

B . 5　Development and Prospects of Elderly Care Services in China in 2023　　　　　　　　　　*Ye Xiangqun / 055*

Abstract: In 2023, China will implement the national strategy of actively responding to population aging, strengthen top-level design, and improve the elderly care service system; Continuously strengthen the construction of the elderly care service system by improving support policies for elderly care services,

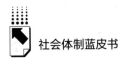

enhancing supply capacity, and filling in gaps and weaknesses; Solidly promote the construction of the elderly health service system from the aspects of improving the health management and service level of the elderly, promoting the integration of medical care and elderly care, and piloting the long-term care insurance system; Empowering elderly care services with digital technology, exploring smart elderly care models, and developing the silver economy. Looking ahead to 2024, it is necessary to further improve the policy guarantee system for elderly care services from three aspects: the source of funds for elderly care services, the mode of elderly care services, and the combination of medical care, elderly care, and health care, and pay attention to the consistency of macro policy orientation; Improving the quality of elderly care service supply and promoting fairness and efficiency in elderly care service supply through cross regional collaborative elderly care and accelerating the development of new quality productivity to support the silver haired economy; Promote the construction of an elderly friendly society through aging friendly construction and promoting social participation of the elderly.

Keywords: Elderly Care Services; Health Services; Smart Elderly Care; Silver Hair Economy

B.6 Development and Prospects of Early Childhood Care
Services in China in 2023 *Chen Cai* / 066

Abstract: In 2023, China's policies for early childhood care services will further develop. While strengthening top-level design, emphasis will be placed on promoting the diversification of childcare service supply, improving the quality of childcare services, and playing a leading role in demonstration. At the same time, early childhood care services are further developing and facing some challenges: the supply of childcare services is further increasing, and there is a coexistence of insufficient supply and vacant childcare spaces; The forms of childcare services are diversified, and the pressure for sustainable development is still significant; Family science parenting guidance services have gradually been promoted in practice, but have not yet formed a systematic development. In the future, it is necessary to strengthen policy support for inclusive childcare services and improve the quantity and quality of service supply; Further promote the diversified development of childcare services to meet the service needs of different families; Promote the development of scientific parenting guidance services for families and strengthen family capacity building.

Keywords: Early Childhood Care Services; Childcare Services; Family Science Parenting Guidance; Fertility Support

B.7 Progress and Prospects of Service Reform for Low Income Population in China in 2023 *Wang Shencheng* / 078

Abstract: In 2023, China's reform of services for low-income populations has made five major progress: firstly, the construction of the national low-income population dynamic monitoring information platform has achieved positive results; Secondly, accelerate the construction of a hierarchical and classified social assistance system; The third is the continuous promotion of social assistance reform and innovation trials; Fourthly, the effective linkage mechanism between government assistance and charitable assistance has been clarified; Fifth, there have been new developments in the digitization of social assistance. With the changes in the main contradictions of our society, as well as the changes in economic and social development goals and environmental conditions, low-income population services are also facing a series of opportunities and challenges. On the one hand, low-income population services are entering a golden period of expansion and quality improvement; On the other hand, the difficulties and bottlenecks of the hierarchical classification social assistance system need to be resolved. Looking ahead to 2024, it is recommended to provide good services for low-income populations, comprehensively promote the reform and innovation of "Party building + social assistance", accelerate the construction of a hierarchical and classified social assistance system, and deepen the digital reform of social assistance.

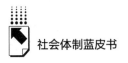

Keywords: Low-Income Population; Common Prosperity; Social Services; Social Assistance

III Social Governance

B.8 The Process of Social Governance and Rule of Law in 2023 and Prospects for 2024 *Zhao Qiuyan / 094*

Abstract: In 2023, positive progress has been made in the process of legalizing social governance. Implement the spirit of the 20th National Congress of the Communist Party of China, enrich and develop Xi Jinping's thought on rule of law, further enhance the institutionalization level of people's livelihood security, and strive to build a higher level of safe China and a rule of law China. In 2024, the task of comprehensively enhancing the level of rule of law in Chinese style social governance is still arduous. We must base ourselves on the needs of high-quality development, further improve the quality and effectiveness of legislation in the social field, continuously improve the administrative law enforcement supervision system, promote strict, standardized, fair and civilized law enforcement, adhere to and develop the 'Fengqiao Experience' of the new era, actively perform our duties in accordance with the law to assist social governance, focus on the 'key minority' leading the 'vast majority', and promote the respect, legality, and application of the law by the whole nation.

Keywords: Xi Jinping's Thought on Rule of Law; Rule of Law Society; Modernization of Chinese Style Social Governance

B.9 Review and Prospect of Social Governance in Megacities in 2023 *Chen Peng / 104*

Abstract: With the acceleration of urbanization in China, mega cities are increasingly occupying a pivotal position in the overall pattern of modernization of national governance. In 2023, social governance in China's mega cities has made progress in various aspects, mainly reflected in the increasingly prominent position of the vanguard, the deepening of digital transformation, the continuous strengthening of rule of law construction, and the continuous improvement of institutional mechanisms. At the same time, mega cities are also facing challenges such as large governance scale, heavy governance load, and high governance difficulty. The digital empowerment effect urgently needs to be further released, the rule of law guarantee urgently needs to be further strengthened, and grassroots burden reduction and efficiency improvement need to be further enhanced. Against the backdrop of further comprehensive and deepening reforms, social governance in mega cities should always adhere to the strong leadership of the Party, focus on the people, firmly follow the path of people's urban development, and adhere to diversified development paths such as agile governance, digital governance, refined governance, and complex governance.

Keywords: Mega Cities; Social Digital Governance; Digital Transformation; Rule of Law

B.10 Comparison of Property Development and Management
　　　　Models in China in 2023　　　　　　　　*Ma Fuyun* / 115

Abstract: In 2023, China's residential property industry will continue to expand, but the overall growth rate of the industry will slow down, putting pressure on the development of enterprises and industries, and the phenomenon of increasing income without increasing profits will continue. The property management system in our country is dominated by the lump sum system, and the inherent zero sum game of the lump sum system has brought about many chaos in property management. Faced with the problem of lump sum management, the remuneration based property management has gradually been promoted, partially solving the problems of opaque income and expenditure of property services and

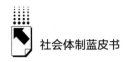
lack of trust between owners and property management companies, providing opportunities for collaborative governance among owners, owners´ committees, and property management companies.

Keywords: Property Management; Lump Sum System; Remuneration System; Grassroots Governance

B.11　Review and Prospect of Rural Social Governance in 2023

Yuan Jinhui, Sun Chen / 128

Abstract: Effective governance is the foundation for rural revitalization. In 2023, with the joint efforts of all parties, the achievements of poverty alleviation have been consolidated and expanded, the modernization level of rural governance has been continuously improved, the construction of livable, business friendly and beautiful countryside has been continuously promoted, and the construction of rural spiritual civilization has achieved remarkable results. However, compared with the comprehensive rural revitalization and modernization of agriculture and rural areas, rural governance still faces many challenges and difficulties, mainly manifested in insufficient basic support for rural governance, low level of talent team building, insufficient organic integration of "three governance", shortcomings in rural public services, and obvious lag in rural cultural construction. Looking ahead to the future, we must adhere to the guidance of Party building in rural governance and continuously improve the rural governance system; Learn and promote the experience of the 'Ten Million Project', and solidly promote the construction of beautiful countryside; Consolidate and expand the achievements of poverty alleviation and promote comprehensive rural revitalization; Strengthening the construction of rural talent teams and enhancing talent support for rural revitalization; Strengthen the construction of rural spiritual civilization and continuously promote the transformation of customs and traditions.

Keywords: Rural Governance; Rural Construction; Rural Civilization; Talent Support

Abstract: 2023 is the starting year for fully implementing the spirit of the 20th National Congress of the Communist Party of China. General Secretary Xi Jinping clearly called for accelerating the construction of a digital China in the report of the 20th National Congress. General Secretary Xi Jinping pointed out that accelerating the construction of a digital China means adapting to the new historical position of China's development, fully implementing the new development concept, cultivating new driving forces with informatization, promoting new development with new driving forces, and creating new brilliance with new development. 2023 is also a year of breakthrough and innovation in digital technology, known as the first year of AI (artificial intelligence) . Generative artificial intelligence technology represented by ChatGPT has triggered large-scale applications in multiple fields throughout society, written a new chapter in digital applications, and promoted digital construction into a new intelligent stage. At the same time, 2023 is also the first year of three years when the novel coronavirus epidemic has shifted to the normalized prevention and control phase of " Class B and Class B" . China has comprehensively promoted economic and social recovery and development, and fully tapped the role of digital elements in economic and social development. Throughout the year, China's digital China construction has achieved fruitful results, but also constantly faces development challenges.

Keywords: Artificial Intelligence; Digital Governance; Digital Gap; Talent Gap; Digital Obstacles

Abstract: Based on previous research, a social development evaluation index

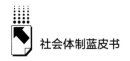
system is constructed, and the social development level of various provincial-level regions in China is evaluated using data from the National Bureau of Statistics. Research has found that there are significant differences in the level of social development among provincial-level regions, which can be roughly divided into three categories: high level, high level, and middle to low level. Beijing, Shanghai, and Zhejiang Province have the highest levels of social development in the country; In terms of spatial differences, provincial-level regions with high levels of social development are mainly concentrated in the Yangtze River Delta, Pearl River Delta, and Beijing Tianjin Hebei regions, while provincial-level regions with low levels of social development are mainly concentrated in the western and northeastern regions; In terms of coordinated development between social and economic development, more than half of the provincial-level regions show good coordination, while another quarter of the provincial-level regions lag behind or lead in social development compared to economic development.

Keywords: Provincial Level; Regional Social Development; Coordinated Development between Socail and Economic

Ⅳ Social Organizations

B.14 The Context and Conditions for the Bottom-up Growth of Society
—*Case Study of Social Organization Development Center in*
Anyuan District, Pingxiang City, Jiangxi Province

Tao Chuanjin / 171

Abstract: This article summarizes a systematic development path of social bottom-up construction through the practice of promoting community governance in Anyuan District, Pingxiang City, Jiangxi Province. This includes constructive cooperation between the government and social organizations, comprehensive expression of several operational mechanisms in the social field, exploration of the necessity of combining volunteers and social work systems, and reminders of negative constraint behaviors in third-party evaluations. This is a rare successful promotion at the current stage, which gathers a comprehensive summary of social development over the years and represents the core meaning of social system reform; At the same time, it also needs to include a clear awareness of risks and challenges.

Keywords: Social Organizations; Political and Social Cooperation; Community Governance; Social Innovation

B.15   The Current Situation and Path of Social Organizations'
Participation in Social Governance in China in the New Era
Mao Peijin, Cheng Quan / 191

Abstract: Social organizations are important social participation forces, and the modernization of social organization governance is an inevitable requirement for innovating the social governance system and promoting the realization of Chinese path to modernization. At present, social organizations in China have achieved significant results in terms of institutional environment, organizational quantity, activity areas, service capabilities, etc. They play a positive role in participating in social governance, enhancing social capital, aggregating governance resources, providing public services, negotiating public affairs, and promoting social harmony. The participation of social organizations in social governance in our country still faces the problem of improving quality and efficiency, including in aspects such as cognition, system, resources, structure, capacity, and relationships. In the new era, efforts should be made to comprehensively enhance the depth and effectiveness of social organizations ´ participation in social governance, including changing conceptual cognition, optimizing institutional environment, aggregating governance resources, strengthening professional capabilities, and weaving close interactive relationships.

Keywords: Social Organizations; Social Governance; Modernization of Governance

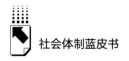
B.16   The Era Issues in the Development of Industry Associations

Zhao Xiaoping, Guo Tonghua and Wang Shaopeng / 219

Abstract: The current special situation of China's economic and social development at home and abroad requires industry associations and chambers of commerce to enter the market and fulfill their duties as soon as possible. Although the reform of decoupling industry associations and chambers of commerce from administration has achieved significant results, in the face of the demand for high-quality economic and social development at home and abroad in the new era, industry associations and chambers of commerce have still not played their due role. To investigate the reasons behind this, the "decoupling" reform is only the foundation for enhancing the performance capabilities of industry associations and chambers of commerce. To truly achieve their socialized and market-oriented operation, it is necessary to deepen reforms to address issues related to internal governance, government society collaboration, and market service capabilities.

Keywords: Industry Association; Chamber of Commerce; Deepening Reform; Internal Governance; Government Society Collaboration; Market Service Capability

B.17   The Policy Structure of Local Government Social Work Talent Cultivation and Its Dual Logical Changes——A Quantitative Analysis based on 27 Policy Texts in Fujian Province

Yang Li, Li Zeyu / 232

Abstract: In the context of promoting Chinese path to modernization, cultivating high-quality social work talents is an important task to promote social development. Based on the perspective of policy work, taking Fujian Province as an example, a three-dimensional analysis framework of "policy process policy tool policy logic" was constructed. 27 provincial-level social work policy texts were used as analysis samples, and Nvivo qualitative analysis software was used for text encoding and frequency statistics to analyze the evolution law, policy structure, and policy logic of policies. It was found that Fujian Province: firstly, the "peak" of policy stages was formed under vertical force, secondly, the policy structure characteristics of horizontal force were obvious and shifted towards balance, and thirdly, the development oriented policy logic was presented in the circular force.

Keywords: Social Work; Local Government; Policy Text Analysis; Internationalization and Localization of Social Work

B. 18 Overview and Prospect of Volunteer Service Policies in 2023

Zhu Xiaohong / 260

Abstract: 2023 is a year of transformation for China's volunteer service industry, and the top-level design of volunteer service has entered a new stage. The responsibilities of overall planning, coordination guidance, supervision and inspection of national volunteer services have been transferred to the Central Social Work Department, upgraded to the management of the Party Central Committee, and the positioning of volunteer services in the national development strategy has been enhanced; The newly introduced volunteer service related policies in 2023 mainly use voluntary policy tools, as well as mixed and mandatory policy tools; Exploring innovative incentive models for local volunteer services, promoting the integration of social work and volunteer services, and emphasizing the development and promotion of professional volunteer services. In 2024, with the attention and high-level promotion of the Party Committee, a volunteer service leadership and coordination mechanism will be established, and a collaborative mechanism will be built with the Social Work Department as the leader, and various relevant departments such as the Office of Spiritual Civilization, the Communist Youth League, the Ministry of Civil Affairs, the Ministry of Education, and the National Health Commission, as well as different types of social organizations and various sectors of society, to effectively divide labor and cooperate, and maintain daily

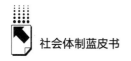

communication; Various regions will formulate policies and plans to implement the "Opinions on Improving the Volunteer Service System in the New Era" and explore local models for the construction of the volunteer service system; At the same time, various departments will also continue to introduce special policies for specific fields, stimulate enthusiasm for volunteer service participation, and further enhance the professionalization of volunteer service.

Keywords: Volunteer Service Policy; Institutional Reform; Volunteer Service System

B. 19　The Challenges and Development Trends of Professionalization in Volunteer Service in China　　　　　　*Dai Ying* / 269

Abstract: Through a systematic analysis of a volunteer service organization and a volunteer service system, this article reveals how to face the challenge of "traditional help methods cannot solve problems" in the process of helping disadvantaged children, continuously deepen the exploration process of service actions, and thus demonstrate the development trend, growth landscape, and challenges of volunteer service in China from point to surface. The three important growth points for the development and transformation of volunteer service towards social work in the current era are: first, the professionalization and professionalization of volunteer service, that is, the transition from traditional goodness and material assistance to the social work style concept and treatment of equal acceptance and respect; The second is the change in understanding of volunteer service brought about by the transformation of volunteer service functions; The third is the change in the source of funds for voluntary services, that is, to raise funds through the Internet to open the funding channel, and to support professional services with stable and sustainable funds.

Keywords: Volunteer Service; Professionalization; Professionalization

V　Public Safety

Abstract: In 2023, China has made positive progress in risk governance. At the institutional level, relevant laws and regulations have been formulated and revised in areas such as socialist market economy, food security, ecological security, and national security; At the practical level, the results of the first national comprehensive natural disaster risk survey have entered the application stage, the three-year action plan for tackling the root causes of safety production has steadily advanced, the "Fengqiao Experience" in the new era has promoted the construction of a safer China to a higher level, and the modernization of the urban risk governance system has been further promoted; On a theoretical level, it focuses on research topics such as risk governance frameworks, models, technologies, urban risk and resilience governance, and collaborative governance. In the future, we must accurately grasp the new characteristics and trends of changes in the national security situation, and effectively implement the national security strategy. Fully tap into the potential of artificial intelligence, properly respond to the risks and challenges it brings, and lead artificial intelligence towards good governance. At a higher level, we will coordinate development and safety, systematically enhance safety governance capabilities from dimensions such as workers, labor materials, and labor objects, and ensure the development of new quality productivity with high-level safety.

Keywords: Risk Governance; Coordinated Development and Security; Modernization with Chinese Characters

社会体制蓝皮书

B.21　Review and Prospect of Petition Work in 2023

Hu Yinglian, *Gong Yutong* / 299

Abstract: In 2023, China will fully implement the spirit of the 20th National Congress of the Communist Party of China in its petition work, adhere to the leadership of the Party, focus on the people, and follow the petition work line of "one main line, three activities, and five key tasks". Multiple measures will be taken to deepen the reform of petition work and ensure its stable and far-reaching progress in all aspects. Various regions have continuously promoted the reform of the petition system, source governance, and mechanism innovation, achieving distinctive work results. Looking ahead to 2024, according to the new work route formulated by the National Bureau of Letters and Visits, the work of letters and visits will continue to carry forward the fine tradition of "going to the grassroots level", and make further breakthroughs in key work such as building a general pattern of letters and visits work, legalizing letters and visits work, and building a team of letters and visits cadres. This will effectively empower the high-quality development of letters and visits work in the new era, serve the overall work of the Party and the country, safeguard the legitimate rights and interests of the masses, and promote social harmony and stability.

Keywords: Petition Work Route; Rule of Law; Social Governance; Four Grassroots Levels

B.22　Review and Prospect of Comprehensive Management of

Social Security in 2023　　*Zhang Chao*, *Zhou Yunting* / 311

Abstract: Constantly strengthening the comprehensive management of social security and building a higher level of safe China is the prerequisite for the stability and long-term stability of Chinese path to modernization and the country. The trend of economic recovery is evident in 2023, and the adjustment of epidemic prevention and control policies and the increase in safety requirements for large-scale events have put forward higher requirements for a harmonious, stable, and orderly social environment. Within a year, remarkable achievements have been made in the comprehensive management of social security, including the construction of the rule of law, governance in key areas, participation and cooperation of multiple entities, team building and capacity enhancement, and information technology construction. The advantages of "China's governance" have been further highlighted, and the people's sense of gain, happiness, and security has been enriched. In 2024, we will, as always, adhere to the absolute leadership of the Party, innovate the comprehensive governance of social security, continue to focus on and solve the problems of people's livelihood, adhere to the overall development of national security, safeguard the new development pattern with a new security pattern, and provide a strong security guarantee for Chinese path to modernization.

Keywords: Comprehensive Management of Social Security; Safety China; Modernization of Social Governance in China

B . 23 Progress and Prospects: Reform of China's Disaster Prevention, Reduction and Relief System in 2023

Wu Tao, Sun Jinyang / 326

Abstract: Resisting and combating natural disasters has always been a necessary question for human beings to seek their own survival and development. From the perspective of time dimension, China's disaster prevention, reduction and relief work has formed a complete system of early preparation and warning, mid-term coordination and rescue, later evaluation and reconstruction, and summary of experience, and has started a new round of disaster prevention work on this basis. 2023 is the first complete natural year for the implementation of the 14th Five Year Plan for National Comprehensive Disaster Prevention and

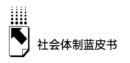

Reduction. China's disaster prevention, reduction and relief work has many bright spots in infrastructure construction, pre disaster research, judgment and disposal, etc. At the same time, new progress has been made in the reform of the disaster prevention, reduction and relief system, and international cooperation mechanisms for natural disaster prevention and emergency management along the "Belt and Road" have also been established. Looking ahead to the future, the reform of disaster prevention, reduction, and relief systems and mechanisms needs to continue exploring institutional construction, capacity guarantee, technological innovation, and grassroots organizations, fully leveraging the political and organizational advantages of the Party's centralized and unified leadership.

Keywords: Disaster Prevention, Reduction, Relief; Modernization of Social Governance; System Reform

B.24 Progress and Prospects of China's Food and Drug Regulatory System Reform in 2023 *Zhang Hao* / 338

Abstract: The reform of the food and drug regulatory system is not only necessary to ensure public health and safety, but also an important content to promote economic development and social progress. In 2023, China's market supervision departments and drug supervision departments have made significant progress in improving food safety mechanisms, deepening drug review and approval reforms, building a regulatory system for traditional Chinese medicine, and improving vaccine supervision mechanisms. This has effectively promoted the implementation of the "two responsibilities" for food safety, supported the high-quality development of regional pharmaceutical industries, and accelerated the standardization of drug supervision capabilities in cities and counties. Looking ahead to the future, food and drug regulation should adhere to the general principle of seeking progress while maintaining stability, actively explore the full chain supervision mechanism for special foods, improve the digital supervision mechanism, and enhance the efficiency of food safety supervision; Accelerate the establishment of a regulatory system for traditional Chinese medicine, explore pilot mechanisms, and help cultivate new quality productivity in the pharmaceutical industry.

Keywords: Food and Drug Safety; Regulatory System and Mechanism; New Quality Productivity

皮 书

智库成果出版与传播平台

❖ 皮书定义 ❖

皮书是对中国与世界发展状况和热点问题进行年度监测，以专业的角度、专家的视野和实证研究方法，针对某一领域或区域现状与发展态势展开分析和预测，具备前沿性、原创性、实证性、连续性、时效性等特点的公开出版物，由一系列权威研究报告组成。

❖ 皮书作者 ❖

皮书系列报告作者以国内外一流研究机构、知名高校等重点智库的研究人员为主，多为相关领域一流专家学者，他们的观点代表了当下学界对中国与世界的现实和未来最高水平的解读与分析。

❖ 皮书荣誉 ❖

皮书作为中国社会科学院基础理论研究与应用对策研究融合发展的代表性成果，不仅是哲学社会科学工作者服务中国特色社会主义现代化建设的重要成果，更是助力中国特色新型智库建设、构建中国特色哲学社会科学"三大体系"的重要平台。皮书系列先后被列入"十二五""十三五""十四五"时期国家重点出版物出版专项规划项目；自2013年起，重点皮书被列入中国社会科学院国家哲学社会科学创新工程项目。

权威报告·连续出版·独家资源

皮书数据库
ANNUAL REPORT(YEARBOOK)
DATABASE

分析解读当下中国发展变迁的高端智库平台

所获荣誉

- 2022年，入选技术赋能"新闻+"推荐案例
- 2020年，入选全国新闻出版深度融合发展创新案例
- 2019年，入选国家新闻出版署数字出版精品遴选推荐计划
- 2016年，入选"十三五"国家重点电子出版物出版规划骨干工程
- 2013年，荣获"中国出版政府奖·网络出版物奖"提名奖

皮书数据库

"社科数托邦"
微信公众号

成为用户

　　登录网址www.pishu.com.cn访问皮书数据库网站或下载皮书数据库APP，通过手机号码验证或邮箱验证即可成为皮书数据库用户。

用户福利

- 已注册用户购书后可免费获赠100元皮书数据库充值卡。刮开充值卡涂层获取充值密码，登录并进入"会员中心"—"在线充值"—"充值卡充值"，充值成功即可购买和查看数据库内容。
- 用户福利最终解释权归社会科学文献出版社所有。

数据库服务热线：010-59367265
数据库服务QQ：2475522410
数据库服务邮箱：database@ssap.cn
图书销售热线：010-59367070/7028
图书服务QQ：1265056568
图书服务邮箱：duzhe@ssap.cn

社会科学文献出版社 皮书系列
SOCIAL SCIENCES ACADEMIC PRESS (CHINA)
卡号：818131331635
密码：

基本子库
SUB DATABASE

中国社会发展数据库（下设 12 个专题子库）

紧扣人口、政治、外交、法律、教育、医疗卫生、资源环境等 12 个社会发展领域的前沿和热点，全面整合专业著作、智库报告、学术资讯、调研数据等类型资源，帮助用户追踪中国社会发展动态、研究社会发展战略与政策、了解社会热点问题、分析社会发展趋势。

中国经济发展数据库（下设 12 专题子库）

内容涵盖宏观经济、产业经济、工业经济、农业经济、财政金融、房地产经济、城市经济、商业贸易等 12 个重点经济领域，为把握经济运行态势、洞察经济发展规律、研判经济发展趋势、进行经济调控决策提供参考和依据。

中国行业发展数据库（下设 17 个专题子库）

以中国国民经济行业分类为依据，覆盖金融业、旅游业、交通运输业、能源矿产业、制造业等 100 多个行业，跟踪分析国民经济相关行业市场运行状况和政策导向，汇集行业发展前沿资讯，为投资、从业及各种经济决策提供理论支撑和实践指导。

中国区域发展数据库（下设 4 个专题子库）

对中国特定区域内的经济、社会、文化等领域现状与发展情况进行深度分析和预测，涉及省级行政区、城市群、城市、农村等不同维度，研究层级至县及县以下行政区，为学者研究地方经济社会宏观态势、经验模式、发展案例提供支撑，为地方政府决策提供参考。

中国文化传媒数据库（下设 18 个专题子库）

内容覆盖文化产业、新闻传播、电影娱乐、文学艺术、群众文化、图书情报等 18 个重点研究领域，聚焦文化传媒领域发展前沿、热点话题、行业实践，服务用户的教学科研、文化投资、企业规划等需要。

世界经济与国际关系数据库（下设 6 个专题子库）

整合世界经济、国际政治、世界文化与科技、全球性问题、国际组织与国际法、区域研究 6 大领域研究成果，对世界经济形势、国际形势进行连续性深度分析，对年度热点问题进行专题解读，为研判全球发展趋势提供事实和数据支持。

法律声明

"皮书系列"（含蓝皮书、绿皮书、黄皮书）之品牌由社会科学文献出版社最早使用并持续至今，现已被中国图书行业所熟知。"皮书系列"的相关商标已在国家商标管理部门商标局注册，包括但不限于 LOGO（▧）、皮书、Pishu、经济蓝皮书、社会蓝皮书等。"皮书系列"图书的注册商标专用权及封面设计、版式设计的著作权均为社会科学文献出版社所有。未经社会科学文献出版社书面授权许可，任何使用与"皮书系列"图书注册商标、封面设计、版式设计相同或者近似的文字、图形或其组合的行为均系侵权行为。

经作者授权，本书的专有出版权及信息网络传播权等为社会科学文献出版社享有。未经社会科学文献出版社书面授权许可，任何就本书内容的复制、发行或以数字形式进行网络传播的行为均系侵权行为。

社会科学文献出版社将通过法律途径追究上述侵权行为的法律责任，维护自身合法权益。

欢迎社会各界人士对侵犯社会科学文献出版社上述权利的侵权行为进行举报。电话：010-59367121，电子邮箱：fawubu@ssap.cn。

社会科学文献出版社